彭山年鉴

2013

Pengshannianjian

彭山县人民政府主办

彭山县党史地方志办公室编纂

方志出版社
Publishing House of Local Records

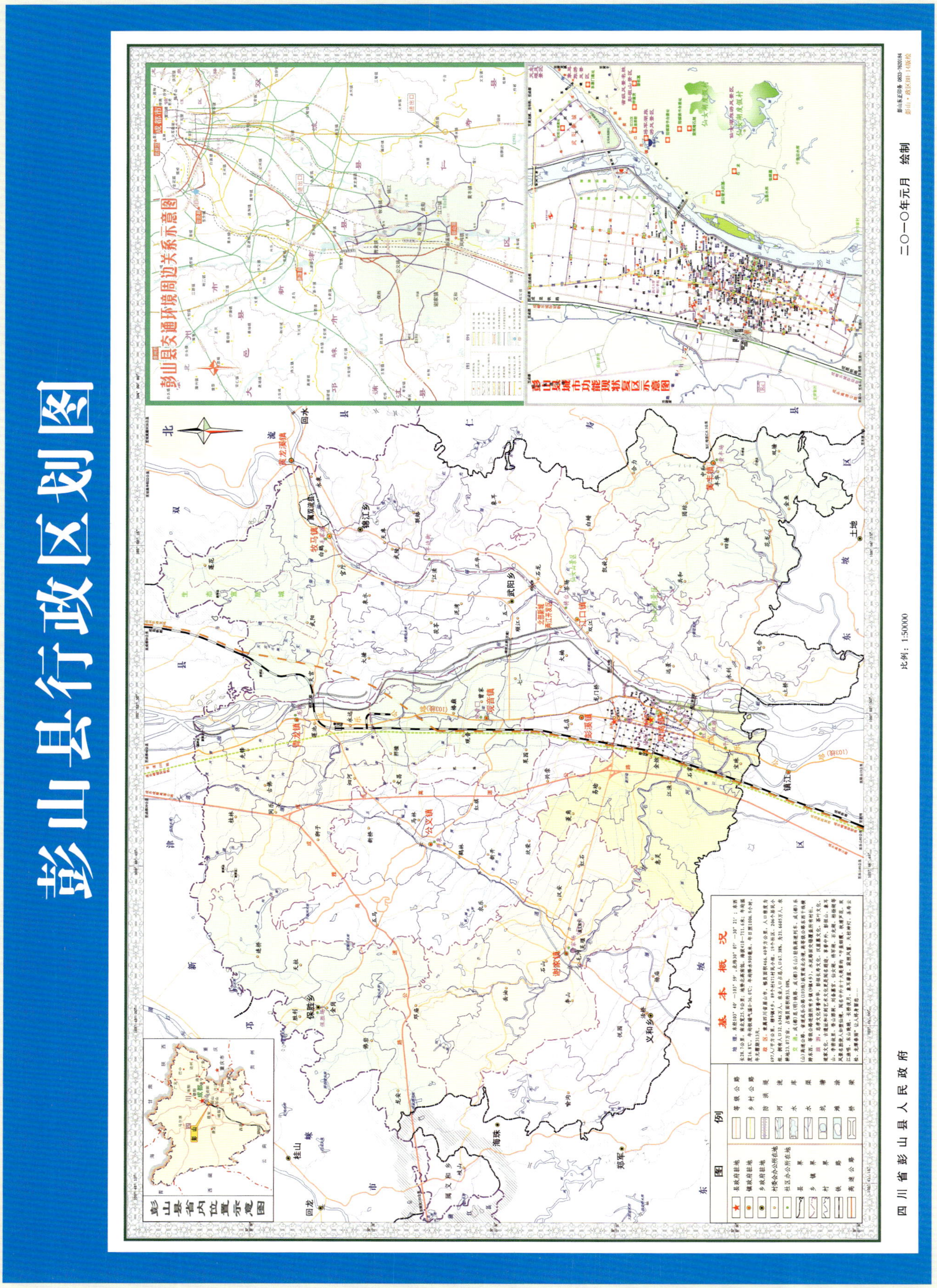
彭山县行政区划图
彭山县交通环境周边关系示意图
彭山县城市功能规划区示意图
彭山县在省内位置示意图
基本概况
图例
比例：1:50000
四川省彭山县人民政府
二〇一〇年元月 绘制

领导视察与调研

2013年10月30日，国家粮食局常务副局长卢景波率队到彭山县检查秋粮收购工作

2013年9月22日–23日，中国化工集团安环部副主任稽建军、国务院国资委综合局副局长刘源先后率国务院安委会危化、综合督查组到彭山督查安全生产工作

领导视察与调研

2013年12月3日，通用电气（中国）有限公司中国区副总裁、中国西南区总经理马加宁一行到天府新区彭山区域，就加强双方的沟通与交流，推动企业与地方的合作进行考察

2013年12月23日，中国西部研究与发展促进会社会扶贫工作委员会执行主任兼秘书长狄森一行到彭山县，专题调研社会扶贫工作

领导视察与调研

.2013年7月8日，省委常委、组织部长范锐平在观音镇果园村调研

2013年3月25日，省人大常委会副主任、党组副书记张东升，省人大常委会副主任兼秘书长曾省权一行到彭山县，调研工业、农业发展等情况

领导视察与调研

2013年7月1日-2日，省人大常委会副主任曾省权一行到彭山调研农业产业发展和农民增收工作

2013年7月19日，副省长曲木史哈一行参观彭山县观音镇果园村葡萄产业园

领导视察与调研

2013年10月23日，市委书记李静在第十四届西博会上巡视彭山特色农业展台布展情况

2013年10月12日，市委副书记、市长宋朝华到联系的彭山县青龙镇实地调研，解决基层发展难题

领导视察与调研

2013年8月21日，市人大常委会主任贺文率调研组成员到彭山调研加快推进主城区城乡结合部城市化进程工作

2013年7月9日19点50分，县委书记蔡刚率县委常委、政法委书记严开义，县委常委郭茂，副县长李忠云等相关负责人一行冒雨安排、检查防汛工作

领导视察与调研

2013年10月22日，县委副书记、县长梁磊调研“三箭齐发”工程项目进展情况

2013年11月8日，县政协主席谭福轩率部分政协委员到天府新区彭山区域视察项目会战年及县重点项目落实情况

战区建设

2013年，彭山县坚持“七大战区”统领全县经济工作，图为彭溪河商业风情街项目现场

2013年2月14日，彭山县“三箭齐发”工程——工业大道、岷东大道、滨江大道工程建设全面复工

2013年11月26日，全面对接天府新区 彭山“三箭齐发”加速推进。图为滨江大道彭祖新城段施工现场

战区建设

2013年2月18日，尼科国润加紧生产，奋力冲刺“开门红”

2013年2月27日，新年新开局，彭山重点项目建设热火朝天

2013年7月31日，工业打头阵彭山4500名农民“变身”产业工人

2013年8月15日，苏宁云商（西南区）电子商务运营总部项目与彭山县签约仪式在眉山市举行

2013年8月28日，良好的发展软环境吸引了众多企业落户彭山

战区建设

2013年9月11日，联合利华（四川）全球生产基地奠基仪式在天府新区彭山青龙区域隆重举行

2013年10月22日，滨江大道彭祖新城段施工现场

图为彭山经开区企业加紧生产的繁忙景象

“4·20”抗震救灾

2013年4月21日，雅安芦山“4·20”地震发生后，市委副书记、市长宋朝华一行查看彭山二中学校受灾情况

2013年4月20日上午8时02分，雅安市芦山县发生7.0级地震，彭山县震感强烈。图为黄丰镇合力村地震中受损房屋

彭山县党员救援队在“4·20”芦山地震灾区集结

彭山县社会各界踊跃捐资捐物，与灾区人民心连心、共克时艰、共度难关

彭山交警正在指挥从成乐高速彭山出口分流的车辆，确保成雅高速生命通道畅通无阻

四川八百寿酒业迅速组织价值5万余元的矿泉水、牛奶和饼干，于21日晚七点连夜出发送往雅安雨城区救灾物资调配中心

和谐彭山

2013年2月24日，彭山县欢喜迎佳节，民俗闹元宵。图为精彩的金龙表演

2013年4月13日，彭山县橘花节开幕式

2013年5月29日，“拥抱中国梦·寿乡大舞台”为牧马镇村民带去一场精彩的文艺表演

和谐彭山

2013年6月25日，全新改造升级的公园山体育场向市民免费开放

2013年7月26日，以“葡香观音 萄醉寿乡”为主题的2013中国·彭山观音第四届“美人指”葡萄采摘节开园仪式在观音镇果园村举行

观音镇果园村举行寻找美人指葡萄王选拔活动，来自金农葡萄园的美人指获得2013年观音镇果园村美人指葡萄王称号。图为评委们正在对美人指葡萄王的外型美观进行评选

和谐彭山

2013年10月8日，喜迎首个法定老年节，彭山200名老人展示体育运动风采

彭山百姓的生活过得越来越幸福滋润

彭山倾力打造“绿海明珠”努力建设生态家园，图为多色谱林业景观带：彭祖大道南段节点

以城为主，彭山农民共享城镇化生活，图为金碧天下小区实景

《彭山年鉴》编纂委员会

顾　问：蔡　刚

主　任：梁　磊

副主任：周代军

委　员：王佑泽　罗鸿翔　许德英　刘黔玲　唐　嘉

彭山县党史地方志编纂委员会办公室

主　　任：许德英

工作人员：刘黔玲　唐　嘉　刘云茹　张华林　张成元

《彭山县年鉴》编辑部

主　编：许德英

副主编：刘黔玲　唐　嘉

编　辑：许德英　刘黔玲　唐　嘉

校　对：许德英　刘黔玲　唐　嘉　刘云茹　郑　凡

编辑说明

一、《彭山年鉴》是彭山县人民政府主持编纂的地方综合性年鉴。1986年出版首卷，本卷为第28卷。

二、《彭山年鉴（2013）》较为全面翔实地记述了彭山县2013年政治、经济、文化、社会等各方面的基本情况、主要内容和发生的各种大事、要事、新事、有影响的事，反映了全县人民在改革开放、经济建设以及社会发展中取得的新成就、新进展、新经验。

三、《彭山年鉴》采用分类编辑法，以类目为单元，下设条目及分目。2013年卷共分特载、大事记、重要记事、政治、经济、社会事业、乡镇概况和附录八大类目。

四、《彭山年鉴（2013）》主体内容时限为2013年1月1日至12月31日。年鉴的所有资料均由县党政机关、各乡镇和企事业单位提供。年鉴涉及的国民经济数据由县统计局提供，其余数据由提供年鉴资料的单位提供，单位提供的数据由于统计口径不同，略有差异。

五、本年鉴编纂出版是集体智慧的结晶，得到县党政领导及各乡镇、部门和社会各界的大力支持，在此谨一并致谢。由于内容广泛，编辑人员少，编辑时间短促，加上水平限制，难免有疏漏、错误之处，敬请广大读者批评指正。

编　者

2014年5月

目　　录

社会事业

乡镇概况

附　　录

特　载

快发展、实发展、稳发展 始终朝着“人民满意”的目标前进

——在中国共产党彭山县第十三届代表大会第四次会议上的报告（审议稿）

中共彭山县委书记　蔡　刚

（2014年2月24日）

同志们：

我代表中共彭山县第十三届委员会向大会作报告，请予审议。

击鼓奋进、敢想善干的2013年

2013年，是振奋人心的一年。一年来，我们凝心聚力抓发展，不折腾、大胆干！成功进入全省“县域经济发展”① 10强！县级经济综合评价在全省排名提升10位！地方公共财政收入突破10亿元大关！地区生产总值突破100亿元！规模以上工业总产值突破200亿元！2个乡镇进入全省“百强乡镇”，1个乡镇列入全省“百镇建设试点镇”，彭山经开区建成百亿园区。

这一年，“七大战区”② 竞相发展，项目建设“战火纷飞”。联合利华（全球）生产基地、海尔（天府新区）创新产业园等20个重大工业项目开工建设，林德气体、南方家居产业园（一期）等10个项目竣工投产。岷东大道成彭段完成路基、桥涵工程，彭祖山隧道进洞施工，滨江大道彭祖新城段、工业大道石化园区B段建成试通车。彭祖山文旅开发、黄龙生态宜居城建设按计划推进。李密大道、长寿大道、彭溪河乌龟嘴段景观改造等14项市政基础设施竣工，体育公园、高速公路出口综合整治等24个城市建设项目快速推进。

2013年，是厚积薄发的一年。我们加大全域规划力度，完成11个乡镇“六规”③ 编制，避免盲目发展和重复建设，对历史负责。我们引进10家金融机构，新增贷款21.15亿元支持县域内的项目建设，为加快发展提供强有力的金融支撑。我们坚决清理盘活闲置低效用地，积极实施土地整理和“双挂钩”项目，为经济发展储备充足的资源和空间。我们坚持“宁缺勿滥”的项目观，招商引资实际到位资金和项目质量均居全市

①县域经济发展：从经济规模、发展水平、经济结构、发展速度和经济效益五个方面对全省区、市、县经济发展情况进行的综合评价。

②七大战区：天府新区战区、综合交通战区、黄龙生态宜居城战区、彭祖山文旅综合开发战区、彭祖新城战区、老城区建设战区、成眉化工新材料战区（成眉石化战区）。

③六规：土地利用规划、城镇发展规划、社会事业规划、道路交通规划、产业规划、文化特色及绿地系统规划。

前列，为经济发展注入新的活力，工作经验在全市推广。

2013 年，**是民生改善的一年**。财政投入民生和社会事业资金 14.6 亿元，民生支出占财政预算支出的 73.2%，比重居全市第一。我们积极化解基层医疗机构债务，让医院回归公益属性，减少患者药费支出 1000 余万元，卫生工作获全省先进称号。我们加大教育投入，创建国家义务教育发展基本均衡合格县通过省级评估验收，教育工作获全市第一。我们大力实施保障性安居工程，新建保障性住房 8.44 万平方米，让 1064 户困难群众圆了安居梦。我们持续开展“321”①直接联系服务群众活动，让困难群众得到实实在在的帮助。我们全力创业富民，城镇居民人均可支配收入达到 21358 元，农民人均纯收入达到 9962 元，增速全市第一。

2013 年，**是形象提升的一年**。我们深入开展服务型基层党组织建设，受到中组部、省委组织部领导肯定批示。我们创新实施人才回引工程，圆满完成村级党组织换届，工作经验在中组部“6 省区在‘村两委’换届中选好村党组织带头人座谈会”上交流。我们深入推进“中国梦”彭山实践，特色经验被《四川日报》刊发。我们坚定执行改进作风各项规定，从细节、从具体事件入手整治“四风”②，“三公”支出同比下降 20%，政风行风暨软环境测评连续两次全市第一。我们认真落实党风廉政建设责任制，严肃惩治腐败行为，全年党纪政纪处分 61 人。我们狠抓宣传，传递正能量，让外地人了解彭山，让彭山人热爱彭山，中央级媒体全年宣传报道彭山 120 次。

2013 年，**是弘扬正气的一年**。我们坚持依法治理，通过法律手段提高土地使用税征收标准，让圈地、屯地的投机者付出代价。我们重拳整治违法建设乱象，拆除违法违规建筑 5000 余平方米，让乱搭乱建、抢搭抢建做发财梦的人得不到好处。我们依法查处假记者案件，坚决抵制新闻行业的不正之风，受到中央“扫黄打非”办的高度肯定。我们加强社会治安综合防控，成功破获“7·24”特大制毒案等各类刑事案件 557 件。我们坚持信访维稳正向处置原则，对群众合法合理诉求笑脸相迎、认真对待，对非法无理要求严肃批评、坚决打击，实现“零到京、零聚集、不出事”。

2013 年，**是“群众满意、上级放心”的一年**。我们认真做好群众关心的每一件事情，认真解决影响群众生活的大小问题，努力赢得了群众的认可和支持。我们认真抓好每一项具体工作，全力争取最好的结果。被评为全国平安畅通县、全国“六五”普法中期先进县、四川省平安建设先进县、四川省环境优美示范县城，获得市级以上表彰奖励 76 项，获得全市“主动作为创一流”半年目标考核第一名。省委巡视组经过全面巡视，对我县经济发展、民生改善、社会管理等工作都给予了充分肯定。

同志们：过去的一年，人大依法履行职责，政协积极参政议政，人民武装、机构编制、保密机要、外台侨、关工委、民宗、双拥、党史等工作再上台阶。所有成绩的取得，是四大班子团结协作的结果，是老领导、老同志关心支持的结果，是民主党派、工商联、人民团体、无党派人士、驻彭山部队和企事业单位、各界人士、各方朋友鼎力相助的结果，是全县人民辛劳付出的结果。在此，我代表县委向所有关心支持彭山、为彭山发展作出积极贡献的各级领导、各界人士和全县 33 万名寿乡儿女表示衷心的感谢，并致以崇高的敬意！

古人云：行百里者半九十。对照全面建成小康社会的目标，我们还存在不小的差距。主要表现在：经济总量低，大产业、大项目少，城乡发展水平不均，群众需求和公共财力之间的矛盾等

---

①“321”：在全县开展的“三定两保证党群一条心”活动（定服务主体、定服务对象、定绩效考核；保证群众限时脱贫、保证群众限时解难）。

②四风：形式主义、官僚主义、享乐主义和奢靡之风。

问题仍然十分突出。这些都需要我们高度重视，并在今后工作中着力加以解决。

高位求进、加快发展的2014年

开弓没有回头箭！彭山正处在经济腾飞前的关键时期，区位优势、发展基础都已具备，各项工作已全面铺开，只有稳定发展思路，加快发展速度，取得发展实效，才能让广大人民群众满意！

2014年，我们要以党的十八届三中全会精神为指导，继续坚持“357”① 工作思路，不提新口号、全力抓落实，确保GDP增速11%，全社会固定资产投资170亿元，招商引资140亿元，规模以上工业增加值增速11%，地方公共财政收入增速15%，农民人均纯收入增速11%，城镇居民人均可支配收入增速10%。

加强党的建设，奋力开创新局面。打铁还需自身硬！事业成败，关键在党，关键在人！今年党建工作的核心是扎实开展党的群众路线教育实践活动，去“官气”、聚“民气”，树全县党员干部良好形象。要加强干部思想教育，正确认识公务员职业，消除优越感、破除“衙门风”、去除“官僚气”，从群众的角度想问题，深入群众干工作，以务实亲民的作风赢得群众支持。要增强干部服务意识，抓好“四支队伍”② 直接服务群众，更加密切党群、干群关系。要狠抓干部作风建设，从细节入手规范干部言行，从严要求、从严管理、从严监督，以优良的党风政风带动社会、民风。

坚持“三个只要”，推动改革创新。只要群众真正欢迎，只要对彭山今天有利，只要对彭山的未来发展有利，各级干部就必须敢于担当、敢于破难、敢于决断，在法律框架内放手实践。要以壮士断腕的决心和破釜沉舟的勇气推动改革创新，重点抓好政府职能转变、经济转型发展、和谐社会构建等方面的改革，做到换档不失速、有为不失衡、改革不失序。

抓实“五个重点”，汇聚强大动力。抓解放思想：顺应改革历史潮流，开放心态、解放思想，沉着应对国家政策调整，以“敢立潮头唱新歌”的勇气寻找新机遇、开创新局面。抓基层基础：重心下移抓基层，增强基层组织战斗力。加强服务型党组织建设，壮大村级集体经济，用发展实绩赢得群众支持，用真情服务赢得群众拥护。大力加强宣传工作，凝聚共识和力量。抓民生保障：继续加大民生和社会事业投入力度。支持教育事业优先发展，让孩子们有更好的未来；深化医药卫生体制改革，让人民群众享受更好的医疗卫生服务；推进省级生态县创建，让人民群众享有更好的生活环境；健全就业服务体系，优化创业环境，提高城乡居民收入；改革食品药品监管体系，加强保障性住房建设，提高居民生活质量；加强和创新社会管理，维护社会公平正义，增强人民群众的安全感；坚持正向处置理念，做好信访稳定工作；长效推进“321”直接联系服务群众活动，让困难群众得到切实帮扶。抓干部形象：坚定落实改进作风的各项规定，持之以恒抓好作风建设。全面推进惩防体系建设，保持高压态势，严肃查处各种腐败，以实际成效取信于民。抓工作落实：强化目标绩效考核，让每一项工作都落地有响声；强化重点工作集体攻坚，加强部门之间协调配合；强化考核结果运用，切实做到奖罚分明。

推进“七大战区”建设，加快经济转型升级。天府新区战区：加快海尔创新产业园、联合利华生产基地、苏宁云商、华润万家等产业项目建设，确保竣工投产项目14个，固定资产投资66亿元，规模企业总产值150亿元。成眉石化战区：加快推进园区基础设施建设，全力抓好5个产业项目，确保中孚石油项目建成试生产，完成固定资产投资15亿元。黄龙生态宜居城战区：继续抓好恒大、复地项目，完成牧马新镇一期和莲花三期安置区市政建设，确保固定资产投资22

①“357”：坚持“三个只要”，抓实“五个重点”，建设“七大战区”。

②四支队伍：党员志愿服务队，基层便民专业化服务队，社会志愿者服务队，村（社区）网格员服务队。

亿元。彭祖山文旅综合开发战区：完成长寿村旅游小镇首一期和旅游通道建设，启动核心景区景点、温泉谷酒店建设，确保固定资产投资4亿元。彭祖新城战区：完善新城“三纵三横”① 路网格局，完成污水处理厂、体育公园等配套设施建设，加快成都中医药大学附属医院签约落户，确保固定资产投资8亿元。老城区建设战区：继续推进高速公路出口综合整治等20个城市基础设施项目，完成综合客运站及配套广场、成昆铁路下穿隧道和人行天桥建设。引导房地产业健康发展，稳定房地产开发和销售。确保固定资产投资30亿元。综合交通战区：完成岷东大道成彭段主体工程，打通彭祖山隧道，完成滨江大道南段建设，启动城区至东坡区段工程。完成103线路面改造和岷江大桥维修加固。抓好成绵乐轻轨通车试运行，启动成雅高速李密故里进出口站工程和成都经济区环线高速公路建设。确保固定资产投资10亿元。

统筹城乡加快发展，建设全域天府新区。继续实施“四种模式”，加快“四个转变”②，促进城乡资源、要素自由流动，加快城市化进程。继续抓好南方出口家居产业园建设，加快推进李密故里文旅综合开发，培育新的经济增长极。大力发展都市近郊型现代农业，抓好“一园区六基地”③。成片推进新农村建设，打造幸福美丽新村。

各位代表，加快发展，时不我待；后发赶超，正当其时。让我们以务求必胜的坚定决心、斗志昂扬的精神状态、排除万难的超强毅力，同心同德，向着“广大人民群众满意”的目标阔步前进！

彭山县人民代表大会常务委员会工作报告

——2013年3月7日在县第十七届人民代表大会第三次会议上

县人大常委会主任　向　坤

各位代表：

我受县第十七届人大常委会的委托，向大会报告工作，请予审议，并请列席会议的同志提出意见。

二〇一二年主要工作回顾

2012年，是本届人大常委会开局之年。县人大常委会在县委的坚强领导和市人大常委会的指导下，紧紧围绕全县改革发展稳定的大局，以推动发展、改善民生、促进和谐为重点，切实履行宪法和法律赋予的职权，全面完成了县第十七届人民代表大会第二次会议确定的各项工作任务，取得了明显成效。

2012年，彭山作为全市唯一区县委参加了全

---

①三纵三横：彭祖新城规划的滨江大道、长寿大道、彭祖大道延伸段三条宽80米的南北主干道和前程东路、两江路、龙湖路三条宽40米的东西干道。

②四种模式、四个转变：市委提出的以工为主、以城为主、以农为主、以游为主统筹城乡模式，加快农民向产业工人、城市居民、农业业主、三产经营者（从业者）转变。

③一园区六基地：岷江现代农业示范园区，葡萄产业基地、柑橘产业基地、粮经复合产业基地、蔬菜产业基地、猕猴桃产业基地、林下生态养殖产业基地。

省地方人大工作会议；宣传人民代表大会制度等工作荣获省人大常委会2项特等奖。宣传信息工作全市区县人大排名第一；率先在全市人大系统开展专题询问工作；代表工作、信访工作在全市人大系统交流。首篇理论文章《架起连心桥》入编《中国人大年鉴（2012年）》。

一、为推动经济社会发展主动作为，依法履职取得新成效

2012年，共组织召开10次人大常委会会议、12次主任会议，听取和审议“一府两院”专项工作报告10项，组织或配合上级人大常委会开展执法检查、工作视察和调研29次，顺利完成年初计划，履职实效不断增强。

（一）先后对人代会召开，2011年财政决算、人事任免，2012年财政预算收支调整变动等4项重大事项作出决定、决议，保障了重大事项实施的合法性。

（二）先后听取和审查（议）预算及计划执行、代表建议批评意见办理、惩治和预防职务犯罪等15项议题，并作出审议意见。组织开展对部门综合预算、天府新区彭山区域规划建设、刑事审判等29项工作的调研、视察和执法检查，形成各类调查报告30余篇，提出建设性的意见和建议。

（三）全年决定任免“一府两院”及其工作部门的国家机关工作人员46人次，任免人大系统工作人员3人次，补选1名市人大代表；许可对1名县人大代表采取司法强制措施；接受1名县人大常委会委员和4名县人大代表的辞职申请，决定免去其相应职务。

（四）对教育工作进行专题询问，丰富监督形式，并先后对7个专项议题的审议意见办理落实情况进行满意度测评。及时将常委会决定（议）事项、人事任命、审议意见办理及其测评结果等内容面向社会公开，广泛接受监督，有力地促进“一府两院”依法行政、公正司法。

（五）对县人民政府5件、乡镇人大主席团24件规范性文件依法进行备案审查，向市人大常委会报送备案审查的规范性文件12件，维护法制的统一。

（六）牵头或者参与了彭山经济发展相关战区10个重点项目，完成年度目标任务。联系帮扶34户困难群众，筹集帮扶资金10余万元，使绝大部分困难户实现当年脱贫；鼓励150余名各级人大代表联系帮扶200余户群众，帮扶资金达600余万元。

二、为代表主体作用的发挥尽力服务，代表工作取得新进展

（一）人大常委会先后组织委员、人大代表600余人次参与视察、调研、执法检查和行业行风政风评议，旁听政府常务会议和法院庭审、列席人大常委会会议等，县乡人大干部、人大代表履职能力得到不断增强。

（二）加强对第二次人代会上49件代表建议批评意见的督促办理，确保按时办结。49件代表建议批评意见的办成率达70%以上、满意率达100%。

三、为落实科学发展观强化自身建设，监督水平得到新提高

（一）通过以会代训、专题培训、学习交流等方式对新一届人大代表、常委会组成人员开展学习教育和业务培训，组织县乡人大干部学习先进地区人大工作经验。代表和县乡人大干部的政治意识、大局意识和责任感不断增强，履职能力得到不断提高。

（二）依照有关法律及其规定强化制度建设，县人大常委会先后审议并通过9项制度，其中，修正完善4项、新制定5项，包括县人民代表大会2项、常委会7项。通过制度建设，进一步规范县人代会和人大常委会工作程序，提升人大依法集体行权能力和水平。

（三）不断建立完善信访工作制度，有效化解社会各类矛盾，促进和谐稳定。全年共受理群众来信来访28件，群众反映事项办结回复率达100%。

各位代表，以上成绩的取得，是县委正确领导的结果，是全体代表主动作为、共同努力的结果，是“一府两院”密切配合、社会各界鼎力支持的结果。在此，我代表县第十七届人大常委会向所有关心和支持人大工作的各位领导、同志们、朋友们表示衷心的感谢，并致以崇高的敬意！

在回顾总结工作的同时，我们也清醒地认识到，人大常委会工作距离县委的要求、人民的愿望还存在差距。审议质量、监督方式、代表工作、自身建设等方面还需在今后的工作中不断加强，切实予以改进。

二〇一三年主要工作

2013年，县人大常委会将以党的十八大精神为指导，全面落实科学发展观，坚持党的领导、人民当家做主和依法治国的有机统一，认真按照县第十三届党代会第三次会议的总体部署，坚持“抓重点、议大事、求实效、促发展”的工作思路和“不干则已、干就干好”的工作要求，主动作为创一流，认真履职增实效，为推进社会主义民主法制建设，为我县乘势迈向全省县域经济强县作出应有的贡献。

一、突出重点，强化监督，更加注重工作实效

紧紧围绕县委中心工作和重大决策部署，不断加强和改进监督方式，增强监督实效，努力做到在强化监督中促进发展，在支持发展中有力监督。

（一）依法决定重大事项。深入调查研究，充分论证，确保人大常委会决定决议的科学性、时效性和针对性。突出对县城总规（2009—2020年）实施情况、2013年财政预算收支调整变动、“六五”普法规划中期实施情况等重大事项以及社会反映强烈、群众广泛关注的热点、难点问题，适时作出决定决议。

（二）依法决定人事任免。坚持党管干部和人大依法任免的有机结合，切实抓好国家机关工作人员任前法律知识考试，坚持供职承诺发言和任后公开制度；探索建立完善任后监督机制，增强被任命人员依法行政意识、自觉接受人大和群众监督意识，促进其依法履职、尽职尽责。

（三）依法行使监督权。加强对经济工作的监督。重点对2013年上半年计划预算执行、2012年财政决算、2012年县本级财政预算执行和其他收支情况的审计等专项议题进行审议；听取2013年度预算编制和部门综合预算实施。开展对以上专项议题和招商引资、全县重点工业项目推进情况的视察调研，进一步提高议题审议质量。

加强对社会管理的监督。专题询问关于保障饮用水源安全工作；听取和审议代表建议批评意见办理、深化推进医药卫生体制改革等事项；开展对公共文化服务体系建设、现代农业机械化推广、县监管中心运行、扶贫和移民工作等与群众生活紧密相连事项的视察调研。

加强对法律工作的监督。重点听取“六五”普法规划中期执行和刑事审判工作等议题，推动普法教育和依法治理工作的深入开展。以食品安全法实施情况为重点开展执法检查，确保宪法和国家法律、法规在本行政区域的贯彻实施。

积极配合上级人大常委会搞好立法调研、执法检查和代表视察等工作。

（四）依法备案审查规范性文件。依法开展规范性文件的备案审查，确保行政、司法行为的合法性，确保国家法律、法规和各级人大常委会决定决议事项的贯彻实施，维护法律尊严。

（五）不断加强和改进监督方式。综合运用合议审议、调研、视察、执法检查、专题询问等监督手段，增强监督实效。重点抓好常委会决定决议和专项议题审议意见的督促办理，并对办理落实审议意见的情况开展满意度测评，及时将人事任免、决定决议和审议意见办理及其满意度测评结果等事项对外公开，接受社会和广大人民群众的监督。

（六）切实抓好信访维稳工作。加强与县级信访部门和乡镇大调解中心的沟通联系，不断完善信访工作机制，确保按时办结回复，畅通信访渠道，努力维护人民群众的合法权益，促进社会和谐稳定。

二、搭建平台，强化服务，更加注重代表作用发挥

（一）完善代表履职方式。坚持人大监督活

动邀请代表参加，完善代表列席常委会会议制度；探索建立政府重大决策、重大工作征询代表意见机制；及时向代表通报常委会重大活动，拓宽代表知情知政渠道；落实好保障代表依法履职的各项措施，促进代表依法履行职责。

（二）规范代表履职机制。进一步完善代表密切联系群众的工作机制，积极引导和鼓励代表为发展经济、改善民生、构建和谐建功立业。大力宣传履职成绩突出、群众公认代表的先进事迹，树立典型，激发代表履职热情。完善代表履职和培训制度，使闭会期间的代表活动更加规范化、常态化。加强对代表小组建设和活动开展的督促指导，提升代表履职能力。

（三）督促代表建议办理。进一步完善对代表议案和建议批评意见的交办、督办制度，以提升办成率为目标，提高办理工作质量。

三、内强素质，外树形象，更加注重自身建设

积极探索新时期人大工作的特点和规律，不断树立新形象、实现新作为、开创新局面，努力建设一支学习型、效率型、廉洁型的人大工作团队。

（一）坚持党的领导。坚决维护县委总揽全局、协调各方的领导核心地位，牢固树立“一盘棋”的思想，确保人大工作的政治方向。坚持把人大工作置于全县工作大局，把服务科学发展贯穿于依法履职全过程，做到不越位、不缺位、不错位。积极投身县委号召的“三定两保证、党群一条心”活动，切实抓好联系乡镇、参与并做好战区发展建设等中心工作、重点工作，务求实效。

（二）提高工作质量。坚持把国家宏观调控政策与彭山经济社会发展态势结合起来，把握法律规定，认真组织、切实加强对常委会监督内容的调查研究，从有利于支持、有利于发展的角度出发，提出具有针对性的建议意见和较高质量的审议意见；完善调研机制，努力在决定决议的科学性、实效性上下苦功夫；加强对议定事项的督促办理，及时反馈落实情况，彰显人大工作水平。

（三）强化队伍建设。自觉接受上级人大常委会的指导。全面加强常委会组成人员和机关干部思想、组织、作风、制度和廉政建设，坚决执行中央八项新规定，务实工作作风，确保人大工作高效运行。有计划地组织县乡人大干部开展学习教育活动和对外交流，增强人大干部依法履职能力。加强对人民代表大会制度和人大工作宣传，展示工作成果，树立人大对外新形象。加强对乡镇人大工作的指导，不断提升县乡两级人大整体工作水平。

各位代表，新的任务激励着我们更加奋进，新的目标昭示着我们更有作为，让我们在县委的坚强领导下，进一步解放思想，求真务实，奋发进取，努力开创彭山人大工作新局面，为实现县域经济发展在全省排名提位升级，为建设繁荣富强美丽新彭山而努力奋斗！

政府工作报告

——2013年3月7日在县第十七届人民代表大会第三次会议上

县委副书记、县长 梁 磊

各位代表：

我代表县人民政府，向大会报告政府工作，请予审议，并请列席会议的其他同志提出意见。

2012年工作回顾

2012年，是本届政府的开局之年。一年来，我们克服国内宏观调控影响，顶住国际经济下行压力，主动作为，抢抓机遇，励精图治，较好地完成了县十七届人代会第二次会议确定的目标任务，跃升四川省县域经济发展20强，荣获全市综合目标考核一等奖、主动作为创一流一等奖。实现全社会固定资产投资115.51亿元，增速36.1%、全市第一；实现地方财政一般预算收入7.41亿元，增速48.1%，税收占公共财政收入比重82.1%，财税综合考核全市第一，增速居全省第十；GDP实现92.79亿元，增速15.1%、全市第二；规模以上工业增加值实现55.68亿元，增速18.7%、全市第二；社会消费品零售总额实现26亿元，增速16.4%；招商引资到位资金94.2亿元；城镇居民人均可支配收入19198元，增速15.5%；农民人均纯收入8711元，增速14.2%。主要做了以下工作：

一、全力招大引强、项目推动，经济发展提速升位。全年集中开工重点项目5批、63个，实施进度全市第一。成功引进联合利华、青岛海尔、台湾研创等世界500强，实现大招商到招大商的历史性突破。天府新区彭山区域坚实起步，完成总规、核心区控规和产业规划编制，会展中心、湿地公园、梓潼河景观改造等重点工程全面启动，新建园区道路6千米，完成投资44.7亿元。成眉石化园区完成215.87公顷征地拆迁和场平，启动石化大道、污水处理厂、供水厂、供电线路等基础设施建设，争取到每年16亿立方米天然气供应指标。现代都市近郊农业成效显著，评为全国农业标准化示范县、全省现代农业重点县。成功进入全省60个新农村建设成片推进示范县。旅游三产日趋活跃，中国彭祖健康养生文化城完成核心景区规划，武阳郡主体完工，旅游通道、长寿温泉谷启动建设。李密故里旅游综合开发正式签约。强化要素保障，金融机构新增信贷投放、政府性融资增量、增幅全市第一。实施土地整理和“双挂钩”项目13个；清理处置并盘活闲置低效用地92.93公顷，总量全市第一。

二、着力交通先行、统筹城乡，城乡面貌日新月异。“三箭一隧”开工建设，锦江大桥、岷江三桥完成勘测设计，江回路改造完成。全面推进“三城”建设，城市建成区面积增加1平方千米，城镇化率达到47%。彭祖新城主干道全线贯通，前程东路、污水处理厂、体育公园等配套设施启动建设。老城区市政功能进一步完善，形象大幅提升，滨江千亩湿地公园、蔡山公园、彭溪河A北段景观全面建成，高速公路出口综合整治、彭溪河商业风情街打造全面启动，13条城市道路黑化升级，李密大道路基贯通。黄龙生态宜居城初具规模，恒大国际会议中心、五星级铂金酒店建成试营业，复地景观大道、商务会所主体完工。

三、倾力改善民生、发展为民，社会事业全面进步。财政投入民生和社会事业资金11.6亿元，占财政预算支出的73.6%。启动龚家堰城市饮用水源扩容工程。城乡居民生活用电和天府新区各类用电实现与省网“同网同价”。城乡居民养老保险覆盖率全市第一。新增城镇就业4192人，减少贫困人口4036人。建成保障性住房14.2万平方米。新建乡镇卫生院1所、村级标准化卫生所30个。开展免费孕前优生健康检查2156例。“两基”工作获全省先进称号，教育工作全市第一。完成公园山体育场、县体育馆改造。加强生态环境建设，评为四川省绿化模范县。深化城乡环境整治，环境优美示范县城创建进入全省25强。首创废弃油脂台账登记监管模式，食品安全工作全市第一。整治安全隐患430处，无较大以上生产安全事故发生。成功破获“1·01”特大贩毒案。

四、大力从严治政、依法行政，自身建设全面加强。扎实开展“学先进找差距”活动，多项工作经验在全市交流。坚持依法行政，重大事项集体研究、民主决策。坚持规范行政，以制度管人管事。坚持高效行政，重拳治理庸懒散、强买强卖、强揽工程、乱搭乱建等突出问题。坚持廉洁行政，加强财政投资评审、招投标管理和审计监督。自觉接受县人大及其常委会的法律监督和工作监督，自觉接受县政协民主监督，主动向县人大、县政协和社会各界通报政府工作，人大代表建议和政协提案办理率和满意率达到100%。

各位代表！2012年，我们瞄准全市“保二争一”目标，坚持“三高三大”（高起点、高标准、高速度，大思维，大手笔，大动作），带头“三个打破”（在工作上打破节假日、打破上下班、打破双休日），实现了各项工作良好开局。成绩的取得，离不开县委的正确领导，得益于县人大、县政协的监督支持，来源于全县人民的劳动和创造。在此，向各位人大代表，向所有参与彭山建设的同志们、朋友们，表示衷心的感谢，并致以崇高的敬意！

同时，我们也清醒地看到发展的差距和工作的不足，主要是：经济总量不大，质量不高，结构不优；带动性、支撑性大项目不足，项目落实不力，资金、土地、环境等仍是制约发展的最大瓶颈；工业支撑不强，三产发展不足，农业标准不高，缺乏高端产业和龙头企业；个别干部工作标准不高，主动作为不够，发展环境仍需下大力气整治和改善。2012年确定的133项工作任务，已完成125项，有5项因政策限制或规划调整未启动，有3项因宏观经济影响和前期工作时间长等原因未按时完成。我们将加大工作力度，确保全面完成。

2013年工作安排

2013年，政府工作要以落实县委“357”工作思路为主线，坚持高位增效、跨越发展，坚持两化互动、统筹城乡，坚持创新“四种模式”（市委提出的以工为主、以城为主、以旅为主、以农为主的4种统筹城乡模式。以下简称“四个模式”）、加快“四个转变”（加快农民向产业工人、三产经营者、三产从业者和现代农业业主转变。以下简称“四个转变”），坚持项目推动、招大引强，坚持民生为大、利为民谋，继续保持在全市率先发展、领先发展态势，奋力实现县域经济发展在全省排名提位升级。

工作目标：GDP增速确保15%，力争16%；地方财政一般预算收入增速确保20%，力争30%；全社会固定资产投资确保145亿元，力争150亿元；规模以上工业增加值增速确保20%，力争21%；城镇居民人均可支配收入增速确保15%，力争16%；农民人均纯收入增速确保16%，力争18%；城镇化率提高2.7个百分点；人口自然增长率控制在5‰以内。

一、突出七大战区为抓手，大力构建多点多极支撑，加快推进跨越发展

实施园区建设大会战。突出高端产业和产业高端，突出基础设施和生态绿化，举全县之力快速推进天府青龙建设。加快联合利华生产基地、海尔创新产业园、台湾研创、林德气体等重大项目建设。启动国家级经济开发区创建。抓紧成眉石化园区投资公司组建和运营，加快园区基础设施建设，完成133.33公顷征地拆迁，引进亿元以上项目5个。着力招大引强，引进亿元以上项目不少于10个，世界500强或国内行业100强企业3家，招商引资实际到位资金120亿元以上。

实施交通建设大会战。全线、全面、全程推

进“三箭一隧”，完成岷东大道成彭大道段路基、彭祖山隧道主体工程建设，确保滨江大道彭祖新城段、工业大道石化园区B段建成通车。启动彭谢路拓宽改造。有序推进岷江三桥、锦江大桥和岷江航电工程前期工作。加快推进成绵乐铁路客运专线彭山段建设，建成彭山综合交通站场。

实施城市建设大会战。加快彭祖新城建设，完成新城主干道景观工程，建成前程路、锦绣路、学院南路、城际铁路人行天桥和下穿隧道。完善老城区功能。完成李密大道二段建设，推进高速路出口综合改造和长寿路风貌改造，完成彭溪河景观打造和商业风情街建设，推进西门新商圈等商业综合体建设。加快黄龙生态宜居城建设，确保恒大三大中心正式营业、复地一期开盘销售，启动恒大四期和复地二期建设。

实施旅游三产开发大会战。完成彭祖山核心景区总体实施方案、核心景点控规编制和建筑方案设计，加快旅游通道、长寿温泉谷建设，建成武阳郡田园新村，启动长寿村旅游小镇建设。启动李密故里旅游综合开发，完成田园锦江、柏杨湖旅游综合开发项目招商。

实施现代都市农业建设大会战。积极打造岷江现代农业园。深入实施“双万”工程，加快观音葡萄、黄丰柑橘、江口生态养殖等5大产业基地发展。坚持产村相融，成片推进省级新农村示范县建设。创造条件，拓宽渠道，促进农民收入倍增。

二、突出要素保障为抓手，大力激活民营经济，全面增强发展活力

牢固树立财政资金保民生、依托融资保建设、向上争取保财力的理念，千方百计扩大资金总量。全力对上争取，确保到位项目资金8亿元。做大、做强五大融资平台，确保政府性融资15亿元，新增信贷投放15亿元。大力实施“造地工程”，推进闲置低效用地清理处置。鼓励和支持民营经济健康发展，确保民营经济增加值增速17%以上。

三、突出民生工程为抓手，大力发展社会事业，不断提升幸福指数

扎实推进十大民生工程。加快推进龚家堰城市饮用水源扩容。实施教育品牌工程，创建国家义务教育发展基本均衡县。实施医疗卫生“双提升”工程，创建省级传染病防控示范区。切实做好“两奖一扶助”和免费孕前优生健康检查。抓好“五大保险”提质扩面。实施创业富民工程，发放小额担保贷款和妇女小额贴息贷款6100万元。实施保障性安居工程，基本建成保障性住房1064套。实施交通畅通工程，强化道路管护，优先发展城市公交。推进文化大发展、大繁荣，建设文化特色县。加强生态建设和环境保护，深入推进“山水寿乡”“绿海明珠”建设。建成四川省环境优美示范县城。通过省级生态县技术核查。

四、突出社会管理创新为抓手，大力强化安全生产，确保社会和谐稳定

深化社会管理创新综合试点，做好统筹城乡试点示范建设，有序推进农业转移人口市民化。积极创建四川省法治县。健全重大决策、重大项目社会稳定风险评估机制，切实做好社会矛盾纠纷大调解工作。加强社会治安综合防控，增强城乡居民安全感。严格落实“一岗双责”，坚决防止重特大事故发生。加强公共卫生和食品药品安全监管。

五、突出作风转变为抓手，大力推进依法行政，进一步优化发展环境

坚持依法行政，主动接受县人大、县政协和社会各界的监督，及时办理人大代表建议和政协委员提案。加快转变政府职能，做好行政权力清理规范和公开透明运行。倡导立说立行、抓铁留痕，严格目标考核和责任追究。加强制度建设，健全惩防体系，从重惩治贪腐行为。强化政府工程和“三资”监管，全面推行公务卡制度。坚决执行中央和省市的严规铁律，切实改进工作作风。

各位代表！空谈误国，实干兴彭。全面建成美好新彭山，经济更加强盛、社会更加和谐、人民更加幸福，是全县人民勤奋拼搏的崇高目标。让我们在市委、市政府和县委的坚强领导下，为实现跨越发展的彭山理想，矢志不渝，开拓不已，奋斗不止！

谢谢大家。

中国人民政治协商会议
彭山县第九届委员会常务委员会工作报告

——2014年2月26日在政协彭山县第九届委员会第四次会议上

县政协主席　谭福轩

各位委员，同志们：

我受政协彭山县第九届委员会常务委员会的委托，向大会报告工作，请各位委员审议，请同志们提出意见！

2013年工作回顾

2013年，县政协在县委的领导和市政协的指导下，深入贯彻党的十八大精神，按照“支持、服务、监督、参与”的工作思路，紧紧围绕县委、县政府的中心工作，把握全县经济社会发展主线，组织广大政协委员认真履行政治协商、民主监督、参政议政职能，开展了富有成效的工作，得到了县委、县政府的充分肯定，赢得了社会各界的广泛认同。

一、围绕中心，共谋发展，协商议政稳步推进

（一）有效开展政治协商。紧扣县委、县政府中心工作，通过政协全体会议、常委会议、主席会议、专题协商会议和参加党政重要会议等渠道，开展多层次的政治协商。全年县政协召开常委会议5次、主席会议10次，在县党代会、人代会召开之前协商了县委工作报告和县政府工作报告，听取了县纪委关于党风廉政建设情况以及县法院、县检察院的工作情况通报。九届三次会议期间，组织委员围绕彭山经济社会发展的重点、热点、难点问题开展协商议政，委员们提出建议130余条，引起县委、县政府主要领导的重视并作出重要批示，有的直接进入领导决策程序，有的按照批示意见由县政府办公室分解到各责任部门抓落实。

（二）首次开展专题议政。就我县城区小学和幼儿园就学难、拆迁安置、失地农民养老保险、残疾人保障等群众关注的热点问题，召开了5次专题议政会，提出的意见建议大部分被相关部门采纳。

（三）积极推进文化传承。发挥文史资料“存史、资政、团结、育人”的独特作用，积极挖掘、抢救、保护地方文化资源，组织编印了《民主党派在彭山》一书，该书得到市政协主席王影聪高度评价，并作了重要批示。

（四）全力指导乡镇规划。按照市委的要求和市政协的安排，县政协成立乡镇文化和生态绿地规划指导组，深入全县各乡镇开展调查，与基层干部群众座谈讨论，全面摸清我县各乡镇的历史文化和生态资源情况，并分乡镇形成规划指导意见，为我县乡镇文化和生态绿地规划的编制作出了重要贡献。

二、把握重点，深入调研，建言质量不断提高

组织委员就我县经济和社会发展中的一些重大问题积极开展调研视察。一年来，县政协分别就我县砂石资源管理、水务体制改革、残疾人权益保障、物质文化遗产和非物质文化遗产保护、繁荣彭祖长寿文化促进旅游三产发展、“项目会战年”和重点项目落实、民营经济发展、创建省级环境优美示范县城工作以及人民群众普遍关注的就业难、就医难、就读难等，组织委员开展调研视察13次，形成调研视察报告13篇，建议70余条，其中有7篇调研视察报告得到县委书记蔡刚的重要批示，有3篇得到了县长梁磊的重要批示，多条建议意见被县政府及相关部门采纳。县政协通过专题调研形成的关于《规划实施垃圾焚烧发电项目推进我市生态文明建设》提案，受到市委书记李静的肯定性批示，并被市政府采纳。

三、精心组织，加强指导，提案工作成效显著

首先是提案数量大幅增加、质量明显提高。县政协九届三次全会以来，共收到提案114件，立案104件，较之往年增长了一倍左右，且提案在内容与格式上都体现了较高质量。其次是提案办成率达到71.2%，较上年提高10%。在提案工作上，我们一方面切实抓好提案撰写培训和组织发动工作；另一方面把抓好提案督办、提高办理质量作为提案工作的重中之重，及时会同县委办、县政府办对委员提案进行了联合交办。组织开展了提案办理专项视察，首次推行了县级分管领导与县政协主席会成员督办重点提案工作，增强了办理提案的实效。我县提案工作被市政协《政协交流》作为经验编发。

四、创新理念，拓展领域，民主监督有效开展

（一）创新监督方式，开展个案监督。选取县委、县政府和广大群众极为关注的“七大战区”征地拆迁补偿安置工作作为个案监督对象，进村入户了解情况，监督政策的落实，收集整理建议意见50余条，形成了《关于对“七大战区”征地拆迁安置工作开展个案监督的工作报告》。县委、县政府对报告高度重视，组织相关乡镇、部门就建议意见进行专题研讨，县政府在此基础上制定了征地拆迁安置激励补充政策，还出台了《彭山县城乡建设用地增减挂钩项目实施办法》，进一步规范了我县征地拆迁工作。

（二）开展民主评议，助推民生工程。一是组织开展了对我县人力资源与社会保障工作的民主评议，为切实推进我县人力资源与社会保障工作、保障群众权益起到了积极作用。二是组织开展了对我县房屋管理局行风评议工作，有力促进了部门工作作风的转变，受到了社会各界的好评。

（三）选好民主监督员，推进民主监督。通过政协民主监督员参加派驻单位的情况通报会、座谈会、明察暗访、专题调研和征求民意等活动，对被派驻部门执行法律法规、贯彻方针政策、开展依法行政、加强党风廉政建设和作风效能建设等方面的情况进行监督，并及时提出意见和建议，有力地推进了部门工作的提升和作风的转变。

五、关注民生，注重实效，履职为民尽职尽责

（一）扎实开展“321”干部直接联系服务群众工作。开展送技术活动3次，资助现金及帮扶物资（折款）8.7万余元，及时解决群众困难和问题73件（次）。认真做好“两代表一委员”服务群众工作站工作，政协委员全员驻站，共搜集社情民意信息70余条，协调解决基层群众反映的问题59件，受到基层干部、群众的欢迎。

（二）积极组织委员支援抗震救灾。“4·20”芦山地震灾情发生后，县政协第一时间通过短信平台向全县政协委员、政协机关干部发出倡议，向灾区有组织、有秩序捐款捐物，奉献爱心。据统计，全县政协委员及其组织（企业）捐款捐物价值共计89.7万元，其中现金20.4万元，充分展示了委员风采。

（三）围绕发展和民生问题反映社情民意。引导委员在日常工作中注意倾听、收集和反馈来自各阶层群众的呼声。全年共编发《社情民意》5期，反映社情民意信息20余条。每期都引起了县委、县政府主要领导的重视，件件有回音，事事得到落实。

六、狠抓学习，规范管理，自身建设更加强化

（一）狠抓学习，凝聚共识。利用政协全委会、常委会、主席会、专委会和委员小组会以及机关每周例会等，组织县政协委员和政协机关干部认真学习贯彻党的十八大、十八届三中全会精神；学习中央八项规定以及省、市、县的有关规定要求。通过学习，凝聚共识，增强正能量。

（二）扎实开展主题教育活动，抓好机关自

身建设。认真开展了中国梦主题教育活动和群众路线教育实践“先行先改”活动，聚焦“四风”，查找突出问题，及时进行整改，机关作风进一步改善，三公经费大幅下降。组织机关干部职工到眉州监狱廉政警示教育基地开展警示教育活动。进一步完善机关管理制度，充分调动机关工作人员的积极性。2013 年，县政协机关获得县级以上各类奖项 15 项。

（三）强化外宣，树好政协形象。全年在《四川政协报》等省、市媒体上稿 133 篇，其中，在《四川政协信息》上稿 17 篇，超过市内其他五区县总和的 2 倍多，获得省政协 2013 年度全省政协新闻宣传工作先进单位。同时，办好县政协网站，设立政协委员 QQ 群，扩大影响力。

回顾一年来的工作，我们深刻体会到政协工作要上水平、讲质量、求实效，就必须围绕中心，服务大局，根据县委、县政府的中心任务和要求来确定政协工作的总体思路；必须集中智慧，凝聚力量，以开展多形式、多渠道的活动为载体，充分发挥委员的主体作用；必须善于调查，勤于思考，努力提高参政议政的能力和水平；必须与时俱进，开拓进取，积极探索履行职能的新途径和新方法，不断开创政协工作新局面。以上成绩的取得离不开县委的坚强领导，离不开县人大、县政府的关心支持，离不开全县各部门、各乡镇的密切配合，离不开社会各界的鼎力支持，离不开全体政协委员的共同努力，在此我谨代表县政协向一直以来关心、支持县政协工作的各位领导、同志们、朋友们表示最衷心的感谢和最崇高的敬意！当然我们的工作还有许多不足，如服务大局的能力、政治协商的重点、民主监督的力度和履行职能的制度化、规范化、程序化建设等方面，都还有待于在今后的工作中逐步完善和提高。

2014 年工作建议

2014 年县政协的工作思路是：以邓小平理论、三个代表重要思想、科学发展观为指导，深入学习贯彻党的十八届三中全会精神，贯彻落实县第十三届四次党代会精神，按照县委的部署，议大事，谋要事，督难事，办实事，积极履行政协职能，为助推我县经济社会又好又快发展作出新贡献。

一、着力在学习贯彻党的十八届三中全会精神上下功夫

把认真学习贯彻《中共中央关于全面深化改革若干重大问题的决定》作为 2014 年县政协的首要政治任务，坚持用党的十八届三中全会精神统一思想，凝聚力量。一是要认认真真学习决定，理解内容，把握精神；二是要坚持理论联系实际，切实提高履职能力；三是要以贯彻落实全会精神为动力，紧紧围绕县委、县政府确定的目标任务，扎实做好政协各项工作；四是要围绕改革、发展和民生问题加强调查研究，积极建言献策。

二、着力在协商民主参政议政上下功夫

按照十八届三中全会的要求，积极探索推进政治协商、民主监督、参政议政制度化、规范化、程序化的举措。认真抓好专题协商、对口协商、界别协商、提案办理协商，增加协商密度，提高协商成效。一方面，深入开展调查研究，组织政协委员对我县食品安全工作、规模以上企业发展情况、城管执法工作、农村土地使用情况、交通“三箭齐发”推进工作、依托彭祖长寿文化推进养老产业发展情况等开展调研。组织政协委员对我县龚家堰扩容工程推进情况、石化园区建设推进情况、社会网格服务管理工作情况、李密故里建设情况、城区学校教育资源整合情况及承办提案较多的部门或重点提案办理情况进行视察。在此基础上积极建言献策，使政治协商成为民意进入决策程序的重要渠道。另一方面，抓好政协委员意见和建议的反馈工作，推动建议案、协商意见、提案、社情民意信息、大会发言等的办理和落实，使参政议政成为促进人民群众利益得以实现的重要过程。同时，继续搞好乡镇文化和生态绿地规划指导工作，并围绕规划的实施建言献策。

三、着力在提案办理上下功夫

积极做好提案征集、审查、交办、督办、管

理等各项工作。在稳定提案数量、进一步提升质量的同时，更加注重加强与各承办单位的联系和衔接，加强与政协委员的沟通和协调，强化提案的督办工作，通过县级分管领导、主席会成员和专门委员会督办重点提案及开展提案办理视察等形式，提高提案的办成率。继续开展优秀提案、提案承办先进单位的评选表彰活动。

四、着力在民主监督上下功夫

充分运用个案监督、民主评议、视察调研、提案督办、反映社情民意信息等形式，开展经常性的民主监督活动。着力抓好对公共资源交易工作的个案监督和对政务服务工作的民主评议。同时，发挥统一选派民主监督员的作用，使政协的民主监督真正成为维护广大人民群众利益、促进部门工作的有效方式。

五、着力在关注民生履职为民上下功夫

一是继续办好《社情民意》专刊，将在日常工作中收集到的各阶层群众的呼声及时反馈给县委、县政府及相关部门，促使群众关心的问题得到解决。二是积极开展好“两代表一委员”服务群众工作站工作，努力为基层群众办实事、解难事。三是继续开展好“321”干部直接联系服务群众工作。

六、着力在提升政协工作整体水平上下功夫

一是认真组织开展好县政协班子和机关群众路线教育实践活动。认真查找、切实改进在“四风”上存在的问题，建好班子，带好队伍。在全体委员中广泛开展“三深入”（深入实际、深入基层、深入群众）活动。二是加强政协机关建设。严格执行中央、省、市、县关于改进工作作风、密切联系群众的规定，发扬艰苦奋斗、勤俭节约的优良传统，努力建设节约型机关。不断改进工作作风，提高工作效率，努力建设服务型机关。三是加强政协的宣传工作。组织开展好庆祝人民政协成立65周年活动。加大政协工作的宣传力度，办好我县政协网站，不断扩大我县政协工作的社会影响力。四是继续做好文史工作。按照市政协的要求，完成抗美援朝彭山参战人员文史资料的收集整理工作。

各位委员、同志们！彭山发展正处在一个充满希望、充满朝气、充满活力的新起点上。让我们在中共彭山县委的坚强领导下，高举中国特色社会主义伟大旗帜，以党的十八届三中全会精神为指引，积极发挥政协优势，切实履行政协职能，以更加高昂的斗志，更加饱满的热情，更加务实的作风，为实现彭山发展新跨越作出新的更大的贡献！

谢谢大家！

彭山县2013年度概况

【概况】 2013年，全县总面积465平方千米，其中耕地面积149.3平方千米，森林覆盖率37.5%。全县辖9镇4乡，年末总人口33.4万人。城镇化率47.82%，人口出生率10.7‰；人口自然增长率3.7‰。

全县GDP实现101.9亿元，增速10.9%；实现全社会固定资产投资147.7亿元，增长27.9%。全年财政一般预算收入突破10亿元，达到10.5亿元，实现两年翻番；地方公共财政预算收入增长42%，增速全市第一；税收占比70.7%，全市第一。工业增加值增速实现11.1%，全市排名第一。全县第二产业增加值62.4亿元，增速11.8%。工业化率54.5%，城镇化率47.82%。社会消费品零售总额增长14.2%，实现29.8亿元。招商引资到位资金124.2亿元。城镇居民人均可支配收入增长11.3%，实现2.14万元，增速全市第一。农民人均纯收入增长14.4%，实现9962元，增速全市第一。创建国家义务教育发展基本均衡合格县通过省级评估验收，教育工作获全市第一。2个乡镇进入全省“百强乡镇”，1个乡镇列入全省“百镇建设试点镇”，彭山经开区建成百亿园区。加强社会治安综合防控，成功破获“7·24”特大制毒案等各类刑事案件557件。重拳整治违法建设乱象，拆除违法、违规建筑5000余平方米。彭山县被评为全国平安畅通县、全国“六五”普法中期先进县、四川省平安建设先进县、四川省环境优美示范县城，获得市级以上表彰奖励76项，获得全市“主动作为创一流”半年目标考核第一名。

【综合经济】　2013年，全县实现地区生产总值（GDP）101.9亿元，同比增长10.9%，高出全市平均水平0.1个百分点，高出全省平均水平0.9个百分点。其中，第一产业增加值11.83亿元，同比增长3.1%。第二产业增加值62.44亿元，同比增长11.8%，其中，工业增加值实现55.41亿元，同比增长10.8%。第三产业增加值27.64亿元，同比增长12%。三次产业对经济增长的贡献分别是3.2%、68%、28.8%，分别拉动经济增长0.4、7.4、3.1个百分点，三次产业结构比为12:61.9:26.1。

2013年，全县民营经济增加值62.14亿元，按可比价格计算增长13.4%。民营经济占GDP比重为61%，比上年提高1.3个百分点，对经济增长的贡献率为73.4%，拉动经济增长7.7个百分点。其中，第一产业民营经济增加值56.36万元，增长3.5%；第二产业民营经济增加值40.48亿元，增长15.5%；第三产业民营经济增加值16.05亿元，增长12.2%。

【工业经济】　2013年，实施强工战略，工业经济上档升级。全年工业增加值55.41亿元，增长10.8%，对经济增长的贡献率为68%，拉动经济增长7.4个百分点。全县工业性固定资产投资达到61.72万元，增长29.4%。全县规模以上工业企业100户，年产值过亿企业63户，实现总产值212.33亿元，增长25.8%。全县工业化率达到54.4%。实施项目180个、竣工项目129个。向上争取各类项目418个，到位资金7.8亿元。坚持宁慢不乱、宁缺勿滥，锁定世界500强、国内100强、行业50强企业主动出击，新签约项目15个120亿元，其中10亿元以上项目5个。强力推进天府新区彭山区域建设，成功建成百亿园区。青龙大道等6条道路竣工，天府青龙会展中心主体工程完工，龙都湿地公园A区建成、B区建设启动。青龙火车站西货站铁路专用线竣工投运，建成全省唯一省级现代物流聚集区、成昆线第二大货运站。林德气体等9个产业项目竣工投产，联合利华四川全球生产基地等20个产业项目启动建设。引进苏宁云商、华润万家等重大优质产业项目。成眉石化园区初具形象，平整场地2平方千米，启动供水、供电、供热、污水处理等配套建设，签约重大产业项目2个。南方高端家居出口制造基地建成标准厂房50万平方米，8家企业试生产。工业经济量质齐升，新增规模企业15户，产值上10亿元企业1户，纳税上千万元企业9户，创名优品牌25件。

主要产品生产形势良好。在统计的23种重点产品中，有12种产品产量增长，增长面为52.2%。2013年，全县水泥产量达339.1万吨，合成洗涤剂12.4万吨，元明粉67.3万吨，饮料酒1145千升，配混合饲料90.5万吨。

【农村经济】　2013年，农林牧渔业总产值20.54亿元，现价增长6.7%；农林牧渔业增加值11.83亿元，按可比价计算增长3.1%。全县粮食面积稳定在2.5万公顷，总产完成14.84万吨；油菜总产0.921万吨；种植业为农民人均增收300元以上。全县水果面积6746.67公顷，总产5.62万吨；蔬菜面积3820公顷，总产8.88万吨；中药材面积2800公顷，产量8824.9吨；食用菌产鲜菌2.65万吨；加工蔬菜基地面积1080公顷，加工量2450吨，销售收入2480万元。新认证绿色食品1个，无公害农产品2个。全年畜牧业增加值5.09亿元，增长3.2%。全年出栏肉猪36.6万头，增长2.3%；出栏牛3262头，增长1%；出栏羊4.3万羽，增长0.8%；出栏家禽328.8万羽，增长4.5%。全年肉类总产量3.69万吨，增长4.3%，其中：猪肉2.46万吨，牛肉397吨，羊肉534吨，禽肉4990吨。全县禽蛋产量6266吨，牛奶8310吨。全年林业增加值3026万元，增长4.6%；年末，森林面积1.68万公顷，森林覆盖率达到37.5%。全年渔业增加值1.07亿元，增长11.3%。水产品养殖面积1171公顷，水产品产量1.32万吨，增长8%。农民人均收入完成9962元，同比增长14.4%，增幅在全市6区县中排名第一，比市平均增速高出1.1个百分点。

农村经济稳步发展。大力开展“千斤粮万元钱粮经复合产业基地建设”，在公义、谢家、义和建成以稻——药——菜为种植模式的粮经复合产业基地2000公顷；在锦江、武阳建成以稻——菜（油菜）为种植模式的“吨粮田五千元”基地1333.33公顷。依托粮油高产创建项目，建立以公义镇、凤鸣镇、谢家镇、观音镇和武阳乡为中心的水稻万亩高产创建示范片4个，油菜万亩高产创建示范片2个。万亩示范片经省、市专家组验收，水稻亩产633.83千克；油菜亩产达到201千克。完成晚秋资源开发6666.67公顷。依托省级粮油高产创建项目，实施了以锦江乡、牧马镇为中心的2个万亩秋马铃薯高产创建示范片，总面积1440公顷，集中展示66.67公顷，“四新”示范16.67公顷。是年11月29日，四川省农业厅验收核心示范片亩产1807.6千克，万亩示范片亩产达1175千克。引进推广水稻、小麦、油菜、玉米、洋芋等粮油作物新品种32个，引进推广水果、蔬菜、中药材等经济作物新品种12个，推广粮油新技术3.47万公顷次，加快了全县农作物品种更新，优质农产品占有率明显提高。2013年，新成立农民专业合作社12家，全县累计成立农民专业合作社182家。组织申报眉山市市级示范农民专业合作经济组织，上报专合社7家，协会1家。完成巩固退耕还林成果4533.33公顷，已通过国家退耕还林阶段验收；成片造林800公顷；低产低效商品林改造13.33公顷，经济丰产林改造166.67公顷；S103线10千米多色谱林业景观带建设和两个园林节点的打造工作。强力推进六基地一园区建设：江口林下生态养殖观光园区建设，建成一、三产业互动示范区香猪苑、孔雀山庄的中华珍禽博览园2个；千万只肉鸭养殖基地建设，2013年带动农户达44户，出栏肉鸭达1302万羽；保胜、义和10万头优质生猪养殖基地建设，全年改扩建适度规模养殖户33户，出栏生猪16万头；武阳、谢家百万只肉兔基地建设，全年改扩建适度规模养殖户13户，出栏肉兔200.8万只；公义20万羽标准化蛋鸡养殖基地建设，改扩建和新建适度规模蛋鸡养殖户21户，常年存栏蛋鸡达21万羽以上；黄丰百万只肉鸡养殖基地建设，新发展适度规模户6户，年出栏肉鸡201.7万羽以上；锦江林下养殖基地建设，全年新增林下鸡养殖面积达166.67公顷，出栏林下鸡231万羽。围绕现代农业重点县建设，在以观音果园为核心的葡萄核心区新增葡萄种植面积82.67公顷；新打造以公义、彭溪、武阳为核心的万亩葡萄示范区1个，以黄丰镇四塘、中和村为核心的柑橘万亩示范区1个；高换劣质低产柑橘园581.53公顷，全年新植和改造果菜1333.33公顷，在柑橘、早熟梨、葡萄等水果上推广果实套袋近2640公顷。

全县农机总动力达到26.83万千瓦，综合机械化水平达到60.24%。机收稻麦1.41万公顷，机耕2.19万公顷，机播7380公顷，助农增收节支3800余万元。开展常规水稻和制种水稻机插秧技术推广2项。争取农机购置补贴、机插秧、阳光工程培训等到位项目资金779.6万元，新建和技术改造提灌站32座，新增提灌机械156台1344千瓦，维修养护提灌机具583台5830千瓦，新建（整治）机耕道92.7千米。农业机械化综合水平达到60.5%，全市第一。完成部级“农机平安示范县”创建工作。围绕增收抓改革，努力发展都市近郊型现代农业，完成22个新村综合体详规的制定；建成新村聚居点12个，完成启动综合体建设9个，完成综合体建设2个。完成农业产业招商1570.8万元。2013年，彭山县创建成“全国农业标准化示范县”、省级“绿化模范县”　“第二轮新农村建设成片推进示范县”“现代农业重点县”。

【固定资产投资】　2013年，全社会固定资产投资147.7亿元，增长27.9%，固定资产投资144.2亿元，增长27%。其中，基本建设投资83.12亿元，增长59.6%，更新改造投资26.77亿元，增长-15.5%，房地产投资34.31亿元，增长15.4%。三次产业投资协调发展。第一产业投资1.6亿元，增长8.7%；第二产业投资61.93万元，增长29.5%；第三产业投资84.16亿元，增长27.1%。第一、二、三产业投资占全社会投资的比重分别为1.1%、41.9%和57%。

【国内贸易和对外经济】　2013年，全县社会消费品零售总额实现29.78亿元，增速14.2%；其中，批发业2.77亿元，增长14.4%，零售业22.87亿元，增长14.5%，住宿业3673.2万元，增长15.5%，餐饮业3.77亿元，增长12.1%。从销售单位所在地看，城镇实现零售额17.92亿元，增长15%；乡村实现零售额11.85亿元，增长13%。对外贸易高速发展。全年外贸进出口总额6187元，增长30.8%。其中，出口955万美元，进口5232万美元。全年实际利用外资4956万美元。

【第三产业】　旅游三产迎难突破。彭祖山总规修编获省政府批准，核心景区总规实施方案编制完成，旅游通道改造竣工，长寿村旅游小镇建设启动。恒大铂金酒店、国际会议中心和复地黄龙溪谷红酒庄对外营业，恒大运动中心主体完工。李密故里开发高速路出口建设取得省级批文。成功举办“三月三朝山暨非物质文化遗产节”“第四届黄丰橘花节”“第四届观音葡萄节”“2013首届生态农产品采摘节”　“天宫山庙会”“龙安庙会”“彭山首届太极文化周”等民俗文化和乡村旅游会节，举办被子节、家居建材节、养生美食会、精品房产推介会等大型商业节庆活动60余场次。全年接待游客283.57万人次，旅游总收入实现21.8亿元，市三产重点项目完成投入26.8亿元，旅游重点项目投入17.5亿元，固定资产投资完成5.3亿元，实现农民转变为三产经营者和从业者6300人，第三产业增加值增速实现12%。

全县房地产业围绕全域城镇化，科学编制城市规划和产业规划，加快城市基础设施和商业配套建设，在建城市建设项目全面顺利推进。“房产万里行”养生养老房产营销成效明显，商品房销售面积全市第一。千亩滨江湿地体育公园成功招商，田园锦江项目进行概念性总规划编制，柏杨湖旅游综合开发项目已与相关开发企业达成初步投资意向。

2013年，彭山县道路旅客运输完成客运量4188.5万人次，客运周转量3.96亿人千米，完成货运量589.9万吨，货运周转量5.09亿吨千米。

全年邮电主营业务收入2.11亿元，增长29.3%。全县固定电话用户2.98万户，下降9%；移动电话用户24.48万户，增长3%；宽带用户数达到6.84万户，增长18%。

【财政金融保险】　2013年，全县实现地方财政收入16.35亿元，同口径增长17.5%；地方财政一般预算收入10.52亿元，增长42%；其中，税收收入7.43亿元，增长22.3%；全年地方财政一般预算支出19.93亿元，增长26.7%。深化投资、财税、金融体制改革，取消审批和收费项目15项，开展“营改增”试点，新增信贷投放21.2亿元。年末，全县各项存款余额143.24亿元，增长24.3%；各项贷款余额63.49亿元，增长26.8%。

【城乡建设】　2013年，彭山县“三箭齐发”快速推进，岷东大道成彭段路基、桥涵工程完工，彭祖山隧道进洞施工，滨江大道彭祖新城段、工业大道石化园区B段试通车，石化大道延伸段和石化二路建设启动。成绵乐轻轨主体工程完工，成昆铁路扩能前期工作启动。实施老城区“六大工程”，李密大道二段、三段等15条道路黑化竣工，彭溪河寿星门景观改造等10个项目建成投用，高速路出口综合整治等22个项目全速推进，全面启动千亩滨江湿地体育公园升级改造，城区路灯照明、行道树实现全覆盖。彭祖新城长寿大道、寿乡桥建成通车。2013年，全县城镇建设投入资金达42亿元，其中，市政基础设施建设11亿元，乡镇建设5亿元，建筑业产值实现20.1亿元。全年房地产开发投入资金达26亿元，新开工面积37万平方米，同比增长90%；竣工面积19.1万平方米，同比增长11.7%；商品房销售面积64万平方米，同比增长131%。保障性安居工程有序推进。保障性安居工程开工建设902套（其中，新建公租房292套，城市棚户区改造610套）。2013年，已基本建成1070套，竣工870套。分配农民工公租房16套，为1300户发放租赁补贴约224万元。完成268套农村危房改造工程建设，建档录入率达100%。统筹城乡进程加快。开展乡镇规划大会战，完成四大片区和11个乡镇规划。牧马镇成功进入全省“百镇建设试点镇”，青龙镇评为全省“环境优美示范乡镇”。建成新村聚居点12个、综合体2个，龙安村等7个村评为全省“环境优美示范村庄”。持续提高城乡环境综合治理标准，投资300万元的县垃圾转运站正式投运。加强生态建设，建设美丽彭山，“千湖之城”“绿海明珠”“多色谱景观带”建设进度居全市前列，环境监测站标准化建设在全市率先通过省三级达标验收，省级生态县建设通过技术核查。

【社会事业及民生工程】 全年财政投入民生和社会事业资金14.6亿元，民生支出占财政预算支出的73.2%，比重居全市第一。

社会事业协调发展，申报各类科技成果转化项目25项、国际合作项目1项，申请专利84件。完成县幼儿园整体搬迁等7个项目，启动县职高整体搬迁等6个项目，义务教育发展基本均衡合格县通过省级督导评估，全市高考理科状元在彭山产生。2013年，全县小学15所，在校学生1.14万人；普通中学15所（含高中、初中、九年一贯制学校），在校学生1.09万人；中等职业学校2所，在校学生5296人。全年小学学龄儿童入学率100%，初中毕业生升学率89.6%，高中升学率90.2%，高考本科上线率41.7%。全县小学专任教师数920人，普通中学专任教师数863人。县财政投入教育支出3.15亿元，增长19.2%。

新建村级文化活动室54个、村广播站32个、省级示范乡镇综合文化站2个。获得省级文艺汇演和健身秧歌比赛金奖3个。夺得市三运会金牌33枚，名列全市区县第三。完成公园山体育场改造。县电影公司成功改制。全年举办“群众性文化体育活动”89次，观众人数达6.3万人次。举办“寿乡大舞台”“寿乡大讲堂”“市民艺术培训”“书香未来”流动图书服务等县级群众文化活动及文化惠民活动41次，观众参加人数达26.8万人次。

2013年年末，辖区有各级各类医疗卫生机构243个，有专业卫生人员1233人，其中：执业医师546人，执业助理医师204人，注册护士483人，平均每千人拥有卫生技术人员3.74人，平均每千人拥有执业（助理）医师2.38人，平均每千人拥有注册护士1.46人。新建6所乡镇卫生院，县中医院创建成二级甲等医院，“新农合”参合率、血吸虫病传播控制达标全市第一，“三重”医疗救助（基本医疗报销为基础，专项医疗救助为补充，慈善医疗救助为支撑）为全市唯一。在全市率先开展流动人口生育服务证网上办理，人口自然增长率控制在3.66‰以内。创建省级养老示范社区2个、星级敬老院3所，武阳敬老院管理经验全国交流。2013年，全县参合农民26.07万人，参合率100%，比2012年参合人数实增590人。筹资标准从2012年的290元/人提高到2013年的340元/人，最高支付限额12万元。参合农民累计受益59.54万人，基金支出总额为8864.20万元，基金使用率为98.53%，参合农民住院率为10.98%，实际住院补偿比达到

66.36%，政策范围内报销比例达到76.22%，实际住院补偿比达65.36%。化解基层医疗机构债务，让医院回归公益属性，减少患者药费支出1000余万元，卫生工作获全省先进单位。

实施民生工程195项。民生支出14.6亿元，占公共财政预算支出73.2%。夺取“4·20”抗震抢险和灾后重建阶段性胜利，完成农房重建和维修加固2130户，建成国家级防灾减灾示范社区1个。启动龚家堰城市饮水扩容工程。新增城镇就业4256人，城镇登记失业率控制在3.96%以内。城乡居民社会养老保险参保14.9万人，参保率全市第一。大力实施保障性安居工程，新建保障性住房8.44万平方米，建成保障性住房1064套。实施连片扶贫开发，减少贫困人口5192人。全年城镇居民人均可支配收入达到2.14万元，农民人均纯收入达到9962元，增速全市第一。规范“两管三线”（燃气、自来水，电力、电话、有线或光缆电线）户表安装价格，1.3万户城乡“低保户”、农村“五保户”享受电价优惠。

社会大局和谐稳定。安全生产工作通过国务院督察组检查，2个乡镇被省政府命名为道路交通安全示范乡镇。完成食品药品监管机构重组，建成餐饮服务食品安全省级示范店2家，全年未发生食品药品安全事故。成功破获“7·20”杀人案等刑事案件，打击涉假经济犯罪、扫毒害保平安专项行动、基础信息采集全市第一，完成智能交通系统一期和信息化卡口系统建设。在全省率先建成村（社区）司法工作站55个。统计、气象、档案、保密、史志、红会、外台侨、妇女儿童、民族宗教、国防建设等工作取得长足进步。

【行政效能建设】　2013年，彭山县认真执行“八项规定”，坚决整治“四风”，保持风清气正。政府班子带头走基层、解难题、办实事、惠民生。厉行勤俭节约，“三公”经费支出在2012年基础上压缩20%，财政评审、政府采购、工程审计节约资金3.7亿元。严格依法行政，办理县人大代表建议45件、政协提案104件，满意和基本满意率100%。推进行政审批制度改革，创新开展“一费制”、税务“一本证”服务，建立“三大中心”（金融服务中心、一费制缴费服务中心、行政审批代办服务中心），建成13个乡镇便民服务中心和5个集中办事大厅的电子监察系统。建立行权平台，政府网站绩效考评全市区县第一。重拳治理“庸懒散奢”，全年政风行风暨软环境测评连续两次全市第一。深入开展融入成都学先进活动，转化经验25项。深入开展服务型基层党组织建设，受到中组部、省委组织部领导肯定批示。创新实施人才回引工程，圆满完成村级党组织换届，工作经验在中组部“6省区在‘村两委’换届中选好村党组织带头人座谈会”上交流。深入推进“中国梦”彭山实践，特色经验被《四川日报》刊发。认真落实党风廉政建设责任制，严肃惩治腐败行为，全年党纪政纪处分61人。狠抓宣传，传递正能量，让外地人了解彭山，让彭山人热爱彭山，中央级媒体全年宣传报道彭山120次。坚持依法治理，通过法律手段提高土地使用税征收标准，让圈地、屯地的投机者付出代价。重拳整治违法建设乱象，拆除违法违规建筑5000余平方米。依法查处假记者案件，坚决抵制新闻行业的不正之风，受到中央“扫黄打非”办的高度肯定。加强社会治安综合防控，成功破获“7·24”特大制毒案等各类刑事案件557件。坚持信访维稳正向处置原则，对群众合法合理诉求笑脸相迎、认真对待，对非法无理要求严肃批评、坚决打击，实现“零到京、零聚集、不出事”。

彭山县党政群机关及其工作部门领导任免名录

中共彭山县委

书　记：蔡　刚（继任）
副书记：梁　磊（继任）
　　　　俞红梅（继任）
常　委：钟建成（继任）
　　　　严开义（继任）
　　　　蒋会强（下派，继任）
　　　　董　武（继任）
　　　　罗　焱（继任）
　　　　郭　茂（继任）
　　　　李洪强（继任）
　　　　周代军（继任）
　　　　黄蓉生（继任，挂职，新津县委常委、统战部部长、县总工会主席）
　　　　胡　徐（9 月止）

彭山县人大常委会

主任、党组书记：向　坤（12 月止）
党组副书记：罗会华（继任）
副主任：罗会华（继任）
　　　　王　洪（继任）
　　　　周　惠（继任）
　　　　余玺樟（继任）
专职委员：丁　越（继任）
　　　　郑发启（继任）

彭山县人民政府

县长、党组书记：梁　磊（继任）
党组副书记：钟建成（继任）
副县长：钟建成（继任）
　　　　蒋会强（下派，继任）
　　　　廖　伟（继任）
　　　　胡志中（继任）
　　　　郭　益（继任）
　　　　李忠云（继任）
　　　　唐孝东（挂职，8 月止，金川县副县长）
　　　　杨宇焰（11 月任，中国人民银行成都分行金融研究处副处长，下派）
县政府党组成员：李国成（10 月任）
　　　　李鸿海（12 月任）

彭山县政协

主席、党组书记：谭福轩（继任）
党组副书记：郑玉忠（继任）
副主席：郑玉忠（继任）
　　　　喻　旭（继任）
　　　　毛太忠（继任）
　　　　卓德松（继任）
秘书长：樊德全（继任）
党组成员：帅素彬（12 月止）
　　　　骆志强（12 月任）

县纪律检查委员会

书　　记：罗　焱（继任）
常务副书记：陈　利（继任）
副 书 记：曾淑敏（继任）
常　　委：章建军（继任）
　　　　张　萍（9 月止）
　　　　刘建军（继任）

监察局

局　长：陈　利（继任）

副局长：刘碧波（继任）
罗　俊（继任）

县纪委、县监察局办公室

主　任：张　萍（9月止）

县纪委、县监察局党风室

主　任：张锦刚（继任）

县纪委、县监察局案件审理室

主　任：杜远虑（继任）

县纪委、县监察局信访室

主　任：孙维炜（继任）

县纪委、县监察局宣教室

主　任：李　慧（继任）

县招投标监督委员会办公室

主　任：刘碧波（继任）
副主任：林中飞（继任）

县纪委、县监察局案件监督管理室

主　任：张敬林（继任）

县纪委、监察局行政效能监察室

主　任：杜凤兵（继任）

县监察局执法监察室

主　任：段　炼（继任）

派出第一纪工委

书　记：章建军（继任）
副书记：祝　慧（继任）
委　员：周　艳（继任）

派出第一监察分局

局　长：章建军（继任）
副局长：祝　慧（继任）
监察员：周　艳（继任）

法　院

院长、党组书记：蹇　峰（继任）
党组副书记、常务副院长：付　超（继任）
副院长：李素华（继任）
周　文（继任）
纪检组组长：郭祥君（9月止）
冯素才（9月任）
政治处主任：娄江永（继任）

县人民法院执行工作局

局　长：周万明（继任）

县人民法院审判委员会

专职委员：段利霞（继任）

青龙法庭

庭　长：谌　英（继任）

县人民法院司法调解中心

主　任：李素华（2月任）
专职副主任：张　咏（继任）

检察院

检察长、党组书记：李　懿（2月任）
代理检察长：李　懿（2月止）
常务副检察长：徐惠林（继任）
副检察长：袁　玲（继任）
张　翔（继任）
樊　慧（挂职，6月止，省检察院民事行政检察处主任科员）
杨　建（挂职，6月任，省检察院公诉一处主任科员）
政治处主任：陈常军（3月任）

县人民检察院反贪局

局　长：满　强（继任）

县人民检察院司法调解中心

专职副主任：郭　红（继任）

检察委员会

专职委员：李卫兵（继任）
李　鸿（继任）
青龙检察室主任：赵显强（2月任）

人武部

政　委：董　武（继任）
部　长：宋廷学（继任）
副部长兼军事科长：舒清春（继任）
纪委书记：舒清春（继任）

军事科

科　长：刘荣军（继任）
参　谋：杨　洋（继任）
任　康（继任）

政工科

科　长：何　明（4月任）

后勤科

科　长：李永健（继任）

县委办

主任、县委机关党委书记：王佑泽（继任）

县委机关党委副书记、纪委书记：

漆　影（继任）

副主任：陈　波（2月止）

龚　涛（继任）

李兴华（继任）

黎文林（继任）

高建刚（10月止）

巨晓峰（2月任）

周明强（2月任）

常委办公室

主　任：高建刚（10月止）

县委、县政府接待办

主　任：谢　红（2月止）

巨晓峰（2月任，12月止）

副主任：倪　杨（继任）

代　丽（继任）

目标办

主　任：刘婷婷（继任）

督查室

主　任：胡晓斗（继任）

县社区网格服务管理中心

主　任：巨晓峰（12月任）

组织部

部　长：周代军（继任）

常务副部长：宁　武（继任）

副部长：王　松（继任）

黄　松（继任）

刘　伟（继任）

王仲文（继任）

部务委员：巨晓峰（2月止）

巫燕平（继任）

曾明华（9月任）

党建办

主　任：王仲文（继任）

副主任：徐丽红（2月止）

先张玉（9月任）

非公有制经济组织、新社会组织党工委

书　记：巫燕平（继任）

副书记：曾明华（9月止）

彭　佳（9月任）

远教中心

主　任：巨晓峰（2月止）

张　海（2月任）

副主任：张　海（2月止）

向东平（9月任）

人才办

主　任：陈立雪（继任）

县委宣传部

部　长：李洪强（继任）

常务副部长：张　锐（10月止）

李亚军（10月任）

副部长：龚　涛（继任）

李亚军（10月止）

潘　勇（继任）

袁志福（继任）

易　雨（10月任）

部务委员：李永铁（继任）

县委对外宣传办公室暨县政府新闻办公室

主　任：龚　涛（继任）

副主任：梁卫东（继任）

精神文明办公室

主　任：李亚军（10月止）

易　雨（10月任）

副主任：李光富（9月止）

县社会科学界联合会

主　席：吴建明（继任）

县文学艺术界联合会

副主席：王碧林（继任，聘任）

县委对外宣传新闻中心

主　任：王　浩（继任）

长寿文化研究所

所　长：陈华春（继任）

副所长：付卫平（7月止）
徐莉莉（继任）
陈元飞（9月任）

互联网不良与违法信息举报中心

主　任：徐　军（10月任）

县委统战部

部　长：卓德松（继任）
常务副部长：李志文（继任）
副部长：刘丽霞（继任）
部务委员：宁　莉（继任）

民族宗教事务局

局　长：刘丽霞（继任）

县委政法委

书　记：严开义（继任）
常务副书记：王　军（继任）
副书记：张　麟（继任）
吴　洪（继任）

综治办

主　任：张　麟（继任）
副主任：辜　欣（继任）
陈文涛（9月任）

防邪办

主　任：张志春（继任）

维稳办

主　任：傅　艳（2月任，12月止）

国内安全领导小组办公室

主　任：傅　艳（12月任）

政工科

科　长：成红敏（2月任）

大调解中心

专职副主任：杨海霞（继任）

县委政研室

主　任：李兴华（继任）
副主任：帅　辉（继任）

县委机构编制委员会办公室

主　任：黄　松（继任）
副主任：陈跃武（继任）

事业单位登记管理局

局　长：黄　松（继任）
副局长：袁　丽（继任）
段艳梅（继任）

机构编制信息中心

主　任：陈文秀（继任）

县委群众工作部

部　长：黎文林（继任）
副部长：陈建华（继任）
干树文（继任）
部务委员：冯雅琴（7月任）

县群众接待中心

主　任：黎文林（继任）
副主任：何李霞（继任）

县信访群众疏导调解中心

专职副主任：冯雅琴（7月止）
周彭港（9月任）

县委农村工作领导小组办公室

主　任：李国成（10月止）
高建刚（10月任）
副主任：刘俊辉（继任）
龚开福（继任）
李　琴（2月任）

县委机要局

局　长：胡　水（继任）
副局长：李　毅（继任）
总工程师：黄光伟（继任）

县保密局

县委保密委员会办公室主任、保密局局长：
周志远（继任）
保密技术检查中心主任：刘　昶（2月任）

县直机关工委

书　记：彭　艳（继任）

副书记：周天翔（继任）
纪工委书记：刘利平（继任）

县委老干部局

局　长：刘　伟（继任）
副局长：梅　勇（继任）

党　校

校　长：俞红梅（9月止）
　　　　周代军（9月任）
常务副校长：符江川（继任）
副校长：王正江（继任）
　　　　刘先清（继任）
校委委员：向国彬（继任）

党史地方志办公室

主　任：许德英（继任）
副主任：刘黔玲（继任）
　　　　唐　嘉（继任）

《今日彭山》杂志社、县政府电子政务办公室

总编、主任、党组书记：曾卫平（继任）
副总编、副主任：罗国华（继任）
　　　　　　　　周　静（继任）
纪检组组长：宋冬梅（继任）

妇　联

主席、县政府妇儿工委办主任：
　　　　叶秀兰（继任）
副主席：黄亚霞（继任）
　　　　管　莉（继任）

共青团彭山县委

书　记：李　燕（继任）
副书记：秦玲玲（挂职，1月任，9月止，原金川县委接待办副主任）
　　　　邱　宇（2月任）
　　　　徐　舟（7月任）

总工会

主　席：俞红梅（继任）
常务副主席、党组书记：宋碧梅（继任）
副主席：李　蓉（继任）
　　　　黄明秋（继任）
纪检组组长：曹　春（继任）

县科协

主　席：余红星（继任）
副主席：唐　红（继任）
　　　　孙　卫（继任）

县工商联

主　席：毛太忠（继任）
党组书记：李志文（继任）
常务副主席：张　宏（继任）
副主席：张　钰（9月任）

残　联

理事长：赵洪良（继任）
副理事长：潘秀莉（继任）
　　　　　郑碧忠（继任）

红十字会

会　长：廖　伟（兼任）
常务副会长：王　娜（继任）
秘书长：田伟华（继任）

县人大常委会工作部门

办公室

主　任：邓志勇（继任）
副主任：刘　莉（继任）

农工委

主　任：方廖华（继任）
副主任：吴建康（继任）

法工委

主　任：许世良（继任）
副主任：金玉群（继任）

人代工委

主　任：李文莉（继任）

财经工委

主　任：李建炜（继任）

副主任：唐素华（继任）

教工委

主　任：李素芬（继任）

副主任：赵长久（10月止）

信访室

主　任：周永秀（继任）

副主任：潘桂萍（2月止）

城环资工委

主　任：宁志成（9月止）

王从清（9月任）

县政府办公室

主任、党组书记、政府机关党委书记：

罗鸿翔（继任）

政府机关党委副书记、纪委书记：

彭国英（继任）

副主任：周明强（2月止）

刘　敬（继任）

袁　睿（9月止）

纪检组组长：杨　坤（继任）

应急办

主　任：夏　云（继任）

副主任：唐建超（继任）

刘海福（继任）

法制办

主　任：周云霞（继任）

防震减灾局

局　长：秦德权（继任）

督查室

主　任：张　玲（继任）

行政调解指导中心

专职副主任：袁　洪（继任）

县行政管理学校

校　长：钟建成（继任）

常务副校长：符江川（继任）

副校长：王正江（继任）

刘先清（继任）

发展和改革局

局长、党委书记：余　波（继任）

党委副书记：陈红霞（继任）

副局长：刘晓冬（10月止）

梅晓佳（继任）

刘庆伟（继任）

高寿琼（挂职，9月止，原金川发改局副局长）

毛　琨（继任）

柳树君（10月任）

项目办主任：刘晓冬（10月止）

招投标管理办公室主任：曾大勇（继任）

节能减排管理中心主任：余　毅（继任）

铁建办主任：柳树君（10月任）

经济和信息化局

局长、党组书记：龚　勋（10月止）

熊　念（10月任）

副局长：喻　红（继任）

许晓飞（10月止）

彭　凯（继任）

赵景宏（继任）

矛盾纠纷大调解中心专职副主任：

代建辉（继任）

教育体育局（10月由原县教育局更名）

局长、党委书记：游德华（10月任，原县教育局局长、党委书记10月止）

党委副书记、纪委书记：

张洪良（10月任，原县教育局党委副书记、纪委书记10月止）

副局长：王晓波（10月任，原县教育局副局长10月止）

曾旭东（10月任，原县教育局副局长10月止）

祝　军（10月任，原县教育局副

局长10月止）
邓云勇（挂职，1月止，金川县教育局副局长）
王永琼（挂职，1月任，9月止，金川县教育局副局长）
县政府教育督导室主任：王晓波（继任）
矛盾纠纷大调解中心专职副主任：
赖志刚（10月任，原县教育局矛盾纠纷大调解中心专职副主任10月止）

科学技术局

局长、党组书记：卢礼会（继任）
副局长：盛萍华（继任）
孙奕飞（继任）
纪检组组长：黄建波（继任）

公安局

局长、党委书记、督察长：郭　益（继任）
政委、党委副书记：郭昌军（继任）
副政委：王荣华（继任）
常务副局长：李光儒（10月止）
副局长：杨　刚（继任）
程　轲（继任）
曾勇强（继任）
余　波（9月止）
蒙　君（挂职，9月止）
刘良贵（9月任）
肖　柯（10月任）
纪委书记：瞿　乐（9月止）
方　强（10月任）

政治处

主　任：方　强（10月止）
徐　敏（10月任）

县治安案件调解中心

专职副主任：余　波（9月止）
刘良贵（9月任）

纪检监察审计室

主　任：吕明富（继任）

国保大队

大队长：傅　艳（2月止）
袁智勇（10月任）
教导员：王文福（12月止）

指挥中心

主　任：王树良（继任）

情报信息大队

大队长：李泉勇（3月任）

警务保障室

主　任：廖宁崎（继任）

法制大队

大队长：赵建春（继任）
教导员：张桂军（继任）

刑警大队

大队长：肖　柯（10月止）
教导员：侯维列（继任）

禁毒大队

大队长：徐成武（继任）
教导员：梁红斌（继任）

治安大队

大队长：徐　敏（10月止）
教导员：干　艳（继任）

经侦大队

大队长：邓　剑（继任）
教导员：毛华山（继任）

巡警大队

大队长：陈维刚（继任）
教导员：代万军（2月止）
李廷富（2月任）

交警大队

大队长：杨　刚（继任）
教导员：石先云（继任）
副大队长：钱乐林（继任）
倪　鹏（继任）

交警大队综合中队

中队长：倪　鹏（2月止）
张静萍（3月任）

交警大队法宣中队

中队长：李　玲（继任）

交警大队车管中队

中队长：陈　静（继任）

指导员：杜　浪（继任）

交警大队特勤中队

中队长：陈维勇（继任）

指导员：李建文（2月止）

宋　宇（2月任）

交警凤鸣中队

中队长：宋　宇（2月止）

代　宏（2月任）

指导员：代　宏（2月止）

李建文（2月任）

交警武阳中队

中队长：罗海波（继任）

交警青龙中队

中队长：吴　祥（继任）

指导员：向真伟（继任）

网监大队

大队长：廖劲淇（继任）

教导员：秦小虎（继任）

消防大队

大队长：杨卓林（继任）

教导员：朱　强（继任）

看守所

所　长：范明鲜（继任）

指导员：贾小平（继任）

拘留所

所　长：袁文广（继任）

教导员：刘建明（2月止）

代万军（2月任）

青龙派出所

所　长：周　贤（10月止）

陈钇光（10月任）

教导员：尹建春（继任）

观音派出所

所　长：任　浩（继任）

教导员：李廷富（2月止）

刘建明（2月任）

凤鸣派出所

所　长：袁智勇（10月止）

周　贤（10月任）

教导员：张　清（继任）

江口派出所

所　长：赵　波（9月止）

教导员：魏　欣（继任）

彭溪派出所

所　长：朱国军（继任）

教导员：邹　皓（2月任）

谢家派出所

所　长：陈钇光（10月止）

陈钧轴（10月任）

教导员：卫　巍（继任）

公义派出所

所　长：刘　刚（继任）

教导员：何　忠（继任）

黄丰派出所

所　长：付　聪（继任）

义和派出所

所　长：汪大胜（继任）

教导员：陈钧轴（2月止）

牧马派出所

所　长：王　东（2月任）

教导员：王　东（2月止）

陈钧轴（2月任，10月止）

锦江派出所

所　长：夏　江（继任）

武阳派出所

所　长：刘　渊（继任）

教导员：邓红军（继任）

保胜派出所

所　长：向　超（继任）

民政局

局长、党组书记：叶云华（继任）

副局长：刘　琦（继任）

肖学勤（继任）

纪检组组长：赵洪斌（继任）

老龄办主任：刘　琦（继任）

双拥办主任：叶云华（2月止）

秦国华（3 月任）
矛盾纠纷大调解专职副主任：谢勤快（9 月任）

司法局

局长、党组书记：李　勇（继任）
副局长：高其平（继任）
梁学红（继任）
县人民调解指导中心专职副主任：
江　山（继任）
政工科科长：吴正维（继任）
观音司法所所长：曾定平（继任）

财政局

党组书记：余玺樟（2 月止）
罗建斌（2 月任）
局　　长：罗建斌（继任）
常务副局长：胡意宏（继任）
副局长：代福荣（9 月止）
吴　坚（继任）
游利琼（2 月任）
纪检组组长：李　建（继任）

财政评审中心

主　任：袁　远（继任）

县农村合作基金会资产管理办公室

主　任：罗建斌（继任）
常务副主任：张进军（继任）
副主任：李俊维（继任）

国资局

局　长：王建军（继任）
党组书记：沈　波（继任）
副局长：徐丽红（2 月任）

金融办

主　任：尹　慎（继任）
副主任：张代君（3 月任，兼开发性金融合作办主任）

人力资源和社会保障局

局长、党委书记：王　松（继任）
党委副书记：蔡贵明（继任）
副局长：张红缨（继任）
张　毅（继任）
周亚琳（继任）
矛盾纠纷大调解中心专职副主任：
夏跃鹏（继任）
纪委书记：蔡贵明（继任）

城乡居民社会养老保险事业管理中心

主　任：向俊峰（继任）
副主任：侯　娅（继任）

就业局

局　长：周德祥（继任）
副局长：梁　娟（继任）

医保局

局　长：晏毅平（继任）
副局长：王玉琼（继任）

社保局

局　长：彭　杰（继任）

县军转干安置办公室

主　任：温　晓（继任）

县农村劳动力转移输出暨农民工工作领导小组办公室

副主任：房江波（继任）

国土资源局

局长、党组书记：范建平（11 月止）
钟　杰（11 月任）
常务副局长：方志良（7 月任）
副局长：梁　莉（继任）
李　锐（1 月任）
刘晓冬（11 月任）
纪检组组长：李　锐（1 月止）
李艳芬（3 月任）

土地储备中心

主　任：刘晓冬（10 月任）

环保局

局长、党组书记：柴洪军（10 月止）
龚　勋（10 月任）
副局长：龚　勋（继任）

李　里（继任）
张冀川（继任）
纪检组组长：刘　莉（继任）

环境监察执法大队

大队长：王宇萍（继任）

环境监测站

站　长：朱利霞（继任）

住房和城乡规划建设局

局　　长：黄　昊（继任）
党委书记：邓　艳（继任）
常务副局长：潘　淼（2月止）
副局长：陈　川（继任）
黄劲松（继任）
周　晖（继任）
邓　艳（继任）
阿木初（挂职，金川县城建局党组成员，9月止）
张文平（10月任）
矛盾纠纷大调解中心专职副主任：
杨晓兵（继任）
总工程师：张文平（10月止）

人防办

主　任：陈　川（继任）

治理办

主　任：徐忠伦（9月止）
吴　勇（9月任）

房管局

局　长：周　晖（8月止）
黄劲松（8月任）

测绘地理信息局

局　长：帅　海（继任）

房屋征收管理局

局　长：黄劲松（8月止）
刘晓冬（10月任）
副局长：黄　昊（10月止）
李国廷（继任）

房屋征收补偿安置协调办公室

主　任：陈　林（继任）

城乡规划局（10月由原县规划局更名）

局　长：徐　巍（9月止）
张　锐（10月任）
副局长：何志良（10月任，原县规划局副局长10月止）
罗　尧（10月任，原县规划局副局长10月止）
城乡规划建设执法大队大队长：
李光儒（12月任）

交通运输局

局长、党委书记：张富洪（继任）
党委副书记、纪委书记：钟　铨（继任）
副局长：罗革胜（继任）
王忠文（9月止）
罗洪刚（继任）
毛先平（9月止）
宁顺发（挂职，金川县交通局副局长，9月止）

交通工程管理中心（原综合交通办公室更名）

主　任：王　军（继任）

公路养护管理段

段　长：王忠文（继任）

公路路政管理大队

大队长：袁建伟（继任）

道路运输管理所

所　长：毛先平（继任）

海事航务管理处

处　长：侯代喜（继任）

水务局

局长、党组书记：陈永能（10月止）
柴洪军（10月任）
副局长：魏兴儒（继任）
陈小军（继任）
陈　勇（继任）
纪检组组长：汪建勋（继任）
总工程师：何春林（继任）
防汛办主任：张明哲（继任）

龚家堰水库管理中心主任：陈强盛（继任）

农业局

党组书记：凌茂君（10月止）
李国成（10月任）
局　长：凌茂君（继任）
副局长：彭　洪（继任）
李俊维（继任）
黄永红（继任）
谢延平（继任）
纪检组组长：张文晖（继任）
农村能源办主任：向加福（继任）

林业局

局长、党组书记：符洪林（继任）
副局长：梁留彬（继任）
袁秦明（9月任）
纪检组组长：袁秦明（9月止）

森林公安局

局　长：邓　坤（继任）
政　委：胡　灵（继任）

森林防火指挥部办公室

主　任：黄　伟（3月任）

商务局

局长、党委书记：左建伟（继任）
党委副书记、纪委书记：黄莉均（继任）
副局长：刘　义（继任）
黄显钧（继任）

文化广播影视新闻出版局

局长、党组书记：吕卫东（继任）
副局长：方　明（继任）
赵　胜（继任）
纪检组组长：谌　兵（继任）

广播电视台

台长、党组书记：潘　勇（继任）
副台长：杨晓慧（继任）
周记臣（继任）
张晓容（继任）
纪检组组长：鲁喜化（继任）

卫生局

局长、党委书记：何勇来（继任）
党委副书记、纪委书记：江国超（继任）
副局长：熊小刚（继任）
武锡勇（挂职，金川县卫生局副局长，9月止）
陈　波（2月任）
爱卫办主任：李绍清（继任）
张国均（继任，援藏）
大调解中心专职副主任：邓学奎（继任）
地方病防治领导小组办公室主任：
何铭玲（继任）
新农合办主任：宋永奎（继任）

人口和计划生育局

局长、党组书记：熊志红（继任）
副局长：周　慧（继任）
李　伟（继任）
纪检组组长：宋华清（继任）

审计局

局长、党组书记：余启军（继任）
副局长：宋德强（继任）
徐　宁（继任）
游利琼（2月止）
赖　蔷（挂职，1月任，四川省审计厅财政审计一处主任科员）
纪检组组长：黄　曾（继任）
总审计师：曾　群（继任）

经责审计分局

局　长：刘　莉（继任）

统计局

局　长：王从清（9月止）
张杰茜（9月任）

党组书记：郑　怀（继任）
副局长：宿玉芳（9月止）
　　　　郑　怀（继任）
　　　　竺兰英（9月任）
　　　　周　迅（下派，10月任）
总统计师：张　莉（9月任）

安全生产监督管理局

局长、党组书记：张怀庆（继任）
副局长：柳树君（10月止）
　　　　李玉平（继任）

安全生产监察执法大队

大队长：杨　茗（继任）

食品药品监督管理局（12月机构职能变更）

局长、党组书记：张富明（继任）
副局长：蒋宗善（继任）
　　　　黄党发（继任）
纪检组组长：尹　刚（继任）
食品安全总监：夏文涛（12月任）

物价局

局长、党组书记：袁凌铃（继任）
副局长：戢炳华（继任）
　　　　王世强（继任）
纪检组组长：王安成（继任）
物价认证中心主任：杨志伟（继任）

粮食局

局长、党组书记：张智勇（继任）
副局长：罗善超（继任）
　　　　王海英（继任）
　　　　余康林（继任）
纪检组组长：刘　麦（继任）

城管办

主任、党组书记：王福军（继任）
副主任：胡洪宇（12月止）
　　　　徐永平（继任）
　　　　梅智勇（继任）
纪检组组长：周国忠（继任）

市政园林管理局

局　长：汪志伟（继任）
副局长：伍宏伟（继任）
　　　　杨　健（继任）

外侨台办

主　任：赵利萍（继任）
副主任：何　丽（继任）
　　　　颜　菱（7月任）

政务服务中心

主　任：周绍华（9月止）
　　　　张　萍（9月任）
副主任：李　玲（继任）
　　　　刘庆伟（继任）
纪检组组长：刘晓卫（继任）

畜牧局

局长、党组书记：张　奇（继任）
副局长：李红继（继任）
　　　　夏　萌（继任）
　　　　李新民（继任）
纪检组组长：袁登华（继任）

农机局

局长、党组书记：袁贵洪（继任）
副局长：袁友权（继任）
　　　　王卫东（继任）
纪检组组长：张　侠（继任）

三产办（旅游局）（合署办公）

三产办主任：邓　兵（3月止）
　　　　　　胡凤翔（3月任）
三产办副主任：胡凤翔（3月止）
旅游局局长、党组书记：邓　兵（继任）
旅游局副局长：钟　华（继任）
　　　　　　　李　勤（继任）
旅游局纪检组组长：盛晓波（继任）

彭祖山风景区工作局

局　长：郭　平（继任）

副局长：帅仕伦（继任）

张　敏（9月止）

邓　斌（继任）

徐忠智（继任）

规建股股长：冯　军（继任）

群工股股长：李域亮（9月止）

财务监审股股长：宋　刚（继任）

招商引资局

局长、党组书记：金　戈（继任）

副局长：张英杰（继任）

江　科（继任）

李　娟（聘任，10月任）

纪检组组长：夏礼俊（继任）

供销社

党组书记、主任：曾洪秀（继任）

副主任：陈　建（继任）

陈雅利（继任）

档案局

局　长：李廷忠（继任）

副局长：徐　丽（继任）

刘光强（继任）

公共资源交易中心

主　任：张杰茜（9月止）

徐忠伦（9月任）

党组书记：陈丽红（继任）

副主任：陈丽红（继任）

黎得钦（继任）

纪检组组长：张明亮（继任）

扶贫和移民工作局

局　长：游德成（继任）

常务副局长：方志良（继任）

副局长：李　洪（继任）

丝绸公司

经　理：周建三（12月止）

彭山县政协工作部门

办公室

主　任：骆志强（继任）

副主任：陈　平（继任）

曾　敏（7月任）

提案委

主　任：陈永华（继任）

副主任：倪文玉（继任）

经济科技委

主　任：刘学成（继任）

副主任：何玉龙（12月止）

民族宗教文史委（10月由原政协学习宣传文史委员会更名）

主　任：郭　晶（继任）

副主任：杨丽君（继任）

农业委

主　任：王伦祥（继任）

副主任：李叔哗（继任）

教文体医卫委

主　任：欧阳娟（继任）

副主任：李国信（继任）

法联委

主　任：张小松（继任）

副主任：张富贵（继任）

四川彭山经济开发区

党工委书记：王　涛（继任）

党工委副书记、管委会主任：

邓　强（继任）

党工委委员、管委会副主任：

余利平（继任）

许宏连（继任）

党工委专职副书记：谢万钧（继任）

管委会主任助理：段　炼（3月任）

四川彭山经济开发区管理委员会工作机构

办公室

主　任：郭　韬（继任）

副主任：陈　宇（继任）
　　　　郭泳涛（继任）

招商局（与县招商局合署办公）

局　长：金　戈（继任）
副局长：张英杰（继任）
　　　　江　科（继任）
　　　　李　娟（10月任）
纪检组组长：夏礼俊（继任）

规划建设局（10月，原规划建设部更名）

局　长：王　勤（10月任，原政务服务部部长10月止）
副局长：罗小英（继任）

财政局（10月，原财务融资部更名）

局　长（部　长）：李容梅（聘任，继任）
副局长（副部长）：欧月林（聘任，10月止）
　　　　胡　瑞（聘任，10月任）

群众工作局（10月，原群众工作部更名）

部　长：杨文君（10月止）
局　长：罗　涛（聘任，10月任）
副局长：冯建伟（聘任，9月任）

经济发展局（10月，原政务服务部更名）

局　长：王　勤（10月止）
　　　　李　昶（聘任，10月任，原政务服务部副部长10月止）
副局长：李　昶（聘任，10月止）
　　　　周绍华（9月任）

信息服务中心

主　任：罗　涛（10月止）
　　　　杨文君（10月任）

副主任：胡江华（继任）
　　　　欧月林（10月任）

成眉石化园区

党工委书记：向　坤（6月止）
　　　　周荣华（9月任）
党工委副书记、管委会主任：周荣华（9月止）
　　　　杨兴弘（9月任）
党工委专职副书记：张富学（7月止）
副主任：杨兴弘（9月止）
　　　　常　盛（继任）
纪工委书记：张　彦（继任）
管委会主任助理：周　浩（3月任）

成眉石化园区管理委员会工作机构

办公室

主　任：常　盛（继任）
副主任：余　珊（聘任，继任）

招商局

局　长：周　浩（继任）

规划建设局

局　长：刘　燕（继任）
副局长：徐　舟（聘任，7月止）

财务融资局

局　长：费　循（9月止）

经济发展局

局　长：雷梁秋（聘任，继任）

信息服务中心

主　任：费　循（9月任）

乡镇机关领导名录

青龙镇

党委书记：谢万钧（继任）
党委副书记、镇长：许晓飞（10月任）
人大主席：胡小丁（继任）
党委副书记、纪委书记：
　　　　万艳刚（继任，4月上挂市委组织部）
　　　　单兵权（9月任）
党委副书记、政法委书记：盛　帅（继任）
党委副书记：徐永平（继任，挂职，县城管办副主任）

人武部部长、副镇长：贾　洋（继任）
副镇长：单兵权（9月止）
　　　　刘　锐（9月任）
　　　　陈彦娟（2月止）
　　　　张　祺（挂职，3月任，中共眉山市委组织部干部二科副科长）
　　　　曾　婷（9月任）
大调解中心专职副主任：李加华（继任）

观音镇

党委书记：张鸿涛（继任）
党委副书记、镇长：刘　跃（继任）
人大主席：李如心（继任）
党委副书记、纪委书记：闵昌迪（继任）
党委副书记、政法委书记：游　雨（继任）
党委副书记：刘建富（挂职，6月止，市安监局综合监督科科长）
　　　　　　李　里（挂职，4月止，县环保局副局长）
副镇长：徐廷卫（继任）
　　　　干孟林（继任）
　　　　胡晓菲（9月止）
　　　　陈　伟（9月任）
人武部部长：徐廷卫（继任）
大调解中心专职副主任：袁建坤（继任）

凤鸣镇

党委书记：曾　理（继任）
党委副书记、镇长：刘光平（继任）
人大主席：刘　伟（继任）
党委副书记、纪委书记：章　静（继任）
党委副书记、政法委书记：张　奇（继任）
党委副书记：胥　倩（挂职，6月止，省检察院公诉二处副主任科员）
　　　　　　欧阳娟（挂职，4月止，县政协教文体医卫委主任）
　　　　　　谢永崇（挂职，6月任，省检察公诉二处主任科员）
人武部部长：谢有根（10月止）
人武部部长：张永峰（10月任）
副镇长：谢有根（继任）
　　　　曾　勇（继任）
　　　　张永峰（继任）
大调解中心专职副主任：雷梁春（继任）
镇长助理：唐隆华（3月任）

江口镇

党委书记：徐忠智（继任）
党委副书记、镇长：唐俊刚（继任）
人大主席：喻　刚（继任）
党委副书记、纪委书记：张　钰（9月止）
　　　　　　　　　　　袁　睿（9月任）
党委副书记、政法委书记：吴玉君（继任）
党委副书记：余红星（挂职，4月止，县科协主席）
人武部部长、副镇长：高　勇（继任）
副镇长：刘红玉（继任）
　　　　廖志强（继任）
大调解中心专职副主任：陈　汐（继任）

彭溪镇

党委书记：赵飞宇（继任）
党委副书记、镇长：秦国华（2月止）
　　　　　　　　　潘　淼（2月任）
人大主席：梁　跃（继任）
党委副书记、纪委书记：梁　兰（继任）
　　　　　　　　　　　张　敏（9月任）
党委副书记、政法委书记：陈　斌（9月止）
　　　　　　　　　　　　毛沛恒（9月任）
党委副书记：丁　豪（挂职，6月止）
　　　　　　陈　龙（挂职，6月止）
　　　　　　王　海（挂职，6月任，省检察院公诉三处副主任科员）
　　　　　　李　渺（挂职，6月任，省检察院公诉一处主任科员）
人武部部长、副镇长：潘建兵（继任）
副镇长：郑　靓（继任）
　　　　倪　杨（继任，县接待办副主任下派）

彭　佳（9 月止）
马　翔（9 月任）
大调解中心专职副主任：段晓川（继任）
镇长助理：赵耀洲（3 月任）

谢家镇

党委书记：付　华（继任）
党委副书记、镇长：李桂平（10 月止）
人大主席：柴　惠（继任）
党委副书记、纪委书记：肖　敏（继任）
党委副书记、政法委书记：赵　轲（继任）
人武部部长、副镇长：吴定威（继任）
副镇长：侯明攀（继任）
刘　锐（下派，7 月止）
康红艳（继任）
大调解中心专职副主任：梁　伟（2 月任）

公义镇

党委书记：易　雨（10 月止）
党委副书记、镇长：余卫斌（继任）
党委副书记：李桂平（10 月主持党委工作，保留正科级）
人大主席：张　蓉（继任）
党委副书记、纪委书记：王　皓（继任）
党委副书记、政法委书记：郑秀芬（继任）
党委副书记：李永轶（挂职，4 月止，县委宣传部部务委员）
人武部部长：刘江岸（10 月任）
副镇长：刘琴英（继任）
徐　宁（10 月止）
付卫平（7 月任）
刘江岸（10 月任）
大调解中心专职副主任：张海鹏（继任）

黄丰镇

党委书记：李鸿海（12 月止）
党委副书记、镇长：李鸿海（2 月止）
谢　红（2 月任）
人大主席：张忠灵（继任）
党委副书记、纪委书记：易建兵（继任）
党委副书记、政法委书记：谢天文（继任）
副镇长：李　林（继任）
袁长清（继任）
人武部部长、副镇长：李德强（继任）
大调解中心专职副主任：黄　磊（继任）

义和乡

党委书记：伍建国（继任）
党委副书记、乡长：杨开华（继任）
人大主席：吴　勇（9 月止）
党委副书记、纪委书记：宋群（继任）
党委副书记、政法委书记：骆仕忠（继任）
党委副书记：邱　敏（挂职，6 月止，市人社局人事科科长）
巨晓峰（挂职，4 月止，县委组织部部务委员、远教中心主任）
副乡长：王志平（继任）
舒　心（继任）
周　迅（挂职，3 月任，眉山市统计局能源环境科副科长）
大调解中心专职副主任：伍从凯（继任）

牧马镇

党委书记：王太勇（继任）
党委副书记、镇长：邱　磊（继任）
人大主席：彭忠卫（继任）
党委副书记、纪委书记：张　勇（继任）
党委副书记、政法委书记：赵德根（继任）
副镇长：毛沛恒（9 月止）
王　娜（挂职，4 月止，县红十字会常务副会长）
毛丽沙（继任）
黄　伟（9 月任）
人武部部长、副镇长：李仁建（继任）
大调解中心专职副主任：杨明军（继任）
镇长助理：刘雪超（3 月任）

锦江乡

党委书记：熊　念（10月止）
党委副书记、乡长：钟　阳（继任）
人大主席：熊　勇（继任）
党委副书记、纪委书记：黄利全（继任）
党委副书记：罗革胜（挂职，4月止，交通局副局长）
党委副书记、政法委书记：杨正朝（2月任）
副乡长：杨正朝（2月止）
　　邓文杰（3月任）
　　杨　星（7月任）
大调解中心专职副主任：冯　胜（继任）
乡长助理：王晨蕾（3月任）

武阳乡

党委书记：邓　斌（继任）
党委副书记、乡长：廖　玻（继任）
人大主席：刘木华（继任）
党委副书记、纪委书记：喻建勇（继任）
党委副书记、政法委书记：胡晓菲（9月任）
人武部部长、副乡长：刘江岸（10月止）
副乡长：李　英（继任）
　　游翎瀚（继任，团县委下派）
大调解中心专职副主任：黄德双（继任）

保胜乡

党委书记：谢玉民（继任）
乡长：谢玉民（9月止）
党委副书记、乡长：任　柱（9月任）
人大主席：任　柱（9月止）
　　陈　斌（9月任）
党委副书记、纪委书记：葛开红（继任）
党委副书记、政法委书记：王　嫦（9月任）
党委副书记：陈小军（挂职，4月止，水务局副局长）
人武部部长、副乡长：谭树祥（继任）
副乡长：王　嫦（9月止）
大调解中心专职副主任：岳品忠（继任）

大 事 记

一 月

1月4日 彭山县2012年安全生产工作总结暨2013年第一季度安全生产工作会在县政府第四会议室召开。

1月8日 县公安局城区治安巡逻队工作总结表彰会在县公安局会议大厅举行。

1月14日 全省安全生产工作电视电话会召开。县委副书记、县长梁磊，彭山经开区管委会主任邓强，县领导钟建成、严开义、蒋会强、郭茂、李洪强、胡徐、廖伟、胡志中、李忠云，各乡镇和县级相关部门负责人在彭山分会场参加会议。

1月16日 县委书记蔡刚率队前往四川大学锦江学院调研发展情况。县领导俞红梅、钟建成、董武、李洪强、胡志中、郭益及县级相关部门、彭溪镇负责人随同调研。

同日 县总工会召开学习贯彻中共十八大精神培训暨工会全委（扩大）会。

同日 县林业局召开森林防火暨林业工作会。

1月17日 全国安全生产电视电话会议召开。副县长、公安局局长郭益等相关人员在彭山分会场参加会议。

1月18日 县委副书记俞红梅，县委常委、纪委书记罗焱，副县长、公安局局长郭益分别带队，分三个督察小组对彭山县城区环境综合治理工作开展情况进行现场督察。

同日 彭山县司法行政工作会议召开。

1月23日 彭山县第十七届人大常委会第十四次会议召开。

同日 彭山县第十七届人民政府第五次常务会召开。

同日 彭山县李密故里文化旅游综合开发建设项目签约仪式在县政府四会议室举行，标志着投资约20亿元的李密故里文化旅游综合开发项目正式落定。县委副书记、县长梁磊，县委常委、宣传部部长李洪强出席签字仪式。

1月24日 彭山县“七大战区”暨全县经济工作会召开。

同日 全县2013年民生和社会事业工作会召开。

同日 全县2013年农村经济和三产旅游工作会召开。

1月25日 彭山县公安局召开2012年公安工作总结表彰大会。

1月30日 彭山县人力资源和社会保障局总结表彰大会召开。

1月31日 彭山县2013年迎春银政企座谈会在县委会议中心二楼大会议室召开。

二 月

2月4日 市委书记李静一行前往彭山县空军驻彭山某旅，走访慰问驻彭官兵。市委副书记刘十庆，市委常委、眉山军分区司令员张志伦，市委常委、市委秘书长黄跃，市人大常委会副主任郑夕君，县委书记蔡刚，县委常委、副县长蒋会强，县委常委、人武部政委董武以及市县相关部门负责人陪同。

同日 县委常委、县森林防火指挥部指挥长郭茂带领县林业局相关人员对全县森林防火安全工作进行节前检查。

同日 副县长廖伟率食药监局相关人员开展春节前食品药品安全工作检查。

2月6日 彭山县第十七届人大常委会第十五次会议召开。

同日 县委副书记、县长梁磊率队前往伟业超市、县汽车客运中心站、城区烟花爆竹摊点检查节前安全工作，看望慰问县老干部、贫困老党员和帮扶户。县委常委、副县长蒋会强陪同。

同日 县委常委、常务副县长钟建成到港华燃气有限公司、成绵乐轻轨横跨立交桥施工现场开展节前安全检查，并为港华燃气有限公司职工送上春节的问候。

2月7日 县委副书记、县长梁磊前往黄丰镇旅游通道、成彭大道城区段建设现场调研道路建设进展情况。县交通局、县三产办、彭溪镇、黄丰镇相关负责人陪同。

2月8日 县人大常委会主任向坤看望慰问天然气公司、电力公司、供排水公司上班职工，向他们致以节日的问候。

同日 县委副书记、县长梁磊，县政协主席谭福轩前往凤鸣派出所、县公安局交警大队、城区治安巡逻队，看望慰问一线工作民警，并向他们致以新春的祝福。副县长、县公安局局长郭益陪同。

2月14日 彭山县“三箭齐发”工程——工业大道、岷东大道、滨江大道工程建设全面复工。

2月17日 彭山县第十七届人民政府第三次全体（扩大）会议在县规划局二楼会议室召开。

同日 彭山县第十七届人民政府第十六次常务会召开。

2月21日 彭山县2013年国土资源管理工作会在县委会议中心二楼大会议室召开。

三　月

3月1日 彭山县户外广告规范整治专题工作会召开。

3月4日—5日 中共彭山县第十三届代表大会第三次会议在县委会议中心二楼大会议室胜利召开。

县委书记蔡刚代表中共彭山县第十三届委员会向大会作了题为《坚持“三个只要”“五个重点”“七大战区”向着“群众满意、上级放心”目标努力奋斗》的报告，县委常委、纪委书记罗焱向大会作了题为《服务工作大局狠抓工作落实为实现“群众满意、上级放心”目标提供坚强的纪律保障》的报告（书面）。大会审议并通过了县委工作报告的决议和县纪委工作报告的决议。

3月5日 省统计局能源环境处处长倪方平率省检查组到彭山县考察，先后前往同庆南风有限公司和吉龙化学建材有限公司，检查企业开展节能管理的相关情况。市政府副秘书长、办公室主任徐成良，市委副秘书长彭国超，市经济信息化委副主任何健，彭山经开区党工委副书记、管委会主任邓强等陪同。

3月5日—6日 中国人民政治协商会议彭山县第九届委员会第三次会议在县委会议中心二楼大会议室召开。

3月6日—8日 县第十七届人民代表大会第三次会议在县委会议中心二楼大会议室召开。

大会听取和审查了县长梁磊代表县人民政府作的《政府工作报告》，县人大常委会主任向坤作的《县人大常委会工作报告》，县人民法院院长蹇峰作的《县人民法院工作报告》，县人民检察院代理检察长李懿作的《县人民检察院工作报告》；听取了《县人民政府关于代表建议批评意见办理情况的报告》（书面）；审查和批准了《县人民政府关于2012年国民经济和社会发展计划执行情况及2013年计划（草案）的报告》（书面）、《县人民政府关于2012年县财政预算执行情况及2013年财政预算（草案）的报告》（书面）。全体人大代表以高度的政治责任感和对人民负责的严肃态度，补选了县人民检察院检察长和县第十七届人大常委会委员，表决通过了大会各项决议。

县委书记蔡刚出席会议并作重要讲话。蔡刚

指出，本次大会通过的各项决议符合彭山发展实际，符合党代会提出的总体思路和目标要求。2013年，县人大及全体人大代表要积极建言献策，在舆论上支持彭山发展；要始终坚持“三个只要”、抓实“五个重点”、推进“七大战区”，不折腾、大胆干，让群众满意、上级放心。

3月12日 县委副书记、县长梁磊前往义和乡实地察看春旱情况。县委常委郭茂及义和乡负责人陪同。

同日 县委副书记、县长梁磊前往彭山新宇涛食品厂检查食品安全工作。县委常委郭茂及相关部门、乡镇负责人陪同检查。

同日 县委、政府、人大、政协四大家领导及林业、交通、教育、人社等20余个部门共200余名机关干部职工前往谢义路开展义务植树活动，栽种天竺桂树1000余株。

3月13日 环保部西南督查中心对彭山县重点排污企业污染治理工作进行督察。督察组先后实地督察了城市污水处理厂及四川美联胚胎生物工程有限公司，对彭山县的环保工作给予了充分肯定。

3月14日 副县长、公安局局长郭益前往观音镇、牧马镇实地检查创建市级道路交通安全示范乡镇迎检工作。

同日 全县关心下一代工作会在县委阶梯会议室召开。

3月15日 副市长汪树槐率市级相关部门负责人专题调研彭山三产旅游发展情况。县委常委、宣传部部长李洪强，县级相关部门负责人参加调研。

同日 彭山县召开2013年度民兵整组暨乡镇武装部规范化建设任务部署会。

3月16日 彭山县创建“省级环境优美示范县城”考核工作会在县委常委会议室召开。县委书记蔡刚作情况汇报，县领导梁磊、俞红梅、罗焱、胡徐、郭益出席汇报会，市、县级相关部门和有关乡镇负责人参加汇报会。

3月17日 中国农学会葡萄分会会长晁无疾率参加全国首届葡萄生长调节剂应用学术研讨会的专家、学者、葡萄种植户代表等130余人，参观观音镇果园村葡萄种植基地。

3月20日 县委常委、组织部部长周代军前往皇庭国际1号项目和龙潭路西延段道路管网建设项目调研。县住建局、规划局、房征局、国土局和凤鸣镇相关负责人陪同。

同日 彭溪镇计生办被国家卫生和计划生育委员会命名为“全国人口和计划生育依法行政示范乡镇”。

3月22日 市人大常委会副主任何久伦率市人大常委会执法检查组一行到彭山县开展《中华人民共和国体育法》执法检查。县人大常委会主任向坤，县人大常委会副主任周惠，副县长胡志中以及市、县相关部门负责人陪同。

同日 彭山县“千湖之城”“绿海明珠”项目建设推进会在县政府四会议室召开。

同日 彭山县特种设备暨食品质量安全工作会在县委会议中心二楼大会议室召开。

同日 全县消防工作会在县住建局二楼会议室召开。

3月25日 省人大常委会副主任、党组副书记张东升，省人大常委会副主任兼秘书长曾省权一行到彭山县调研工业、农业发展等情况，并看望慰问其联系户。市委书记李静，市委副书记、市长宋朝华，市人大常委会主任贺文，县委书记蔡刚，县委副书记、县长梁磊等陪同调研。

同日 县第十七届人民政府第十七次常务会召开。

3月26日 来自香港九龙工业学校的师生代表与彭山县青龙中学师生共同在青龙中学举行以“携手同行”为主题的交流活动。

3月27日 县十七届人大常委会2013年工作会暨第十七次会议召开。

3月28日 原中央农办主任、中国扶贫基金会会长段应碧到彭山县实地调研观音镇果园村葡萄产业基地。副市长钟毅陪同。

同日 全市都市近郊型现代农业示范园区推介报告会在彭山县观音镇果园村万亩葡萄园举行。市委书记李静出席推介会并致辞。中央农工办原主任、中国扶贫基金会会长段应碧，省委、省政府决策咨询委员会副主任赵文欣，省委农工委原主任舒维双，农业部产业化办公室常务副主任黄连贵，省农业厅厅长任永昌，省委农工委副主任刘铁，省财政厅党组成员、农发办主任郭飞，省商务厅副巡视员李慧，省旅游局副巡视员苗玉砚，省侨办副巡视员李杨阳等领导应邀出席推介会。市委副书记刘十庆主持推介会，市人大常委会主任贺文，市政协主席王影聪，副市长钟毅，市政协副主席王志敏，县委书记蔡刚，县人大常委会主任向坤，县委副书记、县长梁磊等出席推介会。

3月29日 德阳市委书记李向志率德阳市党政代表团考察天府新区彭山区域建设情况。市委书记李静，市委副书记、市长宋朝华，市人大常委会主任贺文，市政协主席王影聪，市委常委、常务副市长吴小可，市委常委、市委秘书长黄跃，副市长周孝平，县委书记蔡刚等陪同。参加考察的德阳党政代表团成员还有：市委副书记、市长陈新有，市人大常委会党组书记、主任刘守培，市政协党组书记、主席刘哲等市领导，以及部分区县和部门相关负责人。彭山经济开发区党工委书记王涛，彭山经济开发区党工委副书记、管委会主任邓强及市、县级相关部门负责人陪同考察。

同日 市人大常委会副主任陈桂花率市人大常委会执法检查组到彭山县开展《中华人民共和国电力法》及《四川省电力设施保护实施办法》执法检查。县人大常委会副主任罗会华、副县长廖伟以及市县相关部门负责人陪同。

同日 彭山县委、县政府在全市召开百企联百村工作会上荣获“全市百企联百村先进组织单位”称号。

四 月

4月1日 彭山县召开安全生产工作会。

4月3日 2013年清明祭祀彭祖大典暨彭祖企业商会授牌仪式在兴铁宾馆举行。此仪式由彭祖企业商会主办、县文化研究会协办，副县长胡志中，政协副主席、工商联主席毛太忠，政协副主席、统战部部长卓德松，彭氏文化名人，海内外彭氏宗亲商界代表，国内各省市彭氏宗亲商界代表等参会。

4月4日—5日 4日晚上23点20分和5日凌晨1点35分，县气象局在义和乡开展两次人工增雨作业，发放火箭弹8枚，全县范围内普降了一场小到中雨。

4月7日 彭山县组织专门人员到公义、青龙、观音等13个乡镇和城镇中小学及托幼机构等人口集中地，广泛宣传人感染H7N9禽流感防控知识，并对每个学校进行督导与检查。

4月9日 全国工商联医药行业商会秘书长王之光一行到彭山投资考察。

4月11日 市委副书记、市长宋朝华率招商小分队实地参观考察苏宁云商集团（原苏宁电器集团）物流基地和集团总部，对苏宁西南地区电子商务运营中心项目落户彭山县的有关事宜与集团高层进行友好洽谈并签署合作协议。县委副书记、县长梁磊代表彭山参加签约仪式。

同日 市畜牧局督察组一行督察彭山县禽流感防控工作。

4月17日 由省人大常委会委员、城环资委主任委员何大清带队的省人大常委会执法检查组检查彭山县贯彻实施《中华人民共和国消防法》《四川省消防条例》情况。市人大常委会副主任郑夕君，县委书记蔡刚，县人大常委会副主任王洪，副县长、公安局局长郭益及市县相关部门负责人陪同。

同日 彭山县2013年地质灾害防治工作暨在建工程地质灾害防治知识宣传培训会在县委会议中心二楼大会议室召开。市国土资源局局长李永高，县委常委、政法委书记严开义，县人大常委会副主任罗会华，县政协副主席郑玉忠出席会议。

同日 彭山县教育局在全国第四届中小学生艺术展演活动中荣获教育部颁发的“优秀组织奖”。

4月19日 农业部副部长高鸿宾到彭山县视

察四川彭山正邦饲料有限公司。市委副书记、市长宋朝华，省畜牧食品局局长杨昌明，副市长钟毅，县委书记蔡刚，县委副书记、县长梁磊，县委常委郭茂等陪同。

同日 彭山县召开2013年融资暨项目推荐会。

4月20日 上午8时02分，雅安市芦山县发生7.0级地震，彭山震感强烈。灾情发生后，彭山县县委、县政府迅即召开全县抗震救灾紧急会议，组织开展灾情排查和应急救援工作。按照预案启动抗震救灾Ⅲ级应急响应，实行24小时值班值守制度。同时县公安、消防、应急、水务、交通、建设、经信、民政、教育、卫生等重点部门和13个乡镇取消休假，所有人员立即到岗到位，按照抗震救灾应急预案开展工作。

同日 雅安芦山地震发生后，按照书记、县长要求，县委常委郭茂第一时间带领县水务局局长陈永能及相关人员对全县塘、堤、坝、堰等重点水利工程进行安全隐患排查，指导救灾工作。

同日 彭山县红十字会第一时间做出积极响应和行动，立即启动应急预案。

4月21日 市委副书记、市长宋朝华到彭山县的学校、天生堰水库等地，实地查看险情，指导抗震救灾。副市长吴爱玲，市政府秘书长肖忠良，县委书记蔡刚，县委副书记、县长梁磊，县委常委郭茂，副县长胡志中及市县有关部门负责人陪同。

同日 副市长辜永忠调研彭山县公安机关应对地震灾情工作。县委书记蔡刚，副县长、公安局局长郭益等陪同。

4月22日 县第十七届人民政府第十八次常务会召开。

同日 市食安办主任杨国芳一行到彭山县督察抗震救灾食品安全工作。

4月23日 副市长钟毅率队实地查看彭山县水利工程受灾情况，并指导救灾工作。县委书记蔡刚，县委常委郭茂及市县相关部门负责人陪同查看。

4月24日 省农业厅副厅长蒋天宝、土肥处处长吴小军一行到彭山县视察受灾情况，县委常委郭茂陪同。

4月24日晚 暴雨导致天生堰水库突然溃坝。锦江乡政府立即启动水库大坝突发事件应急预案一级响应，进行应急除险。

4月25日 县委常委、副县长蒋会强带领县卫生局、县农合办、县中医院、县疾控中心负责人到省卫生厅、省中管局，向省卫生厅厅级领导颜丙约、张祖云、陈蜀军、王建平和规财处处长谭玲，疾控处处长肖玉明汇报彭山卫生灾情。

同日 市发改委主任李建章一行到彭山县查看灾情，指导灾后重建工作。县委常委、常务副县长钟建成以及县级相关部门负责人陪同。

同日 县委常委郭茂前往省水利厅分别向农水局局长王华，水利厅规计处处长权燕、副处长李红卫汇报彭山县地震灾情和彭山县采取的应急措施。水利厅副厅长胡云对彭山在地震后不到一小时采取的快速反应行动给予了充分肯定。

4月27日 受省环保厅委托，市环保局副局长李言一行对青龙、观音、彭溪、江口四个乡镇创建省级生态乡镇进行实地技术核查。县委副书记、生态县创建推进工作组组长俞红梅，县委常委、生态县创建推进工作组副组长胡徐陪同。

同日 县人大常委会主任向坤率县人大常委会视察组视察城乡社区工作。县人大常委会副主任罗会华、副县长李忠云和相关部门、乡镇负责人陪同。

4月28日 总投资18亿元，公路里程36.5千米的彭山县工业大道、彭谢路、岷东大道眉彭段投融资建设集中签约仪式在县政府四会议室举行。

同日 县委副书记、县长梁磊到岷江观音段和西门新商圈项目建设现场，指导和检查汛期堤防和节前安全生产工作。县委常委、宣传部部长李洪强，县级相关部门和乡镇负责人陪同。

五 月

5月3日 县长梁磊带领县民政局、县防震减灾局到省民政厅、省地震局汇报受灾情况。

同日 彭山县召开秸秆禁烧流动现场会。

5月7日 由省环境保护厅副厅长杨雪鸿率队的省委、省政府督察组到彭山县督察秸秆禁烧工作。市委常委王光彩，县委常委胡徐等陪同。

同日 四川省城乡环境综合治理工作领导小组办公室对2012年度“环境优美示范城镇乡村”拟命名名单予以公示。彭山县为全市唯一一个被拟命名为“环境优美示范县城”的县。青龙镇被拟命名为“环境优美示范镇乡”，保胜乡龙安村、公义镇红旗村、观音镇椿巅村、黄丰镇团结村、锦江乡正华村、牧马镇官厅村、义和乡杨庙村7个村庄被拟命名为“环境优美示范村庄”。

同日 县委常委、常务副县长钟建成带领县发展控股公司到省开行争取项目资金。

5月8日 彭山县召开2013年人大代表建议和政协提案交办工作会。

同日 县委常委郭茂带领扶贫移民局到省扶贫移民局汇报连片扶贫开发及贫困村受灾情况，争取支持。

同日 县人大常委会主任向坤到义和乡喻沟村看望2013年新结对帮扶的5户帮扶户。

5月8日—9日 彭山县电影发行放映公司改制工作完成。县电影公司职工代表向县委和县政府送上锦旗，表示对县电影公司改制政策的衷心拥护。县委书记蔡刚，县委副书记、县长梁磊，县委常委、常务副县长钟建成，县委常委、宣传部部长李洪强到现场接收了锦旗。

5月9日 县十七届人大常委会第十八次会议召开。

同日 县委常委郭茂率县水务局赴省水利厅、省农水局专题汇报彭山县天生堰水库灾后重建工作。省厅领导初步同意将水库改坝址异地重建列入全省灾后重建总体规划。

同日 副县长廖伟率县人事局赴省人事厅汇报彭山县灾情。

5月10日 副市长钟毅率市交通运输局局长龙学渊，县长梁磊，县委常委、宣传部部长李洪强和县交通运输局局长张富洪到省交通运输厅，向副厅长张晓燕汇报彭山“4·20”地震受灾情况和灾后重建交通规划及交通建设情况，特别汇报了“三箭齐发”工作情况。

同日 县委常委、常务副县长钟建成带领县发改局局长余波到省发改委专题汇报彭山县灾后重建项目规划编制情况。

5月12日 全省安全生产工作紧急电视电话会议召开。会议通报了泸州市泸县桃子沟煤矿“5·11”事故有关情况，传达贯彻了中央领导和省委、省政府主要领导重要批示精神，全面安排部署了全省安全生产工作。县委副书记、县长梁磊，县委常委、常务副县长钟建成等相关部门负责人参加彭山分会场会议。

5月14日 县委书记蔡刚前往公园山体育场现场查看改建工程项目的进展情况。县委常委、宣传部部长李洪强，副县长胡志中，县文广新局、教育局等相关部门负责人陪同。

同日 上午9点，彭山县原县长、县委调研员杨俊熙遗体告别仪式在彭山县殡仪馆举行。杨俊熙因病医治无效，于2013年5月11日晚9时38分逝世，享年84岁。县领导蔡刚、梁磊、向坤、谭福轩、俞红梅、严开义、郭茂、李洪强、周代军等参加遗体告别仪式。

5月15日 全省加快推进新型城镇化工作电视电话会议召开。县委副书记、县长梁磊，县委常委胡徐，副县长李忠云等相关部门负责人参加彭山分会场会议。全省电视电话会议结束后，彭山县随即召开了全县加快推进新型城镇化工作会。

5月20日 省委、省政府秸秆禁烧督察组对彭山县进行回访督察。县委常委胡徐、县环保局相关负责人陪同督察。

5月21日 县委书记蔡刚到青龙镇先锋村9社蒋长明、胡俊如等农户家中调研农民增收工作，了解其生产生活情况。

同日 晚9点，县委副书记、县长梁磊前往城区柏华路、张纲路、孟文路等街道，检查城市亮化工程完成使用情况。县人大常委会主任向坤，县政协主席谭福轩应邀一同检查，副县长、公安局局长郭益及县住建局、县市政园林局、县城管办负责人等陪同。

5 月 22 日 国家《中小学校地震避险标准》制定专家组到彭山县鹏利小学开展调研工作。县委常委、常务副县长钟建成和市县相关部门负责人陪同。

5 月 23 日 全县城乡居民社会养老保险工作会暨“社会保障卡”发放仪式举行。彭山县已制作完成社会保障卡 14 万余张，在全市率先统一发放“社会保障卡”。

5 月 27 日 国家开发银行四川省分行通过对彭山县龚家堰水库及城市饮用水扩容 1.6 亿元灾后重建项目贷款评审。

同日 由省委督查室、省政府督查室、环保厅、农业厅等部门组成的省秸秆禁烧督察到彭山，督察彭山县秸秆禁烧工作。县委常委胡徐陪同。

5 月 29 日 原五粮液集团公司董事长，现四川省人民政府参事、四川中国白酒金三角酒业协会会长王国春率队深入八百寿酒业考察调研白酒产业发展，授予四川八百寿酒业有限公司“四川中国白酒金三角酒业协会理事单位”牌匾。

5 月 30 日 省政府机构职能转变、深化行政审批制度改革暨推进依法行政工作电视电话会议召开。县委副书记、县长梁磊，县委常委、常务副县长钟建成，县委常委、副县长蒋会强，副县长廖伟、郭益及相关部门负责人在彭山分会场参加会议。

同日 彭山县召开城乡一体化住户调查工作动员暨培训会。

六 月

6 月 4 日 市人大常委会主任贺文率市人大常委会执法检查组检查彭山县关于《中华人民共和国城乡规划法》贯彻实施的情况。市人大常委会党组副书记阳金和，副主任门俊良，秘书长鲁建伟参加检查。县委副书记、县长梁磊，县人大常委会主任向坤，县委副书记俞红梅，县委常委、政法委书记严开义，县人大常委会副主任罗会华，副县长李忠云以及县级有关部门、乡镇负责人等陪同。

同日 县第十七届人民政府第十九次常务会召开。县委副书记、县长梁磊主持会议。

同日 县总工会在总工会会议室举办“中国梦”专家讲座。全县乡镇总工会主席、餐饮行业协会代表、劳模代表、部分企业工会负责人共 80 余人参加会议。

6 月 5 日 县生态办、环保局、文明办、团县委、妇联、总工会等部门联合在县政府门口开展“世界环境日”宣传活动。

6 月 6 日 市人大常委会副主任郑夕君率市人大常委会调研组一行到彭山县调研刑事诉讼监督工作。县委常委、政法委书记严开义，县级相关部门负责人等参加座谈。

6 月 7 日—8 日 2013 年高考顺利举行。2013 年，全县共有 1368 人参加普通高校招生统考，其中，普通高考考生 1322 人，高职考生 46 人。

6 月 8 日 彭山县召开创建省级生态县宣传工作部署会议。

同日 由县中国梦主题活动办公室、县委机关工委、县史志办主办的彭山县“学习十八大、践行中国梦”有奖知识竞赛初赛活动在县城建局二楼举行。

6 月 9 日 全省召开安全生产工作电视电话会。县委书记蔡刚，县委副书记、县长梁磊，县委、县政府有关领导，县级相关部门和乡镇负责人等在彭山分会场参加会议。

6 月 13 日 省人大常委会机关调研组一行对彭山县的新农村建设、农业产业化等情况进行调研。市人大常委会主任贺文，县委书记蔡刚，县委副书记俞红梅，县委常委郭茂，县人大常委会副主任罗会华等陪同调研。

6 月 16 日 彭山县大学生村官面试工作在县鹏利小学顺利举行。

6 月 18 日 彭山县文广新系统举行“共建富

强中国实现伟大梦想”专题讲座。邀请省图书馆《巴蜀论坛》特邀嘉宾、西南财经大学副教授李剑虹为全县文广新系统全体在职职工、各乡镇及村（社区）文化管理人员120余人讲课。

6月19日 彭山县2013年防汛工作会在县委会议中心二楼大会议室召开。

6月23日 眉山市统筹公选科级领导干部彭山考点面试工作在县鹏利小学圆满结束。

6月25日 市委书记李静，市委副书记、市长宋朝华，市人大常委会主任贺文，市政协主席王影聪等与参加市三届十三次全委（扩大）会暨统筹城乡工作会的参会人员到彭山，先后前往彭祖大道、滨江路、彭溪河商业风情街、彭祖新城、观音镇果园村、青龙物流园、林德气体、海尔项目建设现场，参观考察彭山县创新“四种模式”，加快“四个转变”，加速推进统筹城乡的实践和成果。县领导蔡刚、梁磊等陪同参观考察。

市领导刘十庆、吴小可、杨勇、姜怡、祝云、张志伦、黄跃、李酌、辜永忠、钟毅、付庆一、汪树槐、谷金山等参加参观考察，彭山经济开发区党工委书记王涛，县领导俞红梅、钟建成、李洪强、李忠云等陪同参观。

6月27日 市人大常委会副主任陈桂花到彭山县江口镇土桥村开展“实现伟大中国梦、建设富裕美好和谐彭山”为主题的“中国梦彭山行”走基层、进乡村主题宣传报告会，宣讲中国梦，听取基层民情民意，共谋该村发展良策。县委副书记俞红梅，市农业局、县委组织部、县农业局、江口镇有关负责人和土桥村基层干部、党员及村民代表参加活动。

6月28日 县人大常委会副主任罗会华率部分县人大代表前往柏林郡、彭溪河风情街、青龙会展中心、林德气体、海尔项目建设等企业和项目施工现场，对彭山县上半年国民经济和社会发展计划执行情况进行调研。彭山经开区党工委副书记、管委会主任邓强，县委常委、副县长蒋会强和相关部门负责人陪同。

6月30日 由于6月29日晚彭山县出现大量降雨，县委常委郭茂率领相关部门负责人前往老彭谢路高速路桥洞、华西德顿公司、城北小区检查指导防汛工作。

1—6月 天府新区彭山区域实现固定资产投资28亿元，增长64.5%；规模以上工业增加值24.7亿元，增长37%；入库税金1.8亿元，增长44.3%；招商引资到位资金26亿元；新增规模企业3家。园区现有在建产业项目39个，总投资86亿元。其中，2013年新开工项目16个，总投资52亿元。恒卓光电玻璃、唯一益电子、联鼎盛吉等7个项目已竣工，累计完成投资7.8亿元。总投资5亿美元的联合利华（四川）全球生产基地项目，生产公司已完成注册，到位外资1000万美元；联合利华彭山销售分公司完成注册，2013年已累计缴税1400万元。总投资20亿元的海尔（天府新区）创新产业园项目，2013年已完成投资1.94亿元。总投资15亿元的台湾研创科技触摸型终端制造项目，2013年已完成投资1.25亿元。总投资5.7亿元的林德气体项目，2013年已完成投资2亿元。

截至6月30日 彭山县已到位民生资金1.4亿元，占计划数的60.17%，其中，县级资金到位2422万元，占计划数的44.53%；上级补助资金到位1亿余元，占计划数的62.99；其他资金到位1564万元，占计划数的80.87%。

截至6月底 全县养老保险参保人数4.2万人，基金征缴7506万元；工伤保险参保人数1.72万人，基金征缴282万元；生育保险参保人数1.57万人，基金征缴101万元。城镇职工基本医疗保险参保人数为2.3万人，征收基金845万元；城镇居民医疗保险参保人数4.08万人，征缴基金761万元。失业保险基金征缴405万元，参保人员1.15万人，新增扩面424人。居民养老保险覆盖人数14.42万人，参保缴费人数11.03万人，发放养老金1257.48万元，续保缴费金额达1322.54万元，发放城乡居民社会养老保险社会保障卡14.1万余张。

截至6月底 全县共为1.08万名农村低保户，发放低保金622余万元；为4512名城市低保户，发放低保金645余万元；为1324名五保老人发放五保金 225 万元。

6 月底 2013 年彭山县高考考生共计 1368 人，其中，普通高考考生 1322 人，高职考生 46 人。普通高考本科硬上线 493 人，重本上线 71 人，上线率超 2012 年。其中，学生刘启豪以 691 分的成绩成为眉山市理科状元，总成绩排名全省前十，其物理、化学以满分名列全省第一名；赵茂莎以 618 分居眉山市文科第二名。

七 月

7 月 1 日 彭山县第三季度安全生产工作会在县政府礼堂召开。

7 月 1 日—2 日 省人大常委会副主任曾省权一行到彭山，前往武阳郡田园新村安置点、南方出口家居产业基地、义和乡悦园村，调研农业产业发展和农民增收，并看望慰问两户贫困家庭。市人大常委会主任贺文，市人大常委会秘书长鲁建伟，县领导梁磊、向坤、俞红梅、郭茂、李洪强等陪同。

7 月 5 日 彭山县 2013 年夏秋季征兵工作会在县政府礼堂召开。

7 月 8 日 县委常委、常务副县长钟建成率彭山县党政代表团前往仁寿学习考察城市建设经验和土地经营理念。县领导严开义、罗焱、李洪强、胡徐、李忠云随同考察，县级有关部门负责人参加考察。

7 月 9 日 17 时，彭山县启动Ⅳ级防汛应急响应，提前转移住户 134 户共 400 余人。未出现堤防溃堤、水库垮坝、因洪灾造成人员死亡、城镇内涝现象。

同日 19 点 50 分，县委书记蔡刚率县委常委、政法委书记严开义，县委常委郭茂，副县长李忠云以及县水务局相关负责人一行冒着大雨到彭山县防汛各关键区域，安排、检查各项防汛工作。

7 月 10 日 县委副书记、县长梁磊率县级相关部门负责人前往湿地公园、县污水处理厂排污沟等地检查指导防汛工作。县委常委郭茂、副县长李忠云陪同。

7 月 10 日 19 时 岷江彭山段洪峰水位达 424.66 米，距警戒水位 425.5 米仅差 0.84 米，流量达到 8900 立方米每秒，创 2012 年新高。

7 月 10 日晚—11 日 市委副书记刘十庆率市防汛工作督导组先后两次来到彭山检查指导抗洪救灾工作。县领导蔡刚、梁磊、严开义、郭茂、周代军、郭益等陪同。

7 月 12 日 彭山县庆祝建党 92 周年暨“中国梦”主题教育活动总结表彰会在县委会议中心二楼大会议室召开。

同日 全县召开 2013 年上半年城乡环境综合治理工作总结会和 2013 年上半年信访维稳工作总结会暨第三季度信访维稳工作会。

7 月 14 日 全省防汛减灾工作电视电话会议召开。县委书记蔡刚，县委副书记、县长梁磊，县委常委、政法委书记严开义，县委常委郭茂及相关部门负责人在彭山分会场参加会议。

7 月 18 日 2013 年度“彭山县·四川大学锦江学院”校地共建推进会在县委会议中心二楼大会议室召开。

同日 省农业厅副巡视员冯亮率省安监局、农业厅安监处、安全监理总站相关人员督察彭山县“全国平安农机示范县”创建工作。市农业局局长熊英、县委常委郭茂和市、县级相关部门负责人陪同督察。

同日 县政协主席谭福轩、副县长廖伟冒雨到谢家镇查看石山水库整治、岳油村富堰漫水、毛河渡槽涨水情况。

7 月 19 日 全省现代农业重点县建设工作会议在彭山县召开。副省长曲木史哈出席会议并作重要讲话，省农业厅厅长任永昌对现代农业建设工作进行了安排部署。市委书记李静致辞。市委副书记、市长宋朝华，副市长钟毅，县委书记蔡刚，县委副书记、县长梁磊，县委常委郭茂等出席会议。全省 21 个市州农业局局长、80 个现代农业重点县县长或分管县长参加会议。会议由省农业厅副厅长涂建华主持。

曲木史哈对彭山县现代农业产业给予高度肯定，并指出，彭山县坚持规划引导，引进技术先进，特别是无雨栽培和反光膜覆盖技术的应用，既可以防雨防病虫害，又可以保证葡萄品质，技术值得推广和借鉴。

李静在会上致辞并表示，眉山将以省委、省政府大力实施“千亿示范工程”，打造“千斤粮万元钱”粮经复合现代农业产业基地为契机，认真借鉴兄弟市州的先进经验和做法，推动全市农业向规模化、规范化、标准化、机械化、品牌化、产业化方向发展，整体推进省级区域性现代农业示范市建设，实现农业发展、农民持续增收目标。

同日 县政府常务会通过《彭山县BT项目潜在投资人联合考察工作的试行办法》。

7月20日 由眉山市总工会、达州市总工会、甘孜州总工会负责人组成的四川省总工会工资集体协商交叉检查组第二组到彭山县，交叉检查彭山县开展工资集体协商工作。市、县总工会相关负责人陪同检查。

7月25日 县十七届人大常委会第十九次会议召开。

同日 四川博物院“大篷车”流动博物馆首次来到眉山市，在彭山县举行四川博物院“大篷车”流动博物馆走进长寿之乡——彭山县大型活动，让基层民众“零距离”感受观看珍贵文物。

7月25日—26日 在中国人民解放军建军86周年即将来临之际，县领导向坤、谭福轩、蒋会强、董武、王洪、卓德松分别前往县人武部、县武警中队、武警眉山市支队三中队、县消防大队和驻彭山部队看望慰问广大官兵。

7月25日—27日 彭山县2013年公开招聘事业单位工作人员面试顺利完成。全县共94名考生顺利通过面试环节，其中，教育类15人，定向类6人，卫生类39人，综合类34人。

7月26日 2013中国·彭山第四届美人指葡萄采摘节在观音镇果园村隆重开幕。

同日 四川博物院“大篷车”流动博物馆走进驻彭山空军某部，为全体官兵带去了一场丰富的文化盛宴。

同日 省环保厅农村处调研员魏庆林率省级生态乡镇考核验收专家组对彭山县青龙镇、观音镇和凤鸣镇创建省级生态乡镇工作进行考核验收。县委副书记俞红梅和相关市、县部门、乡镇负责人陪同。

7月30日 省交通厅党组成员、总工程师陈乐生率省防汛工作督导组到彭山县督导防汛减灾工作。副市长钟毅、副县长廖伟以及省市县相关部门负责人陪同检查。

同日 彭山县“‘两高’环境污染入刑适用法律解释”宣传贯彻暨环境保护工作半年总结会议召开。县委常委胡徐，县政协副主席毛太忠出席会议，县级相关部门、各乡镇相关负责人，全县60余家工业企业负责人等参加会议。

省环保厅政策法规处调研员覃栋才围绕严重污染环境的行为、污染物界定、量刑标准等方面宣传讲解了《最高人民法院、最高人民检察院关于办理环境污染刑事案件适用法律若干问题的解释》。县法院、检察院、公安局相关负责人作了表态发言。

7月31日 副市长钟毅率全市农业农村工作暨农民增收现场会的参会人员到牧马莲花新村、复地、黄丰合力村新农村综合体、雷雷果业、黄丰丰华村柑橘产业园，了解彭山县农村发展特色和助农增收工作情况。县委常委郭茂和相关乡镇、部门负责人陪同。

1—7月 彭山县投入民生资金1.5亿元，占预计安排资金总额2.33亿元的64.34%。其中，上级补助7972万元，占预计安排资金总额1.6亿元的49.8%；县级安排资金到位3393万元，占预计安排资金总额5439万元的62.38%；其他资金到位1564万元，占预计安排资金总额1934万元的80.87%。

7月 2013年以来，彭山县再次提高城乡低保保障标准和五保供养标准。城镇低保保障线标准由280元/人·月调整为300元/人·月；农村低保保障线标准由1600元/人·年调整为1800元/人·年；农村五保供养标准由175元/人·月调整为280元/人·月。低保资金全部实行专户管理和社会化发放，并做到资金发放及时到位。

7月 2013年，彭山县将直肠癌、乳腺癌等7大重病列入特大疾病病种，将2012年的救助封顶线6000元/人·年提高到2万元/人·年。从7月起将重大疾病救助封顶线6000元/人·年提高到8000元/人·年。2013年1—6月，全县共救助城乡困难群众2.02万人，发放救助金326.63万元，其中，特大疾病81人共发放52.20万元。

八　月

8月1日 彭山县召开2013年上半年工业经济形势分析暨工业企业座谈会。

8月2日 县委常委郭茂带领县农工办、县农业局、国土局和部分乡镇负责人到崇州、蒲江两地，参观考察当地先进新农村建设和现代农业发展经验，加快推进彭山县现代农业发展和新农村建设项目建设。

8月6日 县人大宣传信息工作会议召开。

8月7日 彭山县第十七届人民政府第四次全体（扩大）会暨半年经济工作会在县委会议中心二楼大会议室召开。县委书记蔡刚，县委副书记、县长梁磊，县人大常委会主任向坤，县政协主席谭福轩出席会议。县委、县人大、县政府、县政协领导，彭山经开区、成眉石化园区县级领导，县法院院长，县检察院检察长，县级相关部门和各乡镇负责人参加会议。

8月8日 省粮食局局长张书冬一行到彭山县调研指导粮食工作。市委书记李静，市委副书记、市长宋朝华，副市长钟毅，市粮食局局长钟建国，县委副书记俞红梅，县委常委、常务副县长钟建成，副县长廖伟以及相关部门负责人陪同或参加工作汇报会。

8月14日 市政府安全生产交叉检查组到彭山检查安全生产工作。检查组先后前往同庆化工有限责任公司、吉龙化工公司、凤鸣镇政府、县住建局、首创·成南郡建筑工地、CNG天然气加气站和县客运中心检查。

8月15日 苏宁云商（西南区）电子商务运营总部项目与彭山县签约仪式在眉山市举行。市委书记李静，苏宁云商集团常务副总裁蒋勇，市委常委、市投促委主任宣迅，县委书记蔡刚，县委副书记、县长梁磊，彭山经开区党工委书记王涛，市县相关单位、部门负责人等出席签约仪式。

同日 市食安办会同市经信局、工商局、质监局等单位共同组成的联合检查组到彭山县检查食品安全专项整治“百日行动”、食品药品行业安全大检查和学校食品安全工作情况。

8月16日 全县防止精神病人肇事、肇祸及个人极端事件工作会召开。

8月20日 全省推进民营经济发展工作电视电话会议召开。县人大常委会主任向坤，县政协主席谭福轩，副县长胡志中，县级相关部门、乡镇负责人参加彭山分会场会议。

同日 市关工委常务副主任孟光安率队到彭山县调研机关企事业单位关工委组织建设情况和关心下一代基金募集工作开展情况。县委常委郭茂出席，团县委、教育局、司法局、政法委等相关单位负责人参加座谈。

8月21日 市人大常委会主任贺文率调研组成员到彭山，先后前往创一湖畔、兴隆路、迎宾路、观音镇和彭祖新城长寿大道等处，实地调研加快推进主城区城乡结合部城市化进程工作。

县委副书记、县长梁磊，县人大常委会主任向坤，县委常委胡徐，县人大常委会副主任周惠，市县相关部门负责人陪同。

8月22日 省委副书记、省长魏宏到天府新区彭山青龙区域调研工业经济发展等有关情况，并主持召开部分市（州）工业经济运行分析座谈会。市委书记李静，市委副书记、市长宋朝华，市政府秘书长肖忠良，县委书记蔡刚，彭山经开区党工委书记王涛等参加。

同日 全市乡村学校少年宫建设推进会在彭山县召开。

8月23日 受省农业厅委托，自贡市农牧局专家组成的专家验收组对彭山县承担的水稻高产创建示范项目进行现场验收。经过专家实地测产，彭山县水稻平均亩产达到633.83千克，比2012年增产17.43千克，圆满完成了2013年高产创建任务。

8月28日 彭山县在2013年全市上半年政风行风暨发展软环境测评中以91.60的高分，再次获得全市区县类第一名。

8月29日 市委常委、组织部部长姜怡，副市长钟毅专题调研彭山县岷江现代农业示范园区建设情况。县委书记蔡刚，县委常委郭茂，县委常委、组织部部长周代军陪同调研。

岷江现代农业示范园区彭山区域，涉及彭山县青龙、公义、观音、彭溪、凤鸣5个乡镇，规划面积54平方千米。园区生产通道公义段全长3.9千米，宽7.5米，总投资1000万元。

8月 彭山获得"2012年度全省环境优美示范县城"称号。青龙镇获"全省环境优美示范镇"称号，保胜乡龙安村、公义镇红旗村、观音镇椿巅村、黄丰镇团结村、锦江乡正华村、牧马镇官厅村、义和乡杨庙村获"省级环境优美示范村庄（社区）"称号。

8月 在全国十九届葡萄学术研讨会暨广西兴安葡萄节中，彭山县选送的夜美人、白萝莎和意大利三个葡萄品种样品，经过专家组严格评审，夜美人、白萝莎获得金奖，意大利获银奖。

8月 彭山县成功申报创建3个四川省养老服务社会化建设示范社区。

九　月

9月2日 全国禁毒工作电视电话会议召开。县委常委、政法委书记、县禁毒委常务副主任严开义，副县长、县禁毒委副主任、公安局局长郭益及县级相关部门和乡镇负责人在彭山分会场参加会议。

同日 在2012年全省县级经济综合评价结果中，彭山县在全省排位从2011年的第50位跃升至第40位，飙升10个位次，成为全省发展速度较快的县份之一。

9月3日 县人大常委会副主任王洪率部分人大代表调研人大代表批评、建议、意见落实情况。

9月4日 省残联副理事长杨志远到凤鸣镇南星社区调研残疾人日间照料站工作。县委副书记俞红梅、副县长胡志中，市县相关部门及乡镇负责人陪同调研。

同日 省政府副秘书长赵学谦率省残联、发改、财政部门有关负责人到彭山县专题调研四川省残疾人体育训练中心项目建设情况。副市长汪树槐，县委副书记俞红梅，副县长胡志中及市、县级相关部门负责人陪同调研。

9月5日 省环保厅副厅长钟勤建率队前往观音镇果园村调研生态葡萄种植。市环保局局长江昌淆，县委副书记、生态县创建推进工作组组长俞红梅，县委常委、副县长蒋会强等陪同。

9月6日 由自贡、宜宾、眉山、凉山州等市州总工会组成的四川省女职工权益保护专项集体合同交叉检查第四组到彭山县检查女职工权益保护专项集体合同工作签订及履约情况。

9月8日 眉山市副市长吴爱玲调研彭山县新学期校园安全工作和食堂标准化建设情况。副县长胡志中及市县级相关部门负责人陪同调研。

9月9日 彭山县召开2013年第四季度安全生产工作会议。县委副书记、县长梁磊，县委常委、常务副县长钟建成等县级领导出席会议，县级相关部门、重点企业，各乡镇相关负责人参加会议。

9月11日 彭山县制定《彭山县村级项目资金管理办法》。对村级项目建设组织实施的具体内容、操作程序、处理处罚等进行明确的规定。

同日 联合利华（四川）全球生产基地奠基仪式在天府新区彭山青龙区域隆重举行。省人大常委会副主任兼秘书长曾省权宣布项目奠基。联合利华全球首席执行官波尔曼（Paul Polman）参加，联合利华北亚区总裁乔安路（Alan Jope）讲话，市委书记李静致辞，市委副书记、市长宋朝华主持奠基仪式。

省经济和信息化委、省商务厅、省投资促进局相关负责人，英国驻重庆总领事李赛（Simon Lever），联合利华相关负责人；市人大常委会主任贺文，市政协主席王影聪，市委常委、市委秘书长黄跃，市委常委王光彩，副市长周孝平，县委书记蔡刚，县委副书记、县长梁磊，县人大常委会主任向坤，县政协主席谭福轩等领导参加奠基仪式。

市委书记李静就媒体普遍关注的联合利华（四川）全球生产基地落户眉山的意义、影响，眉山提供的优质政务服务环境等问题接受了省（市）数十家媒体采访。

9月12日 彭山县召开全县秋季血防工作会。

9月15日 全国20余名作家和大学教授到彭山县开展文学创研采风活动。专家学者一行实地参观了旭瑞土窖酒厂、李密故里和彭祖山风景区，对彭山县忠孝文化和彭祖养生文化进行认真了解和考察。

9月16日 全国军休干部门球赛（南片区预赛）在彭山县体育场举行开幕仪式。民政部优抚安置局副局长李树峰，民政部优抚安置局军休处处长欧阳国富，四川省民政厅副厅长陈克福，四川省军区政治部副主任李宪虎，副市长辜永忠，县委书记蔡刚，县委常委、副县长蒋会强等领导出席开幕式。

同日 彭山县召开引进国（境）外智力工作推进会。

9月17日 彭山县健身秧歌队作为眉山市唯一一支代表队参加在雅安市举行的2013四川省健身秧歌比赛，以9.87的高分获得金奖。

同日 副市长吴爱玲率教育、卫生、食药监、食安、工商、质监部门相关负责人到彭山县，对食品企业、医院、超市、学校等进行食品安全情况检查。县委书记蔡刚，县委常委、副县长蒋会强以及相关部门负责人陪同。

同日 市环保局局长江昌淆率市经信、农业等部门组成的预验收专家组对彭山县创建省级生态县进行预验收。县委书记蔡刚，县委常委、生态县创建推进工作组副组长胡徐，县政协副主席毛太忠出席汇报会。

9月22日 县委副书记、县长梁磊就如何提升彭山县市民文明素养，有效推进城镇化进程工作召开专题会议。副县长、县公安局局长郭益，住建、城管、文明办等单位负责人出席会议。

9月22日—23日 中国化工集团安环部副主任稽建军、国务院国资委综合局副局长刘源先后率国务院安委会危化、综合督察组到彭山，对全县安全生产工作展开督察。督察组前往凤鸣镇政府、彭祖山现场查阅了安全生产相关资料、文件，询问有关情况。

省安办副主任、省安全监管局副局长刘健，副市长、市安委会副主任周孝平，县委书记蔡刚，县委副书记、县长梁磊等陪同。成眉石化园区管委会主任周荣华，彭山经开区管委会主任邓强，县领导钟建成、严开义、蒋会强、胡徐、廖伟、胡志中、郭益、李忠云，省市县相关部门负责人等参加汇报会。

9月25日 全市“一标三实”基础信息大采集攻坚战现场会在彭山县召开。副市长、市公安局局长辜永忠，县委书记蔡刚，副县长、县公安局局长郭益，省公安厅相关负责人，市、各区县公安局、民政局相关负责人等参加会议。

同日 彭山县邀请四川省国家保密局副局长冯宝运在县政府礼堂举行保密知识专题讲座。在家县领导、县级部门及各乡镇负责人聆听了专题讲座。

9月26日 县十七届人大常委会第二十一次会议召开。

同日 县第十七届人民政府第二十一次常务会召开。

9月27日 县人大常委会副主任罗会华带领彭山县部分人大代表视察彭山县饮用水水质情况。

9月30日 彭山县首个珍禽博览园在江口镇林下生态养殖观光园区开园。

截至9月底 全县194个（其中省市定125

个）民生工程项目中，129 个（其中省市定 89 个）小项完成或动态完成年度目标任务，54 个（其中省市定 34 个）小项达到时间进度要求。彭山县已累计筹集、拨付民生工程项目资金 1.94 亿元，占预计安排资金总额 2.33 亿元的 83.1%。其中，上级补助 1.36 亿元，占预计安排资金总额 1.59 亿元的 85.6%；县级安排资金到位 4145 万元，占预计安排资金总额 5439 万元的 65.87%；其他资金到位 1564 万元，占预计安排资金总额 1934 万元的 80.87%。

1—9 月 全县共计发放公益性岗位、社保、培训、职业介绍、就业见习等各项补贴 656.29 万元。全县扩大了小额担保贷款的扶持范围和担保范围，共落实小额担保贷款 1305 万元。组织民营企业举办专场招聘活动，搭建民营企业和求职者供求对接平台。组织大型现场招聘会 2 场，专场招聘会 9 场，为企业招聘新员工 4300 人。创新“四种模式”、加快“四个转变”促进就业，转变为城镇居民实现“有就业，有保障”1.32 万人，转变为产业工人实现“有技能，有岗位，有保障”1.17 万人。

十　月

10 月 1 日—7 日 国庆黄金周期间，全县共接待游客 26.52 万人次，实现旅游收入 8179 万元。其中，彭祖山景区共接待游客 2.19 万人次，营业收入 22 万元。

10 月 8 日 县老年人协会、县老年人体育协会举办首届老年人体育运动展示会。

同日 全县第四季度安全生产工作会在县政府礼堂召开。

同日 县委常委、县政府副县长蒋会强实地督察指导县级医院实行药品零差价销售过程中的政策宣传、药价公示等工作实施情况。

10 月 9 日 省禁毒委先后召开全省禁毒委员会全体会议、全省禁毒工作电视电话会议。县委常委、政法委书记、县禁毒委常务副主任严开义，副县长、县公安局局长、县禁毒委副主任郭益等出席彭山分会场会议。

10 月 10 日 省交通运输厅副厅长鲜雄一行前往工业大道、岷东大道成彭段、彭祖山隧道施工现场，视察彭山县“三箭齐发”工程建设进度。县委常委、宣传部部长李洪强，市、县交通运输局等相关人员陪同。

同日 省政协调研组一行调研天府新区彭山区域项目建设推进情况，建言助推园区发展。市政协副主席王志敏、县政协主席谭福轩、彭山经开区党工委书记王涛等陪同。

同日 市委副书记刘十庆率队专题调研彭山县岷江现代农业示范园区建设情况。县委书记蔡刚，县委副书记、县长梁磊，县委常委郭茂等陪同调研。

同日 眉山市第三届运动会第九套广播体操比赛在市体育馆举行，彭山县代表队勇夺第一名。

10 月 11 日 县政协在县人社局六楼组织召开民主评议县人力资源和社会保障工作动员会。县政协主席谭福轩，副县长廖伟，县政协副主席郑玉忠、喻旭、卓德松出席动员会。

同日 彭山县 2013 年重阳节慰问老同志大会在县委老干局会议室举行。县委书记蔡刚，县委副书记、县长梁磊，县政协主席谭福轩，县委副书记俞红梅，县人大常委会副主任罗会华出席会议。

10 月 12 日 省农业厅总农艺师潘海平率队督察彭山现代农业重点县建设项目、农业部“菜篮子”产品生产扶持项目、“千斤粮万元钱”粮经复合产业基地建设、万亩亿元示范区基地建设情况。

同日 市委副书记、市长宋朝华到联系的青龙镇实地调研，指导基层工作，解决基层发展难题。并强调，要将“为民务实清廉”这一群众路线教育实践活动主要内容贯穿青龙镇工作始终，坚定不移做美城镇、做强产业、做实民生，努力实现率先突破发展。

市政府秘书长肖忠良，县委书记蔡刚，县委

副书记、县长梁磊参加调研。

同日 县人大常委会副主任罗会华、周惠率县人大常委会视察组对彭山县招商引资暨重点工业项目推进情况进行视察。县政府办、发改局、经信局、招商局负责人陪同视察。

10月13日 省住建厅委托南充市住房和城乡建设局党委副书记、常务副局长张世民率检查组到彭山县开展省级风景名胜区保护管理执法检查。市园林局局长王美金，县委常委、政法委书记严开义，市县级相关部门负责人等陪同。

10月16日 2013年四川省第七届骑游联谊会暨彭山县老年骑游协会成立二十周年庆祝大会在彭山县召开。全国骑联委会长秦开世、省骑联委主任李孝昌分别在开幕式上致辞。

10月17日 省政协调研组一行调研彭山城乡环境综合治理情况。调研组前往长寿广场、滨江路、县客运中心、县人民医院、观音镇果园村了解城乡环境综合治理情况。市政协副主席梁勇，市政协副主席、市委统战部部长黄玉蓉，县政协主席谭福轩，县委副书记俞红梅等陪同。

10月22日 县委副书记、县长梁磊率队前往滨江大道、彭祖山旅游通道、九龙山隧道施工现场，调研彭山县“三箭齐发”工程建设推进情况，现场办公解决项目建设中遇到的难题。县委常委、宣传部部长李洪强及县级相关部门、江口镇负责人等陪同。

同日 政协主席谭福轩率部分县第九届政协委员会委员视察全县血防工作情况，县委常委、副县长蒋会强陪同。

10月23日 第十四届西博会隆重开幕。市委书记李静前往成都世纪新城国际会展中心第十四届西博会眉山展馆，并巡视四川农民合作组织特色农产品展区彭山展台布展情况，看望慰问一线工作人员。

市委常委、市投促委主任宣迅，副市长钟毅，市政府秘书长肖忠良，县委书记蔡刚等陪同。

同日 “打造中国西部最大的日化产业基地”——2013年眉山市日化产业推介会在成都举行。县委书记蔡刚、成眉石化园区党工委书记周荣华、彭山县经济开发区管委会主任邓强等参加。

“天府新区产业眉山”——2013年眉山市重大招商项目签约仪式在成都隆重举行，县委副书记、县长梁磊等参加。

10月24日 市政协主席王影聪率部分市政协委员对彭山县“以游为主、统筹城乡”工作进行视察。副市长汪树槐，市政协副主席黄玉蓉，县领导蔡刚、谭福轩、李洪强、喻旭等陪同。

同日 县人大常委会副主任周惠带领部分县人大常委会委员对全县《中华人民共和国食品安全法》贯彻实施情况进行执法检查。

同日 县第十七届人民政府第22次常务会召开。

10月25日 县政协召开“繁荣彭祖长寿文化促进旅游三产发展”座谈会。

同日 由县就业局与四川大学锦江学院联合举办的2014届高校毕业生双选会在锦江学院举行。

10月30日 国家粮食局常务副局长卢景波率队到彭山县检查秋粮收购工作。省粮食局局长张书冬、市委书记李静、副市长钟毅、县委书记蔡刚、副县长廖伟等陪同。

同日 市人大代表、县委副书记、县长梁磊和彭山县部分市人大代表专题调研岷江现代农业示范园区（彭山区域）建设情况。县委常委郭茂以及相关部门、乡镇负责人陪同。

10月 彭山县教育体育局获“眉山市2013年高中教育质量一等奖”。

十一月

11月4日 市委书记李静调研彭山基层党建工作。市委常委、组织部部长姜怡，县委书记蔡刚，县委副书记、县长梁磊，县委常委、组织部部长周代军等陪同调研。

同日 全县第九届村（居）民委员会换届选

举工作动员会在县政府礼堂召开。县委副书记俞红梅，县委常委、副县长蒋会强，县委常委、组织部部长周代军，县人大常委会副主任王洪出席会议。

彭山县第九届村（居）民委员会换届选举工作从2013年10月29日开始，正式选举日为2013年12月15日。选举工作分为准备、宣传动员阶段（10月29日—11月8日）；依法选举阶段（11月9日—12月15日）和完善健全组织、检查验收阶段（12月16日—12月30日）。整个换届选举工作在2013年12月31日前结束。

11月5日 彭山县召开党风廉政建设社会评价工作会。

11月6日 县政协主席谭福轩率队视察全县项目会战年及重点项目落实情况。县政协副主席郑玉忠、毛太忠、卓德松及部分政协委员参加视察，县委常委、常务副县长钟建成，县委常委、副县长蒋会强陪同。

11月8日 县政协主席谭福轩率队调研全县残疾人权益保障工作。县政协副主席卓德松，部分政协委员，县级相关部门和乡镇（社区）负责人及企业、残疾人代表等参加调研。

11月14日 县第十七届人大常委会第二十四次会议召开。

会议专题询问了全县饮用水水源安全等工作。会议通过决定任命：杨宇焰为彭山县人民政府副县长。

11月15日 省食品药品监督管理局食品安全总监杨俊，省质量技术监督局党组成员、副局长周传军一行到彭山县八百寿酒业有限公司实地了解企业生产经营情况。副县长廖伟以及省、市、县相关部门负责人陪同。

同日 县政协召开民主评议县人力资源与社会保障工作通报会。会议通报了县政协民主评议县人力资源与社会保障工作的相关情况，通过县政协民主评议组成员深入调查和听取各方意见后，评议结果为满意。

县政协主席谭福轩出席会议，副县长廖伟，县政协副主席郑玉忠、喻旭、毛太忠、卓德松，县政协民主评议组成员，部分政协委员参加会议。

11月19日 县人大常委会副主任周惠率调研组现场调研彭山县深化医药卫生体制改革工作。

11月21日 彭山县第十七届人民政府第23次常务会召开。

同日 彭山县召开2014年度新型农村合作医疗工作会。县委常委、常务副县长钟建成，县委常委、副县长蒋会强，县人大常委会副主任周惠，县政协副主席喻旭出席会议。县级相关部门、各乡镇、各级医疗卫生单位相关负责人参加会议。

11月25日 全省学习贯彻习近平总书记安全生产工作重要讲话精神电视电话会议召开。县委书记蔡刚，县委副书记、县长梁磊，彭山经开区管委会主任邓强，县领导钟建成、蒋会强、董武、郭茂、李洪强、廖伟、胡志中、李忠云等42个县级相关部门、13个乡镇有关负责人，交通运输、危化及矿山企业相关负责人在彭山分会场参加会议。

全省及眉山分会场会议结束后，梁磊在彭山分会场指出：相关部门要积极开展全面检查工作，重点检查油库等企业；县内输气、油管、城区电力、水库设施要加大排查力度；安全工作要常抓不懈，做细隐患排查，落实责任，认清形势，防患于未然。

11月26日 由公安部刑事侦察局副巡视员孙劲峰带领的公安部纪律作风大检查工作组到县公安局督导检查活动开展情况。县委常委、政法委书记严开义，副县长、县公安局局长郭益等陪同。

11月28日 市委副书记刘十庆率全市群团工作会议与会人员前往观音镇果园村参观调研果园村葡萄协会相关情况。

同日 副市长周孝平率队调研彭山县工业园区大会战情况。县委副书记、县长梁磊，相关部门负责人等陪同。

11月29日 彭山县食品药品监管体制改革

移交工作会在县食药监局四楼会议室召开。县委常委、组织部部长周代军，副县长廖伟出席会议，县编办、人社等相关部门负责人，原工商、质监划转食药监人员参加会议。

十二月

12月3日 彭山县社会治安集中整治、平安建设推进会在政府四会议室召开。

12月4日 县政协对彭山县工业企业及房地产工作开展视察。县政协主席谭福轩，县政协副主席郑玉忠、喻旭、毛太忠、卓德松出席视察，部分政协委员参加。

同日 县环境监察大队标准化建设通过省环保厅环境监察执法机构达标建设验收组正式验收，达到国家二级标准。

同日 由国家新闻出版广电总局反非法和违禁出版物司副司长毛小茂率领的全国“扫黄打非”办督导组到彭山县，检查彭山县2013年开展的“秋风行动”工作情况，并听取了彭山县破获“4·09假记者”诈骗案查办工作汇报。

市委副书记刘十庆，县委副书记、县长梁磊，县委副书记俞红梅，副县长、公安局局长郭益以及相关部门负责人参加汇报会。

12月5日 国家开发银行四川省分行副行长彭忠一行调研彭山县与省开行合作情况。县委副书记、县长梁磊，县委常委、常务副县长钟建成，县人大常委会副主任、彭山发展控股公司董事长余玺樟，副县长杨宇焰以及相关部门负责人等陪同调研。

12月7日 “寻找彭山最美声音·2013彭山首届歌手大赛”活动在全县拉开帷幕。

12月11日 副市长、市公安局局长辜永忠率市公安局、市交通局、市安监局等相关部门负责人督导检查彭山县货车整治行动开展情况。副县长、县公安局局长郭益等陪同。

12月12日 县委副书记、县长梁磊带领副县长李忠云以及相关部门和乡镇负责人，专题调研彭山县城市建设工作。

同日 彭山县第十七届人大常委会第二十五次会议在县人大机关五楼会议室召开。

同日 县委副书记、县长梁磊到成眉石化园区调研园区基础设施建设推进情况。

12月13日 国家卫计委人事司巡视员付伟率国家卫计委、省卫生厅相关负责人到彭山，调研彭山县全科医师特设岗位计划试点工作。付伟一行先后前往青龙镇、谢家镇卫生院和县人民医院，对乡镇卫生院基本情况、基层卫生人才队伍建设和全科医师培训工作情况进行调研。省卫生厅副厅长王雪，副市长吴爱玲，县委副书记、县长梁磊，县委常委、副县长蒋会强等陪同。

同日 县委常委郭茂率县农工办、水务局、林业局、畜牧局等部门及顶新食品有限公司、创意公司、九鹤公司有关负责人队前往成都双流考察学习新农村建设、农业种植技术等方面的先进经验，谋划加快彭山县村级经济发展的新思路、新举措。

考察团一行先后前往成都双流县三星镇参观学习桃、梨树观光农业打造理念；前往双流永兴镇贝瑞草莓生态园区学习先进的冬草莓种植技术、经营经验以及规划理念；前往合江镇“莓园新村”学习新农村建设、创卫、绿化、村级管理等先进经验。

12月16日 全县政务服务工作会在政府四会议室举行。进驻政务服务中心的窗口部门主要负责人、分管领导、窗口负责人，政务服务中心全体机关干部参加会议。县委常委、常务副县长钟建成出席并讲话。

按照《彭山县政府办公室关于加强政务服务中心窗口运行管理办法》的规定，从2013年12月1日起，彭山县36个行政审批部门所涉及到的149项行政审批项目，将按规定全部进入政务服务中心，实行“一站式”服务。

12月18日 省水利厅副厅长张强言一行到彭山县检查水利血防工作。

12月23日 中国西部研究与发展促进会社会扶贫工作委员会执行主任兼秘书长狄森一行到

彭山县，专题调研彭山县社会扶贫工作。农工党四川省委专职副主委张庆文，市政协副主席、市委统战部长黄玉蓉，县委书记蔡刚，县委副书记、县长梁磊，县政协主席谭福轩参加调研。

农工党四川省委、农工党四川省委省直属眉山总支委有关负责人，成眉石化园区党工委书记周荣华，成眉石化园区管委会主任杨兴弘，县委副书记俞红梅，县委常委、副县长蒋会强，县委常委郭茂，县政协副主席、县委统战部部长卓德松以及市县级有关部门负责人参加调研。

12 月 24 日 县委书记蔡刚率队前往彭祖新城、牧马镇和义和乡，对彭山县即将开发的三产项目进行调研。县委副书记俞红梅，县委常委，宣传部部长李洪强，县国土局、规划局、三产办及相关乡镇负责人等陪同。

12 月 27 日 县政协九届十一次常委会召开。

重要记事

彭山县“4·20”地震抗震救灾概述

2013年4月20日8时02分，雅安市芦山县发生7.0级地震，震中位于北纬30°3′，东经103°0′。该次地震属于浅表地震，波及范围较大，彭山县震感非常强烈。全县13个乡镇不同程度受灾，特别是凤鸣镇、黄丰镇、江口镇、保胜乡、义和乡五个乡镇灾情较为严重。由于彭山县属山地丘陵地貌，震后多处发生山地滑坡、公路崩塌，水利、桥梁等基础设施受损严重，各乡镇周边出现了多处地质灾害安全隐患点。

据统计，此次地震造成彭山县直接经济损失7.17亿元。具体受灾受损情况为：农村居民住宅用房经济损失4880.2万元；城镇居民住宅用房经济损失318.7万元，非住宅用房经济损失6954.52万元，居民家庭财产经济损失127.2万元，农业经济损失5200.75万元，工业经济损失519万元，服务业经济损失2499万元，基础设施经济损失4.37亿元，公共服务系统经济损失7566.6万元。

地震发生后，中共彭山县委、县政府立即召开专题会议，成立县抗震救灾指挥部，由书记、县长亲自担任指挥长，副书记为常务副指挥长，指挥部下设医疗保障组、交通保障组、通信保障组、水利监护组、救灾物资组、宣传报道组、社会治安维稳组、救灾抢险组，分别由县级领导担任组长。县应急办按照指挥部命令，立即启动抗震救灾III级应急响应，并要求全县各乡镇和部门坚持24小时值班值守制度，全力参与抗震救灾工作。

地震发生后，县财政迅速拨出专款，对受灾严重的群众进行救助。县民政局迅速调拨救灾物资，及时发放救灾帐篷，紧急转移安置2536人。县公安局出动警车150余台次，警力1000人次，武警巡路队500人次参与救援工作，人武部组织应急民兵队伍50人，携带救灾装备紧急驰援雅安灾区。县消防大队组织消防车1台官兵5人配合市消防支队奔赴雅安灾区参与救援。县卫生局组织县医院、中医院出动救护车8台次，医务人员24人次，开展救护、救治并迅速开展卫生防疫工作。县教育、城建等部门和有关乡镇迅速启动学校危房鉴定评损工作，加紧对受损学校基础设施进行综合评定，对确已不能使用的危房及时拆除，确保学生安全。县交通局、县交警大队组织人员对省道103线和成雅高速日峰值6万辆车辆进行分流，确保灾区救援物资车辆的道路畅通。县国土局认真对地质灾害隐患点进行排查，严防次生灾害发生。对全县1个城区、5个乡镇集中饮用水水源地及3个流域控制断面立即进行采样，经监测结果表明全县集中式饮用水水源地水质各项监测指标均无异常。

灾难无情，人间有爱。县民政局、县慈善总会、县红十字会等部门切实抓好抗震救灾捐赠的组织引导，积极做好宣传倡导和募捐等工作。各有关方面调拨了大量救灾物资，社会各界捐款捐物合计达116.9万元，全部存入财政专户账。县慈善会“4·20”地震接收捐款52.9万元。其中，县红十字会接收捐款5.29万元。红十字会资金于2013年5月16日将全部定向捐款按照捐赠者意愿汇到灾区，其中：4.02万元汇到雅安市红十字会，1.27万元汇到雅安市宝兴县红十字会。全县接受捐赠物资折合金额为64万元。其中，县慈善会接收捐赠物资折价34万余元，已全部送往雅安灾区。红十字会接收物资5565件，价值30万元，于4月23日按捐赠者意愿送往雅安市天全县红十字会。

为切实做好抗震救灾资金物资监管工作，确保及时拨付、有效使用，最大限度发挥效益，县监察局、县财政局、县民政局、县审计局召开了抗震救灾资金物资监管工作会议，成立监督检查领导小组，下发加强捐赠款物管理使用的通知，要求进一步健全规章制度，对资金物资管理使用情况进行全方位监管，严格落实救灾捐赠款物管理使用的有关规定，切实保护好捐赠人和受赠人的权益。彭山县分别于2013年4月24日收到省财政安排救灾资金300万元，2013年4月22日收到市财政救灾资金50万元。收到上级拨款后，县财政第一时间于2013年4月24日将上级资金全部拨付相关单位。同时，县政府于2013年4月27日又安排县级资金387万元用于应急救灾。

县纪委、监察局快速反应，成立干部作风督察组和灾后重建工作监督检查组。按照市纪委安排，灾后重建监督检查组迅速制定工作方案，对全县13个乡镇、7个部门的抗震救灾资金使用情况以及工作作风情况进行督察。县纪委、县审计局在灾后重建过程中严格把关，越是关键的阶段，监察组越要把正风肃纪作为最重要最紧迫的工作，切实履行职责，严格监督检查，严肃工作纪律。认真贯彻落实好上级关于抗震救灾工作的重大决策部署，切实加强对抗震救灾款物管理使用的监督，严厉惩处抗震救灾款物管理使用中的违法、违纪行为，保证抗震救灾款物及时用于受灾群众救助和生活。

直接联系服务群众工作

【概况】 2013年，“321”干部直接联系服务群众工作始终坚持与推动发展、改善民生、促进和谐相结合，各级党员干部在县委统一号召下坚持“三不变”的帮扶原则，深入基层接地气，转变作风察民情，实践党的群众路线，通过创新“四种模式”、加快“四个转变”，在道路基础设施建设、产业发展壮大、困难群众脱贫致富等方面取得了整村发展和个体致富的明显成效，进一步密切党群干群关系。2013年，全县共计2047名机关干部联系3758群众，其中，领导干部联系困难群众1273名，实现了干部全参与、联系工作全覆盖。

【领导重视】 年初，县委提出“三个不变”和“分类帮扶”的工作原则，注重将全年的直联工作与创新“四种模式”、推进“四个转变”紧密结合，县委按照“一对一”标准调整充实部门联系村（社区）工作安排，调整充实了县委直联工作领导小组成员，新增456户困难群众由县级和部门领导亲自联系；召开全县工作会议部署安排此项工作，下发《2013年321干部直接联系服务群众工作通知》，组织各部门精兵强将成立专项督察组，分季度开展直联工作督察，并及时发出督察通报，确保直联工作个个落实到位。

【组织培训】 2013年9月2日—5日在省委党校举办为期4天的“践行群众路线、提升群众工作能力”专题培训班，包含了各乡镇、县级部门分管领导，乡镇组织员，全县108个村（社区）的党支部书记或村主任、大学生村官、新任选调生等300余人参加培训，进一步提升了各级干部联系服务群众的意识和动力。

【“三个结合”】 2013年，全县各级党组织广泛开展“领导挂点、部门包村、干部帮户”“百企联百村”等活动，引导城市人才、技术、项目等优势资源向农村流动，带动农村发展。跨区域探索党建合作模式，如县委与川大锦江学院、国开行四川省分行开展“结对共建”、社区党组织与驻区单位开展共驻共建、村党组织与周边企业开展村企联建，依托项目建立项目党组织，根据项目生产需要将党组织建设在生产链上等方式，打破了空间地域限制和各种资源的封闭运行，把党的组织优势转化成了发展服务优势。在村党组织换届选举工作前，以《中共彭山县委关于印发（社区）党组织换届工作实施方案的通知》文件要求：在换届选举中各联系部门要在联系县领导的统筹安排下，落实专人指导、协助村（社区）圆满完成换届选举工作。仅以谢家镇为例，各联系部门主要领导都积极参与换届选举活动4次以上。2013年，全县结对率达100%，后进党组织转化率达100%，一般党组织升级率达30%以上。

【整村帮扶】 2013年，县委制定了“321”干部直接联系服务群众工作考核细则，其中，将“三有三无”（即收入有增长、投入有增加、民生有改善，实现信访“三无”目标）整村推进工作作为一项重要内容，要求各部门帮扶工作力求实效。明确各村2012年农民人均纯收入和增速指标，并通过走村入户，实地询问，明确联系户家庭主要经济来源和收入状况，制定了干部帮扶工作计划。彭山县第一、二季度农民人均纯收入增速均为全市第一名，第三季度为全市第二名，年底力争保二争一。大力实施民生工程，通过实施134个民生项目，截至2013年10月底，彭山县已累计筹集、拨付民生工程项目资金2.15亿元，占预计安排资金总额2.33亿元的92.27%。县纪委还将全县惠民政策编印到各乡镇，由各乡镇将涉及内容以村为单位印发到各村各社，全县各项民生工程进展顺利，取得明显成效。通过深化联系乡镇、村大调解工作，帮助排查社会矛盾，实行群众来访当天办理制度，及时化解矛盾纠纷。2013年，全县共调处矛盾纠纷1779件，调解成功1776件，成功率达99.8%；积极推进群众来访当天办理制度落实，全县通过群众来访当天办理工作流程办理信访件77件，其中，市联席办交办41件，县联席办交办36件，办结率达100%，确保了信访维稳工作达到“三无乡镇”“三无村（社区）”。

【“四个转变”】 2013年，成立农村居民“四个转变”民意调查工作领导小组，相关部门抽调业务骨干，集中精力开展走访入户调查，撰写1.5万余字的调查报告，客观、真实地反映了农民意愿，准确、科学地分析了转变条件，为市委、市政府准确掌握分析农村居民转变意愿、转变模式民意情况提供了科学依据。农民转变为城镇居民1.05万人，实现其有资产、有就业、有地位、有保障。由县委副书记俞红梅牵头联系的牧马镇莲花村，就是以城为主、产城相融、统筹城乡、一体发展的典型。随着恒大、复地等项目的相继开发及旅游三产的发展，莲花村通过征地拆迁，建新农村综合体，莲花新村一期、二期300户已建成并入住，三期正在建设中，四期正在规划中。失地农民根据相关政策购买社保，转变城市户口，并依托恒大、复地房地产项目用工需求及旅游三产发展需要，已有上千人进入房地产项目工作，部分失地农民开餐馆、旅店等，使传统农民变成产业工人、三产经营者、城市居民，住上了新房，生活有了后续保障。农民转变为产业工人1.17万人，实现其有技能、有岗位、有住所、有保障。如县卫生局联系的武阳乡大塘村，引进南方家居制造基地，通过加强技能培训，把农民从土地上解放出来，有可靠稳定的收入来源，工资达3000元/月，较以前年均增收2万元以上。在依托南方产业基地的基础上，规划建设南方小镇，内设现代化家具卖场及生活配套休闲设施，解决了园区员工及消费者的购物、旅游、生活休闲配套等问题，提供就业岗位4000个。项目建成投产后将促进3万名农民向产业工人转变，推动家居文化博览园和小镇城建设，实现产城一体。农户转变为农业业主147户，实现其有能力、有资金、有规模、有市场。在“挂、包、帮”活动和直接联系服务群众工作中，果园村由县政府办、县农业局、县交通局等部门和领导牵头联系，大力实施规划引领、项目整合、创新模式和科技培训，促进整村发展；同时实施“党员干部+产业大户+低收入农户”的“3+1”联系模式，全村优质葡萄种植迅速发展。截至年底，该村已建成成片规模种植葡萄333.33公顷，平均亩产值2.5万元；建成果园新村综合体，聚居农户370户。2012年，该村人均纯收入达1.15万元，比全县农民人均纯收入高出2760元。先后荣获“省级农业示范园区”、全省“先进基层党组织”“环境优美示范村庄”“社会创新管理示范村”殊荣，被省农科院授予“葡萄产业技术体系综合试验站示范点”称号。同时，果园村坚持“产村相融”理念，以“新村带产业、产业促新村”，大力提升新农村建设水平。通过土地流转，依托葡萄产业示范园区、建新农村综合体，规划新农村综合体，新农村综合体首期370户的统规统建小区已建成入住，传统农民不仅实现向农业业主的转变，同时也实现向城镇居民和三产经营者的多向转变，从而创新探索出一条“以农为主、统筹城乡”的发展路径。农民转变为三产经营者4950人，实现其有项目、有资金、有场地、有保障。武阳乡泥湾村在县旅游局、县委农工办等部门的大力支持和指导下，开发田园农家乐项目，该村妇女高洪利通过投资600万元规划建设了占地近13.33公顷的农业产业园及富利香农庄，并按照农业观光旅游的理念，建成了极具特色的融农业观光、采摘体验、休闲娱乐为一体的现代农庄，发展起了农家乐旅游项目。农庄的建成，在为高洪利带来每年近100万元纯利润的同时，还有效地实现了当地100余名农民就近务工。农庄也因为符合现代都市人群的需求，生意红火，名气不小，早已传遍整个彭山乃至眉山。是年，富利香农庄正式申报为二星级农家乐。高洪利实现了从农民到农家乐、蔬果庄园的经营者的转变。

【主题活动】 2013年4月上中旬，开展了“下基层、助春耕”活动，各联系干部到农户家中帮助栽秧、修枝、抗旱等；“4·20”芦山地震后，各联系单位纷纷到联系村、联系户家中查看灾情、嘘寒问暖、开展抗震救灾；“中国梦”主题教育活动期间，深入开展了“宣讲一次中国梦、办一批主题教育专栏、组织一次学习交流、做一批实事好事、制定一批村规民约”的“五个一”活动，广泛搜集联系户梦想，并积极展开“圆梦”行动，在服务群众中传递中国梦。“七一”前后，组织开展了“庆七一、走基层”活动，通过在基层开展集中走访慰问、过一次“中国梦”主题教育专题组织生活，为基层群众办一批实事好事等等。主题活动中全县党员干部共走访群众1.8万人，慰问困难群众1273余户，发放慰问金55万元，收集建议意见127条，解决实际困难283个，解决实际问题230余个，参与农事劳动1.2万余人次，协调发展资金3250余万元。

【培育先进典型】 县委将直联群众工作作为党建工作评先选优的一项重要指标，要求各部门和乡镇认真总结工作经验，注意挖掘联系工作典型，至少推荐1~2个帮扶典型，对“四种模式、四个转变”分别归纳总结了1~2个转变典型。其中义和乡率先在全乡开展贫困人口脱贫致富奔小康“3+1”工程，即1名党员+1名种植能手+1名亲友结对帮扶1户贫困户，通过产业扶持、技能培训等方式，力争用3~4年的时间使全乡705户贫困户脱贫致富。在全县乡镇推广，分村建立“3+1”结对台账，帮助困难群众尽快尽早脱贫致富。通过在彭山电视台、《今日彭山》上开辟专版专栏、制作专题节目，编发工作简报等方式，同时积极向省市媒体推介，广泛宣传彭山县干部直接联系服务群众活动动态和进展。全年，县电视台制作、播放干部直接联系服务群众电视专题、访谈节目11期，县直联办编发工作简报25期，全县各部门在中央、省、市、县各级报刊、网站刊载宣传稿件800余篇；各部门组织举办演讲、知识竞赛、文艺汇演、成果展示等主题活动，深入基层宣讲“中国梦”280余场次，举办“中国梦”等主题演讲赛12场、主题文艺演出60余场，充分营造了彭山直联群众工作的良好氛围。

【帮扶成效】 2013年，彭山县直联群众工作134个民生项目的按期实施，赢得了群众对县委、县政府的进一步信任、理解和支持，助推了全县经济社会健康快速发展，在实现信访“三无乡镇”“三无村”达标，群众到各级信访总量减少20%的基础上，取得了第三季度GDP、规模以上工业增加值、城镇居民可支配收入的增速三个全市第一，固定资产投资、地方公共财政收入、农民人均纯收入和增速三个全市第二的可喜成绩，彭山也在全市上半年主动作为创一流工作会上作经验交流发言。

政　　治

中国共产党彭山县委员会

【概况】　2013年，彭山县成功进入全省“县域经济发展”10强，县级经济综合评价在全省排名提升10位，地方公共财政收入突破10亿元大关，地区生产总值突破100亿元。规模以上工业总产值突破200亿元，2个乡镇进入全省“百强乡镇”，1个乡镇列入全省“百镇建设试点镇”，彭山经开区建成百亿园区。2013年，彭山县被评为全国平安畅通县、全国“六五”普法中期先进县、四川省平安建设先进县、四川省环境优美示范县城，获得市级以上表彰奖励76项，获得全市“主动作为创一流”半年目标考核第一名。省委巡视组经过全面巡视，对彭山县经济发展、民生改善、社会管理等工作都给予充分肯定。

【经济建设】　2013年，“七大战区”（天府新区战区、综合交通战区、黄龙生态宜居城战区、彭祖山文旅综合开发战区、彭祖新城战区、老城区建设战区、成眉化工新材料战区）竞相发展，项目建设“战火纷飞”。联合利华（全球）生产基地、海尔（天府新区）创新产业园等20个重大工业项目开工建设，林德气体、南方家居产业园（一期）等10个项目竣工投产。岷东大道成彭段完成路基、桥涵工程，彭祖山隧道进洞施工，滨江大道彭祖新城段、工业大道石化园区B段建成试通车。彭祖山文旅开发、黄龙生态宜居城建设按计划推进。李密大道、长寿大道、彭溪河乌龟嘴段景观改造等14项市政基础设施竣工，体育公园、高速公路出口综合整治等24个城市建设项目快速推进。

【招商引资】　2013年，彭山县加大全域规划力度，完成11个乡镇“六规”编制（土地利用规划、城镇发展规划、社会事业规划、道路交通规划、产业规划、文化特色及绿地系统规划），避免盲目发展和重复建设，对历史负责。引进10家金融机构，新增贷款21.15亿元支持县域内的项目建设，为加快发展提供强有力的金融支撑。坚决清理盘活闲置低效用地，积极实施土地整理和“双挂钩”项目，为经济发展储备充足的资源和空间。坚持“宁缺勿滥”的项目观，招商引资实际到位资金和项目质量均居全市前列，为经济发展注入新的活力，工作经验在全市推广。

【社会事业】　2013年，彭山财政投入民生和社会事业资金14.6亿元，民生支出占财政预算支出的73.2%，比重居全市第一。积极化解基层医疗机构债务，让医院回归公益属性，减少患者药费支出1000余万元，卫生工作获全省先进称号。加大教育投入，创建国家义务教育发展基本均衡合格县通过省级评估验收，教育工作获全市第一。大力实施保障性安居工程，新建保障性住房8.44万平方米，让1064户困难群众圆安居梦。持续开展“321”直接联系服务群众活动，让困难群众得到实实在在的帮助。全力创业富民，城镇居民人均可支配收入达到 2.14 万元，农民人均纯收入达到 9962 元，增速全市第一。

【社会稳定】 2013 年，彭山县坚持依法治理，通过法律手段提高土地使用税征收标准，让圈地、屯地的投机者付出代价。重拳整治违法建设乱象，拆除违法、违规建筑 5000 余平方米，让乱搭乱建、抢搭抢建做发财梦的人得不到好处。依法查处假记者案件，坚决抵制新闻行业的不正之风，受到中央“扫黄打非”办的高度肯定。加强社会治安综合防控，成功破获“7·24”特大制毒案等各类刑事案件 557 件。坚持信访维稳正向处置原则，对群众合法合理诉求笑脸相迎、认真对待，对非法无理要求严肃批评、坚决打击，实现“零到京、零聚集、不出事”。

【党的建设】 2013 年，彭山县深入开展服务型基层党组织建设，受到中组部、省委组织部领导肯定批示。创新实施人才回引工程，圆满完成村级党组织换届，工作经验在中组部“6 省区在‘村两委’换届中选好村党组织带头人座谈会”上交流。深入推进“中国梦”彭山实践，特色经验被《四川日报》刊发。坚定执行改进作风各项规定，从细节、从具体事件入手整治形式主义、官僚主义、享乐主义和奢靡之风等“四风”，“三公”支出同比下降 20%，政风行风暨软环境测评连续两次全市第一。认真落实党风廉政建设责任制，严肃惩治腐败行为，全年党纪政纪处分 61 人。狠抓宣传，传递正能量，让外地人了解彭山，让彭山人热爱彭山，中央级媒体全年宣传报道彭山 120 次。

县委办公室

【队伍建设】 狠抓学习教育。办公室把学习作为提高素质、搞好服务的重要前提，采取有效措施，长抓不懈。坚持学习马克思主义基本原理、毛泽东思想、邓小平理论和“三个代表”重要思想、中共十八大和十八届三中全会精神以及县委的重大决定精神，不断增强办公室人员的宗旨意识、服务意识、岗位意识，做到能顾全大局、服从大局、服务大局；努力学习业务知识，全体工作人员在熟练掌握基本业务的基础上，认真学习公文写作、信息采编、调查研究等知识，努力成为能够适应不同工作岗位的“多面手”。狠抓干部培养。积极培养、大胆使用年轻干部，有计划地实施年轻干部多岗锻炼，不断提高工作能力，并积极向组织部门推荐条件成熟的干部，调动干部职工的工作积极性，形成办公室全体人员争做工作，勤出成果，人人争先的良好局面。狠抓党风廉政建设和反腐败工作。围绕市委经济工作会精神，以干部“主动作为创一流为民服务当先锋”直接联系服务群众为契机，坚持“预防为主、教育为主”的方针，建立健全《惩治和预防腐败体系建设》，严格执行中央、省、市、县各项规定，切实改变工作作风，加强廉洁自律，提高干部职工廉政意识。

【文秘工作】 严把起草关。由县委办公室起草的文稿，做到认真拟稿，力求精益求精；由部门起草的文稿，进行严格审核，仔细修改，力求准确到位。严把审核关。注意把握政治方向、维护县委权威，精心审稿、严格把关，做到准确无误。严把收发关。明确文件收发责任，收发人员认真做好发文登记、传阅、回收、归档等各项工作，确保收发文件资料及时、准确、到位，无泄密事件发生。全年县委及县委办公室分别发文 175 件和 105 件，撰写汇报材料、领导讲话 40 余篇，没有出现歧义和差错，确保县委各项工作及时、准确地安排部署。

【常委办工作】 精心筹备县委重大会议、县委全委会、县委常委会，提供周密细致的会议服务，确保会议质量。认真做好县委常委会议的各项工作，在议题准备、纪要编发等方面做到无差错。认真落实党政协调运行办法，改进工作方法，加强县委领导间的协调与服务，及时传达县委的工作思路、战略部署和工作要求，有力推动全县各项工作的顺利开展。加大对县委常委会议议定事项的督察，全年编发《常委会会议纪要》17期，督促相关领导和部门认真落实。

【信息调研】 继续实行全员办信息制度，围绕全县经济和社会发展的战略性、全局性问题出思路，选择领导关注的焦点问题和群众反映的热点问题开展调研活动。形成10篇高质量的调查报告，为县委科学决策发展大计提供较好的参谋服务。全年共编发《彭山信息》32期，上报省、市信息3000余条，被省委办公厅刊物采用13条，被《眉山要情》采用65条。认真抓好突发事件和紧急信息上报工作，按照突发事件和紧急信息上报时限和要求及时、如实上报突发事件和紧急信息，无瞒报、漏报、误报、迟报现象。

【目标管理】 强化目标管理，改进全县目标管理办法，继续按照《彭山县目标管理绩效考核办法（试行）》，制定下达全县各项目标任务，加强对乡镇、县级各部门目标完成情况的督察指导，牵头完成市委、市政府对彭山县各项目标任务的考核迎检工作，加强对乡镇、县级部门年度目标完成情况的检查验收。

【督察工作】 围绕县委重大决策、县委领导交办事项、常委会决定事项开展督察。全年共组织开展重点工作、重点项目、民生工程、安全维稳、七大战区建设等督察80余次，下发《督查通报》8期，上报《督查专报》6期，确保市、县重大决策部署得到及时贯彻落实。认真办理上级党委交办的各项督察任务，全年接办上级或县委领导交办事项80余件次，办结率达100%。同时，加强督察工作自身建设，完善督察机制，强化日常管理，加大问责力度，配齐配强督察工作力量，充分利用督察网络，加强基础督察。

【后勤管理】 进一步改善办公条件和环境。完善县委大院基础设施，绿化美化办公环境，县委机关办公环境明显改善。加强机关保卫管理，建设平安机关。建立健全财务管理制度，规范财务行为，严格审批权限，合理、节约、有效地使用资金。严格执行政府采购制度，对大宗物品实行政府集中采购。实行车辆专人管理、定点维修，有效堵塞各种漏洞，杜绝了跑、冒、滴、漏现象发生。

【综合协调】 统筹兼顾地做好协调工作。坚持原则性与灵活性相结合，及时向领导汇报情况，听取指示，统筹安排领导同志的活动，使各位领导之间的工作保持有机联系。加强与人大办、政府办、政协办之间的协调。主动加强联系，及时就县级各大班子的重大决策部署和需要协调的问题进行沟通，取得理解和支持。搞好部门、基层之间的协调。加强部门协调，强化部门职责，形成齐抓共管的合力，确保县委工作的高效运转；利用党政网、电话、会议等各种形式，及时把县委各个阶段的重大决策和重要部署传达到基层及部门，把基层及部门的工作情况、意见、建议及时反映给县委，推动全县形成团结一致求发展、齐心协力抓落实的良好氛围。

【会务和信访接待】 科学设计会务方案，坚持提前准备、分工负责、层层把关，确保会议质量。全年共承办全县经济工作会、锦江大讲堂等重要会议12场，做到无差错、高质量。贯彻落实县委关于改进工作作风的规定，按照热情、周到、满意、节俭的原则，先后接待省、市领导到彭山视察及各商界团体到彭山参观考察120余次。成立由办公室主任为组长的信访工作领导小组，切实落实信访接待责任，每月落实一名分管副主任、一名工作人员负责当月所有来信处理和来访接待工作，做到每信、每访均作好记录。办理各类群众来信80余件次，接待上访群众300余人次。

【机要保密工作】 不断强化机要人员的政治责任感和奉献精神，时刻保持警惕，坚持24

小时在岗值班，收发报全部做到及时、准确地登记、办理、回收、保存，没有任何误发、漏发、错办电报等机要文书的责任事故发生，确保县委与上级机关的工作联系和信息畅通。

（周明强 李庆凌）

组织工作

【大事记】 1月，2012年度干部选任工作“一报告两评议”暨县级领导班子和县级干部述职暨民主测评大会在县委会议中心召开。

同月，组织开展全市公开选拔90名“80后”优秀年轻干部到发展一线挂职锻炼宣传动员、公开报名、资格审查、综合考评等工作。

2月，做好全市公开选拔产生的在彭山县挂职的9名优秀年轻干部（市级部门2名、彭山县7名）挂职岗位确定、送行到岗等工作。

4月，对部分县级部门开展班子运行考察。

5月，眉山市开展2013年统筹公开选拔科级领导干部工作，彭山县拿出10个副科级领导职位面向全市公开选拔。

同月，省委第六巡视组一行6人到彭山巡视，由组长杨素、副组长黄桂花带队，按巡视工作要求，开展巡视工作动员、党政领导班子及成员民主测评、个别座谈等相关工作。

同月，会同市委组织部做好对园区主体乡镇——青龙镇镇长人选推荐考察工作。

6月，县委常委、组织部部长周代军对9名援藏干部（人才）进行谈心谈话，援藏干部（人才）对一年的援藏工作进行座谈交流。

7月，对市委组织部按“五优先”（即：在基层一线和直接服务群众工作中实绩突出者优先；在完成维稳处突、急难险重任务中实绩突出者优先；在侦办大案、要案工作中实绩突出者优先；在专业技术领域有真知灼见和突出贡献者优先；在工作落实中真抓实干，主动作为创一流实绩突出者优先。）方式预推成眉石化园区等21个县级领导干部职位初始提名人选开展宣传动员、公开报名、资格审查、人选推荐工作。

同月，召开金川在彭挂职干部期满总结座谈会。县委副书记俞红梅，县委常委、组织部部长周代军到会并作重要讲话。

同月，做好“五优先”预推市城市管理行政执法局总工程师等9个县级领导干部职位初始提名人选和公开选聘驻外经合局局长报名、推荐上报等工作。

同月，由县委组织部常务副部长宁武带队，对9名援藏干部（人才）家属进行看望慰问工作。

同月，做好全省遴选市（厅）级优秀年轻干部拟培养对象宣传动员、个人自荐、资格初审、人选推荐工作。

10月，配合市委考察组做好市城管执法局总工程师拟任职人选公开推荐、考察谈话、任前公示等工作。

11月，协助市委组织部做好市政府驻上海经合局局长考察对象测评考察工作。

12月，对市委组织部“五优先”方式预推市直机关工委书记等13个县级领导干部职位初始提名人选开展宣传动员、公开报名、资格审查、人选推荐工作。

同月，启动“两票制”公推直选公义镇、锦江乡党委书记工作，开展公开报名、资格审查、实地调研、竞职陈述、信任投票工作。

同月，启动2013年公务员直统眉山市试点工作。

【党管人才工作】 坚持党管人才原则，全年县委常委会和政府常务会专题研究人才工作7次，出台《彭山县引进紧缺专业技术人才办法》和《彭山县创新型人才突出贡献奖评选暂行办法》。完善基层人才工作组织体系建设。调整县人才工作领导小组成员，加强对13个乡镇人才工作站的指导，督促乡镇切实抓好76个村级乡土人才协会建设，打造乡镇示范点3个、示范协会10个。实施重大人才工程。实施“紧缺人才引进计划”“企业家领军人才培育计划”“科技特派员创业服务行动计划”“乡土人才能力提升计划”，全年引进城建、交通、规划等领域急需的紧缺人才16名，培训企业家450余人次，建成6大特色农业产业基地，建立乡土人才种养殖示范基地260余个。加强优秀人才管理服务。对46名“县级拔尖人才”、第二届十佳企业家、十佳技术能手和十佳乡土人才进行综合考评，开展“人才创业创新创优优秀团队”争创活动，遴选申报6支优秀团队参加全市评选。继续推行人才工作考评机制。采取“一述三评”（一把手述职，单位自评、组织考评、群众测评）方式，各单位人才工作满意度均达97%以上。抓好人才优先发展试验区创建工作，指导5个试点单位在农村实用人才开发、创新企业高技能人才收入分配机制、健全职业经理人管理制度和事业单位紧缺人才引进等方面进行试点探索。加大人才工作宣传。利用电视、报刊、网络等媒体，积极宣传各类优秀人才和创业团队的先进典型，宣传彭山县重大人才政策、活动和机制，“四个尊重”（尊重劳动、尊重知识、尊重人才、尊重创造）的氛围更加浓厚。

【党员干部现代远程教育】 2013年，全县党员干部现代远程教育工作投入资金10万元，实现44个远教站点主机设备更换，满足党员教育培训需要；组建6支远教专家宣讲团，开展“专家送学到基层”活动203场次，组织党员群众收看中央重要会议视频、专家权威解读、抗震救灾知识讲座、《灾后恢复生产技术指导》专题片等500余场次，悬挂标语203副、专题板报墙报158期，发放资料1万余份，利用远教站点，开办各类培训班26期，培训党员干部群众5万余人次；开通党建电视栏目《在党旗下》每周1期，开办《彭山党员教育网》及时更新党员教育信息，利用“12371远教手机平台”每月发送信息1000余条；拍摄制作专题片10部，视频新闻26条，积极撰写和报送外宣稿件96篇，其中，市级以上媒体刊登稿件20篇，省级12篇，国家级3篇，市委组织部采用图片信息16条，《善举之行修身惠民》《彭山县直接联系服务群众工作全覆盖》《中国梦我们的梦》等8部专题片在市电视台播出，有力地宣传彭山工作。2013年1月，开办“彭山党员教育网”，后更名为“彭山党建网”；9月，彭山县创新安装远程教育管理云平台，实现站点活动网络管理；10月，在6家非公企业党组织、6个乡镇机关、6个社区建立18个远教站点，在县流动党员服务中心建立1个站点。2013年5月2日，市委组织部部长点名表扬彭山县党员干部现代远程教育信息工作“工作做得不错”。

【两新党建】 2013年，彭山县在两新组织中开展“规范运行年”建设，选派75名两新党建指导员，落实“十个一”工作任务，联系指导159个两新党组织和108家未建党两新组织的机构。2013年，新建党组织41个，覆盖63家非公企业和12家农民专业合作社，全县两新党组织达200个，其中，非公企业党委2个，非公企业党支部145个，新社会组织党支部53个，全县规模以上非公有制企业、从业人员30人以上的两新党组织覆盖率达到100%，重点区域、重点企业、重点人群“三个重点领域”和农民专业合作社党组织覆盖率达100%。先后召开两新党建工作会、两新党建指导员“中国梦”主题教育活动专题辅导会，编印200份两新组织绿色读本、《非公党建新起点》90本下发两新党组织和党建辅导员，为24家两新党组织免费订阅《企业党建论坛》。全年两新组织新增党员49名（其中业主1名），培养入党积极分子56名，13名党员走上公司中层以上工作岗位。15个公司党组织活动阵地达到100平米以上，8家两新组织安排的党员活动经费达到每年人均500元以上，发放两新党建指导员工作经费16万元、党组织建设经费20万元、星级考评经费8万元，返还两新党组织党费2万元，活动经费7万元，全年落实两新党建工作经费53万元。在年底的星级评定工作中，新考定“五星级”党组织2个，“四星级”党组织6个。按照“双强六好”标准，打造港华燃气、川宏精化、法派等10个两新党建示范点和6个两新远教示范点，迎接市县的参观检查，为彭山县两新党建工作树立标杆；完成后进党组织100%转化。在两新党组织中开展“分类定级”“中国梦”“三比双评一创”活动，确解两新党组织“活动开展难、作用发挥弱”问题，两新党建工作活力不断提升，全县两新党组织在团结凝聚职工群众、建设先进企业文化、推动企业生产发展等方面的作用发挥越来越明显，逐步构建起组织覆盖、工作覆盖和作用覆盖的两新党建新格局。2013年4月18日，仁寿县委组织部一行参观彭山县非公企业党建工作；4月27日，彭山县两新党建工作会；5月26日，成立县委党校经开区分校和党群服务中心；5月31日，召开全县两新党建指导员中国梦主题教育活动专题辅导会暨两新党建推进会；6月1日—10日，党建指导员组成宣讲小分队到企业进行宣讲；7月8日—15日，为6家“远程教育进两新”企业授牌；11月11日，市委组织部一行到彭山县检查指导两新党组织工作。

（先张玉）

宣传工作

【大事记】 1—11月，彭山房产万里行走进凉山、甘孜、阿坝，以房产营销为阵地，推介彭山、宣传彭山。

3月21日，省委宣讲团中共十八大精神“走基层”宣讲活动在彭山县武阳乡五一村举行。

3月，南河彭山段死鸭事件从负面影响转变为正面宣传。

4月，苏锁山、吴同春、廉兴龙、周和云等人冒充中央网络电视台记者到彭山，以“曝光”为要挟，进行敲诈勒索，被彭山县公安机关相继抓获，同年10月，被彭山县人民法院依法审判。

6月6日上午，中心组理论学习邀请到著名演说家、语言教学专家李真顺到彭山以“凝聚正能量、共筑中国梦——领导者语言艺术”为题进行专题讲座。

6月6日下午，省委党校教授彭穗宁主讲的“学习贯彻省委十届三次全会精神，奋力谱写中国梦四川篇章”专题讲座在县委会议中心举行。

7月，彭山县与《眉山日报》合作，开设《眉山日报·彭山专刊》，集中报道彭山在经济发展、民生改善等方面取得的成绩。

7—12月，在中央电视台《朝闻天下》栏目展播5秒广告，让世界知道长寿原乡彭山。

12月6日，省社科院副院长杨钢主讲的“学习贯彻十八届三中全会精神”专题报告会在县委会议中心举行。

【概况】 2013年，全县宣传思想工作围绕“常规工作出精品、重点工作出亮点、创新工作出经验”的工作思路，虚工实做，主动作为，强力推进宣传思想工作，实现常规工作圆满完成，重点工作有力推进，创新工作有特色、有亮点。

【理论武装】 围绕贯彻落实中共十八大、十八届三中全会精神和中央八项规定、推进七大战区建设、中国梦主题教育活动、领导素养提升等内容开展集中学习4期，全年中心组集中学习12次12天，对参学情况进行考勤、通报、考核，干部参学率达到98%。同时围绕县委政府中心工作，结合各自工作实际开展调研，累计达2个月以上，共撰写理论调研文章24篇，有10篇在市级刊物上发表；向市委宣传部、县委办、“中国梦”主题办、县直机关工委等报送学习实践活动的先进典型、优秀事迹、成功经验等信息41条。先后邀请著名演说家、语言教学专家李真顺主讲的“凝聚正能量、共筑中国梦——领导者语言艺术”专题讲座，省委宣讲团主讲“中国梦”专题报告会，省委党校教授彭穗宁主讲“学习贯彻省委十届三次全会精神，奋力谱写中国梦四川篇章”专题讲座，国家发改委城市和小城镇改革发展中心研究员、中央电视台特约评论员杨禹主讲“牵一发动全身的改革命题——对十八大提出新型城镇化的思考”专题讲座，省社科院副院长杨钢主讲

“学习贯彻十八届三中全会精神”专题报告会。

【思想政治】 围绕学习贯彻中共十八大精神和中央八项规定、县委“三五七”工作思路、“中国梦”主题教育活动，开展专题思想大讨论活动6次。以党报党刊、《学习参阅》《学习活页文选》《理论学习与形势教育》《“理性看齐心办”——理论热点面对面》等有力武器，加强社会主义核心价值体系学习宣传教育，同时围绕社会主义核心价值体系在国有企业和彭溪镇4村1社区开展重点课题研究，上报调研文章2篇，其中调研文章《新形势下农村基层党组织建设现状与对策建议》在《眉州学刊》上发表。上报社会思想动态信息12条。深度挖掘典型人物和先进集体5个，其中，4个典型被《眉山日报》刊登。此外，彭山县委宣传部先进典型刘树军的先进事迹被《眉山日报》以《执着人生写春晖》为题进行刊载。彭山烈士陵园、汉崖墓、李密故里等爱国主义教育基地免费接待青少年、大学生参观达1万余人次。落实专项经费保障，全年向中心组成员及党员干部赠阅理论学习资料3800余本，订阅理论学习资料1500余本。

【新闻外宣】 全年在中央级主流媒体上稿120篇；省级主流媒体上稿711篇，其中《四川日报》头版发稿8条，四川卫视《四川新闻》播出新闻9条。《今日彭山》杂志社完成市级以上媒体180篇，其中，《四川日报》头版2篇，《眉山日报》头版20篇；彭山县电视台完成市级以上电视（广播）台采用电视新闻节目252条，其中，四川卫视《四川新闻》5条，眉山电视台《眉山新闻联播》240条。彭山形象片已在央视《朝闻天下》栏目播出90天180条次。稿件《慌了！几十万斤萝卜滞销　恐成“花心大萝卜”》《多方助力　萝卜找到“婆家”了！》获市委书记李静签批表扬；外宣信息（新闻）11次被县委书记蔡刚签批表扬。网络舆情监控工作落实到人头，妥善处理“南河死鸭事件”、央视假记者等15起到彭山舆论监督事件，全年无重大舆情事件。《彭山宣传》《彭山县妥善处置“南河死鸭”网络舆情》被市委常委、宣传部部长李酌签批表扬，并被录入《眉山宣传工作》在全市做经验交流；彭山成功处置“假记者”案，得到中宣部、省委宣传部肯定，《眉山彭山县依法依规处置假记者案》被录入省委宣传部内刊《四川外宣工作》，在全省做工作交流。提前完成2014年度党报党刊发行任务。

【文化建设】 2013年，举办“寿乡大舞台”“寿乡大讲堂”“市民艺术培训”“书香未来”流动图书服务等文化惠民活动41次，观众达26.8万人次；镇、村群众文化活动89次，观众达6.3万人次；全年会节活动5次，黄丰橘花节、观音葡萄采摘节等活动成功举办；全面完成农村公益性电影放映任务1089.3场，初步实现“天天有活动，场场有特色，处处有效果”，多项工作受到上级领导充分肯定，其中群众文化活动在全市文广新系统工作会上作经验交流。对外积极组队参加市级群众文化活动，获一等奖3个；代表眉山市组队参加四川省健身秧歌比赛，夺得金奖；自创少儿舞蹈节目《找朋友》成功入选四川省2014年少儿春晚节目等。

【公共文化建设】 体育场改造工程全面完成，成立彭山县市民艺术培训中心，并举办培训活动4期，千余人参加；建成1个省级示范文化站（义和乡文化站）、1个市级示范文化站（公义镇文化站），村文化站50个，村广播站32个，县广播站机房1个（即将竣工），已建成少儿图书阅览室达国家三级标准（文广新局）；在人口居住较为集中的6个乡镇、村文化阵地内购置安装6套室外健身路径，并为20个条件较好的村（社区）书屋增配了22种报纸杂志。

【文化文旅项目】 继续围绕彭山长寿文化和忠孝文化，扎实推进文化立县“六个一”工程。完成巴蜀鬼才魏明伦执笔的《长寿赋——为彭山题壁》；忠孝长寿文化书《李密传》《彭祖传奇》撰写已启动并完成初稿；成都、眉山等4县、市摄影艺术联展暨彭山县“七大战区”摄影采风作品展于年底相继举行，共展出作品100余幅，“中国梦——彭山行”征文活动共收到文学作品500余件。李密故里文化旅游综合开发项目总规编制启动，已获得省交通厅高速公路出口批文，相关工作正按计划顺利推进；顺利推进豪生·正一酒店建设项目；千亩滨江湿地体育公园工程建设已启动。

【文明创建】　积极开展“公民道德宣传月”活动、“做文明彭山人创文明彭山城”活动、“道德领域突出问题专项教育和治理”和“文明单位”创建活动，县气象局成功创建省级文明单位；全县首届道德模范评选表彰活动有序进行，组织参与眉山市第三届道德模范评选，彭山县李学芬、张朝友、张大双3人入围；成立彭山县志愿服务支队和36个志愿服务大队，开展“志愿有我幸福彭山”“我参与、我快乐、我奉献”等主题志愿服务活动，由县文明办推荐的西部大学生志愿者陈超被省委宣传部、省文明办评为2013年度四川省优秀志愿者。乡村少年宫建设亮点突显。全市乡村少年宫建设现场会在公义镇中心小学召开，成为全市乡村少年宫建设示范项目。争取中央专项彩票公益金资金20万元，建成观音中心小学乡村少年宫，完成2013年县级自建项目4个，投入资金40余万元；整治校园周边环境，未成年人思想道德建设进一步加强。

【社科文联】　认真组织社科理论研究，全年在市级以上刊物发表成果10篇，全年有10个课题进行申报（其中，1个被列为市级重点课题，2个被列为市级一般课题），参加第七届“哲学社会科学优秀成果奖”评选，2件作品获奖。认真组织眉山市第六届苏东坡文艺奖评选，全县有15幅作品获得眉山市东坡文艺奖，居全市第三。

【队伍建设】　积极倡导“敬人、敬业、敬世、敬己”的团队工作理念，坚持“事必有果，果必一流”的工作标准，将全年宣传思想工作要点细化为10个大项，落实到具体科室和责任人，按月、按季度逐项推进，全年共获得各级集体奖项15项，多次获市委宣传部、县委领导表扬，打造一支能打仗、打胜仗的宣传干部队伍。

（李建苹）

统战工作

【概况】　2013年，县委统战工作围绕县委中心工作，以凝聚人心，汇聚力量为目标，以创新工作为思路，以中共十八届三中全会精神为指导，以开展践行伟大中国梦为动力，加强统战执政能力建设和班子建设，全县统战工作取得突破和创新。

【党外代表人士队伍建设】　认真贯彻落实中央、省委、市委关于加强新形势下党外代表人士队伍建设的意见，县委统战部认真组织学习，扎实开展调研，广泛征求意见，制定彭山县《关于加强党外代表人士教育培训的实施方案》。在各基层党组织民主推荐的基础上，调整充实后备干部，与组织部门商定重点培养、使用的党外干部。加强党外代表人士综合评价信息库建设。在全县范围内开展调查摸底，宽领域、广覆盖地广泛物色发现党外人才，并补充完善层次合理、分布均衡、衔接有序的人才队伍。建立132名党外代表人士信息评价。2013年4月，根据县级领导干部变动情况，调整县级党员领导干部联系的党外代表人士，县委办印发《县级党员领导联系统一战线各界代表人士一览表》的通知，全县24名县级党员领导联系39名统一战线代表人士，使联系工作落到实处。不断强化党外干部队伍建设。彭山县共有党外干部30名，其中，副处级4名，正科级3名，副科级23名。进一步规范党外、后备干部的推荐选拔程序，全年按要求及时充实、调整全县党外副科级后备干部队伍，全县党外副科级后备干部31名。

【民主党派、工商联、无党派人士工作】 全年组织召开各界人士政治交接座谈会4次，组织学习中共十八届三中全会、省第十次党代会和市第三次党代会精神和习近平同志系列重要讲话。组织民主党派、工商联、无党派人士围绕理想信念、跨越发展、和谐稳定、感恩奋进、群众路线五个方面为主题开展讨论，民主党派成员撰写学习体会11篇，征文4篇，选派3名统战成员参加“中国梦”主题教育活动演讲比赛。引导全县统一战线成员人人争做“中国梦”的参与者、实践者、推动者。指导民主党派、工商联、统战社团等组织完善学习、财务、组织建设等制度，使各项工作、活动制度化。帮助其不断提高思想素质、增强遵纪守法的自觉性。同时，切实帮助其解决实际问题和困难。全年，三个民主党派共新发展成员7名。调整充实特约人员，全县有15个单位聘请15名民主党派成员、无党派人士担任特约监督员。针对个别部门工作不到位，流于形式的问题，制定《特约人员聘任单位工作办法》。围绕彭山县“三五七”发展战略，认真组织统一战线代表人士开展调查研究，建言献策。2013年，彭山县党外人士提出建议意见32件，为县委、政府决策提供有效依据，参政议政能力明显增强。组织活动亮点突出。引导各民主党派、知联会开展以关注民生为主题的“农村教育烛光行动”“定点合作”“关爱留守儿童”等活动。民盟彭山总支开展“农村教育烛光行动”，向义和中学、黄丰中学两校前10名优秀学生颁发“伟业奖学金”5000元，并赠送励志书籍；资助贫困大学生3人，送慰问金6000元。组织盟员开展志愿者服务活动，为保胜乡敬老院30余名老人进行身体检查，并发放健康保健宣传资料。民建彭山总支积极开展“321”联系帮扶活动，除开展走访外，还给予联系户5000余元的帮扶资金；组织会员为芦山灾区捐款4.71万元；会员企业家热心社会公益事业，回馈社会，为牧马镇向阳、园门两村的110名村民发放养老金33万元，并为两村2107人购买医疗保险12.64万元；会员罗永田致富不忘回报社会，全年捐资市县慈善协会15万元，用于贫困学生的扶助。民进彭山总支开展关爱少年儿童行动，为净皇中心校修建乒乓球台，送去办公电脑等教学设备。是年“六一”儿童节，为城东社区留守儿童及净皇中心校的少年儿童送去价值1.32万元的学习用品及慰问金；民进彭山总支积极支持彭山县特校建设，关注残疾孩子们的健康成长。

【党外知识分子工作】 积极指导知联会彭山联谊部开展工作。全年发展新理事1名；为“4·20”芦山地震灾区捐款3万余元。继续实行县级党员领导干部与党外知识分子联系交友制度。

【经济统战和海外联络工作】 “光彩耀眉山”“百企联百村”活动效果显著。年初，县委召开2012年百企联百村工作总结表彰会。2013年，百企联百村活动实施各类项目28个，开展就业创业技能培训6期，培训人员200余人次，提供就业岗位580个，解决就业320人，实现项目投资416万元。全年，彭山县非公有制经济人士积极参与各项社会公益活动，捐赠款物总计达248万余元，其中，雅安芦山“4·20”地震捐赠款物150余万元。向全县非公有制经济人士发出实现伟大“中国梦”建设富裕美好和谐彭山倡议，引导全县非公有制经济人士做“中国梦”的参与者、实践者、推动者。举办非公有制经济人士、书画爱好者等100余人参加的“实现伟大中国梦，建设富裕美好和谐彭山”主题教育交流活动，进一步开展世情国情党情、爱国主义思想宣传，大力弘扬积极进取、健康向上的企业文化，开创全市非公有制经济中国梦活动先例，深受非公有制经济人士好评，赢得市委老领导高度赞扬。加强学习培训，引导和鼓励非公有制经济代表人士转变经营观念，努力转型升级，做大做强企业，助推彭山发展跨越。是年9月，组织部分非公有制企业负责人赴广安邓小平故里开展以“坚定理想信念，传递正能量，共筑中国梦”为主题的理想信念教育参观实践活动。积极为非公有制经济排忧解难。围绕小微企业投融资发展需求等议题，先后对全县9个基层商会组织、60余家规模以上企业、30余家小微企业开展企业民主管理及供应链融资专题走访调研活动。为缓解民营企业融资难的问题，邀请5家金融机构，与全县70余家中小企业、小微企业举行银企座谈暨信贷产品推介活动。招商引资取得成效，加强与非公有制经济代表人士的联系，鼓励和动员“以商招商、以企招商”。意向引进投资1亿元，占地26.67万平方米的四川航空职业技术学院落户彭山。

【民族宗教工作】　认真在宗教界开展“中国梦”主题教育活动。积极开展少数民族帮扶工作，完成全县13个乡镇的少数民族贫困户统计调查工作；认真编制、申报项目，完成2014年度公义镇五马村新建道路建设、武阳乡泉水村部分基础设施建设等项目的编制上报工作。深入开展以“教风年”为主题的和谐宗教场所创建活动。加大宗教场所负责人的培训力度，年初同各宗教场所签定目标责任书，组织教职人员开展4次安全培训教育活动。坚持每月定期、不定期到各宗教场所进行安全检查，发现问题及时处置。制定《彭山县宗教活动场所集中开展安全生产大检查工作方案》，进一步完善宗教场所《安全事故应急预案》，确保无安全事故发生。切实做好防渗工作。与公安、防邪办、乡镇等部门密切配合，深入到宗教活动场所了解宗教活动情况，重点防范基督教、天主教境外宗教渗透，随时了解掌握情况。同时认真贯彻落实民族宗教工作政策，全年无“两乱”情况发生，做到保护合法、制止非法、打击犯罪，确保宗教和睦，社会稳定。

（宁　莉）

政策研究工作

【大事记】　10月29日，省委政研室处长胥杰一行调研彭山县社会化养老工作，深入龙都社区、南星社区实地调研，充分肯定彭山县社会化养老工作，县委副书记俞红梅、县委政研室陪同调研。

图为市委政研室副主任周光普到彭山调研

11月4日—5日，市委政研室副主任周光普一行先后深入彭山县牧马镇、青龙镇、观音镇、锦江乡、彭山县经开区重点调研彭山县创新“四种模式”、加快“四种转变”推进情况，并充分肯定彭山县创新“四种模式”、加快“四种转变”取得的工作成效。

【材料起草】　根据领导要求撰写综合性材料、领导讲话材料等，积极参与县委、县政府重大政策文件的制定工作，积极参与县委、政府的各项重点工作。为彭山县迎接省巡视组检查，起草《彭山县换届以来经济社会分析报告》。作为县创建“全省环境优美示范县城”工作（凤鸣—彭溪—观音段）牵头部门，圆满完成103线环境整治工作。积极配合做好统筹城乡和创新社会管理工作。全程参与彭山县“中国梦”主题教育实

践活动，参加外宣组和宣讲队，并获县征文一等奖。全年共完成县委、县政府交办的办文、办事共13件。

【调研工作】 2013年，完成专题调研13篇，涉及重点调研课题6项，其中《观音镇果园村综合体调研报告》获县委书记蔡刚肯定性批示；《彭山县集中集约利用土地的调研报告》《统筹城乡发展建设品质彭山》获县长梁磊肯定性批示；《农民“四个转变”面临的困难及对策研究》获县委常委、宣传部部长李洪强肯定性批示，并被省委政研室《调查与决策》采用。主动承接市政府下达彭山县的调研课题，紧抓反映彭山县多点多极支撑发展格局的“七大战区”，广泛收集各战区建设成效，实地了解战区建设现状，提炼各大战区自我定位及工作亮点，深刻全面反映战区关联，指出发展中存在的问题及对策建议，完成《以“七大战区”为抓手快速构建多点多极发展格局》调研报告，获县领导好评。协助配合省委政研室调研彭山县社会化养老示范社区调研工作，并完成《彭山县社会化养老示范社区建设情况汇报》，协助配合市委政研室完成《统筹城乡发展建设品质彭山》《彭山县开展集中集约利用土地的情况报告》调研课题。围绕县委、县政府中心工作，积极为推动彭山经济社会又好又快发展出谋划策，全年完成8期《政研参阅》编发工作。

【联系乡镇工作】 重点抓好直接联系服务群众工作，及时了解联系村和帮扶户的具体情况，在“中国梦”主题活动、群众教育实践活动、基层组织建设、经济发展、社会事业建设等方面加以指导，并协助解决具体问题。帮助制定狮子村2013年帮扶工作计划。全年共计下村22次，解决问题10个，办好事13件，收集建议意见7条，落实直接联系服务群众帮扶资金、物资折合人民币1.22万元。落实狮子村新农村建设、产业结构调整等工作经费9000元，确保该村各项工作任务圆满完成。

【内部管理】 内强素质，外树形象，打造学习型机关。坚持“三会一课”制度，学习中央、省、市、县的会议精神，学习党规党纪、公务员公共管理、公民道德和荣辱观等，不断强化个人及支部党员的思想建设和运用理论解决实际问题的能力。坚持开展学习活动，打造学习型机关。进一步建立健全学习、文秘、考勤、调研等工作制度，用制度管人、管事、管物，提高工作质量。强化档案管理工作，档案工作通过省三级验收。认真遵守中央八项规定，深入开展领导干部作风整顿建设活动，转变机关作风，全年无一例违法违规事件发生。严格执行《国家秘密载体管理规定》，没有出现一例泄密事件，圆满完成各项工作任务。

（张艳红）

机构编制工作

【编制管理】 2013年，认真贯彻落实2011年中央办公厅《关于严格控制机构编制的通知》等规定，切实加强机构编制管理，严控机构编制膨胀。做好县委编委会议题收集，全年承办各类请示报告共90余件，并就请示报告的相关内容到有关部门开展前期调研，实地察看部门机构、人员编制和实际履职情况；召开主任办公会会议10次，对部门的有关报告进行研究，提出相关建议意见；收集完善县委编委会议议题，全年组织召开5次编委会议，制发《中共彭山县委机构编制委员会会议纪要》5期；认真落实县委编委会和主任办公会议定事项，及时下发有关机构编制批复共107件。完善机构编制管理体系，经县委研究批准，以两办名义将《机关事业单位在编不在岗人员的处理办法》（彭委办〔2013〕10号，以下简称《办法》）文件下发至全县各部门和乡镇。《办法》明确全县“八种”在编不在岗情况的具体处理规定，并提出具体的责任追究主体、追究程序及处理办法。经县委编委会研究并报经县委批准，对《中共彭山县委机构编制委员会工作规则》（以下简称《工作规则》）从主要职责、议事原则、审批权限、会议制度、文件签批、纪律要求6个方面进行修订完善，并下发至全县各乡镇和部门。收集自2007年以来，中央、省、市、县在机构改革、机构编制管理等方面出台的27个法律、法规和重要政策文件，整理编印《机构编制工作文件汇编》，并将该书免费赠送给各乡镇、县级各部门。认真贯彻省、市《财政供养人员管理暂行办法》和县组织部、编办、人社、财政等部门联合印发的《关于进一步加强全县财政供养人员管理的通知》要求，把好人员调配前置审批关。全年共计上下编制300人次；出具财政供养人员有关通知单346单；编制使用通知单30单。根据全县机关事业单位空编情况，会同组织、人事部门核查2013年拟公开招考（聘）的机关事业单位空编情况，向市委编办上报申请使用12名乡镇行政编制公招乡镇公务员的请示。合理调配重点部门机构编制。按照“控制总量、盘活存量”的原则，把好关口，将机构编制审批的重点倾向于经济建设、社会创新管理和民生事业。2013年，为重点工作部门审计、水务、法院、宣传等核批内设机构和调剂人员编制15名，为政府办等部门调配及外调人员49名；为全县招聘的高层次人才和部分事业单位2013年新招聘的专业技术人员补充调整编制。

【政府机构改革】　2013年，组织全县各乡镇、县级各部门参加国务院地方政府机构改革电视电话会议，结合彭山县实际，提前谋划好政府机构改革有关工作。进一步明确水务、发改、住建、经信8个部门和乡镇在节约用水职责的分工。

【事业单位分类改革】　2013年，拟定《2013年事业单位分类改革工作要点》，扎实开展重点事业单位分类改革工作座谈调研，印发《关于认真做好事业单位分类工作的通知》，收集汇总各单位上报的“事业单位分类改革拟申报表”的建议意见，合理拟定《全县事业单位分类指导目录》，该目录已经编委会专题议定并报经省市编办审核后，及时召开相关相关会议进行部署安排，此项工作已完成80%。

【行政体制改革】　2013年，完成统筹城乡转变职能促进乡镇发展中的乡镇行政体制改革工作。印发《关于乡镇机构配置情况的通知》（彭委编委发〔2013〕32号），对乡镇内设机构和乡镇事业单位重新设置、对乡镇内设机构和乡镇事业单位的职责重新进行划分界定。

【行政权力清理】　清理规范行政权力，推进部门职能转变。对50个部门和乡镇的行政执法权力进行清理，纠正机构名称不规范7项、行政执法主体与授权实施主体交叉4项、法律法规引用不合规1项，牵头完成29个机关事业单位及有关垂管部门报送的非行政许可审批事项305项，经县编办初审报县深化行政审批制度改革领导小组办公室审定，最终确定符合条件的非行政许可审批事项63项（其中资质资格许可、认定11项）、转为服务事项的非行政许可1项。县编委办配合市委组织部、市委编办对经开区管委会（天府新区）和成眉石化园区管委会的运行状况、体制管理、人员编制核定等问题进行调研，重新印发彭山经开区管委会、成眉石化园区管委会“三定规定”。

【体制改革】　2013年，重新组建县食品药品监督管理局（挂县食品安全委员会办公室牌子）。将原县食药局的职责、县经信局的农产品加工环节涉及食品安全的职责、县质监局的生产环节食品安全监管职责、县工商局的流通环节食品安全监管职责、县商务局的酒类流通食品安全监管职责等整合划入新组建的县食品药品监管局；将原县食药局、工商、质监等部门涉及的食品药品监管力量进行整合，成立县食品药品监督稽查大队，为行政执法类事业单位；新成立县食品药品检测中心（挂县药品医疗器械不良反应监测站牌子）；按照要求将所需编制配备到位。

【机构编制检查清理】 2013年，扎实开展全县机构编制专项检查。与县监察局联合转发《眉山市机构编制管理问责办法（试行）》，对2012年专项督察通报中涉及的长期病事假、自行核准离岗、停薪留职、超期或未履行程序的借调现象进行纠正，规范61名病事假和离岗创业人员按时返岗、87名借调人员手续；按照县委《机关事业单位在编不在岗人员的处理办法》的规定，开展在编不在岗人员清理，共确认在编不在岗人员61名（其中，离岗创业、待退17名，病休假33名），跨系统借调人员95名，在编不在岗返岗人员61名；健全机构编制实名制管理，对全县319个事业单位的基础信息和所有事业人员的个人信息进行初步审核和录入，对彭山县公检法等政法部门人员信息进行初步审核和录入，建立相关台账。充分发挥"12310"机构编制违规举报电话作用，及时受理有关举报投诉，纠正和查处违规、违纪行为，全年未收到相关机构编制违规、违纪举报投诉。

【事业单位登记管理】 全年办理9个事业单位法人初始登记手续、74个事业单位法人变更登记手续、3个事业单位法人注销登记手续，并将全县事业单位法人初始登记、变更登记、注销登记情况进行公告。根据全省事业单位年检工作的统一要求，于是年3月底前完成2012年度事业单位网上年检工作，依法对全县303个事业单位进行年度检验，年检率达100%，合格率达100%。分两批次对事业单位法定代表人就事业单位登记管理、事业单位法人治理结构、事业单位分类改革和人事管理等知识进行培训。

【机构编制调研】 深入开展统筹城乡转变职能促进乡镇发展调研。对青龙镇、凤鸣镇、江口镇、武阳乡、义和乡、牧马镇、谢家镇、黄丰镇等具有代表性的乡镇进行实地走访调研，完成专项调研报告，对各乡镇统筹城乡发展过程中存在的相关问题及机构体制配备完善提出建议意见。完成调研文章2篇，向市委编办上报信息28篇，其中，省委编办采纳1篇，市委编办采纳12篇，县级其他部门采纳2篇。更新彭山县委机构编制信息网信息资料，发布通知、工作动态等信息28条。

【机关建设】 完善机关管理制度，加强机关的规范化管理。修订完善制发《中共彭山县委机构编制委员会办公室会议制度等14个制度的通知》《县委编办工作人员岗位职责》，细化工作任务，明确工作职责。制定《彭山县编办2013年机构编制目标任务分解表》，落实各分管领导工作任务，确保全年工作任务顺利完成。认真开展"三定两保证、党群一条心"活动和"为民服务当先锋、直接联系服务群众"活动。深入联系户家中，详细了解其生产生活情况，收集主要困难问题和诉求，并向联系的群众发放民情联系卡，签订承诺书，共捐助资金1.2万余元，有针对性的开展结对帮扶。组织全体干部认真开展"中国梦"主题教育实践活动，公开服务承诺并认真开展学习讨论，深入查找在理想信念、跨越发展、和谐稳定、感恩奋进、群众路线五个方面的差距，改进目标及措施并形成剖析材料。

（段艳梅）

党史地方志工作

【概况】 2013年，全县史志工作围绕"存史、资政、育人"三大工作目标，认真把握方志、党史资料征编研宣等工作环节，融质量意识、创新意识、服务意识于工作全过程，被县委评为"史志工作先进集体""党风廉政先进集体"。

【党史工作】 2013年，完成《中国共产党彭山历史文献资料（2012）》资料收集、编纂定稿工作和2013年党史大事的整理、初编工作；完成39万字的《中国共产党彭山历史文献资料（2012年）》的编纂出版工作；完成《中国共产党眉山市组织史（1997—2012）》彭山县组织史资料的收集、整编、核实工作；启动《中国共产党彭山历史》（第三卷）资料收集工作；完成《中国共产党彭山历史大事记（2006—2010）》初编工作。

【地方志工作】　完成《四川年鉴（2013）》《眉山年鉴（2013）》彭山县县情资料收集报送工作；完成51万字的《彭山年鉴（2012）》资料征集、整理、编纂、核实、印刷、出版工作；完成《眉山市志》彭山县情的资料撰稿工作；加强对全县第二轮乡镇志、部门志续修工作督导，积极指导义和乡、谢家镇、黄丰镇等乡镇志和部门志编修工作，彭山县首部二轮乡镇志——《牧马镇志（1993—2010）》已出版发行；对嘉庆版《彭山县志》进行扫描和复印保存，加强对旧志的抢救、整理。收集到《彭山乡土教科书》《彭山纪年》两本旧志电子文档，收集到《宋氏族谱》《宁远大将军岳钟琪》等10本方志资料；进一步健全、规范地情资料库建设，配备资料柜，对地情书籍整理归类，为社会、经济发展服好务；积极配合县应急办认真做好“4·20”地震受灾受损情况的上报工作。协助县委农工办撰写《四川当代县域经济·眉山卷》彭山篇资料；做好方志学会学术研究工作，认真做好彭山县风景旅游名胜和历史文化遗迹遗址资料的摸底调整、分类整理、编撰上报工作。积极向《眉山地方志》投稿4篇，向市方志办报送信息简报7篇，向市党史室报送信息简报5篇。

【宣传教育】　2013年，县史志办积极配合市志办，认真做好博周刊《志说眉山·彭山篇》介绍与刊登工作。与各方面地情知悉嘉宾衔接，先后在博周刊《志说眉山》上刊登了《从武阳到彭山》《长寿之乡话长寿》《忠孝之邦说由来》《风景区中话长寿》《探古访幽行江口》《彭山特产解馋又养生》等篇目，通过讲述彭山政区沿革、名人大家、风景名胜、民风民俗、特色文化、名优特产等，进一步挖掘地方文化，整合方志资源，利用媒体平台，宣传彭山历史文化，普及地情知识，激发全县人民了解家乡、热爱家乡、建设家乡的热情，为全市“两化互动”、统筹城乡发展和“产城一体、景城一体、文城一体”战略的实施以及文化产业的打造注入新的活力。大力宣传普及地情知识。县史志办与县中国梦主题教育办公室、县直机关工委共同主办“学习十八大践行中国梦”知识竞赛活动。增进全县广大机关党员干部对彭山党史、地情知识的了解，提高史志办的知名度。全县机关各党委、直属总支（支部）共4000余名机关党员积极参与，通过层层选拔，从选拔赛中选出13支代表队39名选手进行初赛，最后决出6支优胜代表队参加决赛。整个活动全县机关党员参与率达85%，覆盖率达95%。在党政网上建立“彭山县党史地方志”网页，在互联网上建立“彭山党史地方志”网站（http：//www. psszb. com/），促进全县方志工作网络信息化建设。在《今日彭山》上开辟《彭山故事》《彭山地情》等专栏共25期，介绍和宣传彭山地情知识。其中包括彭山不可移动文物、革命遗址概览、非物质文化遗产、旅游名胜地故事和传说、历史名人的传说、重大历史事件等。组织全办党员干部收看历史文献纪录片《苦难辉煌》，并在党政网上通知各部门、乡镇组织收看，让党员干部加强党史、革命史的学习。提出“践行中国梦抒写彭山辉煌史”的奋斗目标，做好历史的传承者、创造者。

【中心工作】　认真抓好党员干部服务困难群众“三定两保证、党群一条心”“党员干部直接联系服务群众”活动，积极解决群众生产生活中的实际困难。2013年，史志办联系凤鸣镇平乐社区2户困难户，送去帮扶资金、物资折合人民币5000余元；认真贯彻落实党风廉政建设责任制、“六五”普法等工作。协助教育局做好政协九届三次会议《建设组织编撰中、小学家乡历史文化读书》提案答复工作。积极争取领导重视。2013年初，以彭山县委名义表彰全县50个地方志工作先进集体；在全县党建工作会上，由分管领导安排部署党史工作任务。以县委办、政府办名义下发《关于调整彭山县党史地方志编纂委员会成员的通知》。

（唐　嘉）

群众与信访工作

【概况】 2013年，彭山县群众到各级上访656批2266人次；无人进京上访，到省上访7批12人次、到市上访74批144人次，到县上访574批2109人次，受理群众来信203件，办理网名留言76件，办理全国信访信息系统网上直转来信来访件146件。其中，集体访91批1363人次，重复访137批533人次；与2012年相比，上访总量下降53批703人次，下降率为20%；集体访下降7批174人次，下降率为11%；越级访下降8批42人次，下降率为19%；网名留言增加10件，上升率为13%；全国信访信息系统直转信访件增加30件，上升率为26%。上访总量、集体访、越级访、重复访呈下降态势，网名留言、全国信访信息系统网上直转信访件呈上升态势，信访工作指标呈“四降两升”趋势向好发展。

【工作成效】 确保重大节日和重要敏感时段平稳渡过。2013年，在元旦、春节、全国“两会”、全省“两会”“4·20”芦山地震、2013成都全球财富论坛、“7·1”“7·5”“8·1”、国庆、世界华商大会、西博会、眉山泡菜节、东坡文化节、十八届三中全会等16个重大节日、重要会议和敏感时段，全县各乡镇、各部门共同努力，将大量矛盾纠纷化解在基层，信访群众被牢牢吸附和稳控在县内，成功实现在重大节日和敏感时期“零进京、零到省、不出事”工作目标。全县群众和信访工作得到各级领导肯定。2013年3月，县委群工部代表全县接受中央办公厅督导检查干部直接联系服务群众工作，其中抽查县级领导接访工作得到充分肯定；是2013年上半年省联席办对各市州的点对点通报中唯一没被点名通报的区县。县委书记蔡刚、县委群工部分别被省委、省政府表彰为全国“两会”期间的先进个人和先进集体。县委书记蔡刚、县政府县长梁磊以及县委副书记俞红梅多次在各种场合对全县信访工作进行口头表扬，其中，县委书记蔡刚11次、县政府县长梁磊5次在群工部文件和信息上进行肯定性批示。工作经验在省、市交流。“两代表一委员”参与群众和信访工作经验在省信访局《社情民意》杂志第一期以题为《从群众中来到群众中去》刊发；成功处置义和乡杨某多年积案的经验在省信访局《社情民意》杂志第二期转发；在7月4日召开的全市群众和信访工作半年总结会上，县委常委、政法委书记严开义在大会上对群众来访当天办理工作进行交流发言；“八一”期间的涉军信访工作、信访重点乡镇的治理达标活动等工作经验分别被《眉山信访》16期、18期用专版在全市交流。多篇信息被各级采用，被省信访局《社情民意》采用2篇、《百姓之声》采用1篇、《眉山信访》采用9篇，《彭山信息》采用3篇，《彭山报》采用9篇，县直联办采用2篇，较好地宣传全县信访和群众工作。

【信访渠道】 畅通信访渠道，多方听取群众诉求。领导干部接访常态化。每月第一个星期二由县委书记或县长到县群众接待中心驻班接待来访群众，其余工作日由县委常委、县政府副县长轮流接访；县级重点部门一把手每周接待一天，各乡镇党政一把手逢场日接待上访群众，乡镇和县级重点部门其他班子成员轮流接访。2013年，县级领导干部在县群众接待中心接待群众来访327批1399人次，当场解释答复和办理291件，交办36件；全县各乡镇和部门班子成员每天轮流到群工办接访，保证群众诉求在第一时间得到处理，最大限度将上访群众吸附在县内。党政主要领导亲自阅办群众来信。继续推行“绿色邮政”，坚持县乡主要领导亲自阅办群众来信。2013年，县委书记、县长共阅办群众来信73件。做好“网上信访”。随时关注人民网网民留言和公众信息网县长信箱，按时回复。全年共受理人民网网民留言36件，公众信息网省长信箱41

件，县长信箱40件，并全部办结。开展形式多样的干部联系服务群众工作。下访工作队定期或不定期下乡镇和村社，调查了解社情民意；在村（社区）设立“两代表一委员”工作站，与群众沟通服务零距离；深化“三定两保证”下访活动，全县机关干部到基层下访，帮助解决群众实际困难和问题，及时排查化解了矛盾纠纷。

【排查稳控工作】　定期分析研判。坚持平常时期月排查，重点时段和敏感时期周排查分析、日排查分析研判；重大紧急情况和突发性事件随时报告县委、县政府主要领导、分管领导和相关部门。2013年，在全国及省“两会”前、2013成都全球财富论坛、“8·1”、世界华商大会、西博会、眉山泡菜节、东坡文化节、十八届三中全会等多个重要敏感时段，全县多次进行突击性、拉网式排查，全年全县共排查矛盾纠纷1799件次；并在特殊敏感时期坚持每天上午9：00和下午17：00分两次收集当天排查化解情况和重点人员稳控情况。建立矛盾纠纷台账。县、乡两级都实行群众来信来访登记制度，并制发统一的群众来信来访登记簿，凡是到各级上访和去信情况，均建立基础台账；村社则要求认真填报纠纷统计表和调解记录。综合运用人民调解、行政调解、司法调解，确保小事不出村、一般问题不出乡镇，大事不出县。实行片区督导。在维稳办、国保大队、县委群工部班子成员中抽出5名干部，分片区联系乡镇，在重点时段搞好抽查、督察，平常时期指导乡镇做好复杂疑难信访案件的处置，重点人员的教育、转化等，随时召开碰头会，及时通报、汇总全县情况。强化重点人员稳控。对可能进京到省上访重点人员，逐一建立个人信息档案，平时掌握动态，特殊敏感时期则实行ABC分类稳控。

【信访办理】　2013年，彭山县全面推行群众来访当天办理制度，成立彭山县群众来访当天办理工作领导小组；召开动员会、推进会和两次工作培训会，分别对各部门和乡镇分管领导及群工办工作人员进行业务培训，尤其对一些表册进行专门讲解。群工部班子成员包片联系乡镇和部门，多次进行走访指导。全年全县通过群众来访当天办理工作流程办理信访件77件，其中，市联席办交办41件，县联席办交办36件。切实解决问题，推动案结事了。继续推行县级领导包案。凡进京到省和到市集访、重信重访、疑难复杂信访问题和积案实行县级领导包案解决。全年全县共梳理29个信访突出问题落实县级领导包案，已办结26件，有3件正在办理中，到期办结率100%；市挂牌积案19件，已办结18件，息诉息访率95%。加大联席办牵头处理信访事项力度。为及时就地解决信访事项，县联席办、县委群工部加强对接访事项的牵头协调力度，对接访的事项诉求合理但涉及多个部门的，及时组织相关部门进行协调处理，防止推诿拖拉，强化对信访事项的及时处理，有效预防和减少越级访和重复访。2013年，县联席办、县委群工部共牵头协调处理信访事项40余件。

【信访制度】　进一步建立健全县委常委会和政府办公会议研究信访工作制度。定期由县委书记主持召开分析研判会，专门听取信访工作和个案化解情况专题汇报，明确主要任务及工作步骤，并视实际情况提出指导性意见和改进措施。2013年，县委常委会共听取信访工作情况汇报8次。实行项目化管理。将信访工作纳入全县目标考核，实行项目化管理，列入奖罚项目。对出现进京非正常上访被通报或者未被通报，到省非正常集访、或个访被通报等情况，在该单位的目标考核总分中分别扣3分至0.5分。实行季度考核奖励制度。对各乡镇信访工作实行季度考核，凡实现工作目标的，奖励工作经费；未实现工作目标的，取消工作经费。对季度考核未达标的，除不发给工作经费外，由所在乡镇党委、政府向县委、县政府作书面检查，由分管领导在季度分析会议上述职，由乡镇党委书记向县委主要领导述职等。实行项目风险评估制度。凡所在乡镇重大项目进场或有不稳定苗头隐患工程进驻时，按属地管理原则，由乡镇党委书记为第一责任人牵头进行信访稳定风险评估，努力从源头防范和减少信访问题。

【队伍建设】 开展好主题教育活动。按照各级的要求，认真开展“中国梦”主题教育活动。在支部召开专题学习讨论会，并撰写心得体会。抓好每周五下午的业务学习，及时学习中央、省、市关于信访工作的文件精神、讨论分析复杂疑难信访案件等，从而提高全体人员的政策法律水平和接待群众来访、处理信访问题的能力。举办全县信访工作业务培训，提高全县群众和信访干部业务素质，规范信访事项的办理和回复。于2013年4月举办两次全县各乡镇大调办主任及群工办工作人员参加的信访工作业务培训。

【信访秩序】 2013年，充分利用县电视台、《今日彭山》报刊、政府网、会议、文件、简报等多种形式，加强《信访条例》和相关法律、法规宣传力度，提高公民的法制意识，进一步规范信访工作秩序。建立群众来信来访基础台账，做到一案一册，切实做到基本情况清、反映问题明。严格按照《信访条例》三级终结原则，要求承办单位必须出具信访事项处理意见书，并按时送达信访人，对不服处理意见的信访人积极引导其通过复查、复核程序解决。规范终结程序。有力打击违法上访行为，规范全县信访秩序。采取有效措施，加强信访人员思想疏导、法制教育和依法处理，并在特殊敏感时期做好稳控，防止矛盾激化，防止越级访和进京到省非访。

（陈建华）

机关工委工作

【概况】 2013年，彭山县直机关工委荣获全县组织工作、党风廉政、宣传思想文化工作、城乡环境综合治理先进集体等多项表彰，圆满完成各项工作目标承诺。

【机关党建】 2013年，继续推行组织工作“三诺”活动。县直机关工委规范其下属22个党组织党建工作目标承诺。承诺内容包含基层组织建设年、干部工作建设和人才工作建设。全年组织县直机关84人参加入党积极分子培训班学习，试行党员发展预审制，对发展对象的入党手续、程序、入党动机、政治素养和现实表现等多方面进行审查，预审通过后才通知支部进行发展，全年县直机关各党组织发展新党员88人。抓好党员信息库基础工作。全县机关4400余名党员信息及时更新录入，机关党员和党组织入库率达100%。2013年，共收缴党费86.68万元已汇总上交县委组织部，并进行公布。

【“三分类三升级”活动】 重新确定机关各级党组织“三二一”级次（全称叫后进、一般、先进党组织），评定机关先进党组织121个，一般党组织133个，后进党组织2个。彭山县直机关工委通过制定方案，结对促整改，2个后进党组织全部转化升级，转化率达100%。

【服务型党组织建设】 2013年，深化窗口优质服务，在县直机关窗口单位和服务行业积极继续开展“三亮三比三评”为民服务活动，争当“党员示范窗口”和“党员先锋岗”，并亮明党员身份，履行承诺事项，接受群众监督，公开承诺完成率达到100%。立标杆树典型。新增县检察院、县委群工局、县畜牧局、县城管办4个机关党建精品示范点，加强对县农业局党总支、县医院党总支、二小党支部3个党组织进行示范提升保持精品形象塑造，进一步提升党组织服务水平。抗震救灾，党员志愿者献力量。“4·20”芦山地震后，机关各党委迅速启动应急预案，深入一线，开展抗震救灾活动，确保人民生命财产安全和社会和谐稳定。切实做好党内关怀工作。2013年，彭山县直机关工委利用元旦、春节、“七一”、中秋、国庆等节假日看望慰问老党员、生病住院党员和困难党员105人次，发放慰问金3万余元。

【知识竞赛活动】　2013年，县直机关工委与县史志办、县中国梦主题教育办倾力合作，组织县直机关各党组织共4000余名机关党员干部开展“学习十八大、践行中国梦”知识竞赛，参与率达85%，覆盖率达95%。

【直接联系服务群众工作】　2013年，全县13个乡镇和105个县级部门、县属以上企事业单位按照“活动内容不变、服务要求不变、考核督察不变”三不变的原则，继续深入联系乡镇、村（社区）和联系户家中，转变工作作风，密切党群干群关系。突出分类帮扶。全县172名正科级以上领导干部新增联系困难户456户，2047名机关干部直接参与联系工作，参与率达100%，联系帮扶群众3302户，亮明党员身份回社区联系群众1204户。突出三类联系，即领导干部重帮扶，联系困难群众；一般干部重服务，联系普通群众；代表委员重联络，覆盖其他群众。2013年共确定服务承诺3000余个。广泛宣传，主题活动增强活力。多家主流媒体相继报道彭山县服务群众工作，多次接受央视、省电视台采访报道。开辟《民情日记》专栏，编发工作简报26期，被市级以上媒体采用600余条信息。号召各单位广泛开展“下基层、助春耕”“庆七一、走基层，共谱中国梦”“抗震救灾”等主题活动，增强了直联工作活力。干部抓发展的动力更强，农村面貌得到极大改善，社会进一步和谐。2013年，全县农民人均纯收入和城镇居民可支配收入增幅均达到16%以上。

【党风廉政建设】　彭山县直机关工委坚持“标本兼治、综合治理、惩防并举、注重预防”的方针，严格执行党风廉政建设责任制，加强机关效能建设。深入加强作风建设，落实中央八项规定等关于改进作风的制度。进一步加强反腐倡廉制度建设。切实指导县直机关基层党组织开展好党务公开。认真做好“12340”党风廉政测评工作。

（陈　亮）

保密工作

【概况】　2013年，彭山保密局强化措施，狠抓落实，圆满完成市下达的保密工作目标任务，确保全县无一例失泄密事件发生。

【保密部署】　下发《中共彭山县委保密委员会2013年工作要点》《关于全县“调查研究年”实施方案》《彭山县“六五”保密法制宣传教育2013年度实施方案》《关于开展“六五”保密法制宣传教育中期检查督导的通知》和《2013年度全县保密工作目标考核细则》等文件，对全县各保密责任单位保密工作进行全面安排部署。

【保密领导】　根据人事变动实际，对县保密委员会组成人员进行了调整，对全县110个党政机关、企事业单位进行分类指导，调整充实保密领导小组、落实分管领导、具体从事保密工作的机构和人员。

【保密宣传】　组织征订《2013年保密工作》127份，《2013年保密科学技术》57份；督促全县30余个独立办公区的单位制作保密法制宣传栏并张挂上墙；印发《保密管理制度》（样本）到党政机关、涉密单位；督促110个党政机关、企事业单位上报“六五”保密法制宣传教育规划和2013年度实施方案；到观音镇开展了保密法制赶场活动。

【保密培训】　2013年，先后4次对高考、中考、自考、成考的考务人员进行保密培训；于9月下旬组织一次彭山县保密干部全员培训，集中培训包括县级领导，乡镇、部门“一把手”在内的涉密人员410人，省国家保密局副局长冯宝运、市国家保密局局长李树伦授课。

【保密检查】　成立专项保密综合检查组，

于是年11月中旬、下旬对20余个县级部门、9个乡镇进行专项保密抽查，共检查党政内网电脑30台、互联网电脑56台，并顺利通过市专项保密综合检查组的检查。在是年4月、6月、10月彭山县举办的5次全国统一考试和全市统一考试中，彭山县保密局积极参与、主动介入，对考前、考中、考后全过程进行保密执法监督，特别对考场保密工作进行实地巡查，确保各类考试的安全顺利进行。

【基础管理】 2013年4月，完成对全县2012年前产生的废旧涉密文件资料搜集工作。及时清理、回收各单位损坏的涉密计算机硬盘，并交市保密局统一销毁。指导全县乡镇和县级各部门建立、健全保密工作基础档案。

【技术管理】 投入15万元，全面完成市下达的2013年各项保密技术设备强制配备任务，建成互联网敏感信息适时监控平台，共安装客户端924个；为43个单位的党政网计算机和涉密单机安装涉密移动存储介质客户端管控软件和单向导入设备；对重装系统或新购的党政网计算机、涉密计算机补装“非法外联阻断软件”，确保计算机非法外联监控系统和政府互联网门户网站保密检查平台的正常运行。

（刘　昶）

老干部工作

【思想政治建设】 2013年，县委老干部局组织老干部学习贯彻中共十八大、十八届三中全会精神，《中共中央关于全面深化改革若干重大问题的决定》以及党的各项方针政策；向离退休干部传达省第十次党代会、市第三次党代会、县“两代”会精神，全年组织集中学习、专题辅导、报告会、座谈会等17次。订阅《人民日报》《四川日报》《眉山日报》《华西都市报》等11种报纸杂志，赠送《彭山报》60份，建立老干部书屋。组织200余名老干部参加“党的十八大报告知识和党章知识”竞赛活动。

【老干部活动】 全年参加并指导老干部党支部开展活动5次；召开“四大家”领导通报会2次；组织22名离退休妇女干部参观考察黄龙生态宜居城建设项目；组织老干部代表参加市、县重大活动共126人次：组织老干部参观考察七大战区重点项目121人次，让老干部了解支持彭山发展；组织部分离退休干部到云南腾冲参观学习5天；组织老领导参加县重要会议共6次，共邀请老干部代表20人次参加重大决策座谈会，听取老干部意见。组织老干部省内外参观学习和县内调研120人次。彭山县老干部门球代表队参加“彭都国际杯”四川省第二十七届老年门球赛，取得第六名好成绩，被确定为种子队。

【老干部管理】 认真落实246名老干部生活待遇，巩固和完善离退休费、医疗费保障机制和财政支持机制，确保离休干部“两费”无拖欠。春节、重阳节县级在职领导走访慰问老干部83人次，全年走访慰问老干部352人次。看望慰问生病住院离退休干部45人次，协助原单位处理丧葬事宜5起。组织240位老干部在县医院体检中心健康体检，组织60名副县级以上的离退休干部健康疗养。

【阵地建设】 积极创造条件，加强活动中心硬件设施建设。投入资金8万元，治理厕所、修整花园和草坪、整治活动场所400平方米。建立老干部书屋（共有养生、科学等方面图书175本），方便老干部学习，为老干部开展好活动提供物质保证。

【帮扶工作】 健全完善特殊困难帮扶机制，帮助特殊困难老干部9人次，落实帮扶资金2.7万元，对身患重病、独居、生活困难的离退休干部及遗孀进行特殊帮扶。发扬“一方有难，八方支援”的感恩精神，在91岁高龄离休老干部刘辉的带领下，为雅安芦山7.0级地震积极捐款达1万余元。

【队伍建设】　建立老干部志愿者服务队4支，老干部志愿者53人，在群众路线、党风廉政建设、精神文明建设和社会公益事业建设中开展关工委、老体协、老年协会、老年书画协会志愿者服务活动26次。动员和鼓励39位老同志开展调查研究、理论探讨、献计献策等工作。推进离退休干部与大学生村官牵手结对活动，开展座谈会2次，离退休干部结合自身工作经验，从工作、学习、服务群众等方面对村官们进行指导。34名老干部对城建、环保、青少年教育等提出12项建议意见，全部采纳并进行整改。深入开展争当“三好老干部”活动，涌现出94名甘于奉献、勤奋工作的“三好老干部”。

【宣传工作】　2013年，彭山县老干部信息报道小组的13名老同志向各类报刊杂志投稿86篇，彭山报刊载66篇，共编发《老干部工作信息》30期，省委老干部局在党政网上转载6篇，市老干部局网站转载20篇，《彭山报》和彭山电视台转载20篇，《县委信息》刊登2篇，老干部的学习成果在《今日彭山》《晚霞报》等报刊刊载60余篇。汇编“中国梦”资料选编200册，发放给老干部，办“中国梦”宣传专栏4期。

（刘义雷）

党校工作

【概况】　2013年，中共彭山县委党校、行政学校积极探索党校建设新途径，加强机制创新，深入贯彻落实科学发展观，按照《中国共产党党校工作条例》的有关要求和省、市、县《关于推进学习型党组织建设的意见》的文件精神，紧紧围绕党校中心工作和发展目标，充分发挥新时期党校在加强和改进党组织思想作风建设、组织建设等方面的有效载体功能，深化、完善党员干部和基层党组织创新，努力构建和谐党校。

【干部教育培训】　2013年，党校坚持把干部教育培训作为工作重点来谋划、来部署、来落实，不断加大对主体班办学的管理创新力度。每期培训班前都召开培训工作小组会议，商讨方案，细化流程，对培训内容、会场布置、聘请教师等做出安排，落实专人负责。开班前1—2天，由校长及职能科室负责督察，采取逐项过堂的方式，检查各项准备工作的落实完成情况，确保培训班顺利进行。彭山县委党校开设彭山“石化园区建设、基层组织建设、城市建设与管理、社会管理创新、构建社会和谐、现代观光农业”等专题，着力解决机关和乡镇、村、社干部在实际工作中面临的困惑。调精干力量，参与班务管理，安排股室人员跟班服务。每期培训班都有一个培训登记表，对培训情况进行登记及汇总，并实行每节课点名制度，培训班还进行开放式研讨及参观等服务，为学员提供精致的服务，提高组织管理水平。上半年开展的新任副科级干部培训班，采用多形式、灵活实用的方式，进行异地拓展和后期成果汇报，效果显著，受到县长梁磊的高度评价和肯定。

【规范化建设】　2013年，党校按照打造“一流区县”党校的要求，进一步加强党校职责功能研究，逐步完善党校的规章制度建设，以完善激励约束机制为重点，研究制定符合党校特点和各种岗位的不同人员绩效考核办法，形成人人都主动干事创业的鲜明导向。全力做好“七一”先进基层党组织与个人的推荐、评选和表彰工作，进一步激励广大党员充分发挥战斗堡垒作用和先锋模范作用。同时对党校教师和干部加强政治理论和管理知识的培训，定期组织党校教师开展学习交流、调研等活动，从而为全面提高党校教育质量提供重要保障。

【调研活动】　2013年，“流动党校”率先宣讲中共十八大及十八大三中全会精神，培训工作覆盖全县各乡镇和县级各部门。对13个乡镇和20余个县级部门进行针对性专题培训，内容涉及文化、礼仪、廉政、“中国梦”“群众路线”“十八大”等，受训人数达3500余人，提高全县各单位、各部门广大党员干部群众的工作能力和综合素质。深入各部门、各乡镇开展调研，形成《大学生村官现状调查与思考》《基层党校主动作为弘扬优良学风》《两年升位“三十六”彭山经济大跨越》《强化监督管理注重能力提升》《实施“美丽”乡村建设战略创新彭山乡村发展模式》等调研文章，并在《彭山日报》《眉山日报》《眉州学刑》等报刊上发表。

【党建活动】 2013年，按照“服务型、学习型、廉洁型、创新型”的要求，党校支部自律有规章、创先有方向、争优有目标，为推动党校科学发展和晋升达标的实现，团结带领教职员工，凝神聚力发挥战斗堡垒和先锋模范作用。党的建设扎实有效，党校姓党，任何一个班次都必须安排党性教育课，课题选择和教师试讲，每个员工必听；党校在第一时间组织学习中央和上级党委出台的新精神，员工必须写体会文章。中共十八大闭幕后，彭山县委党校在很短的时间内完成从学习领会到讲课宣传的转变。校党支部发扬党的优良作风，对职工生活、工作、家庭给予无微不至的关怀，落实“五必访”（重大节日必访、家庭有困难必访、生病住院必访、有思想不稳定倾向必访、老同志去世必访）制度，党校和谐稳定。2013年，党校做实做细“廉政风险防控”工作，干部员工廉洁自律，完成党风廉政建设目标任务。

【队伍建设】 2013年，党校以马克思主义中国化最新成果和中共十八大精神为主要内容，加强校委班子成员的学习，抓好调研、研讨和交流；进一步落实校委党风廉政建设责任制，校委成员签订责任书；加强领导干部作风建设，推行校务公开制度，切实贯彻民主集中制，坚持集体领导，实行民主决策；推行干部选拔任用民主推荐、校委集体研究制度，抓好中层骨干的教育和管理工作，努力打造一支凝聚力强、执行力强、创造力强、战斗力强和公信力强的优秀领导班子。加强教研队伍建设，突出学科带头人和中青年教研骨干队伍建设，加强对教研人员的培养力度。组织教师假期调研活动，抽调一名人员服务于县委、县政府省级优美示范县城创建工作，现已创建成功。聘请党政领导干部、学者、专家担任兼职教师，优化师资队伍结构。加强管理队伍建设，做好科股室岗位的人事配备工作，根据岗位职责要求合理调整部分岗位。争取更多机会，组织管理人员走出去，参观学习外地党校先进管理理念和做法。抓好教职员工读书学习，以创建学习型组织为载体，充分利用党校丰富的理论教育资源，丰富、拓展教职工学习的内容和形式，及时总结推广创建学习型组织的经验。以党的群众路线教育和中共十八大精神为重点，组织教职员工集中学习，鼓励教职员工多读书、读好书，召开读书交流会，形成良好的读书氛围和学习氛围，推进学习型党校建设。

【直接联系服务群众】 2013年，党校根据目标责任制，做好“创先争优”和直联工作，深入开展“创先争优”活动，完成上级党组织交代的各项任务，并对第二阶段的工作进行具体安排和部署。同时，完成创先活动有关情况的上报工作及相关资料的存档。2013年，联系凤鸣镇集关社区，为切实做好直接联系群众工作，投入资金共计1.5万余元，到社区走访、慰问困难职工群众8次。与结对帮扶群众交心，倾听群众呼声，关心群众疾苦，切实为群众解决负担，为困难群众送去养殖的家禽和所需的农资等。

（孙　梅）

彭山县人民代表大会常务委员会

重要会议

【彭山县第十七届人大常委会第十四次会议】 2013 年 1 月 23 日，彭山县第十七届人大常委会第十四次会议在彭山县人大机关五楼会议室召开。经审议和票决，对万开元等同志进行人事任免。听取和审议县人民政府关于彭山县城市总体规划（2009—2020 年）实施评估报告的议案。会议建议：要建立完善总规修编充分征求市民和社会各界意见的制度，并严格按照规划来组织实施，维护规划的严肃性；要注重民生和公众服务，长远规划，保证规划的前瞻性、科学性和连续性；充分考虑文化元素与城市建设的有机融合，打造彭山独特的长寿养生文化。合理布局产业，尽量避免工业对城市居民生活的影响。会议审议了县人大常委会工作报告。

【彭山县第十七届人大常委会第十五次会议】 2013 年 2 月 6 日，彭山县第十七届人大常委会第十五次会议在彭山县人大机关五楼会议室召开。审议决定召开县第十七届人民代表大会第三次会议的有关事项，并提交人代会按程序表决。会议决定彭山县第十七届人民代表大会第三次会议于 2013 年 2 月 27 日至 3 月 1 日在县城召开，会期三天；通过大会议程（草案）和主席团成员、秘书长、主席团常务主席、主席团执行主席、副秘书长、大会财政预算审查委员会组成人员、大会议案审查委员会组成人员、代表团团长和副团长建议名单等，一并提交大会审议。会议要求大会各工作组要按照该次会议关于县第十七届人民代表大会第三次会议的决定事项，抓紧做好各项准备，确保人代会如期顺利召开。通过听取代表资格审查委员会对代表资格审查情况的报告，确认 181 名县第十七届人民代表大会代表的资格全部有效。

【彭山县第十七届人大常委会第十六次会议】 2013 年 2 月 25 日，彭山县第十七届人大常委会第十六次会议在彭山县人大机关五楼会议室召开。经审议，表决（电话表决形式）通过县第十七届人民代表大会第三次会议召开时间变更为 2013 年 3 月 6 日至 3 月 8 日。县第十七届人大常委会第十五次会议决定的人代会召开的其他事项不变。

【彭山县第十七届人大常委会第十七次会议】 2013 年 3 月 27 日，彭山县第十七届人大常委会第十七次会议在彭山县人大机关五楼会议室召开。对县人民政府办理专题询问教育工作审议意见的落实情况进行满意度测评。经审议和票决，对潘桂萍等同志进行人事任免。听取和审议县人民法院关于刑事审判工作情况的汇报。会议建议：进一步树立正确的审判理念，强化刑事审判法制教育功能，达到宣判一案，教育一片的目的。进一步加大对刑事附带民事赔偿案件的执行力度，维护当事人的合法权益。进一步完善与相关部门的工作协调机制，重视检察机关对量刑的建议，促进司法公平。用足编制，配足审判人员，切实解决刑事审判案多人少的问题；进一步加强法官队伍建设，加强审判业务培训，以应对新形势下对法官的新要求。进一步完善人民陪审员制度，充分调动其陪审积极性，努力提高审判质量。听取 2012 年规范性文件备案审查情况的汇报，会议要求“一府两院”和乡镇人大主席团要高度重视，切实加以改进，认真做好2013年规范性文件的报送工作。

【彭山县第十七届人大常委会第十八次会议】 2013年5月9日，彭山县第十七届人大常委会第十八次会议在彭山县人大机关五楼会议室召开。对县人民检察院办理县人大常委会关于惩治和预防职务犯罪审议意见的落实情况进行满意度测评。听取和审议县人民政府关于2012年城乡社区事务费支出使用和2013年城乡社区事务费支出预算安排情况的汇报。会议建议：强化乡镇规划管理，尽快制定乡镇规划管理办法，掀起乡镇规划大会战高潮。加快安置房建设进度，确保城市项目建设顺利实施。加快组建彭山县城市行政执法局，切实解决机构组建的问题。增加设备投入，提高市政园林绿化管理效率和水平。听取和审议县人民政府关于“六五”普法规划实施情况的汇报。会议建议：强化普法宣传，充分营造人人自觉学法、守法、用法和依法行政、公正司法的社会环境。突出普法针对性，加强对不同区域、不同范围人群普法的宣传，创新普法形式，提高宣传实效。强化依法行政，规范行政行为，深入开展“法治彭山”创建活动，全面推进依法治县进程。适度增加普法经费，充分调动职能部门积极性，确保“六五”普法工作的顺利推进和目标任务的全面完成。

【彭山县第十七届人大常委会第十九次会议】 2013年7月25日，彭山县第十七届人大常委会第十九次会议在彭山县人大机关五楼会议室召开。经审议和票决，对樊慧等同志进行人事任免。听取和审议县人民政府关于2013年上半年国民经济和社会发展计划执行情况的汇报。会议建议：要把争取项目与实施项目相结合，以更有利于推进项目实施，提高项目争取实效。要督促项目加快建设，尤其是海尔、联合利华等重点工业企业，力争早日见成效；协调解决好工业企业发展中存在的突出问题，为企业发展服好务。分析研究12家企业的亏损原因，力争减少亏损面。要加大对第三产业的扶持力度，激发城乡经济活力。加快推进经济结构调整和产业升级，培育经济增长点。要切实抓好节能减排和城乡环境综合治理，在发展经济的同时要更加注重环境保护。专题研究工业税收贡献率低的问题，推进工业强县战略；对新引进的企业要以税收贡献大作为衡量标准之一。要加快对城市配套设施的建设，尤其是停车位增设、湿地公园的完善和管护等，为市民提供一个良好的生活休闲场所。听取和审议县人民政府关于2013年上半年财政预算执行情况的汇报。会议建议：高度重视工业税收不高、新增财源缺乏、收入结构不合理等问题，增强财政增收的忧患意识。坚持有保有压的原则，提高预算执行的严肃性，严格控制开支，增强资金使用的透明度和约束力。要注重防范融资风险，职能部门要当好财政支出可控性参谋。通报县第十七届人大常委会第二十五、二十六、二十七次主任会议研究确定的县人民政府融资贷款事项，同意将融资本息列入财政年度预算支出安排，报该次会议备案。

【彭山县第十七届人大常委会第二十次会议】 2013年8月13日，彭山县第十七届人大常委会第二十次会议在彭山县人大机关五楼会议室召开。经审议和票决，接受张智勇的辞职申请，决定免去其县第十七届人大代表职务。

【彭山县第十七届人大常委会第二十一次会议】 2013年9月26日，彭山县第十七届人大常委会第二十一次会议在彭山县人大机关五楼会议室召开。对县人民法院办理县人大常委会关于刑事审判工作审议意见落实情况进行满意度测评。经审议和票决，对宁志成等同志进行人事任免。听取和审议县政府关于提请将武阳乡撤乡设镇的议案，会议经审议和票决，同意县人民政府按程序申报，撤销武阳乡，设立武阳镇。听取和审议县人民政府关于2013年代表建议批评意见办理情况的汇报。会议建议：加强在办理过程中与代表的沟通联系，提高代表参与面。列入计划和较难办理的建议要深入调研，努力提高办成率，防止重答复、轻办理现象。建立建议办理方案的审查和督办结果的定期通报等制度，不断规范办理行为。听取和审议县人民政府关于2012年财政预算执行和其他财政收支情况的审计工作报告。会议建议：审计部门、财评中心要密切配合，有机统一，进一步提高审计和评审实效。对在审计过程中发现带有普遍性的问题可形成制度进行规范和完善，提高资金的安全和使用效率。审查和批准彭山县2012年本级财政决算。通报其他事项：向坤因个人原因不再履行县人大常委会主任职务，县人大常委会的工作由党组副书记、副主任罗会华主持，并向县委书记蔡刚和县委报告。

【彭山县第十七届人大常委会第二十二次会议】　2013年9月29日，彭山县第十七届人大常委会第二十二次会议在彭山县人大机关五楼会议室召开。经审议和票决，决定许可洪雅县人民检察院对县第十七届人大代表张富学采取强制措施；决定暂停张富学的县第十七届人大代表职务。

【彭山县第十七届人大常委会第二十三次会议】　2013年10月29日，彭山县第十七届人大常委会第二十三次会议在彭山县人大机关五楼会议室召开。经审议和票决：决定接受张富学等3名县人大代表辞去县第十七届人民代表大会代表职务的申请。对赵长久等同志进行人事任免。

【彭山县第十七届人大常委会第二十四次会议】　2013年11月14日，彭山县第十七届人大常委会第二十四次会议在彭山县人大机关五楼会议室召开。经审议和票决：对杨宇焰进行人事任免。专题询问全县饮用水水源安全工作。会议从关心、支持全县饮用水水源安全的角度，围绕如何保障全县人民饮用水水源安全工作，就饮用水水源规划建设、保护，水质监测等方面，即饮用水水源数量安全和质量安全提出11个询问题目，分管政府水务工作的领导、县级有关职能部门和企业负责人认真回答。

【彭山县第十七届人大常委会第二十五次会议】　2013年12月12日，彭山县第十七届人大常委会第二十五次会议在彭山县人大机关五楼会议室召开。对县人民政府办理县人大常委会6项议题的审议意见落实情况进行满意度测评。经审议和票决：决定接受向坤辞去眉山市第三届人民代表大会代表、彭山县第十七届人民代表大会代表职务、彭山县第十七届人大常委会主任职务。补选张桂芳为眉山市第三届人民代表大会代表。听取和审议县人民政府关于深入推进医疗体制改革工作情况的汇报。会议建议：要强化医疗卫生事业的公益性，不断带动和深化医疗卫生体制的全面改革，为全县人民群众提供优质的医疗服务；要加大对基层卫生机构医疗设备、技术力量的投入，满足广大人民群众日益提高的就医需求；要加强对医疗队伍的培训、教育和管理，妥善处理医患关系，不断提高医护质量和管理水平；合理规划医疗机构布局，配置医疗资源，不断改善就医环境。会议审查和批准县人民政府关于2013年财政预算收支调整变动情况的汇报。会议经表决，批准县人民政府关于2013年财政预算收支调整变动（草案），并作出决议。

彭山县人大常委会工作

【大事记】　3月7日，召开县第十七届人民代表大会第三次会议。

3月22日，市人大常委会开展对彭山县《中华人民共和国体育法》贯彻实施情况的执法检查。

3月25日，省人大常委会调研天府新区彭山区域、观音葡萄产业园工作。

3月29日，市人大常委会开展对彭山县《中华人民共和国电力法》及《四川省电力设施保护实施办法》贯彻实施情况的执法检查。

6月4日，市人大常委会开展对彭山县《中

华人民共和国城乡规划法》贯彻实施情况的执法检查。

6月6日，市人大常委会调研彭山县刑事诉讼监督工作。

7月1日，省人大常委会调研彭山县代表工作。

8月20—21日，市人大常委会调研彭山县加快推进主城区城乡结合部城市化进程工作。

【概况】 2013年，县人大常委会认真履行法律赋予的职权，依法开展各项工作。荣获省人大常委会宣传信息工作两项特等奖，被评为全市人大系统先进；代表工作、宣传工作在省、市人大系统发言交流。省人大常委会副主任曾省权、张东升到彭山调研，对县人大及常委会的工作给予充分肯定。

【监督工作】 综合运用会议审议、专题调研和询问、工作视察、执法检查、工作评议等监督手段，努力增强监督实效。认真抓好常委会决定决议和专项议题审议意见的督办工作以及办理落实情况的满意度测评，及时将人事任免、决定决议和审议意见办理及其满意度测评结果等事项对外公开，接受社会和广大人民群众的监督。

【决定任免】 依法决定重大事项。先后对县城总规修编等6项重大事项作出决定。决定任免“一府两院”及其工作部门国家机关工作人员19人次，任免人大系统工作人员4人次，补选2名市代表、1名县代表；决定对1名县代表许可采取司法强制措施，接受1名市代表和6名县代表的辞职。

【经济工作监督】 听取全县综合预算、部门预算实施方案。听取和审议上半年计划和预算执行等专项议题。组织开展对思念食品等招商引资重点工业项目推进情况的调研。

【法律工作监督】 听取和审议“六五”普法规划实施等议题。组织开展或配合上级人大常委会对食品安全法、电力法等6部法律、法规的执法检查。

【规范性文件备案】 审查听取2012年规范性文件的备案审查，开展对县人民政府3件、乡镇人大主席团29件规范性文件的备案审查工作，及时向市人大常委会报送规范性文件5件，维护法制的统一。

【社会管理监督】 专题询问全县饮用水水源安全工作；听取和审议代表建议批评意见办理、深入推进医药卫生体制改革等事项；开展对公共文化服务体系建设等与群众生活紧密相连事项的视察调研。

【代表工作】 坚持把代表工作作为人大工作的重点，不断完善工作制度，丰富活动形式，落实保障措施，推动代表工作。坚持向代表通报工作，保障代表知政、知情权，坚持重大事项决定前广泛征求代表建议意见制度，坚持把组织代表参与活动作为提高代表履职的重要手段。全年共组织600余人次代表列席人大常委会会议，参与工作视察和调研、执法检查和行业行风评议，旁听政府常务会议、法院庭审等，代表履职能力不断增强。加强对代表小组活动的指导，开展专题调研并形成调研报告15份。保障人大代表活动经费的落实，坚持将县人大代表活动经费纳入财政预算，为人大代表依法履职提供保障。认真组织代表督促45件建议批评意见的办理，确保按时办结，办理率、满意率达100%，办成率达65%以上。

【联系乡镇工作】 2013年，先后10余次深入联系的义和乡及其喻沟村，协调县级联系部门，筹集资金20余万元支持义和乡发展，加强对完善乡村发展规划、产业结构调整、抗旱救灾、人大工作、村级组织等重点工作的指导。落实省人大、市政府资金60万元，争取社会资助资金22万元，用于义和乡扶贫发展。筹集资金

1.5万元，支持联系村阵地建设、村道改造等。

【指导乡镇人大工作】 坚持常委会领导分片联系乡镇人大工作制度，切实加强乡镇人大工作。坚持邀请人大主席列席人大常委会会议，参加各项执法检查、工作调研和其他重要活动。积极争取将乡镇人大及代表工作活动经费一并列入财政预算，保障经费落实到位。

【党建和党风廉政建设】 组织学习党风廉政建设的各项规定和要求、听党课教育、基地警示教育活动，不断构筑拒腐防变坚固防线。坚持科级干部主动报告个人重大事项，切实加强个人廉政风险点防范管理；以降低“三公经费”为重点，严格执行中央八项规定和厉行节约、反对浪费条例，严肃财经纪律，坚持实行公务车辆维护报告、运行费用登记制度和接待申报制度。狠刹“四风”，自觉遵守财经纪律，不断完善惩治和预防腐败体系。

【信息宣传】 2013年，组织开展人大宣传信息工作业务培训，全年向上级人大刊物编报录用的各类信息和调研材料43篇，其中《为了夕阳无限好》《依法履职服务发展谱写“中国梦”地方人大新篇章》分别被《中国人大2013年年鉴》、光明日报出版社《新时期人大工作创新与代表工作建设实务》收录。先后两次在全市人大系统交流宣传信息工作经验。创建彭山人大网站，落实专人定期维护更新。宣传人民代表大会制度、民主法制建设均被省人大常委会评为特等奖。

【信访工作】 坚持分级负责、归口办理的信访原则，建立完善来访群众接待、登记、转办、督办和催办制度，全年共受理群众来信来访25件，接待来访群众13批35人次。来信来访反映事项办结回复率达到100%。做到件件有回复、事事有交代。

【保密工作】 坚持强化领导，明确保密工作责任，所有涉密人员均签订保密承诺书，认真制定“六五”保密法制宣传教育五年规划和2013年保密法制宣传教育方案，明确实施步骤和措施。进一步加强保密工作管理，建立健全保密制度，制定重大泄露国家秘密应急处置预案，切实加强和规范涉密计算机、可移动磁盘等新型涉密载体的管理，并严格执行涉密报告制度。全年机关未发生失泄密事件。

【机关效能建设】 强化主动作为争创一流意识，认真履行岗位职责，充分发挥参谋助手、综合协调和保障服务作用。坚持狠抓会务服务工作、狠抓机关运行、狠抓后勤保障、服务重点工作，认真开展创“服务型机关”活动，全力保障各项工作的高效有序开展。全年无安全事故发生，巩固市级卫生单位成果。

人大常委会办公室

【协调与服务】 紧紧围绕县委中心工作任务、《彭山县人大常委会2013年工作要点》和目标考核承诺事项，注重内外沟通、强化内部服务和管理，团结协作、主动作为，顺利地完成全年各项工作任务。全年召集召开县第十七届人大三次会议，组织召开常委会会议13次、主任会议19次，听取和审议“一府两院”专项工作报告15项，组织或协助上级人大常委会开展执法检查、工作视察和调研25次，确保各项工作的顺利进行。

【自身建设】 始终坚持把学习提高作为做好办公室各项工作的重要内容和前提，坚持充分发挥参谋助手、综合协调和保障服务作用，强化树立“办公室工作无小事”的观念，增强岗位责任和团结协作、无私奉献精神，工作意识和质量不断增强，机关运行质量明显提高。严格按照党风廉政建设“一岗双责”的要求，认真落实廉政责任，重点加强财务管理。全年全办人员无违规违纪行为。

【文秘工作】 全年组织起草以人大常委会党组、常委会、办公室名义的各类文件近200余份，形成《人大常委会纪要》《人大常委会主任会议纪要》32期；被各级报刊媒体采用信息40余篇，宣传信息工作居眉山市人大信息工作前列，全面完成人大宣传工作任务；撰写或协助其他委室形成调研报告、学习交流材料近20篇。

【后勤保障】 坚持把机关运行有序、保障有力和安全生产放在办公室工作的首位，切实加强机关效能建设。加强环境卫生整治、内务整理、安全保障等工作，定期对花草树木修枝剪叶、施肥和防病治病，切实抓好春秋两季灭蝇、灭鼠工作，坚持日常巡查和节假日值班制度，进一步完善车辆维护报告、运行费用登记和国有资产管理责任制；配置计算机10台、打印机2台，实现办公软件正版化；加强机关日常维护，改造配电房、处理办公大楼屋面防渗等。全年无安全事故发生，巩固市级卫生单位成果。

（刘　莉）

彭山县人民政府

【概况】 2013年，全县GDP增长10.9%，突破百亿元，实现101.9亿元。地方公共财政预算收入增长42%，增速全市第一；突破10亿元，达到10.5亿元，实现两年翻番；税收占比70.7%，全市第一。规模以上工业增加值增长11.1%，增速全市第一。城镇居民人均可支配收入增长11.3%，实现21358元，增速全市第一。农民人均纯收入增长14.4%，实现9962元，增速全市第一。全社会固定资产投资增长27.9%，实现147.7亿元。招商引资到位资金124.2亿元。社会消费品零售总额增长14.2%，实现29.8亿元。2013年，彭山县人民政府成功创建全国“六五普法中期先进县”、全省“平安建设先进县”和“环境优美示范县城”。再次入围全省县域经济“20强县”，位居第六。2个乡镇跻身全省“百强乡镇”。

【经济发展】 招大引强、改革创新，经济活力激发增强。大力开展“项目会战年”“项目竣工年”活动，实施项目180个、竣工项目129个。向上争取各类项目418个，到位资金7.8亿元。坚持宁慢不乱、宁缺勿滥，锁定“515”类企业主动出击，新签约项目15个120亿元，其中10亿元以上项目5个。坚持“请进来、走出去”，成功开展融入成都“六大同城行动”。全力发展壮大民营经济，新发展个体工商户1502户、私营企业221户。深化投资、财税、金融体制改革，取消审批和收费项目15项，开展“营改增”试点，新增信贷投放21.2亿元。大力开展土地整理和“双挂钩”，规划建设用地指标504.13公顷，多渠道盘活闲置低效土地89公顷，圆满通过国家土地例行督察。积极开展农村土地承包经营权确权颁证试点，出台支持村级集体经济发展11条措施。大力推进“四种模式、四个转变”，农民转变为城镇居民10531人、产业工人11700人、农业业主147户、三产经营和从业者6300人。

【工业经济】 2013年，强力推进天府新区彭山区域建设，成功建成百亿园区。青龙大道、莲池大道、新彭八路、联合利华大道、莲池一路、环区路（巴斯夫）段6条道路竣工，天府青龙会展中心主体工程完工，龙都湿地公园A区建成、B区建设启动。青龙火车站西货站铁路专用线竣工投运，建成全省唯一省级现代物流聚集区、成昆线第二大货运站。林德气体（一期）、翔升特种构件、奥瑞模具、润祥辐照、百麟节能环保设备制造、蓉海合金（一期）、惠特利金刚石钻头、万贯五金机电园（一期）、润祥润滑材料9个产业项目竣工投产，联合利华四川全球生产基地、海尔创新产业园、普海仓储、林德二期、康师傅调味包一期和二期、可普立信环保过滤、润祥润滑二期、金核辐照、同辐辐照、伟奇电子、通联电子、中创包装、金长城防弹玻璃钢质门、锦泰电力设备管、五金机电、鑫新雨电缆五金、力丰光学镜头机架、鑫光明柴油发电机、宏越金属结构件等20个产业项目启动建设。引进苏宁云商、华润万家等重大优质产业项目。成眉石化园区初具形象，平整场地2平方千米，启动供水、供电、供热、污水处理等配套建设，签约重大产业项目2个。南方高端家居出口制造基地建成标准厂房50万平方米，8家企业试生产。2013年，新增规模企业15户、产值上10亿元企业1户、纳税上千万元企业9户，创名优品牌25件。

【农业经济】　2013年，彭山县都市近郊农业破局发展，岷江现代农业园区启动建设，葡萄、柑橘、粮经复合、蔬菜、猕猴桃、林下生态养殖六大产业基地扩展提升，建成粮经复合基地2000公顷，新发展葡萄、柑橘、蔬菜、猕猴桃533.33公顷。成功申报省“小农水重点县”。农业机械化综合水平达到60.5%，全市第一。

【旅游三产】　2013年，彭祖山总规修编获省政府批准，核心景区总规实施方案编制完成，旅游通道改造竣工，长寿村旅游小镇建设启动。恒大铂金酒店、国际会议中心和复地黄龙溪谷红酒庄对外营业，恒大运动中心主体完工。李密故里开发高速路出口建设取得省级批文。成功举办“彭山首届太极文化周”等县级会节活动60余场次。

【城乡建设】　2013年，彭山县“三箭齐发”（滨江大道、岷东大道和工业大道彭山段）快速推进，岷东大道成彭段路基、桥涵工程完工，彭祖山隧道进洞施工，滨江大道彭祖新城段、工业大道石化园区B段试通车，石化大道延伸段和石化二路建设启动。成绵乐轻轨主体工程完工，成昆铁路扩能前期工作启动。统筹城乡进程加快。开展乡镇规划大会战，高质量完成滨江大道区域（青龙镇、观音镇）、工业大道区域（谢家镇、公义镇、义和乡、保胜乡）、成彭大道区域（牧马镇、江口镇、武阳乡）、东部区域（黄丰镇、锦江乡）四大片区和除中心城区凤鸣镇、彭溪镇外的其余11个乡镇规划。强力实施房地产宜居、市政道路畅通、道路黑化品质提升、公园绿地景观、城市排水防涝、违法搭建拆除整治等“六大工程”，李密大道二段、三段等15条道路黑化竣工，彭溪河寿星门景观改造等10个项目建成投用，高速路出口综合整治等22个项目全速推进，千亩滨江湿地体育公园升级改造全面启动，城区路灯照明、行道树实现全覆盖。彭祖新城长寿大道、寿乡桥建成通车。牧马镇成功进入全省“百镇建设试点镇”，全市唯一；青龙镇评为全省“环境优美示范乡镇”。建成新村聚居点12个、综合体2个，保胜乡龙安村、公义镇红旗村、观音镇椿巅村、黄丰镇团结村、锦江乡正华村、牧马镇官厅村、义和乡杨庙村7个村被评为全省“环境优美示范村庄”。持续提高城乡环境综合治理标准，投资300万元的县垃圾转运站正式投运。加强生态建设，建设美丽彭山，“千湖之城”“绿海明珠”“多色谱景观带”建设进度居全市前列，环境监测站标准化建设在全市率先通过省三级达标验收，省级生态县建设通过技术核查。

【民生工程】　2013年，实施民生工程195项。民生支出14.6亿元，占公共财政预算支出73.2%。夺取“4·20”抗震抢险和灾后重建阶段性胜利，完成农房重建和维修加固2130户，建成国家级防灾减灾示范社区1个。启动龚家堰城市饮水扩容工程。建成保障性住房1064套。新增城镇就业4256人，城镇登记失业率控制在3.96%以内。城乡居民社会养老保险参保14.9

万人，参保率全市第一。实施连片扶贫开发，减少贫困人口5192人。规范“两管三线”（燃气管、自来水管、电力线、电话线、有线或光缆线）户表安装价格，1.3万户城乡“低保户”、农村“五保户”享受电价优惠。社会事业协调发展。申报各类科技成果转化项目25项、国际合作项目1项，申请专利84件。完成县幼儿园整体搬迁等7个项目，启动县职高整体搬迁等6个项目，义务教育发展基本均衡合格县通过省级督导评估，夺得全市高考理科状元。新建村级文化活动室54个、村广播站32个、省级示范乡镇综合文化站2个。获得省级文艺汇演和健身秧歌比赛金奖3个。夺得市三运会金牌33枚，名列全市区县第三。完成公园山体育场改造。县电影公司成功改制。新建6所乡镇卫生院，县中医院创建成二级甲等医院，新农合参合率、血吸虫病传播控制达标全市第一，“三重”医疗救助全市唯一。在全市率先开展流动人口生育服务证网上办理，人口自然增长率控制在3.66‰以内。创建省级养老示范社区2个、星级敬老院3所，武阳敬老院管理经验全国交流。社会大局和谐稳定。安全生产工作通过国务院督察组检查，2个乡镇被省政府命名为道路交通安全示范乡镇。完成食品药品监管机构重组，建成餐饮服务食品安全省级示范店2家，全年未发生食品药品安全事故。成功破获“7·20”杀人案等刑事案件，打击涉假经济犯罪、扫毒害保平安专项行动、基础信息采集全市第一，完成智能交通系统一期和信息化卡口系统建设。在全省率先建成村（社区）司法工作站55个。同时，统计、气象、档案、保密、史志、红会、外台侨、妇女儿童、民族宗教、国防建设等工作取得长足进步。

【行政效能】 2013年，彭山县认真执行“八项规定”，坚决整治“四风”（形式主义、官僚主义、享乐主义和奢靡之风），保持风清气正。政府班子带头走基层、解难题、办实事、惠民生。厉行勤俭节约，“三公”经费（因公出国、出境费用；公车购置及运行费用；公务接待费用）支出在2012年基础上压缩20%，财政评审、政府采购、工程审计节约资金3.7亿元。严格依法行政，办理县人大代表建议45件、政协提案104件，满意和基本满意率100%。推进行政审批制度改革，创新开展“一费制”（整合行政审批中行政事业性收费项目，统一由县政务中心住建局窗口收缴）、税务“一本证”服务，建立“三大中心”，建成13个乡镇便民服务中心和5个集中办事大厅的电子监察系统。建立行权平台，政府网站绩效考评全市区县第一。重拳治理“庸懒散奢”，2013年上半年政风行风暨软环境测评全市区县第一。深入开展融入成都学先进活动，转化经验25项。

政府办公室工作

【文秘工作】 坚持精确、精简、高效、保密的原则，实行公文3日办结制，确保公文运转规范、高效。全年共印发文件1172件，收文并处理文件2395件，上报文件差错率为0。机要保密工作规范有序，全年无任何失泄密事件发生。

【督察工作】 对市县政府工作报告、政府常务会、乡镇务实会、县长办公会、周例会议定事项的落实情况，学先进、同城行动活动的开展情况以及重点项目、招商引资项目、集中开工项目进行一月一督察；对重点工作进展情况实行周、月、季通报。办结省人大代表建议1件、市人大代表1件、市政协提案5件、县党代表提案1件，45件县人大代表建议按规定时限办理完毕，办理率、满意率100%，办结率64.4%；104件政协提案办理完毕，办理率、满意率100%，办结率71.2%。督察工作获市政府办公室系统评比先进。

【信息调研】 上报各类信息700余条，被市政府办采用、转报96条，完成市下达目标任务的451%；被省政府办采用信息13条（其中

《国办要情》3条），得分排名全省第二、全市第一。撰写调研报告24篇，其中《彭山县强力推进闲置低效土地处置》等7篇获书记或市长肯定性批示。调研工作获市政府办公室系统评比先进。

【民生工程】　牵头组织实施省、市、县十项民生工程工作，189个民生工程全面或超额完成年度目标任务。彭山县获全市民生工程工作先进集体，县政府办（县民生办）获县委、县政府民生工程先进集体称号。

【法制工作】　全年审查108件政府性投资合同、3件规范性文件，提出修改建议意见1000余条。依法受理行政复议案件1件，指导各行政机关调解纠纷1197件。清理出新增和保留行政审批项目149项，取消行政审批项目11项，转为服务事项行政审批项目18项，暂停行政审批项目4项。指导全县各行政机关开展行政权力清理工作。行风、政风、软环境测评全县第一。法制工作获市法制工作评比先进称号。

【应急和防震减灾工作】　坚持24小时应急值班值守制度；认真做好"4·20"芦山地震应急救援、灾情统计上报和灾后重建工作；2013年创建防震减灾科普示范点省级1个，市级4个；开展应急防震减灾培训和演练各1次。

【信访工作】　2013年，受理群众来信、来访、来电929件，息诉息访率达96%以上，群众满意率达98%以上。其中，人民网网民留言35件，办结回复35件，办结率100%；省长信箱39件，办结38件，办结率97.44%；市级转办件10件，办结9件，办结率90%；受理市长公开电话315件，办结315件，办结率100%。

【直接联系服务群众】　2013年，联系观音镇及观音镇果园村，帮扶观音镇梓桐村困难户32户，送去慰问物资和慰问金价值2.9万元，办实事、解决问题85件（个），困难户人均纯收入增幅高于全县平均数5个百分点。帮扶观音镇果园村计划生育"三结合"5户。直接联系服务群众工作代表全县接受省市验收。

【行政后勤管理】　坚持"热情、周到、细心、高效、廉洁"的服务保障原则，进一步规范后勤保障工作程序，建立健全后勤岗位制度，加大办公区、宿舍区卫生、门卫监管力度。厉行节约，规范政府公车使用及车辆出入停放管理。行政后勤管理工作获市政府办公室系统评比先进。

（袁　洪）

电子政务工作

【概况】　2013年，彭山县电子政务工作始终坚持正确的舆论导向，坚持宣传彭山、服务彭山、提升彭山形象为宗旨，秉承"宣传大政方针，聚焦经济民生，传承寿孝文化"的办报理念，认真办好《彭山》报周二刊，按时出版96期；上级媒体用稿180篇；报刊差错率严格控制在万分之三以内，没有出现政治性、导向性错误。

【领导批示】　2013年3月31日、4月1日，彭山县电子政务的记者温选鹏所写的《四川彭山几十万斤萝卜滞销　恐变"花心大萝卜"》和后续报道《四川彭山多方给力"花心大萝卜"找到"婆家"了》两篇报道在《眉山日报》刊登，引起市委书记李静的高度关注，并两次作出重要批示，充分肯定彭山县委、政府为解决业主困难作出的努力。县委书记蔡刚、县长梁磊分别在报纸上寄语报社同志："此事做得好！宣传工作及时捕捉热点与群众经济工作重点相一致，值得肯定与表扬。"10月16日，彭山县电子政务记者温选鹏所写的《彭山县取消了11项行政审批项目》在《眉山日报》刊登后，再次引起县委书记关注，并作出批示："新闻报道内容具体，这才是好宣传。”中国·彭山政府网运行正常，点击量与日俱增，访问量、站点信息量双双名列全市区县政府网站第一。

【宣传工作】 2013年，外宣稿件在质和量上创历史新高，全年本报记者共有180篇新闻稿件在市级以上媒体刊登，超额完成全年目标任务。其中《四川彭山几十万斤萝卜滞销 恐变“花心大萝卜”》被人民网、中新网等采用；四川日报用稿6篇，其中《眉山梦想卡征集社情民意11万个“梦想”开启幸福之门》《联合利华在华第三个全球生产基地眉山开建》被《四川日报》头版采用；《四川农村日报》用稿26篇，其中《中国梦彭山提出具体奋斗目标》被《四川农村日报》头版采用，《彭山六举措奋力冲刺年终目标》等3篇文章被《四川经济日报》采用，《眉山日报》头版头条采用5篇，《眉山日报》一版采用文章20余篇。

【策划工作】 严格执行“三审三校”制度，报刊差错率严格控制在万分之三以内，报刊质量始终名列全市前列。对每期报纸的标题进行精心打磨，力求鲜活、生动、新颖，增强报纸可读性。做好每期《彭山》报的发行工作，及时将彭山报送到市级领导手中，增强彭山报的影响力。

【网站工作】 2013年，抓好中国·彭山网的维护和更新工作，网站运行正常。截至2013年12月31日，访问量1434578次、站点信息量13788条，名列全市区县网站第一。新开设“宜居彭山”“彭山党员教育”两个一级栏目；更新“网上办事”“重点信息公开”“网上调查”“在线访谈”等栏目；新开专题“中国梦”“七大战区”“彭山县2013十项民生工程”。围绕县委、县政府的中心工作对栏目内容进行及时更新，每天及时向市上报送信息，全年共上报567条信息，被采用308条。彭山县行政权力公开运行平台建设工作按照市上的进度，招投标工作已圆满完成，平台建设已完成，正在进行数据录入工作。

【队伍建设】 始终坚持每周一次的评报会、编前会、学习会。通过“三会”认真开展业务培训，提升队伍职业技能，明确宣传报道重点，确保每期报纸紧扣中心，导向正确，贴近群众，排版美观，具有较强的可读性。通过读报、外出采风、岗位竞赛、培训基层通讯员活动，提升队伍的水平，增添队伍活力，全面完成队伍建设和培训任务。

（周 静）

政务服务

【大事记】 12月16日，县委常委、县政府常务副县长钟建成主持召开全县政务服务工作会。

10月9日，张萍任政务服务中心主任。

10月15日，张萍任政务服务中心支部书记。

图为全县政务服务工作会场景

【项目清理】 2013年，按照“两集中、两到位”的工作要求，对行政审批项目进行两次清理，由2012年的171项减少到2013年9月的158项，11月又再次清理减少到149项。

【窗口设置】 2013年，设置单设窗口23个，综合窗口16个，撤销窗口8个。全县有行政审批的39个单位全部进入中心集中办公，各窗口做到“一个窗口”“一章一费制”，紧紧地围绕提高办事效率和服务质量，热情服务，优质服务，限时办结、三日办结、特事特办，实现“零超时”。

【标准化建设】 政务服务中心标准化建设进一步完善，基本达到行政审批标准化、办事制度标准化、政务服务标准化、政务服务中心场地标准化、政务服务中心设施标准化五个标准化建设要求。在服务中心服务大厅楼顶升立国旗，并在服务中心门前悬挂国徽，白底红字标明“政务服务中心”。在门前彭祖大道设置统一的“96196”政务服务公告牌、交通指示牌，为办事群众指明办事地点和咨询电话。在大门口悬挂“96960”政务服务投诉电话，有效地推进社会各界对政务服务的监督。在政务服务中心底楼右侧设置政务公示栏，对各入驻单位工作人员基本情况、照片等分别进行公示，对各窗口吊牌按省级要求重新挂牌，对窗口工作人员的工作牌也按省市要求重新制作。对大厅内部进行改造和维修，对窗口布局进行调整，增设大厅休息坐凳，安装饮水机，电视机等基础设施为办事群众提供温馨服务。

【便民服务中心】 全县13个乡镇便民服务中心严格执行首问负责、一次告知、限时办结、全程承办、延时服务、预约服务、月报月通报、职位代理、内务管理9项制度。868个村（社区）、组便民服务站（点）严格坚持工作值班制，确保群众办事能找到人、办成事、办好事。各乡镇便民服务中心坚持每个工作日如实填写群众办件登记簿，在当月最后一个工作日内向县政务服务中心报送每月运行表，县政务服务中心及时通报全县便民服务中心运行情况。2013年，全县13个乡镇便民服务中心办理群众服务事项16余万件，接受群众咨询15万余人次，村组代办服务17万余人次，群众满意率达99%。

【惠民帮扶】 以惠民、便民为工作目标要求，认真做好“架心桥解民忧，送温暖献爱心”，在帮扶服务上讲求效果，切实把各项惠民帮扶工作抓紧、抓实、抓出成效。积极拓展惠民帮扶内容，努力为困难职工排忧解难；努力拓宽资金来源渠道，采取多渠道、多形式筹措帮扶资金；健全帮扶活动方式手段，推进帮扶活动规范化、长效化、社会化；继续巩固完善惠民帮扶网络建设；及时上报数据报表。

【电子政务大厅建设】 结合彭山县实际合理配置电子政务大厅运行的硬件与软件并建立电子政务大厅内容维护管理机制。落实电子政务大厅建设专项资金，并按要求采购了相关硬件设备和配套软件。确定每个窗口单位的在线咨询值守人员，保证工作时间上线值守在线咨询。确定每个单位网上预审责任人，确保无预审超时件。确定“意见建议”“通知公告”“网上投诉”等各栏目的管理责任人，制定相关管理制度，确保公告、法律法规等信息更新及时，意见建议、投诉等信息及时处理。

【“五星级”创建】 2013年，县政府制发《彭山县人民政府人民政府关于创建“五星级”政务服务体系和成立“三中心”的实施意见》（彭府发〔2013〕14号）。结合彭山实际拟定《彭山县政务服务中心创建“三星级”政务服务中心实施意见》，细化创建创建设标准，力争在3至5年内，将县政务服务中心和政务服务中心窗口创建为“五星级”政务服务中心和“五星级”窗口。

【创新服务】 开展节假日预约服务，确保全年365天服务到位，方便群众办事，开展企业服务队服务活动。企业服务队每月下企业一次，及时解决企业运转存在的问题和困难。开展党员示范岗活动，党员带头每天早到10分钟、迟走5分钟活动，延长服务时间，保质保量为群众、企业提供好服务。各乡镇便民服务中心结合群众路线活动和创新社会管理活动，打造亮点，更快更好地服务于群众。

（周建平）

人力资源和社会保障工作

【大事记】 2013年4月，组织用人单位首次深入川内5所高校举办高层次和紧缺人才现场招聘会，为彭山县用人单位引进研究生和紧缺专业技术人才16名。

3月中旬至6月中旬，社保局组织工作人员深入13个乡镇开展2013年养老金领取人员验证工作，共验证2.8万人。方便老弱病残等行动不便的群众，首次停发未验证人员工资，杜绝死亡骗保现象的发生。

5月底，彭山县人力资源和社会保障局在青龙开发区建立服务天府新区就业服务工作站，配备专职工作人员2名，作为联系企业和求职者的“前哨站”。

8月，为彭山县人民医院、彭山县中医医院、彭山县机关幼儿园、锦江学院建立高校毕业生见习基地授牌，其中在锦江学院举办大学生创业知识专题培训班和毕业生校园双选会，为多宗企业招聘到满意的人才，实现校、地互动，受到企业和高校的好评。

1月至12月，彭山县人力资源和社会保障局开展城镇居民人均可支配收入增速调查，城镇居民可支配收入实现21358元，同比增长11.3%，增速年终考核全市第一。

【人才工作】 稳妥开展事业单位用人招聘工作。2013年，为彭山县50余个事业单位招聘工作人员92名；完成2013年上半年彭山县紧缺人才和高层次人才的考核招聘工作，为彭山县引进高层次和紧缺专业技术人才16名，并为下半年考核招聘24名卫生类专业技术高层次和紧缺人才做好前期工作。完成大学生村官面试聘用和日常管理工作。全年新招聘30名村官，为16名大学生村官完成续聘手续，为15名离岗的大学生村官办理合同解聘手续，全县村官人数达到65人。

【职称管理】 2013年共审批初级职务任职资格380余人，推荐晋升中级职称150人、高级60人；完成全县教育系统《专业技术人员创新能力》继续教育培训工作，全年共培训专业技术人员2000余人。

【人才储备】 接收毕业生档案累计3741份，人事代理、企事业单位人员辞职档案代管共计1320人；全年共完成大中专毕业生报到538人，向企事业单位推荐大学生就业187人。

【公务员管理】 完成全县2012年度政府系统公务员（参公人员）1096人年度考核工作，新招录公务员（参公人员）20人，完成2012年25名新录用公务员（参公人员）一年试用期满考核合格后转正定级和公务员（参公人员）登记手续，推荐2名公务员参加全市记二等功公务员评选表彰。

【工资福利与退休】 工资福利及收入分配制度改革稳步进行。为全县4808名机关事业单位工作人员进行正常晋升，为调入、转正定级、退休及丧葬、抚恤费和遗属生活困难补助人员按程序进行审批。

【就业创业】 全年实现城镇新增就业5309人，下岗失业人员实现再就业1128人，帮助就业困难对象实现再就业563人，新增开发公益性岗位安置就业困难人员610人，全县城镇登记失业率控制在3.96%以内。全年共计发放各项补贴1034万元，其中：公益性岗位补贴259.94万元，社保补贴548.23万元，培训补贴172.97万元，职业介绍补贴28.91万元，就业见习补贴12.9万元，扶持公共就业服务8.1万元，其他支出2.95万元。2013年，办理小额担保贷款1686万元，完成市下达目标任务1500万元的112.4%。全年共培训被征地农民2339人，完成农村劳动力技能培训1251人，合格率达90%以上，转移就业率达80%以上；完成创业培训732人，创业成功447人，合格率达80%以上，创业成功率达50%以上。全年“零就业”家庭实现动态为零。切实做好“四种模式”转变推进工作。转变为城镇居民实现“有就业，有保障”1.7万人，转变为产业工人实现“有技能，有岗位”1.56万人。

【人力资源市场管理】　扎实开展“春风行动”“民营企业招聘周”等专项服务活动，全年举办大型招聘会3场，专场招聘会13场，先后组织118家企业，提供上万就业岗位，为企业招聘员工5000余人。同时，组织到6个乡镇开展服务群众“送岗位”巡回下乡活动，组织市内30余家企业到锦江学院参加招聘会和“双选会”。

【社会保障】　城乡居民社会养老保险覆盖人数达14.91万人（其中退保人数4450人），参保缴费人数10.28万人，收缴保费1752.82万元；累计发放养老金40.72万人次，支付城乡居民养老金2288.92万余元。企业职工基本养老保险共参保人数7.56万人，共收取养老保险费4.07亿元，共支出养老保险基金3.81亿元；工伤保险参保人数1.8万人，共收取工伤保险费660.21万元，工伤保险赔偿及各项费用共支出345.46万元；生育保险参保人数1.57万人，共收取生育保险费244.2万元，支出生育保险各种费用84.18万元。为全县2.9万名企业退休人员调整养老金，人均每月增长150元，共补发调资养老金1732万元。为全县3.38万名离退休人员按时足额发放养老金，社会化发放率保持在100%，确保离退休人员老有所养。全年城镇职工基本医疗保险共有参保单位336个，总参保人数2.37万人，征收基金5890万元，支出基金3852万元，累计结余基金8924万元。城镇居民医疗保险参保4.19万人，共征缴基金缴纳1533万元（其中：1220万元为各级财政补贴），支出1349万元，累计结余基金1709万元。全年实现彭山县失业保险基金征缴673.48万元，参保人员1.21万人，新增扩面1010人。失业保险稽核面达参保职工人数30%以上；失业保险稽核资金到帐率达80%以上；失业保险基金无违纪违规、挤占挪用发生。失业动态监测企业10户。

【社会保险基金】　2013年，彭山县社会保险基金收入7.3亿元，支出6.6亿元。截至12月底，累计结余6.72亿元，其中城镇企业职工基本养老保险基金累计结余4.81亿元，机关事业单位养老保险基金累计结余695万元，城乡居民社会养老保险累计结余6217万元，工伤保险基金累计结余380万元，生育保险基金累计结余396万元，失业保险基金累计结余736万元，城镇职工基本医疗保险基金累计结余8924万元，城镇居民基本医疗保险基金累计结余1709万元，彭山县社会保险基金做到收支平衡、略有结余。

【劳务输出】　全年转移输出农村劳动力8.99万人，其中省内6.57万人、省外2.42万人，实现劳务收入8.7亿元。加强农民工技能培训。完成企业在岗培训1200人，完成市下达目标任务109%；开展农劳品牌培训420人，完成市下达目标任务的100%。

【军转干工作】　认真落实企业军转干解困维稳工作责任制，做好企业军转干部的思想政治工作，及时足额兑现各项解困补助，做到了“零到省”“零进京”。

【劳动保障执法监督】　全年主动监察企业101户，涉及劳动者人数2.08万余人，补签劳动合同4100余人；处理投诉案件33起，涉及劳动者人数2800余人，为农民工追回被拖欠的工资等共计902万余元；受理行政调解、劳动争议调解仲裁案件321起，涉及人数533人，涉及金额1694万元。

【向上争取资金工作】　2013年，彭山县人力资源和社会保障局共向上争取项目资金4520.1万元，其中，医疗保险补助资金1114.03万元，城乡居民社会养老保险资金2397.07万元，就业专项资金1009万元，超额完成县委、县政府下达的“向上争取项目资金确保3800万元、力争4100万元”的目标。

【党建工作】 2013年，制订下发《2013年党委中心组理论学习计划》，做到部门每周、全局每月集中学习一次。为解决机关内部各处室之间业务不相往来，专业互不了解的状况，实行班子成员轮流为机关干部上台讲课来进行培训。深入学习贯彻中共十八大、十八届三中全会和习近平重要讲话精神，坚持“三会一课”制度，全年开展党组织生活学习会12次。抓好党员干部作风建设，建立健全干部作风考核评价机制，把作风建设纳入干部考核、选拔、教育全过程。抓作风、树形象，深入开展群众路线教育实践活动。认真开展“三分类三升级三挂钩”活动。2013年以来，局党委被县直机关工委评为先进党委，就业局党支部、医保局党支部被评为先进党支部，7人被评为优秀共产党员，1人被评为优秀党务工作者。深入开展“实现伟大中国梦，建设富裕美好和谐彭山”主题教育活动。是年5月，根据县委主题教育活动安排，开展形式多样的“中国梦”教育活动。局党委获“学习十八大、践行中国梦”知识竞赛活动三等奖，有1名党员被评为先进个人，将“中国梦”学习材料编印成册下发的做法受到县“中国梦”主题教育活动办公室的肯定。

【联系群众工作】 深入开展群众路线教育实践先行先改活动。活动开展以来，局机关党员干部深入谢家镇毛河村，在联系户以及服务对象中开展大走访，发放调查问卷表，同时邀请个体工商户、县内企业、定点医院、退休老干部、乡镇劳保所所长等20名代表召开群众路线教育实践活动党员干部座谈会，认真倾听各方代表意见，充分查找人社工作中存在的不足，切实找准问题，认真落实整改。认真开展“三定两保证、党群一条心”活动，联系群众服务群众不走过场。2013年，局党委共有31人参与直接联系服务群众活动，联系帮扶户36户，其中主要帮扶户13户，联系企业1个，与联系户、企业签订《服务承诺书》，向联系户发联系卡，送帮扶资金及农作物资共计8万元。在谢家镇毛河村建立计生三结合基地，为5户计生帮扶户和10户帮带户送去资助帮扶资金4500元。

【党风廉政建设】 重预防、强监管，筑牢拒腐防线。严格落实分工责任制。落实一岗双责，明确一把手负总责、分管领导各负其责的原则，坚持“四个亲自”要求，做到对反腐倡廉重要工作亲自部署、重大问题亲自过问、重点环节亲自协调、重要案件亲自督办。认真学习中央“八项规定”、省委省政府“十项规定”和市委“六个坚持”，并印发给全局职工进行集中学习，在公告栏上张贴；进一步完善《县人力资源和社会保障局内控及内部管理制度》，严格实行首问咨询制、限时办结制、请销假制度、责任追究制度等，将职工平时上班情况纳入年终考核，切实转变工作作风。严格把关，确保社保资金安全运行。认真执行廉政准则，在财务支出方面，认真落实“收支两条线”规定；在社保基金和就业专项基金管理上，牢固树立高压线意识，严格执行各项规定。2013年9月，经县政府批准同意，成立由县关工委常务副主任谢先琴为主任的彭山县社会保险监督委员会，对全县社会保险政策执行和基金管理使用情况进行监督检查。

【工作成绩】 企业军转干维稳工作实现“零上访”，做到全市第一。全年受理行政调解、劳动争议调解仲裁案件321起，受理案件数量仅次于仁寿，办结率100%，位居全市第一。城镇居民人均可支配收入增速年终考核全市第一。实行医保信息透明化，做到一年一次以信件方式将1.79万名参保人个人账户消费信息送达本人；全年完成社会保障卡制作19.5万张，率先在全市发放城乡居民社会养老保险社会保障卡 14.1 万余张。2013 年，彭山县人力资源和社会保障局与县信用联社协商达成协议，在全县 108 个村（社区）设立 160 余处助农取款服务点，实现 14.5 万参保群众续保缴费和领取待遇“不出村”。到老干局进行上门报账服务，全年共开展 6 次为离休老干部报销医药费 107 万元。彭山县社会保险基金安全运行，做到在全市唯有彭山社保基金实现收支平衡、略有结余。截至 12 月，社保基金收入 7.3 亿元，支出 6.6 亿元，当期结余 7052 万元，累计结余 6.72 亿元。

【信息宣传】 全年共编发《人力资源和社会保障工作简报》50 期，县级部门采用 24 期，市局采用 32 期。发布人力资源和社会保障信息、调研信息 80 条，其中，被省级媒体采用 34 条，被眉山日报采用 5 条，被彭山报采用 27 条。

（刘志林）

外事、侨务、台湾工作

【概况】 2013 年，彭山县外事、侨务、台湾工作以推进对外交流合作为主线，以外事侨务资源优化、涵养、共享为核心，以服务创新和制度创新为动力，以提升服务全县经济社会发展为宗旨，巩固基础，扬优借势，加强宣传，强化领导，认真履职，为促进富裕和谐彭山建设作出应有的贡献。

【外事接待工作】 深化外事管理，大力开展对外交流合作。按照市外事办的统一安排，及时、规范报送彭山县 2013 年因公出国（境）计划以及 5 位领导因公出访的个人资料。积极争取有关部门配合，及时取得联合利华总部的邀请函，为市、县领导招商洽谈的顺利出行提供保证。2013 年，彭山县因公出国（境）无违规违纪事件发生。做好来彭山县参观、考察、投资、探亲的外宾、侨胞、台商的接待、宣传、服务工作。共接待台资企业昌宏公司的台商以及回彭探亲台胞、华侨 90 人次，均满意而归。2013 年 4 月，接四川大学锦江学院报告，会同公安局国保大队和黄丰镇人民政府，安排美国洛厄尔・惠特曼学校学生一行 12 人前往黄丰镇橘花节参观访问活动，顺利完成组织美国学生参观访问工作。2013 年 3 月，积极争取省友协中日绿化造林工程项目在谢家建成。向省上申报谢家镇邓庙村绿化造林工程项目，省友协分管领导和部长到彭山考察，确定该绿化造林工程项目在谢家镇落成。按照工作要求，结合实际，按照管理与服务相结合的原则做好公开管理、依法依规管理，并做好突发事件的应急预案。2013 年，彭山县无境外非政府组织在县境内活动。

【招商引资】 积极利用各种资源牵线搭桥，争取有意向到彭山县投资的外商、华商和台商洽谈的机会。积极发函与南京金桐公司联系，安排与台湾工业总会理事长陈武雄见面事宜，争取四川金桐三期工程落户彭山。积极组织参加 2013 年在成都举办的华商大会、西博会、海外高科技暨高端人才洽谈会，广泛收集参会人员和项目投资信息资料，会同招商局准备好项目推介资料，为彭山县参会的部门和领导做好相关参会工作。协助侨台资企业做大做强。2013 年，眉山昌宏农业生物科技有限公司投资近 3000 万元的二期工程项目厂房已建成投产；四川大成农牧科技有限公司投资 2500 万元的二期工程项目已建成投产；金桐化工有限公司三期工程投资正在与有关部门洽谈当中。

【援助资金管理】 积极争取外侨台援助项目，做好援助资金的管理。做好援建资金的管理：经市审计局审计报告确认，青龙镇初级中学灾后重建项目总投资为 1455.66 余万元，资金已全部到位。做好慈善资金的管理：彭山县由台湾“中航伟联集团”扶助的贫困学生 10 人，每人 500 元，共计 5000 元；由马来西亚《星洲日报》捐赠的贫困学生 14 人，每人 700 元，共计 9800

元，全部资金均及时发到每个学生手中。由香港慈善机构资助的4名孤儿，其中3名于2013年下半年升入大学，并通过上级对外积极申请，与海外慈善机构取得继续资助对接，已上报申请资料。做好援助项目的申请：申请海外欣欣教育基金会设施改善项目（每个项目1000—5000元美元资助），上报4所学校资料；已申请新加坡让爱川流不息四川公益项目，上报观音小学学生助学金、教师培训金和图书室项目资料以及保胜乡连桥村乡村健身场项目资料。

【侨务、台务工作】 依法护侨，不断加大侨务工作力度。认真宣传贯彻“两法两规”，积极参加全县“法制宣传月”“综治宣传月”等活动，全年组织侨联开展联谊活动4次。在凤鸣镇城东社区专门设立“侨法宣传角”，并依法保护归侨侨眷、台胞台属、侨台资企业的合法权益。成都新都区台胞通过市台办联系在彭山县青龙开发区投资与其他企业发生纠纷一事以及其他归侨侨眷、台胞台属反映问题等，彭山县外事、侨务、台湾工作办公室都及时予以协调，竭力协助解决，按期办结率达95%以上。

【服务工作】 做好服务，积极主动为企业排忧解难。开展经常性的企业调研活动。通过与县国土局、观音镇等有关部门和乡镇的多次沟通协调，积极协助台资企业——眉山昌宏农业生物科技有限公司办理“土地使用证”，并为企业协调土地使用税征收问题等，为企业营造良好的生产经营环境，彭山县外事、侨务、台湾工作办公室服务质量得到企业赞许。

【内部建设】 坚持主动作为，做好各项日常基础工作。积极主动作为，按照市上要求，及时上报工作要点、总结以及工作动态信息7篇，及时签收各类文件、材料，及时完成县委、政府和市外侨台办交办的一切工作任务，全年零差错。按照“一票否决”“一岗双责”要求，全面落实党风廉政建设、维护稳定等工作任务。结合“实现伟大中国梦、建设富裕美好和谐彭山”主题教育活动以及“直接联系服务群众”工作，把关注点和落脚点放在基层和群众，彭山县外事、侨务、台湾工作办公室全体机关干部先后6次到保胜乡胜利村及两户帮扶户家中走访慰问。帮助联系村理清发展思路，摸清并着力解决制约胜利村发展的各项突出问题，积极向周边发达富裕乡镇学习，做到学为所用。组织保胜乡胜利村两委干部到黄丰镇丰华村参观村级阵地建设、特色产业发展项目，帮助制定胜利村五年规划。

（雷春华）

招商引资

【概况】 2013年，彭山县新签约项目15个，签约金额105.5亿元。10亿元以上项目5个，占签约项目总数的33.33%，其中世界500强企业1家，中国上市公司百强企业1家，高新技术龙头企业1家。投资5亿元至10亿元项目2个，其余均为亿元以上项目。全县招商引资到位资金实现124.19亿元，全面完成市下118亿元目标任务。省外到位资金实现83.18亿元，全面完成市下82亿元目标任务101.6%。

【重大招商活动】 2013年，完成省、市重大招商活动“央企入眉”签约项目4个，合同金额37亿元，全市排名第二；完成“民企入川”“央企入川”“港澳企业入川”三大活动，成功对接世界五百强企业华润集团旗下华润万家有限公司；“眉山市重大招商项目签约仪式”：签约重大招商项目3个，签约金额44亿元；“第十四届西博会”：签约重大招商项目2个，签约金额32亿元。

【招大引强】 2013年，县委、县政府高度重视招商引资工作，书记、县长亲自“冲锋上阵”，重要招商活动亲自参加，重要客商亲自接见，重点项目亲自跟踪，强力助推大项目、优质项目花落彭山。宁慢不乱，宁缺毋滥，重点招商。将目标锁定“515”类企业（世界500强、国内100强、行业50强），全方位、多渠道收集企业投资发展信息。力争通过“招大引强”，强化彭山招商引资格局，提升彭山招商引资质量，树立彭山招商引资形象。解放思想，打破传统，圈定高管。创造性地选聘曾任世界500强企业高管为彭山县驻上海招商分局局长，充分应用和吸收作为世界500强企业高层管理人员所汇聚的企业信息、人脉资源，重点负责向世界500强企业推荐彭山，收到良好成效，有力提升彭山知名度。

【项目管理】 县委、县政府出台《关于分解县级领导联系工业重点项目服务的通知》，实行项目化管理，每个已签约重点项目确定1—2名县级领导全权负责，随时掌握项目动态，书记、县长负总责，及时协调解决实际问题，确保项目快速推进。

【搭建平台】 搭建“省、市、县直通车”，深化与省、市投资促进局及各驻外经合局的合作和交流。突出重点招商、产业延伸招商、重点客商招商，围绕世界500强企业举办系列专题招商活动，以联合利华、华润、苏宁、团结激光等重特大项目为载体，从世界500强、国内100强、行业50强企业中筛选出与彭山县资源条件相匹配的重点客商名单，进行长期跟踪和及时拜访。

【“一条龙”服务】 继续实行项目落户“一条龙”服务制，招商引资项目一经签约，项目业主只负责项目建设，所有行政审批和服务一律由彭山县相关部门承担办理。

【工作亮点】 新引进由世界500强华润（集团）投资建设西南华润万家物流项目入驻彭山经济开发区，项目占地17.33公顷，规划总建设规模5万平方米。项目建成后，是服务于快速消费品及其他普通货物的物流配送中心，也是国内少有的、可同时服务于连锁零售企业及其供应链上游企业客户群的消费品公共物流配送中心。新引进苏宁集团西南地区电子商务运营中心项目落户彭山，项目投资约22亿元，规划建成一个集电子商务、采购结算、数据中心、物流配送、售后服务等功能为一体的综合性地区管理总部。

（杨文娴）

旅游工作

【概况】 2013年，彭山县第三产业增加值增速实现12%，全市排位第三名。旅游总收入实现21.8亿元，接待旅游人数达283.57万人次。市三产重点项目完成投入26.8亿元。旅游重点项目投入17.5亿元。实现农民转变为三产经营者和从业者6300人。固定资产投资完成5.3亿元。

【项目招商引资】 2013年，李密故里文化旅游综合开发项目成功签约。依托项目，成功取得成雅高速公路开口批复，基本完成高速开口的规划设计，评审通过后即可全面启动项目建设。千亩滨江湿地体育公园成功招商，两年内将累计投入3000万元打造一张崭新的城市新名片；并以此为基础，紧邻项目配套建设一座国际乡村度假酒店。田园锦江项目已与投资企业达成初步合作意向，成立项目前期工作组，指导业主进行项目概念性总规划编制。柏杨湖旅游综合开发项目已与相关开发企业达成初步投资意向，正协议磋商中。

【发展规划】 2013年，彭山县重点以乡村旅游发展规划为引导，按照重大项目对接、园区产业对接、交通基础对接和景区景点对接四种模式，打造乡村旅游新亮点，提升影响，吸引人气，促进消费，着力促进农民向三产经营者和从业者转变。重点规划打造江口镇将军湖、将军湖至仙女湖、将军湖至黄丰橘颂园三条自驾游和山地自行车旅游环线。新创建“以游为主统筹城乡”工作示范点 4 个（彭祖山项目武阳郡安置区、恒大复地项目莲花村安置区、观音葡萄园和黄丰橘园），创建乡村旅游示范镇 2 个（江口镇、黄丰镇），乡村旅游示范村 2 个（黄丰团结村、观音果园村），新建成高标准特色农家乐 2 家（彭溪镇新村生态园、江口镇孔雀山庄），新增二星级农家乐 4 家（锦江乡寿星谷、武阳镇富利香农庄、锦江乡天府奇石苑、武阳乡田园雅居）；新增三星级农家乐 2 家（江口镇存银湾，武阳镇龙祥山庄）。

【宣传营销】 2013 年，新编印《2013 旅游项目简介》和《秋收冬藏乡趣彭山》旅游指南，并积极运用眉山旅游专场营销活动和重庆城际旅交会等平台加强产品投放。在不断完善旅游官网的同时，开通彭山旅游官方微博，构建《彭山旅游手机报》平台，通过手机彩信平台，实时播报旅游信息，宣传长寿文化，信息覆盖 1200 余户。是年，深度挖掘彭山旅游文化元素，系统整合彭山地域特色文化资源，抓好旅游产品开发，指导开发“武阳古陶”“彭祖养心杯”等系列旅游产品。加强旅游营销，深入开展“同城行动”，积极参加省市组织的各种宣传营销推广活动。突出品牌，市场运作，指导社会组织和行业协会搞活各类会节，实现全民城市品牌营销。

【旅游节庆活动】 2013 年，按照“以节促游，以游促销，以销促投”的工作思路，创新理念模式，先后指导行业协会和商家企业举办“三月三朝山暨非物质文化遗产节”“第四届黄丰橘花节”“第四届观音葡萄节”“2013 首届生态农产品采摘节”“天宫山庙会”“龙安庙会”“彭山首届太极文化周”等民俗文化和乡村旅游会节，举办被子节、家居建材节、养生美食会、精品房产推介会等大型商业节庆活动 50 余场次。节庆活动内容丰富，形式多样，促进彭山对外形象宣传，有力推动旅游业的发展。特别是“三月三朝山暨非物质文化遗产节”和“黄丰橘花节”的举办，丰富了乡村旅游的内容，充分挖掘了新的旅游元素，加快成南旅游环线、眉山“金三角”旅游环线的形成。

【三产行业】 2013 年，餐饮住宿和批零企业顺应市场需求，快速调整战略，市场逐步回复活跃态势；物流业进一步快速发展，世界 500 强企业联合利华以及海尔物流及电商中心强力进驻，新签约苏宁电子西南物流基地和华润万家物流项目，青龙国际物流中心项建设加快；全县各类商品促销活动丰富多彩，居民消费需求持续旺盛；全县房地产业围绕全域城镇化，科学编制城市规划和产业规划，加快城市基础设施和商业配套建设，在建城市建设项目全面顺利推进。“房产万里行”养生养老房产营销成效明显，商品房销售面积全市第一。交通运输和通信业稳步增长，全市排位持续向好。金融运行持续稳健，存贷比进一步优化，商业银行金融活跃。教育、卫生和其他服务业健康有序发展。

【存在问题】 个别重点项目建设滞后，景区配套设施和景点建设落后，景区资源利用不足，接待能力较弱。竣工投产项目少，产业支撑不明显。特色旅游商品开发成效不明显。彭山县旅游节庆活动主要是通过商业运作，在办节规模上还难以突破。中小三产企业融资困难，升级上档的资金压力较大。三产发展的政策和要素保障不足，特别是土地要素的保障已经成为掣肘三产快速发展的瓶颈。

（胡凤翔）

彭祖山风景区工作

【概况】 彭祖山旅游综合开发项目是 2013 年省政府确定的全省 20 项重大民生和社会事业项目之一，是全县第三产业的一号工程。通过与投资方的鼎力配合和共同努力，坚持“以游为主、统筹城乡”为主题，全年完成固定资产投资 3.6 亿元。

【规划编制】 2013年，完成《中国彭祖国际健康养生文化城概念性规划》评审论证，通过《彭祖山风景名胜区总规修编（大纲）》及《龚家堰水库扩容对彭祖山风景名胜区影响评价》省级专家论证评审；完成《中国彭祖国际健康养生文化城概念性规划》《江口镇总体规划（修编）》《武阳乡总体规划（修编）》《彭祖山风景名胜区总规（修编）》，均按法定程序通过县规委会、市规委会、省住建厅的评审，并报省政府批准，为项目高起点、高标准建设奠定了坚实的基础。

【土地报批】 高效率落实项目土地报批工作。截至2013年12月底，已供项目用地29.33公顷，武阳郡·田园新村安置用地6.67公顷，江口长寿村旅游小镇安置用地6.87公顷；完成武阳片区17.33公顷河滩地确权，7.13公顷配套用地调规正在进行，组建上报江口景区北侧安置用地新增13.33公顷；武阳乡29.33公顷中的6公顷和温泉酒店用地6.11公顷已经省国土资源厅批准。

【一路一谷“两区”建设】 高质量完成“一路一谷两区”建设：彩虹桥至核心景区旅游通道红线范围内和20.67公顷道路配套用地的数据已全部锁定，工程勘察施工设计图编制和评审已完成，现已封道施工；彭祖山隧道已启动工程建设。“彭祖长寿温泉谷”的摸底调查和数据核实锁定及资料已移交彭祖文旅公司。酒店投资协议已签，温泉酒店用地6.11公顷获省政府批准。温泉谷界址已基本确定，待剑南春公司股改完成后启动建设。按照“产城一体、景城一体、文城一体、商住分离”的理念推进安置区建设，安置区建成之日，既是居民的新家，也是一个新的观光景点。武阳郡·田园新村：已开工体量约为7.1万平方米的一期项目建设，16栋安置房和14栋商业区工程已竣工，武阳乡已启动分房方案。长寿村旅游小镇：已完成施工图勘察设计、咨询审查、施工图预算工作，进入财政评审阶段，启动建设业主招投标工作。

【拆迁工作】 2013年，武阳片区、江口片区共签订征地拆迁协议336户，拆除329户。彭祖养生温泉度假酒店361.48亩24.09公顷用地范围征地拆迁的各项工作已全部就绪，待彭祖文旅公司内部股改完成后启动建设。

（宋艳秀）

安全生产监督管理

【概况】 2013年，彭山县共发生生产安全事故9起，死亡9人（生产经营性事故死亡2人，占市政府下达6人的33.33%），经济损失23.14万元，受伤12人，与2012年同期相比分别下降40%、25%、44.79%和上升50%，四项主要控制指标（事故件数、死亡人数、受伤人数、经济损失）呈现“三降一升”的良好趋势。

【安全保障】 加强领导，强化措施。在2013年年初全县“三会”（彭山县第十三届代表大会第三次会议、彭山县政协第九届委员会第三次会议、彭山县第十七届人民代表大会）上，安排部署经济工作的同时，一并安排部署安全生产工作。县委坚持每半年听取安全生产工作汇报，研究、解决安全生产重大问题；县政府坚持每季度第一个工作日召开全县安全生产工作会，负有安全监管领导职责的县级干部全部参会，县长亲自安排部署安全生产工作。县委、县政府强化安全生产保障，2013年，将重大公共安全生产隐患整治基金提高一倍，预算200万元用于突发公共安全隐患整治；加强安全生产目标考核，落实90万元安全生产专项目标考核奖，每季度对乡镇、职能部门考核、奖励；单独落实乡镇安全监管专项资金30万元、宣传经费30万元、安全生产应急经费25万元、安全生产监察执法20万元和职业健康监管装备以及安监人员岗位津贴5万元；及时调整、充实县政府安委会成员，将所有负有安全生产领导责任的县级领导明确为县政府安委会副主任，将县委组织部、目标办等6个单位纳入安委会成员；制发《深化“一岗双责”落实安全生产监管责任的通知》，明确县级领导、职能部门、乡镇政府对重点行业安全监管职责；制发《彭山县安全生产工作责任追究意见》等系列规范性文件，明确对乡镇政府、职能部门35种安全生产履职不到位情形责任追究的方式。

【隐患排查整治】 2013年，全县共排查出安全隐患4478处，下发隐患整改通知书690份，其中，363处列入县级重大隐患挂牌整治，整治完成市级重大隐患10处。县政府投入336.5万元整治交通安全隐患，投入380万元整治学校安全，投入120万元整治水利设施隐患，启用重大公共安全生产隐患整治基金123.8万元整治公共安全隐患。督促非煤矿山行业投入整治资金350万元，危化品行业投入整治资金180万元，建筑施工行业投入整治资金120万元。

【安全执法】 2013年，全县查处道路交通违法行为5.87万起，客运车违法5起、校车违法行为2起、酒后驾驶3起、醉酒驾驶10起、摩托车违法行为356起、查扣非法改装电动三轮车47辆；查处消防违法行为和火灾隐患346起，办理消防行政案件27起；查处非法经营甲醇窝点1个，没收非法经营甲醇19桶、2850千克，对非法产品予以公开拍卖、上缴财政；查处违法建筑23件、面积1500余平方米，制止、纠正违法建筑行为5起；查处烟花爆竹违法经营行为5起，非法生产窝点1个，非法运输、储存案件7件，治安处罚7人，刑拘并移送起诉3人，收缴并销毁烟花爆竹4300余件、黑火药43.25千克。各职能部门下发停业停产整顿指令21份，全县上缴各类安全生产违法行为罚没款59万元。

【问责整改】 2013年，彭山县对两起生产经营性事故严格问责，按照事故原因没有查清不放过、事故责任者没有严肃处理不放过、广大职工没有受到教育不放过、防范措施没有落实不放过的“四不放过”原则和相关法律法规，依法对事故责任单位实施停产停业整顿，对其主要负责人进行诫勉谈话和约谈，对生产经营单位及其相关责任人员处罚款。

【标准化建设】 提高乡镇安监所监管执法能力，组织乡镇安监人员执法和业务培训，提高基层安全监管人员素质，全县35名乡镇安全监管人员已成为隐患排查治理和打非治违工作主力军。全面开展企业安全生产标准化建设，实现企业本质安全，全县6家硐采矿山、4家露天开采矿山、6家危险化学品企业、2家商贸企业完成标准化建设。扎实开展“省级安全社区”创建工作，树立彭溪镇、凤鸣镇两个创建工作典型。狠抓职业健康安全监管，全年完成作业场所职业危害申报19家，高危企业职业危害因素检测12家，组织体检作业场所从业人员1207名。

【安全宣传】 在媒体开辟专栏，刊播安全工作动态、大众知识、公益广告等宣传典型，县安监局和电视台联合制作《我要安全》系列安全节目，涉及燃气、车辆、消防、地质灾害、用电等大众安全常识，在每周黄金时段播出。利用安全生产短信息平台，每周向县级领导，乡镇、部门主要负责人、安全监管人员，企业主要负责人、安全管理人员等特定人群发送安全短信和温馨提示。结合“安全生产月”“应急宣传月”等组织开展大型宣传教育活动，散发各类宣传资料150余种、20万余份，展出展板240个，悬挂、书写标语960余幅，接受群众咨询近1.2万余人次。全年上报安全生产工作信息180余篇，其中，国家安监总局采用3篇，省安监局采用14篇，省总队采用34篇，市安监局及网站采用17篇，《眉山日报》采用8篇，《中国安全生产报》采用1篇。

【安全培训】 县政府安委会制发《2013年安全生产培训教育方案》，落实全县26个重点行业涉安人员的培训计划和责任，由相关职能部门牵头组织开展行业安全培训。组织乡镇领导和安监人员安全监管能力专题培训，组织烟花爆竹、非煤矿山、危化品等高危行业进行专题培训，组织规模以上企业进行主体责任落实培训，县安监局、县总工会、县人社局联合组织对全县非煤矿山、危险化学品等高危行业从业人员400人进行免费培训。针对季节特点开展矿山、危化品、防汛、电力等行业应急救援演练，提高安全生产应急响应能力。

【创新管理】 依托安全专家协助抓监管，县政府聘请具备中、高级技术职称的注册安全生产工程师10名，组成县政府安全生产专家组，每月定期到高危行业检查、指导安全生产工作，协助生产经营单位排查治理隐患，协助政府管理安全。设立重大公共安全隐患整治基金，用于乡镇、职能部门无力整治的重大公共安全隐患的治理；同时，配套、简化整治资金的申请、审批流程，使公共安全隐患得到及时整治，并单独按照乡镇政府安全监管任务轻重，预算安全生产专项工作经费。在加大安全生产在全县综合考核中比重的基础上，对安全生产实施单项目标考核，并逐年加大考核奖励力度，对乡镇实行每季度考核制。完成目标的，每季度安全生产工作会上当场兑现奖励，对职能部门实行年终考核，奖励工作经费。

（杨　茗）

中国人民政治协商会议彭山县委员会

重要会议

【县政协九届三次全会】 中国人民政治协商会议彭山县第九届委员会第三次全体会议于2013年3月5日至6日在县委会议中心召开。大会应到委员174名，实到169名，符合《政协章程》规定人数。县委书记蔡刚，县人大常委会主任向坤，县人民政府县长梁磊，县政协主席谭福轩，县政协副主席郑玉忠、喻旭、毛太忠、卓德松在主席台前排就座。县委、县人大、县政府、县人武部、县人民法院、县人民检察院的所有县领导，县政协历届老领导参加大会。县级各部门和垂直管理单位主要负责人，各乡镇党委书记及分管统战工作的党委副书记，不是县政协委员的驻彭市政协委员列席会议。

会议期间，委员们单独听取和讨论了县政府工作报告及县人民法院、县人民检察院、计划财政报告，并观看全面记录彭山县2012年“七大战区”建设等重大成就的专题片《战火》，对2012年彭山县首次跻身全省县域经济发展20强等经济社会发展成就给予高度评价。积极参政议政，围绕彭山经济社会发展的重点、热点、难点问题踊跃建言献策，提出建议130余条，提交提案110余件。会议对2012年度10件优秀提案者和8个政协提案先进承办单位进行表彰，并安排3名委员代表作大会提案交流发言。

大会听取和审议了《政协彭山县第九届委员会常务委员会工作报告》《彭山县第九届委员会常务委员会关于提案工作情况的报告》。听取了中共彭山县委书记蔡刚所作的重要讲话。通过彭山县政协第九届委员会第三次全体会议决议。

【县政协九届第六次常委会】 2013年2月20日，县政协九届第六次常委会在兴铁宾馆会议室召开。会议应到政协常委36人，实到31人，5名常委因事请假。县政协主席、副主席，县政协常委参加会议。联系县政协工作的县委副书记俞红梅，县委常委、常务副县长钟建成应邀参会。不是县政协常委的各委室主任、副主任，享受副县级干部列席会议。

会议由县政协副主席郑玉忠主持。县委办公室主任王佑泽介绍中共彭山县第十三届第三次党代会工作报告（征求意见稿）的起草过程并就相关情况进行说明，与会同志展开认真讨论，并提出中肯的意见、建议。县政协秘书长樊德全就提交县政协九届三次会议的九届县政协常委会工作报告（草案）作起草情况说明，会议原则通过，并建议作进一步修改完善后提交县政协九届三次会议。县政协提案委主任陈永华就提交县政协九届三次会议的九届县政协常委会关于提案工作情况的报告（草案）作起草情况说明，会议一致通过。会议一致通过县政协九届三次会议议程、日程及列席人员范围（草案）。县政协提案委主任陈永华对《政协彭山县委员会提案委员会提案审查工作细则（草案）》《政协彭山县委员会优秀提案和提案办理先进承办单位评选表彰暂行办法（草案）》《政协彭山县委员会重点提案遴选与督办暂行办法（草案）》的起草情况及主要内容进行说明，同时介绍2012年度优秀政协提案和提案办理先进承办单位建议名单，会议一致通过。县委副书记俞红梅作了讲话。

【县政协九届第七次常委会】 2013年3月6日，县政协九届第七次常委会在县委会议中心召开。会议应到政协常委36人，实到36人。县政协主席、副主席，县政协常委参加会议。县委副书记俞红梅，县委常委、副县长蒋会强，县委办、县政府办负责人应邀参会。

会议由县政协党组书记、主席谭福轩主持。会议听取县政协九届三次会议各讨论组召集人所作的分组讨论情况汇报；审议通过《中国人民政治协商会议彭山县第九届委员会第三次会议决议（草案）》。

【县政协九届第八次常委（扩大）会】 2013年6月27日，县政协九届第八次常委（扩大）会在兴铁宾馆会议室召开。会议应到政协常委36人，实到34人，2名常委因事请假。县政协主席、副主席，县政协常委参加会议。县委常委、副县长蒋会强，县人大常委会副主任周惠应邀参会。不是县政协常委的各委室主任、副主任，享受副县级干部列席会议。特邀县林业局、砂管办、谢家镇红石村代表列席。

会议由县政协副主席喻旭主持。县政协法联委主任张小松就彭山县创建省级“法治彭山”的视察情况，县政协农业委主任王伦祥就“关于彭山县省道103线多色谱林业景观带建设情况”的视察情况，县政协经科委主任刘学成就“关于彭山县县砂石资源管理情况”的专题调研情况分别作说明。经审议，会议一致通过上述三个专题调研、视察报告。县政协秘书长樊德全宣读《县政协关于开展“七大战区”征地拆迁安置个案监督工作方案（草案）》，县政协主席、党组书记谭福轩对开展个案监督工作的目的及总体要求进行说明。经审议，会议通过了此工作方案（草案）。会议一致通过增补唐建超、袁玲（女）、肖月良三名同志为九届县政协委员。县政协副主席郑玉忠通报县政协2013年上半年工作情况及下半年工作安排。经讨论并充分发表意见建议，会议通过了《县政协2013年上半年工作总结及下半年工作要点》。受县人民政府委托，县委常委、副县长蒋会强通报全县1—5月经济运行情况及民生工程推进情况。县政协主席、党组书记谭福轩传达了市政协第三届七次常委会议精神；作“中国梦”专题辅导；对下半年要重点做好的调研视察、提案督办、个案监督、民主评议、乡镇生态与文化规划的指导、群众路线教育实践“先行先改”活动等工作作了强调。

【县政协九届第九次常委会】 2013年7月30日，县政协九届第九次常委会在县政协机关三楼会议室召开。会议应到政协常委36人，实到33人，3名常委因事请假。县政协主席、副主席，县政协常委参加会议；县委组织部部务委员、干部股股长曾明华应邀参会；不是县政协常委的县政协各委室主任列席会议。

会议由县政协副主席郑玉忠主持。会议审议通过了《政协彭山县委员会办公室关于进一步完善视察调研工作的意见（讨论稿）》。经表决，会议一致同意曾敏任县政协办公室副主任。县政协主席、党组书记谭福轩作了讲话。

【县政协九届第十次常委会】 2013 年 9 月 27 日，县政协九届第十次常委会在兴铁宾馆会议室召开。会议应到政协常委 36 人，实到 34 人，2 名常委因事请假。县政协主席、副主席，县政协常委参加会议；县委常委、副县长蒋会强，县人大常委会副主任周惠应邀参会；不是县政协常委的各委室主任、副主任，享受副县级干部列席会议。

会议由县政协主席、党组书记谭福轩主持。县委常委、副县长蒋会强就彭山县拟撤销武阳乡设立武阳镇的相关情况作相关说明。经充分协商并表决，一致同意彭山县撤销武阳乡设立武阳镇。县政协民族宗教文史委主任郭晶就“关于彭山县物质文化遗产和非物质遗产保护情况”的专题调研情况，县政协农业委主任王伦祥就“关于彭山县水务改革发展情况”的专题调研情况分别作说明。与会人员纷纷发表建议、意见，会议审议通过了上述两个专题调研报告。县政协副主席郑玉忠宣读《政协彭山县委员会关于对“七大战区”征地拆迁补偿安置开展个案监督的工作报告》，经讨论并充分发表建议、意见，会议原则通过该工作报告，待进一步修改完善后报县委、县政府参考。县政协秘书长樊德全宣读《政协彭山县委员会民主评议人力资源与社会保障工作的方案（草案）》，县政协主席、党组书记谭福轩对开展该次评议工作的目的及总体要求作了说明。经审议，会议一致通过《政协彭山县委员会民主评议人力资源与社会保障工作的方案（草案）》。就群众路线教育实践“先行先改”活动，征求县政协常委及特邀群众代表对县政协领导班子和领导干部在执行群众路线及作风建设等方面的意见、建议，并填写了政协彭山县委员会群众路线教育实践活动先行先改促进发展问卷调查表。

【县政协九届第十一次常委会】 2013 年 12 月 27 日，县政协九届第十一次常委会在兴铁宾馆会议室召开。大会应到常委 36 人，实到 35 人，1 人因公事请假。县政协主席、副主席，县政协常委参加会议；县委常委、副县长蒋会强，县人大常委会副主任周惠应邀参会；不是县政协常委的各委室主任、副主任，享受副县级干部列席会议。特邀 3 位群众代表旁听。

会议由县政协主席、党组书记谭福轩主持。听取县委常委、副县长蒋会强受县政府委托所作的县政府 2013 年工作情况通报；听取县纪委常务副书记、监察局长陈利受县纪委委托所作的 2013 年全县党风廉政建设和反腐败工作情况通报；听取县政府应急办副主任刘海福受县政府委派所作的县政府办理 2013 年县政协提案情况的通报；听取县政协副主席郑玉忠所作的《县政协 2013 年工作总结》。县政协副主席喻旭宣读《关于民主评议人力资源和社会保障工作情况的报告》，经审议会议原则通过此报告，并建议进一步修改完善后报县委、县政府参考。县政协秘书长樊德全宣读《县政协 2014 年工作要点（草案）》，会议认为县政协 2014 年工作总体安排科学合理、切实可行，并通过了此工作要点。县政协法联委主任张小松就“关于彭山县残疾人权益保障工作情况”的专题调研情况作说明，会议审议通过此调研报告。县政协秘书长樊德全宣读县委关于提名郭晶同志任免职的通知和县委关于提名何玉龙同志免职的通知，经表决，会议一致同意郭晶任彭山县政协民族宗教文史委员会主任，免去其彭山县政协学习宣传文史委员会主任职务；免去何玉龙彭山县政协经济科技委员会副主任职务。经审议和表决，会议一致同意免去宁武九届县政协委员、常委职务，免去帅素彬九届县政协常委职务，免去魏波九届县政协委员职务。同意增补王仲文、张梅为九届县政协常委，并提交县政协九届四次全体会议选举确认；增补何明为九届县政协委员。县委常委、副县长蒋会强，县人大常委会副主任周惠分别作讲话，对 2013 年县政协的工作表示充分肯定。县委常委、副县长蒋会强特别转达县委书记蔡刚对本次会议的寄语“感谢政协同志支持，感谢政协出了很多好主意”。县政协主席、党组书记谭福轩传达市政协第三届第九次常委会精神，作十八届三中全会精神辅导。对2014年工作，强调要突出三个方面：认真学习贯彻党的十八届三中全会精神，抓住机遇，全力助推彭山县改革目标实现，为努力实现群众幸福履职尽责；深入推进政治协商制度化、规范化、程序化建设；扎实做好群众路线教育实践活动推进工作。

彭山县政协常委会工作

【政治协商】 全年县政协召开常委会议6次、主席会议10次，在县党代会、人代会召开之前协商县委工作报告和县政府工作报告，听取县纪委关于党风廉政建设情况以及县法院、县检察院的工作情况通报。九届三次会议期间，组织委员围绕彭山经济社会发展的重点、热点、难点问题开展协商议政，委员们提出建议130余条，引起县委、县政府主要领导的重视并作出重要批示，部分直接进入领导决策程序，部分按照批示意见由县政府办公室分解到各责任部门抓落实。

【专题议政】 首次开展专题议政。就彭山县城区小学和幼儿园就学难、拆迁安置、失地农民养老保险、残疾人保障等群众关注的热点问题，召开5次专题议政会，提出的意见建议大部分被相关部门采纳。

【调研视察】 全年分别就彭山县砂石资源管理，水务体制改革，残疾人权益保障，物质文化遗产和非物质文化遗产保护，繁荣彭祖长寿文化促进旅游三产发展，“项目会战年”和重点项目落实，民营经济发展，创建省级环境优美示范县城工作以及人民群众普遍关注的就业难、就医难、就读难等问题，组织委员开展调研视察13次，形成调研视察报告13篇，建议70余条，其中，7篇调研视察报告得到县委书记蔡刚的重要批示，3篇得到县长梁磊的重要批示，多条建议意见被县政府及相关部门采纳。县政协通过专题调研形成的关于《规划实施垃圾焚烧发电项目推进我市生态文明建设》提案，受到市委书记李静的肯定性批示，并被市政府采纳。

【民主监督】 扎实开展对彭山县人力资源与社会保障工作的民主评议，评议组采取深入实地调查、召开座谈会、发放调查问卷、进行满意度测评等方式，了解情况、开展评议，提出的建议意见，为切实推进彭山县人力资源与社会保障工作、保障群众权益起到积极作用。改进统一选派民主监督员工作，对被派驻部门执行法律法规、贯彻方针政策、开展依法行政、加强党风廉政建设和作风效能建设等方面的情况进行监督。牵头对彭山县房屋管理局进行行风评议工作，有力推进了部门工作的提升和作风的转变。

【个案监督】 创新监督方式，首次开展个案监督。选取县委、县政府和广大群众极为关注的“七大战区”征地拆迁补偿安置工作作为个案监督对象，进村入户了解情况，监督政策的落实，共收集整理建议意见50余条，形成《关于对“七大战区”征地拆迁安置工作开展个案监督的工作报告》。县委、县政府对报告高度重视，组织相关乡镇、部门就建议意见进行专题研讨，县政府在此基础上制定征地拆迁安置激励补充政策，并出台《彭山县城乡建设用地增减挂钩项目实施办法》，进一步规范彭山县征地拆迁工作。

【提案工作】 切实抓好提案撰写培训和组织发动工作，使提案数量大幅增加、质量明显提高。县政协九届三次全会以来，共收到提案114件，立案104件，较上年增长1倍，且提案在内容与格式上都体现了较高质量。把抓好提案督办、提高办理质量作为提案工作的重中之重，及时会同县委办、县政府办对委员提案进行联合交办；组织开展提案办理专项视察；首次推行县级分管领导与县政协主席会成员督办重点提案工作，增强了办理提案的实效，提案办成率达到71.2%，较上年提高10%。提案工作被市政协《政协交流》作为经验编发。

【指导乡镇规划】 成立乡镇文化和生态绿地规划指导组，全力指导规划。深入全县各乡镇开展调查，与基层干部群众座谈讨论，全面摸清全县各乡镇的历史文化和生态资源情况，并分乡镇形成规划指导意见，为乡镇文化和生态绿地规划的编制作出重要贡献。

【文化传承】 发挥文史资料“存史、资政、团结、育人”的独特作用，积极挖掘、抢救、保护地方文化资源，组织编印《民主党派在彭山》一书，该书得到市政协主席王影聪高度评价并作重要批示。

【联系群众工作】 继续深入开展“三定两保证、党群一条心”直接联系服务群众工作。开展送技术活动3次，资助现金及帮扶物资（折款）8.7万余元，及时解决群众困难和问题73件（次）。认真做好“两代表一委员”服务群众工作站工作，政协委员全员驻站，共搜集社情民意信息70余条，协调解决基层群众反映的问题59件，受到基层干部、群众的欢迎。围绕发展和民生问题反映社情民意，引导委员在日常工作中注意倾听、收集和反馈来自各阶层群众的呼声。全年共编发《社情民意》5期，反映社情民意信息20余条。

【自身建设】 利用政协全委会、常委会、主席会、专委会和委员小组会以及机关每周例会等，组织县政协委员和政协机关干部认真学习贯彻中共十八大、十八届三中全会精神；学习中央八项规定以及省、市、县的有关规定要求等，凝聚共识，增强正能量。扎实开展“中国梦”主题教育活动和群众路线教育实践“先行先改”活动，聚焦“四风”，查找突出问题，及时进行整改，机关作风进一步改善。组织机关干部职工到眉州监狱廉政警示教育基地开展警示教育活动。进一步完善机关管理制度，充分调动机关工作人员的积极性。2013年县政协机关获得县级以上各类奖项15项。“4·20”芦山地震灾情发生后，县政协第一时间通过短信平台向全县政协委员、政协机关干部发出向灾区捐助的倡议，全县政协委员及其组织（企业）和县政协机关干部职工共捐款捐物89.7万元，其中现金20.4万元。

【外宣工作】 全年在《四川政协报》等省、市媒体上稿133篇，其中，在《四川政协信息》上稿17篇，超过市内其他五区县总和的2倍；获省政协2013年度全省政协新闻宣传工作先进单位。同时，办好县政协网站，设立政协委员QQ群，扩大影响力。

（倪文玉）

中共彭山县纪律检查委员会

【概况】 2013年，全县纪委、监察工作以中共十八大精神为指导，以贯彻落实“八项规定”为着力点，围绕中心、服务大局，突出主业、狠抓监督，全面推进党风廉政建设和反腐败工作，为“七大战区”建设提供坚强有力的纪律保障。

【廉政教育】 深入开展党性党风党纪教育，举办“廉政教育大讲堂”3次，参加人数4000余人；3000余名干部职工观看“两片一书”（警示教育读本《忏悔实录Ⅰ》和教育片《忏悔实录》《“象牙塔”里的蜕变》），158名正科级以上干部参加全县党风廉政建设暨警示教育大会，全县47名副县级以上干部均认真学习《忏悔实录Ⅰ》，并按时上交回执单；组织42个单位1498名干部职工到眉州监狱接受警示教育。开展“廉政文化赶场活动”，发送廉政文化、法律法规等宣传资料5000余份，廉政图书300余册。集中开展纪委开放日“广场巡展”“乡镇巡展”“学校巡展”各2次，发放宣传资料5万余份、廉政宣传画1万余份，其中“学校巡展”共有4万余名师生受到教育。创新开展廉政文化“进楼宇”“进广场”“进公交”活动，通过张贴廉政宣传画、廉政标语、播放廉政广告和廉政电影，营造廉洁氛围。

【反腐宣传】 加强反腐倡廉信息宣传工作，编发《纪检监察工作》36期，完成中央级外宣11篇，省级7篇，市级17篇，全面完成全年工作任务。利用电视台、报社、门户网站、LED显示屏等平台全方位宣传党风廉政建设成果，不断提升群众知晓率和满意度。2013年上半年，党风廉政建设社会评价位居全省第39位，比2012年年底上升10位。

【行政执法监察】 开展重点项目建设专项督察，查找并发现问题90余个，通报批评有关责任单位1个，提出合理化建议80余条。加强环境保护专项督察，查处各类违法排污企业39家，其中关停3家；开展岷江流域跨界断面水质超标调查，扣减13个责任单位目标考核分，并对主要领导进行约谈。开展全县存量房交易办证交税情况的全面清查，发现并纠正问题3个，提出整改建议3条。开展安全生产专项督察，对“5·1”交通事故涉及的3个责任单位和相关责任人予以问责处理。开展征地拆迁专项督察，依据预算书对征地拆迁项目按照10%的比例进行抽查，2013年共计进行征收补偿复核工作4次。

【行政效能监察】 制发《彭山县软环境监察办法》，全面开展软环境治理“百日行动”，调查处理效能投拆2件，查处破坏发展软环境村干部1名。扎实开展城乡环境综合治理、创建省级环境优美示范县城专项督察，通报问题310余个，提出整改建议190余条。全面完成13个乡镇便民服务中心和5个集中办事大厅电子监察系统建设，切实加强对窗口服务人员工作纪律监督，开展对政务服务中心、人社局等单位36个办事窗口依法行政、服务质量等方面进行暗访，发现问题7个。强化责任追究，对政务服务中心窗口违反工作纪律的4名干部进行纪律处分，责令3个单位作出书面检查，对市纪委明察暗访发现问题的3个责任单位“一把手”进行约谈。2013年上半年政风行风暨软环境测评名列全市第一。

【专项治理】 开展惠民政策落实情况监督检查，发现问题20个，提出处理建议17条，查处某村组长违规办理低保案件1起。此项工作得到中央纪委副书记陈文清和市纪委书记祝云的肯定性批示。开展食品药品安全工作专项整治，查处食品药品违法案件42起，罚款14.6万元，取缔生产销售“地沟油”窝点2个，移送司法机关2起。开展教育领域乱收费集中整治活动，查处有偿补课行为1起，组织处理2人。抓好农资产品监管，查处案件10起，涉及金额6.2万元。开展农民工工资支付保障监督检查，处理投诉案件29起，追回农民工应得工资805万元。加强新农合资金监管，扣除县内定点医疗机构不规范补偿基金6.58万元。开展电费问题专项检查，实现全域居民生活用电、商业用电与大网同价，年均减轻居民和企业负担共计1280万元，居民生活用电负担户均减少100余元。

【党风廉政建设】 严格执行党风廉政建设责任制，做好任务分解，明确责任考核，推动工作落实。县委、县政府印发《关于2013年党风廉政建设和反腐败工作的意见》，将7大项89小项任务逐一分解落实到县委、县政府领导班子成员和县级相关部门。严格落实《彭山县党风廉政建设“一票否决”实施办法（试行）》，责任追究纪律处分1人，诫勉谈话16人，对1个单位党风廉政建设提出一票否决意见。强化党内监督。坚持乡镇和部门“一把手”向县纪委全会述责述廉制度。严格落实廉政谈话、廉政承诺、党纪知识考试等制度，全年对领导干部任前廉政谈话103人次，对121名拟提拔交流对象、760名拟表彰对象进行廉政鉴定。扎实开展会员卡专项清退活动，全县6026名干部职工均做到“零持有、零报告”。

【审计监督】　全年共开展党政主要领导干部经济责任审计12人次，对43个村（社区）85名村级干部进行经济审计，审计政府性资金投资类项目180个，削减金额2986万元，审减率达13%。制发《关于严肃村（社区）“两委”换届工作纪律的通知》，全程监督换届过程，确保换届风清气正。制定《村级财务责任追究办法》和《“三资”管理工作督查制度》，将党务公开、村务公开、惠民政策等纳入“三资”网络化平台，规范“三资”网络管理工作。

【作风建设】　认真贯彻落实改进作风有关规定，出台《彭山县改进工作作风的规定》等落实“八项规定”文件13个，编印《改进工作作风密切联系群众政策法规选编》供各单位学习。深入开展公款吃喝、公车私用、工作纪律等方面的专项治理，强力整治“四风”，全县减少文件简报88种，“三公”支出在年初预算基础上压缩390万元，“三公”支出较上年相比减少1300万元，对9辆存在不规范使用的公务用车及时予以纠正，查处严重违反工作纪律行为案1件。

【招投标监管】　加强公共资源交易平台建设，推广运行新版电子招标系统，建立《彭山县政府性投资建设项目监督管理的意见》等监管制度5个，规范监管程序。出台《彭山县国有产权交易目录》，规范32项国有产权交易。积极参与全县政府投资重大项目监审，对3家违规企业、4名监理人员进行处理。严肃查处违反招投标行为，对违反招投标制度的2个乡镇责任领导进行问责；配合眉山市纪委对县水务局河堤整治项目围标串标案进行调查，没收投标保证金400万元。

【案件查处】　加强信访工作，认真落实“三访工作”机制。截至2013年11月底，全县各级纪检监察组织受理群众信访举报96件（次），受理省、市转（交）办信访件66件（次），办结率达100%；提供违纪线索17条，信访谈话11人（次）。加大案件查办力度，严肃惩治腐败行为。截至11月底，共初核案件线索56条，立案46件（其中“三类案件”19件），结案52件，党政纪处分61人，移送司法10人，追缴违纪款500余万元。

【自身建设】　深入推进“三项建设”活动，以领导干部轮流讲课、邀请专家或领导进行专题讲座、纪检监察业务知识测试、以案代训等方式开展教育培训，提升能力素质。开展纪委书记下基层、“321”直接联系服务群众、“三访”、作风巡察等活动，转变思想作风。加强县纪委监察局机关建设。重新核定纪委局机关内设机构，撤销内设机构4个，新设内设机构4个，更名内设机构1个；清理议事机构106个，建议撤销或退出的46个、保留或继续参与的60个。加强派驻纪检监察机构建设。印发《关于进一步加强县直机关纪检监察组织建设的意见》《关于强化派驻纪检机构管理确保职能作用充分发挥的实施意见》《彭山县纪委派驻机构履行监督职责暂行办法》等制度，明确派驻机构职责定位，理顺工作机制，规范纪检监察组织负责人分工和职位排序，强化对派驻机构管理。

（杜凤兵）

法治·武装

政法综述

【概况】 2013年，全县政法工作始终围绕全县工作大局，突出维护国家安全和社会稳定重点，抓好平安建设、法制建设、队伍建设三大建设，深入化解矛盾纠纷，不断创新社会管理，有效履行政法职能，为全县跨越发展营造了良好社会环境。

【维稳工作】 2013年，彭山县始终坚持将保障和服务经济社会跨越发展作为维稳工作的第一要务，严格落实维稳"一岗双责"制，层层实行目标管理。坚持每月一督察，每季度一考核，严格逗硬奖惩。坚持"维稳跟着项目走"，确保项目顺利进展。县委常委会、县政府常务会、县政府工作例会多次专题听取和研究部署此项工作，精心选定相关部门主要负责人和政法系统分管领导分别对18个市级重点项目和12个县级重点项目进行对口联系，定期深入企业、联系责任单位开展督察指导，各项目联系责任单位建立"一个项目一本卷宗"，详细记录开展"维稳跟着项目走"工作的过程和成效。2013年，共排查涉稳隐患48件，化解48件，为在建项目和企业解决实际困难127次，得到园区和企业的高度赞誉。市政协专题调研组对彭山县"维稳跟着项目走"工作给予充分肯定。坚持社会稳定风险评估。县委、县政府始终坚持将社会稳定风险评估作为做决策、出政策、上项目、搞改革的必经前置程序。县委维稳办在实现风险评估时提前介入，并为县委、县政府决策提供科学可靠的依据。2013年，对8个项目进行风险评估，对评估出的9个方面的涉稳问题进行提前预判，按照预案及时处置，确保项目的顺利进展。

【信访工作】 实现维稳信访与大调解工作一体联动。对排查出的涉稳矛盾纠纷由维稳信访部门先期介入、全程跟踪、及时处置，有效防止矛盾纠纷转型升级，从源头上遏制信访案件和不稳定因素的发生。全年排查出不稳定因素158件，已调处化解152件，化解率为96%。在涉稳和信访案件化解过程中，坚持"正向处置"思路，进一步规范信访维稳案件秩序和处置程序，引导群众理性表达诉求；坚持群众来访当天办理制度，确保信访案件存量减少。着力化解涉稳信访案件，全年成功化解16件重大涉稳问题。市县挂牌督办件5件全部化解，化解率为100%。落实29个信访突出问题县级领导包案，到期办结率100%；市挂牌信访积案19件，已办结18件，息诉息访率95%。坚持以拉网排查为基础，以开门接访为抓手，以解决问题为核心，以强力稳控为关键，涉稳信访群众被牢牢吸附和稳控在县内，成功实现在重大节日和敏感时期"零进京、零到省、不出事"工作目标，县委书记、县委群工部分别被省委、省政府表彰为全国"两会"期间的先进个人和先进集体。按照《彭山县防范和处置群体性事件暂行办法》，县应急处突分队加强应急预案演练，各乡镇、县级相关部门进一步细化应急预案，提升应急处突能力。2013年，成功处置"515"技校学生械斗事件和"10·20"县医院医疗纠纷群体性聚集事件，防止事态的进一步扩大，其中学生械斗事件的妥善处置得到市委书记李静的充分肯定。发展环境进一步优化。彭山县以打造天府新区创维示范点为载体，从源头上遏制涉稳事件的发生，优化发展环境，市委、市政府主要领导给予充分肯定，市委维稳领导小组专刊推广彭山经验，经开区在市法学会、市委维稳办组织召开的“维稳跟着项目走”专题研讨会上作经验交流；持续开展“重拳实招整治发展软环境”专项行动，严厉打击各类强揽工程、强买强卖、敲诈勒索等扰乱项目正常建设的犯罪行为；加强招商引资良好发展环境建设，积极开展争创全省最优发展软环境活动，建立县委书记县长约谈制、定期汇报制、服务监督制、一次性告知制、全程代办制等9项制度，进一步优化发展环境。

【平安创建】　2013年，在原有的社会治安防控体系的基础上，进一步增强防控力量：在天府新区青龙区域新建60人的天府新区专业巡逻队，并有效整合新区企业内保力量，开展联合巡防，有效维护新区社会治安；进一步拓宽“天网”监控范围，实现道路交通安全管理智能系统与指挥中心天网系统联网，共新建监测点10个，探头26个。2013年，通过天网系统发现违法犯罪行为10起，破案6起；整合警力和群防群治力量开展“大巡防”，有效地遏制街面犯罪行为的发生，全年在巡防过程中现场挡获各类违法犯罪嫌疑人40余人，破刑事案件13起，查处行政案件24起；在县客运中心和青龙、武阳新增治安检查点3个，配备居民身份证识别仪、阻车器等装备，共查验比对乘客信息4万余人次，现场挡获违法犯罪嫌疑人10名。2013年，与县委宣传部联合制定下发平安建设的宣传方案，建立积极正面舆论引导机制。深入开展平安彭山、平安乡镇、平安村（社区）等基层创建活动，强化村（社区）在平安建设中的基础性作用。落实妇联、旅游局、住建局、卫生局、统战部、教育局、文体局等职能部门的牵头作用，开展平安家庭、平安景区、平安小区、平安寺庙、平安学校、平安医院、平安文化市场创建活动，夯实平安彭山的基础。持续开展创平安活动，防止发生重大群体性事件、重大恶性事件、暴力恐怖袭击事件，确保全国两会、财富论坛等重要时段和敏感节点的安全稳定。

【大调解工作】　培训提升“软实力”。2013年，县大调解协调中心对全县村（社区）调解主任共计90余人进行业务技能培训，并组织县司法调解指导中心和县人民调解指导中心业务骨干先后6次赴乡镇开展基层调解员“诉非衔接”知识培训；对23个部门和13个乡镇的大调解信息平台操作人员进行培训，确保大调解信息平台的规范使用和正常运行。以排查调处落实矛盾纠纷化解“硬指标”。村（社区）、乡镇、县各调解协调中心和领导小组各成员单位定期对辖区和各自领域内的矛盾纠纷情况进行一次集中梳理、滚动排查和分析研判；对排查出的矛盾纠纷，登记入册并及时化解。2013年，共受理各类矛盾纠纷4297件，调解4184件，调处成功4038件，调解成功率96.51%。“五进”活动促进调解“全覆盖”。进一步强化矛盾纠纷调解“末梢组织”建设，开展“下访寻问题，就近解难题”矛盾纠纷排查调处。结合社会管理创新工作，在全县乡镇和村社区打造亮点，进一步推进调解文化进大院，调解组织进院落、小区，实现矛盾纠纷化解在萌芽状态。

【法治建设】　2013年，扎实推进法治政府建设。建立完善《彭山县依法行政工作报告规定》等13个制度，成立法律顾问团，对全县重大行政决策项目从法律专业角度开展审查并提出建议意见，严把重大决策项目法律关；对涉及人民群众切身利益的决策事项，及时向社会公示并举行听证会广泛听取意见。扎实推动行业基层依法治理。在县级执法部门中开展行政执法责任制示范活动，组织开展行政部门行风监督评议活动，进一步规范行政部门执法行为；在全县范围内开展“法治彭山”示范点创建活动，共表彰“诚信守法示范企业”10个、“依法办事示范单位”20个、“依法治校示范校”5个。扎实规范市场经济秩序。由市场监管部门开展主体信用评价活动，推荐诚信企业，及时曝光违法违规企业，进一步健全行业信用评价体系。扎实开展对依法行政的监督。主动接受人大、政协监督。定期向县人大汇报依法行政、普法依法治理、公正司法等工作的进展情况；邀请政协委员深入基层开展“六五”普法、“法治彭山”实地调研活动，共收集建议意见20余条，均落实具体的改进措施。国家安全人民防线进一步筑牢。充分发挥公安国保及基层维稳、防邪信息员队伍的作用，完善全县13个情报信息点，主动收集线索，深挖打击各类危害国家安全和邪教组织非法活动，共处置“全能神”事件1起，行政教育涉邪人员4名，对全县21名涉“全能神”人员进行法制教育和反邪教知识学习，有效遏制彭山县邪教组织的气焰；深入推进村（社区）反邪教警示教育阵地建设，在全县中小学开展“科普进校园，远离邪教”，“凯风网”进校园、进社区活动，全县6万余名师生和社区群众接受教育。

【社会管理创新工作】 2013年，村（社区）管理服务体系建设全面推进。加强村（社区）基础设施建设，全面加强拟达标的29个村（社区）阵地的服务站点和基础设施的规范化建设，由此带动全县村（社区）“三会两站一网”规范化建设全面达标、上档升级。推行社会管理跟着项目走，按照全县经济和项目发展规划，在县委、县政府确定的七大战区所属牧马、武阳、青龙、谢家等乡镇有计划的建立并打造一批跨村安置新型社区，初步建立起“党支部领导、议事会决策、业主管理委员会执行、监督委员会监督、群团组织密切配合、群众广泛参与”的新型社区组织体系。网格化管理信息建设工作试点先行。在县城中心城区所涉凤鸣镇、彭溪镇、青龙镇的9个社区先行开展平安信息化的网格化管理工作，按标准进行网格划分，共划分网格134个。信息收集工作同步开展，有效整合行政管理、社会事务、公共服务和矛盾化解力量，为统一信息平台建设打下坚实基础。创新“企地共建”社会管理方式。试点入驻项目企业打造新村建设，由企业出资建设村级阵地、搭建公共服务平台。2013年，彭山县牧马镇莲花村与恒大房地产集团联合，高投入、高规格、强力推进新村建设，提升村级综合服务管理水平。

【队伍建设】 2013年，政法工作夯实政法基层基础，促进公正廉洁执法。加强政法队伍思想政治建设，依托全市“政法大讲堂”和彭山县“锦江大讲堂”为平台，组织政法干警2000余人次参与政策法规培训；组织开展“中国梦、政法梦、我的梦”演讲比赛，展现当前政法干警优良作风和敬业精神，进一步提升政法干警的职业认同感和责任感。深入开展直接联系服务群众活动。继续组织全县政法干警到乡进村入户“接地气”，通过下基层、察民情，切实转变工作作风，主动贴近民心，切实提升人民群众对政法工作和政法干警的满意度。开展政法队伍建设专题调研。2013年3月，县委政法委对全县政法队伍现状进行深入调研，梳理政法各部门在队伍建设中的亮点工作、存在的问题，提出下一步的工作建议，并形成专题调研报告呈送县委、县政府主要领导审阅并批示。以案件评查提升政法队伍素质。深入开展“千案千评”工作，注重评查结果的运用，将案件评查结果计入干警执法档案，作为个人业绩考评的重要内容，对评查出的8件精品案件及评选出的9名办案能手予以通报表彰，对3件不合格案件进行责任倒查和处理，同时将案件评查结论及时反馈相关办案部门党组（党委），并通报县人大、县纪委、县委组织部，作为对政法部门领导班子、领导干部和干警个人进行考核的重要依据。“两所一庭”建设日趋完善。县公安局进一步精简局机关干警力量，配齐配强基层派出所力量，确保“警力下沉”。2013年，彭山县基层派出所均有独立办公场所，共有基层民警113人，占全县警力的40%。县司法局已完成13个基层司法所建设计划，已建成的司法所全部评审为市级规范化司法所，彭溪、观音司法所被评审为省级规范化司法所；2013年，在54个重点村（社区）建立司法工作站。县法院进一步规范青龙法庭独立办公和审判场所建设，配齐配强审判人员。基层综治维稳中心建设全面完成。全县13个乡镇均按照“两办三中心”要求全面完成建设，整合综治、维稳、信访、调解、安全生产等多个部门资源，规范化设立乡镇综治维稳群众工作中心，由乡镇政法委书记任中心主任，乡镇大调解协调中心专职副主任任副主任，配齐配强工作人员。2013年，全县乡镇共有综治维稳专兼职工作人员154人。政法四级信息网络建设扎实推进。全县共投入150余万元用于政法四级专网建设。法院、检察院、公安局已实现县与中央、省、市、乡的信息互通。政法宣传工作成效明显。开展以"走进法院、走进警营、走进检察、走进监狱"为主题的开放日活动；组织全县政法各部门开展"共建平安家园，同创法治彭山"宣传活动；接待中央驻川媒体和省直媒体到彭山县基层政法单位开展"走基层见证政法系统三大建设"大型媒体集中采访报道活动；开展"公正司法为人民"宣传活动；2013年，全县政法系统信息被中央媒体采用94篇，省级类媒体采用227篇，市级类媒体采用102篇。

（成红敏）

公安工作

【概况】　2013年，全县破获刑事案件550余起，查处行政案件1000余件，破获全省禁毒2号目标案——"7·24"特大制毒案。全年共捣毁吸毒窝点12个，破获毒品案件40件，抓获涉毒违法犯罪嫌疑人200余人，破获网络案件62件。县公安局打击涉假经济犯罪和"扫毒害保平安"专项行动战果、基础信息采集、单轨制流转率名列全市第一。

【维护稳定】　全年开展联动大接访12次，受理信访事项73件，其中，公安管辖64件，办结率100%，排查矛盾纠纷930起，化解率100%，实现"零进京、少到省、不出事"的工作目标。全年共搜集各类情报信息240余条，编写《情况快报》200期，为项目社会稳定风险评估提供可靠依据。先后成功处置"4·6"沼气中毒事件、"4·15"暴力阻碍执行公务、县医院医患纠纷、谢家"5·1"交通事故、吉鸿纸厂职工因养老金问题阻路等群体性案（事件）9起，未发生有影响的群体性事件。县公安局社会矛盾纠纷化解"三化互动"工作机制被评为全省公安"双三"优秀项目一等奖。

【严打整治】　2013年，全县共立刑事案件近1200起，与上年同比下降6%，破550余起，同比上升4%，破案率46%，同比上升10%，刑事拘留200余人，提请批准逮捕130余人，起诉230人，取保候审130余人；共立行政案件1600余件，同比下降4%，查处1000余件，行政拘留450余人。2013年2月10日，侦破发生在除夕夜的故意杀人案，及时消除社会影响；7月29日，经过9个昼夜的连续奋战，成功破获"7·20"故意杀人案，将犯罪嫌疑人王长明抓获归案。开展"扫毒害保平安"专项行动，破获全省禁毒2号目标案——"7·24"特大制毒案。全年共捣毁吸毒窝点12个，破获毒品案件40件，抓获涉毒违法犯罪嫌疑人200余人，刑拘43人，逮捕41人，行政拘留150余人，强制隔离戒毒69人，缴获海洛因200.39克、冰毒1289克、麻古538克。开展打击食品犯罪保卫餐桌安全和打击涉假经济犯罪行动，立案27起，破22起，抓获犯罪嫌疑人18人，起诉13人，挽回经济损失200余万元。共立网络案件62件，破获63件，破案率101.6%，打击93人。

【治安防控】　推出和落实以点控面巡逻模式，以巡警大队、派出所为主体，把中心城区划分城南、城西、城东、城北、蔡山、彭祖广场、八五新区网格巡逻区域，每个网格固定巡逻力量，提高群众"见警率"和民警"管事率"。开展专业保安服务、邻里守望、店铺联防等多种形式的群防群治活动。在巡防中现场挡获各类违法犯罪嫌疑人40余人，破刑事案件13起，查处行政案件24起。圆满完成成都全球财富论坛、华商大会、西博会和十八届三中全会、市"两节"

的安保工作。开展“夏秋社会治安整治”、缉枪治爆、“涉黄涉赌”“打四黑除四害”“打非治违”等专项整治行动。共受理二代证8227人，办理临时身份证1.62万人，受理出入境业务5198人次，赴港澳地区2250人次，赴台业务138人次。查处未严格如实登记住宿信息的旅店25家，通过旅馆业信息系统抓获网上逃犯4人。破获非法制造、持有枪支案件5起，收缴各类枪支32支、子弹150余发、管制刀具160把。破获非法生产、运输储存烟花爆竹案4起，起诉1人，行政处罚3人。捣毁涉黄窝点19个，破获涉黄类刑事案件17起，提请逮捕17人，查处涉黄行政案件55起，行政拘留86人，遣返失足妇女65人。捣毁赌博窝点36个，侦破涉赌类刑事案件17起，刑事拘留23人，查处涉赌行政案件41起，行政拘留46人，收缴并销毁“铃铃机”40余台、翻牌机500余台、“鲨鱼机”30余台、“钓鱼机”200余台。

【安全生产】 加强对涉爆涉危等物品使用、流向的监管，坚决杜绝危险物品外流。开展专项安全大检查3次，排查涉爆单位6家，涉爆从业人员154人，发现并整治安全隐患2起，破获非法储存剧毒化学品案件1起。开展“压事故、保平安”百日攻坚行动，在省道103线和彭祖大道严查严处无证驾驶、超速、超载等严重交通违法行为。全年共发生交通事故864起，死亡4人，伤11人，直接经济损失30.6万元。加强重点部位消防安全管理，以“九小”场所［小商场、小学校（幼儿园）、小医院、小餐馆场所、小旅馆、小歌舞娱乐场所、小网吧、小美容洗浴场所、小生产加工场所］、“三合一”（住宿与生产、仓储、经营一体场所）场所为重点，开展火灾隐患排查，预防重特大火灾安全事故发生。共排查走访单位、网吧、旅馆等284家，排查隐患12处并全部立即责令进行整改。全县未发生1起火灾。

【信息化建设】 2013年，共采集社会资源信息28类3.7亿条，占全市采集总量的62%，其中，标准地址7.06万个，实有人口7.24万人，实有单位4332个，实有房屋6.08万个。是年7月16日，在全省公安信息化建设专题推进会上，彭山县公安局作为唯一一个县级公安机关交流采集“一标三实”（标准地址，实有人口、实有房屋、实有单位）的做法；9月25日，眉山市“一标三实”基础信息大采集“攻坚战”现场会在彭山县召开。全年通过情报信息破案71起，其中通过“DQB”平台红色预警，抓获逃犯9人；通过主动发起监控布控95人次，监控打处30人。通过ikeeper网络安全管理系统及网络安全审计系统，抓获CICC网逃人员9名。道路交通安全管理智能系统建设完成设备安装，进入系统调试阶段，共新建点位10个，探头26个，全部实现与指挥中心天网系统联网。全年通过天网系统发现违法犯罪行为10起，破案6起。

【队伍建设】 开展“平安彭山，我的警察梦”主题教育和“为何从警、如何做警、为谁用警”大讨论活动。深化直接联系服务群众活动，结队帮扶群众人数498人，发放帮扶资金及物资共3.6万元。全局民警向芦山地震灾区捐款共3.3万元。开展“十八大、廉政、一法两规”知识竞赛，全局10支参赛队伍参加竞赛。从政治上关心民警，新提拔中层干部12名，发展入党积极分子5名。坚决反对“四风”，厉行勤俭节约，清理超编公务车辆23辆。开展案件个案评判和取保候审专项督察活动，立即解除期限届满取保候审10个，退还保证金9个，整改未及时作出处理问题14个，开展继续侦查工作11个，落实被取保候审人脱逃抓捕措施1个。全年全局未发生行政复议案件、行政诉讼案件和国家赔偿案件。在2013年全省政风行风测评中，彭山县公安局位列第50位，首次进入全省第一方阵。

（张怀安）

检察工作

【大事记】 2月4日，彭山县人民检察院召开2012年度工作总结暨表彰大会。县委常委、政法委书记严开义出席大会并作重要讲话。

4月22日，彭山县人民检察院党组书记、检察长李懿带领政治处主任陈常军、办公室主任杨凤华到牧马镇官厅村察看联系村“4·20”地震受灾情况，看望并慰问部分联系群众，迅速启动直接联系服务群众工作。

4月26日，彭山县人民检察院召开争创全省基层检察院“四化”建设示范院动员大会，安排部署彭山县人民检察院争创全省基层检察院“四化”建设示范院工作。市院党组成员、政治部主任段瑞林，市院案管办主任饶利民，市院办公室副主任张春林，政治部综合处副处长周文彬到会指导，会议由院党组成员、副检察长徐惠林主持。

4月27日，省院党组成员、纪检组组长柏延林，副组长狄志渝等一行3人到彭山县人民检察院察看灾情，慰问检察干警。市院党组书记、检察长陈兵，市院党组成员、政治部主任段瑞林陪同调研。

5月28日，市院党组书记、检察长陈兵，县委书记蔡刚，市院党组成员、政治部主任段瑞林，县委常委、组织部部长周代军等领导到彭山县人民检察院调研指导“实现伟大中国梦、建设富裕美好和谐彭山”主题教育活动，研讨如何推进主题教育活动。县委宣传部外宣办、广电新局负责人参加座谈会。

5月30日，彭山县人民检察院党组书记、检察长李懿带领班子成员到检察院联系村牧马镇官厅村为80余名党员干部群众上了一堂“中国梦”专题党课。

同日，全市检察机关案件管理大厅建设现场会在彭山县召开。市检察院党组副书记、常务副检察长万超，各区县院检察长，市县两级检察机关案件管理部门负责人参加现场会。

同日，省院总队领导廖融冰一行3人在市院支队长周刚及支队法警唐福煜、官乔的陪同下，到彭山县人民检察院检查指导司法警察大队办案安全工作。

6月3日，四川省检察院副检察长张晓勇、公诉一处处长雷秀华、案管办主任李鹏飞到彭山县人民检察院开展公诉、案管工作调研，市院检察长陈兵、常务副检察长万超及公诉、案管部门负责人参加调研。

6月5日，市院党组书记、检察长陈兵结合“实现伟大中国梦、建设富裕美好和谐彭山”主题教育活动，为彭山县人民检察院干警开展一堂题为“让法治之光辉映绚丽的中国梦”的专题讲座。

6月19日，省政法委督察组贾宪生一行到彭山县人民检察院督察指导“中国梦”主题教育活动。市院党组书记、检察长陈兵，县委书记蔡刚，市政法委副书记雷建勇，市政法委政治部主任蔡仕华，市院政治部主任段瑞林，县委常委、政法委书记严开义等市、县领导陪同检查。

7月4日，市委常委、政法委书记杨勇到彭山县人民检察院调研检察文化建设。市院党组书记、检察长陈兵，市院党组成员、副检察长张勇勤，市院党组成员、政治部主任段瑞林，县委常委、副书记俞红梅，县委常委、政法委书记严开义等领导陪同调研。

7月25日，省院党组书记、检察长邓川率省院机关党委办公室主任石光学、秘书曾苹等一行4人到彭山县人民检察院开展群众路线教育实践活动专题调研，广泛征求市、县两级检察院对省院党组、班子成员及省院工作的意见和建议。市委常委、政法委书记杨勇，市院党组书记、检察长陈兵，县委书记蔡刚，市院党组成员、政治部主任段瑞林，六个区县院检察长及彭山县人民检察院全体党组成员参加调研座谈会。市委政法委书记杨勇主持调研座谈会。

9月9日，省院政治部副主任陈齐鸿一行3人到彭山县人民检察院调研检察文化建设。市院党组书记、检察长陈兵，市院党组成员、政治部主任段瑞林，市院政治部综合宣传处处长周文彬，东坡区、仁寿县、洪雅县检察院政治处主任及彭山县人民检察院党组成员参加调研。

9月17日，省院党组织成员、纪检组组长柏延林，纪检组副组长、监察处处长刘萍等一行3

人到彭山县人民检察院调研指导检察文化建设。市院党组书记、检察长陈兵，党组成员、纪检组组长李林坤陪同参观。

10月22日，市院党组书记、检察长陈兵，市院党组成员、政治部主任段瑞林，市院政治部综合宣传处处长周文彬一行3人到彭山县人民检察院开展群众路线教育实践活动专题调研，广泛征求人大代表、政协委员、人民监督员和县级有关部门对市院党组、班子成员及市院干警在“四风”方面存在问题的意见和建议。县人大法工委主任许世良，县委政法委常务副书记王军，市县两级人大代表、卫生局局长何勇来，县纪委党风室主任张锦刚，官厅村委书记毛光强，人民监督员林一德、茹容胜等应邀参加调研座谈会，彭山县人民检察院全体党组成员和部分中层干部代表参加调研座谈会。

11月6日—8日，四川省检察院政治部综合处处长周永刚率省院基层院“四化”建设抽样评估组一行5人，对彭山县检察院“四化”建设工作进行抽样评估。市院党组书记、检察长陈兵，彭山县委常委、政法委书记严开义，市院党组成员、政治部主任段瑞林和市院反贪局、案件管理办公室、政治部综合宣传处、公诉处、民行处等相关处室负责人陪同。

【人事变动】 2013年2月28日，李懿任彭山县人民检察院党组书记；3月8日，李懿任彭山县人民检察院检察长；3月6日，陈常军任彭山县人民检察院政治处主任，赵显强任彭山县人民检察院派驻青龙镇检察室主任；4月16日，杨建下派至彭山县人民检察院挂职锻炼；4月24日，陈常军任彭山县人民检察院党组成员；6月3日，杨建任彭山县人民检察院党组成员；9月12日，李小双、骆莎招录至彭山县人民检察院网络管理中心；11月15日，推荐彭彰东为副科级后备干部。

【刑事检察】 2013年，县检察院共受理提请批准逮捕各类刑事犯罪嫌疑人122件173人，依法批准逮捕149人，不捕24人。提起公诉203件284人，法院均作有罪判决。其中，突出打击危害公共安全和社会稳定、影响群众安全感的严重暴力犯罪、多发性侵财犯罪、毒品犯罪等刑事犯罪，提起公诉179件229人。

【查办和预防职务犯罪】 2013年，共立案侦查职务犯罪案件9件10人（其中：贪污贿赂犯罪案件8件9人），均为大案，大案率为100%，科局级干部3件5人，50万元以上特大贿赂案2件2人；渎职侵权犯罪案件1件1人；提起公诉10人，有罪判决率为100%，通过办案为国家挽回直接经济损失238万余元。大力开展预防职务犯罪“进机关、进企业、进乡村、进学校、进社区”专题预防活动，配合市检察院组建宣讲团到眉山各区县开展巡回宣讲5场次，发放资料2000余份，受教育2000余人次；开展行贿犯罪档案查询6次。积极参与整顿和规范市场经济秩序，全年依法打击各类严重破坏市场经济秩序犯罪8件14人。

【检察职能】 充分发挥派驻乡镇检察室职能作用，出台《彭山县人民检察院服务和保障天府新区经济发展实施意见》，成立社区检察联络站，与入驻天府新区彭山区域的16家重点企业签订《服务天府新区企业备忘录》，接待群众来访120余人次，走访乡镇政府交流工作10余次，走访企业30余次。

【监督职能】 2013年，彭山县人民检察院监督公安机关应当立案而不立案5件，向侦查机关书面提出纠正违法7件；向法院提出刑事抗诉1件，被上级法院采纳并依法改判。深化量刑建议改革，对283名被告人提出量刑建议，法院采纳265人，采纳率为93.75%。加强对监外执行罪犯监管活动的监督，依法对225名“五类人员”的社区矫正进行法律监督，对监管机关存在的混关混押和监管安全防范设施不完备提出纠正意见5次均被采纳。认真履行修订后的刑事诉讼法增加的监督职责，建立健全未成年人犯罪案件附条件不起诉、犯罪记录封存、羁押必要性审查等工作机制，开展未成年人犯罪案件处理前社会调查11人、结案后回访帮教12次，对2名未成年人附条件不起诉，对11名未成年人犯罪记录予以封存。认真贯彻修改后的民事诉讼法，强化对民事行政裁判和调解书的监督，办理民行申诉案件10件，建议市检察院提请抗诉1件被采纳，向法院提出再审检察建议1件，发出工作检察建议2份，促成和解6件，努力构建民事行政检察多元化、全程化的监督格局。积极探索建立保障诉讼参与人权利工作机制，严格执行市委政法委《保障辩护人诉讼代理人依法行使诉讼权利的规定》，接待律师查阅案卷38次，接受案件查询5次。开展刑事被害人司法救助4件4人，收到良好的社会效果。深入推进执法管理和执法监督改革，成立案件管理机构，统一受理、分流案件322件，对办案期限提出预警22次，评查案件25件，确保案件公开、公正、依法、高效办理。2013年5月，全市检察机关案件管理工作现场推进会在彭山召开。深化检务公开，自觉接受人大、政协和社会各界监督，接受市人大常委会关于刑事诉讼监督的专题审议，邀请人民监督员和部分人大代表、政协委员参与监督检察文化主题开放日、禁毒宣传周、举报宣传周等重大检务活动和重大案件监督20余次。

【队伍建设】　扎实开展政法干警核心价值观、伟大“中国梦”和群众路线教育实践先行先改等主题教育实践活动，工作成效受到上级机关的充分肯定，彭山县人民检察院被眉山市委、市政府表彰为全市“中国梦”主题教育活动先进集体。2013年，彭山县人民检察院以争创全省基层检察院“四化”建设示范院为契机，立足职能，服务大局，全面推进“执法规范化、队伍专业化、管理科学化、保障现代化”建设，有力推动各项检察工作的健康持续发展。

【机关建设】　把文化育检作为深化基层检察院建设的重要抓手，突出检察职业特点，深入发掘彭山特色文化，以历史名人张纲、李密、彭祖的“忠”、“孝”、“寿”铸造检察机关的“廉”字魂，初步形成彭山检察文化体系。2013年，彭山县人民检察院作为文化建设示范院共接受上级领导视察和外单位学习参观20余次。彭山县人民检察院检察工作取得突破性发展，全院目标考评名列全市第一，连续五年获全市检察机关先进，被省委政法委、省人社厅评为全省政法系统先进集体，被省检察院评为全省执法为民十佳集体，被省检察院确定为全省检察机关“四化”建设示范院和全省检察文化建设示范院，是全省唯一一个同时获此两项殊荣的基层检察院，并被省检察院推荐到最高人民检察院和人社部参评“先进集体、集体一等功”双先检察院。全年，共获市级先进11项，获县级先进13项，11人立功受奖。

（郭　武）

法院工作

【概况】　2013年，彭山县人民法院全面落实省法院争创“两个一流”和市法院“三台互动、奉法善治”发展战略。全年共受理各类案件2563件，同比上升22.93%；办结案件2495件，同比上升29.14%，涉案金额2.0147亿元。其中，刑事案件200件，审结193件，审结率为96.5%，判处犯罪分子259人；民商事案件1704件，审结1655件，结案率为97.12%；行政诉讼案件15件，结案15件，结案率100%；执行案件644件，执结632件，执结率为98.14%，执行到位3212万元。开展涉金融专项执行活动，共清理出涉金融执行积案15件，执行到位标的额503.25万元。

【机构设置】　2013年，彭山县人民法院有在职干警69名。政法专项编制人员67名，工勤编制人员2名；中共党员56名，民主促进会会员1名；研修生4名，大学本科54名，大学专科

9名。内设机构：诉讼服务中心、立案庭、刑事审判庭、民事审判第一庭、民事审判第二庭、青龙人民法庭、行政审判庭、审判监督庭、司法辅助办公室、审判管理办公室、执行局（庭）、法警大队、办公室、政治处、监察科、院党总支及其下设六个支部、院妇委会、院工会。

【司法服务】 围绕县委“三个满意、五项重点、七大战区”奋斗目标，扎实开展“司法服务工程”，不断创新举措助推全县经济发展。出台《服务全县工业园区工作意见》，开展“服务重点工程、服务重点企业”专项活动，先后到12家企业就规范合同订立和避免诉讼进行授课，建立法院联系服务项目制度，党组成员定点联系6个重点项目。出台《充分发挥审判职能全力服务天府新区彭山区域建设的实施意见》，成立司法服务工作领导小组和天府新区案件审理合议庭，针对新区建设中出现的司法问题，主动提供司法服务。司法服务天府新区的经验做法被省法院转发，四川电视台于2013年6月30日在四川新闻联播中进行3分钟的专题报道。

【诉讼服务】 2013年，建成570平方米的诉讼服务中心。诉讼服务中心设立有11个服务窗口、10个功能室和1个当事人休息区，建立文明接待、首问负责、服务承诺、办事公开“四项制度”，为群众提供“门诊式”接待、“一站式”服务，立案及时率和准确率均达到100%。建立诉讼费减、免、缓的救助制度，对159名经济困难的当事人，及时减、免、缓诉讼费14.59万元，让老百姓打得起官司。开展巡回办案102件次，将司法为民落实在行动上，切实方便群众诉讼。积极开展各项司法技术工作，完成各类司法鉴定71件，为当事人提供技术咨询143件次。共评查案件2159件，审理再审案件1件，执行异议12件，从源头上减少涉诉信访。认真开展集中清理涉诉积案活动，对上级交办的6件重点案件全部办结。实行领导定期接访制度，接待来访和法律咨询700人次，及时处理涉诉信件12件，引导群众理性表达诉求。

【诉非衔接】 进一步充实“诉非衔接”队伍，配备1名实职正科的司法调解中心主任，增加2名事业编制人员。建立44个法官巡回工作站，选聘81人的调解员队伍和84个特邀调解组织，建立《特邀调解员名册》等5个名册，进一步健全“诉非衔接”组织；实践“二培三接”对接方法，诉与非诉实现无缝衔接，并取得很好的效果。

【司法调解】 全年对外委托调解成功79件，调成率80.65%；委派调解成功91件，调成率65.08%；律师调解员调解成功14件，调成率87%；邀请调解调成118件，调成率80%；指导调解调成60件，调成率60%；联合调解调成64件，调成率72%。

【诉讼辅导】 法院前台分流明显，开展诉讼心理辅导741件，诉前成功调解纠纷253件，速裁案件245件，平均办理时间为7.5天，有效缩短办案周期。

【社会管理创新】 充分发挥司法建议在创新社会管理等方面的积极作用，共向有关部门发出司法建议4份，得到反馈4份，有效延伸司法活动对公共决策和社会管理的影响力。推动人民陪审员参与审理、执行和判后释疑工作，人民陪审员参加陪审案件230件。坚持教育、感化、挽救的原则，审理未成年人犯罪案件7件7人，其中3人适用缓刑。认真开展法制宣传，发放宣传资料3000余份，到学校讲法制课4次。开通法院微博和互联网站，举办“法院开放日”活动，推行审务公开，切实提高司法公信力。

【队伍建设】 开展“中国梦”、群众路线先行先改和“转变作风、司法为民”主题教育活动，干警政治素质和党性修养得到全面提升。组织干警参加法律培训22批349人次；选派6人次干警到北京大学和清华大学拓展学习，扩大干警视野；鼓励和支持干警参加学历教育，有3名干警攻读法律硕士学位；为每名干警预算400元用于购买审判业务用书，干警业务素质得到全面提升。总结提炼出“崇德、尚法、公正、高效”的彭山法院院训；扩建法官阅览室，成立文体协会4个，开展演讲比赛和党史知识竞赛等各类文体活动5场次；由法院干警担任男主角的微电影《我在柳江法庭的日子》，作为四川法院唯一参加全国法院十大微电影评选的节目，充分展现法院干警精神面貌。实施廉政责任、工作纪律、信访责任“三条红线”制度，严格进行审务效能督察，严格上、下班指纹考勤制度，狠治“庸、懒、散、拖”现象，队伍作风进一步转变。

【基础设施】　科技法庭建成并投入使用，建立评估、拍卖、司法鉴定信息化大平台，科技保障水平不断提升；诉讼服务中心、审判大楼电梯改造完成并投入使用。

【信息宣传】　全年编发《法院工作简报》68期，省法院转发信息6期，市委和市法院采用信息30余条，信息考核得分排全市第二名；外宣稿件被市以上新闻媒体采用达205篇次，宣传考核得分排名全市第一名，县委书记蔡刚对法院宣传工作作出肯定性批示。调研工作获得全市一等奖。

【表彰奖励】　争创“两个一流”考核荣获全市法院一等奖；连续四年获得全省法院宣传工作先进集体称号；继续保持省级文明单位称号；获得市委、市政府眉山市践行政法核心价值观先进集体称号；15项工作获得县级以上党委、政府表彰奖励；有19人次干警获得县级以上表彰。

（张　英）

司法行政工作

【概况】　2013年，全县司法行政工作围绕县委政府中心工作，服务经济发展、社会和谐稳定大局，通过“调防结合抓化解、管控优化抓落实、普治并举抓教育、监管协调抓实效、内外兼修抓作风”五方面举措，深化“社会矛盾化解、社会管理创新、公正廉洁执法”三项重点工作，推进全县司法行政工作再上新台阶。各项业务工作亮点纷呈，成效显著，共有17项工作受到上级表彰，干警受表彰14人次，作为全市唯一“法治城市”创建迎检点，接受省法建办检查，获得上级领导的好评，并被眉山市推荐为全国“六五”普法中期先进县。

【基层工作】　充分发挥司法行政工作贴近基层、贴近群众的优势，完成司法所业务装备配备优化、规范化建设及武阳乡新建司法所申报等工作；在全县55个具备条件的村（社区）全面设立司法工作站，实现全县村（社区）司法工作站全覆盖；司法工作站全面建成工作受到上级领导的充分肯定，相关信息被民主与法制网、法制网·四川频道等媒体刊载。

【人民调解】　主动与仁寿县、东坡区司法局衔接，成立边界纠纷联合调解人民调解委员会；大力推进调解组织“五进”活动和“人民调解进农村院落”工作，建立18个标准化农村院落中心户调解室，10个企业调解委员会，1个个人调解室，规范各级调解组织的标准化建设；进一步强化培训工作，全年共对全县各级调解员进行业务培训13场2000余人次；将贯彻落实《中华人民共和国人民调解法》作为一项重要任务来抓，围绕维护社会和谐稳定的主线，坚持矛盾纠纷常规排查制度的同时，在“两节”“两会”等重要敏感时期，全方位开展“主动排查”，积极做好“主动化解”。全年各级调解组织共受理调处矛盾纠纷1986件，调处成功1983件，其中，排查调处1616件，成功1614件，成功率均达99.9%；防止民转刑案件1件1人，群体性上访事件4件93人；防止群体性械斗4件137人，有力地维护全县社会和谐。

【社区矫正】 进一步创新社会管理，认真贯彻落实《社区矫正实施办法》，将全县社区矫正人员信息全部录入全国社区矫正信息系统，并对严管类的95名社区矫正人员实行手机定位试点，实现从“人防”到“技防”的转变；通过与县检察院、法院、乡镇综治办、派出所等机构联合摸排帮教、督察及分片区进行点验的方式，强化对社区矫正人员的管理；在全县敬老院试点建立社区矫正公益劳动基地6个；全年共接收社区矫正人员129人，按期解矫138人，现在册201人，重新违法犯罪率控制在1%以内，实现“能管住，可转化”的目标。

【安置帮教】 不断加强对刑释解教人员的回归衔接工作，落实重点人员必接必送政策；全面开展服刑在教人员未成年子女排查帮扶工作，共排查出4名服刑在教人员未成年子女，对其提供心理辅导12次，协调县就业局为其亲属提供职业技能培训5次，解决好“三无”人员的安置就业问题，从源头上预防和减少重新违法犯罪；全年共接收刑释劳教人员65人，安置率达95%以上，帮教率达98%以上，重新违法犯罪率控制在1.8%以内。

【法治建设】 深入开展“六五”普法、“法治彭山”创建及“法律六进”活动，抓好“调解一次纠纷，上好一堂法制课”“法治文化亲民、法律服务为民、法治环境惠民”等专项活动；组织律师、法律工作者、法律服务志愿者进入县电力公司、中纺粮油（四川分公司）等企业6次，促进企业依法治企；扎实做好领导干部学法用法工作，创建公务员及事业单位法制宣传志愿者队伍，共开展普法培训活动15场（次），培训普法骨干350人次；建立“法治彭山”创建活动示范单位9个、示范学校5个、示范村26个、示范企业5个；积极指导、组织全县扎实开展“返乡农民工法制宣传”“三月法制宣传月”“12·4法制宣传日”等一系列主题宣传活动，累计“送法进乡村”130余次，“送法进社区”50余次，“送法进单位”105次，“送法进校园”128次，“送法进企业、进工地”20余次；举办各类法律、法规知识讲座、培训200余场次，发放相关法律、法规资料10万余份，提供现场咨询8000余人次。通过多场次、多形式、多主题的“三多”全覆盖式宣传，彭山县普法宣传面已达到98%以上，群众参与率和知晓率达95%以上。

【法援惠民】 全面落实惠民政策，扎实开展“服务民生——法律援助在行动”活动，抓好刑事法律援助规范和法律援助工作站规范化建设，已建成法律援助工作站12个，形成以律师、公证员、基层法律服务工作者为主力军，以法律援助中心为中枢，覆盖全县的法律援助网络；通过“案件大回访”“法律援助接待日”等活动，不断提升案件质量。全年共向社会发放法律援助宣传单5000余份，开展法律援助帮扶活动5次，回访受援人20人次；向社会提供法律咨询2699人次，办理诉讼、非诉讼法律援助案件142件。其中，援助律师为彭山农民工成功讨薪39.9万元、为孤儿姐妹获得工伤赔偿47万元等案件，备受中国法律援助网、中国工会网等多家媒体关注。

【法律服务】 继续贯彻《中华人民共和国律师法》《中华人民共和国公证法》，完成律师事务所、公证处机构人员考核工作；扎实开展“法律顾问进万村”活动，律师事务所、基层法律服务所分别应聘担任法律顾问57家、85家；引导律师、公证员、法律服务志愿者积极参与“服务保障民营企业发展”“法律服务进园区”“非公有制经济人士法律法规讲座”等系列活动40余人次，发放资料1万余份，免费提供法律咨询1000余人次；引导律师事务所与特殊教育学校签定法律援助协议，并捐赠现金1万元；继续推进律师进驻信访室工作，参与重大疑难信访案件案情研判和各类社会矛盾纠纷化解；全年律师、基层法律服务工作者每人办理法律援助案件2件以上；公证业务增长11%，错证率低于0.2%；在

“千案千评”专项活动中，评查了10件案件，合格率100%，律师法律服务满意率达到96%以上，无投诉。

【主题活动】 结合“警民亲”“321”干部直接联系服务群众等活动，扎实推进“实现伟大中国梦、建设富裕美好和谐彭山”、党的群众路线主题教育实践、“转变作风，司法为民”活动，共撰写调研文章6篇，心得体会2篇；在全县政法系统开展的“中国梦·政法梦·我的梦”演讲比赛中，选派2名参赛选手分获一等奖和三等奖；在帮扶保胜乡佛岩村3户群众中，深入实地走访慰问困难群众8次，制定具体帮扶措施6条，投入帮扶资金1万元。

【作风建设】 把好干部职工任用、考核关，做好每月“局长接待日”工作，认真抓好事业单位分类和基层司法所组织建设督察调研；通过“纪委书记下基层”、公务用车和警车专项治理、纪检监察系统会员卡专项清退以及“两新”组织党建等系列活动，不断加强党风廉政建设，深化领导班子成员“一岗双责”责任制及廉洁自律各项规定，推进队伍作风建设优化升级；大力开展选树典型活动，全年受到上级各项表彰17次，干警受表彰14人次；共参加“县委中心组学习”“锦江大讲堂”“政法大讲堂”等各类学习培训60人次，其他各类培训15场270人次；贤济律师事务所党支部和法律服务所党支部分别被县两新党工委评为五星级党支部及四星级党支部；全年无任何不文明执法行为发生，无违法、违纪的人和事。

【信息宣传】 坚持实行“全员信息员”制度，加大网络信息平台宣传工作，并定期进行信息调研分析；在县政府网站主动公开100余条信息，被采用76篇，被省、市、县各类网站转载刊用45篇次；共完成《司法行政简报》54期，其他信息140篇；简报、信息被上级刊物、各种媒体采用120篇次，其中，国家级有关部门单位11篇、省级40篇、市级54篇。

（田　萌）

人民武装

【机构沿革】 彭山县人武部于1950年正式成立，隶属中共川西区委领导。1951年，县人武部纳入军队编制序列，隶属眉山军分区领导。1953年，撤销眉山军分区后，彭山县人武部划归乐山军分区建制。1954年8月14日，根据中央关于民兵工作的指示精神，于同年10月设立兵役局，与人武部一个机构、两个牌子。1958年，撤销县兵役局进行整编后，保留县人武部。1959年，彭山县与眉山县合并，撤销县人武部。1962年10月，经国务院批准恢复彭山县建制，同年11月，根据成都军区命令，组建彭山县人武部，设军事科、政工科、后勤科，隶属乐山军分区建制领导。1986年，县人武部整体移交地方。1996年4月，由地方收归军队建制，隶属乐山军分区领导。1998年3月眉山军分区成立，划归眉山军分区建制领导。

【思想政治建设】 2013年，人武部通过集中学习、专题辅导、讨论交流等形式，切实抓好中共十八大精神的学习宣讲教育。开展“学习贯彻党章、弘扬优良作风”和“坚定信念、铸牢军魂”主题教育活动。在军分区统一组织下，通过采取参加视频会议、领导串讲、个人自学和体会交流等形式，扎实开展教育活动。开展“实现伟大中国梦、建设富裕美好和谐彭山”主题教育活动。是年6月25日在保胜乡连桥村开展专题宣讲，全村120余名党员和民兵到场听讲。召开党委会和干部职工大会对《中共中央关于全面深化改革若干重大问题的决定》进行原文传达学习，并积极借用各大媒体解读分析文章和参加上级组织的专题宣讲，进一步理解领会十八届三中全会精神。

【队伍建设】 坚决贯彻落实中央八项规定、

军委十项规定以及两级军区、军分区相关规定，特别是在省军区、军分区统一部署下重点抓好“四风”纠治。整治中，紧紧盯住经费管理、营区建设、新兵征集等热点敏感事物，通过自己找、群众提、上级点、相互帮等方式，深入查找“四风”方面突出问题，有效解决存在的接待标准掌握不好、业余时间打牌的问题，使内部风气得到较好转变。深入学习贯彻新《中国共产党党章》和《党委工作条例》，坚持贯彻执行党委民主集中制“十六字”方针，进一步规范党委议事决策程序，确保党委决策的民主性、科学性和正确性。同时，自觉加强交流沟通，主动搞好团结协作，有效提升党委班子的凝聚力、向心力、战斗力和牵引力。通过实行精确化管理考评机制，进一步细化责、权、利，确保每名同志各司其职、各尽其责，有效激励干部职工爱岗敬业、履职尽责热情；通过开展“每月一课”法制教育和经常性思想教育，准确掌握干部职工思想状况，有效增强法纪和条令条例意识。

【廉政建设】 组织干部职工原原本本学习廉政规定，使大家切实掌握基本精神和主要内容。党委成员逐条对照开展检查、分析和评议，并认真撰写对照检查分析材料。同时，定期开展述职述廉、群众评议等活动，对大项经费开支、工程建设、兵员征集以及涉及干部职工切身利益的事情及时公开，使领导干部自觉接受群众监督。积极与县委政府协调沟通，全年先后对4个乡镇的专武部部长进行调整，有3名专武部部长得到提升。开展业务培训2次，抽调4名专武部部长参加军分区集训，专武干部队伍业务素质得到进一步提升。

【军事战备】 紧紧围绕“听党指挥、能打胜仗、作风优良”的总目标，重点始终牢记“能打仗、打胜仗”强军之要，坚持以军事训练新大纲为依据，进一步创新方法、加大力度，不断提高首长机关和民兵预备役队伍遂行多样化军事任务能力。抓好战备工作。进一步修订完善各类预（方）案，规范战备秩序，加强物资器材的管理和保养，特别是加强县民兵应急分队的应急拉动训练，确保随时能拉得出、用得上、打得赢。抓好首长机关训练。2013年4月，参加军分区组织的竞赛性军事考核活动，有效提高首长机关训练水平和质量，并荣获团体总分第一名和2个单项第一、2个单项第二、3个单项第三的优异成绩。抓好民兵整组。是年2月—5月，在全面整组的基础上，突出抓好县民兵应急分队组建和基干民兵重点建设分队，优化调整供水保障、电力保通、燃气抢险、应急通信等13支专业技术分队的结构编成。抓好民兵训练。2013年组织开展3期集中训练，主要对共同课目以及警棍盾牌术、防暴维稳、应急救援等应用性课目进行训练，进一步提升民兵队伍遂行任务能力。特别是针对驻地洪涝灾害多发的实际，重点加强水上应急救援分队训练。2013年“7·9”抗洪抢险中，人武部第一时间组织动用民兵300余人次，在牧马镇、武阳乡成功转移群众1200余人，加固河堤130余米，确保人民群众生命财产安全。组织民兵参加元宵节战备执勤。2月15日19时至23时，根据县委县政府指示，人武部出动民兵应急分队50名基干民兵参加县城元宵节巡逻执勤，协助公安部门及时制止打架斗殴2起，受到县委县政府的高度肯定。抓好征兵工作。因工作成绩突出，连续4年被成都军区评为“征兵工作先进单位”。

【安全稳定工作】 重点抓好意识强化，通过对条令条例、《“六个管好”系列规章》等规章制度以及上级首长和文件指示精神的学习，并结合开展典型示范、案例剖析等活动，使干部职工安全意识得到有效强化。突出抓好安全管理，始终以条令条例和各种规章制度作为抓管理带部队的行动准则，定期开展安全形势分析和犯罪形势分析，及时制定必要措施。持续抓好信访维稳工作，充分发挥民兵情报信息网功能，密切关注涉军人员动向，全年共接待来信来访25人次，积极加强与地方应急办、群工部、信访办等相关部门的协调会商，及时有效地解决相关问题。彭山县人武部连续多年被军分区评为“安全稳定工作先进单位”。

【正规化建设】 坚持贯彻落实全军、军区基层建设工作会议和“眉山会议”精神，切实在巩固深化正规化建设成果上使狠劲头、下真功。始终坚定不移地用条令条例和规章制度来规范部队管理，坚持从点滴细微处抓起，确保“四个秩序”规范有序。在对营区和办公楼维护整修的基础上，对营区路面实施黑化，对绿化带进行优化，并对荣誉室、党委会议室、营区宣传栏等内容定期更新，营造浓厚的军营氛围。加强基层武装部规范化建设，坚持以洪雅县洪川镇武装部为样板，积极向县委政府主要领导请示报告并落实专项经费，同时先后召开3次专题会议研究部署该项工作，力争13个乡镇全部达标。

【抗震救灾】 “4·20”芦山地震发生后，人武部在军分区和县委、县政府的组织指挥下，第一时间组织一支65人的应急救援分队奔赴灾区，成为第一支成建制到达重灾区芦山县清仁乡和双石镇的跨区救援力量。从4月20日—5月3日，分两批出动兵力130人，搜救转移伤员6人，搭建帐篷1589顶，转移安置灾民3750余人，挖掘贵重物品3300余件，总价值650余万元（含现金13万元）；清理废墟2000余立方米，搬运发放救灾物资2100余吨，抢通道路11.6千米，铺设供水管道45千米，排险解难350处，拆除危房315间，抢运粮食290余吨，设置危险警戒线35千米。

【参建参治工作】 积极开展走访慰问活动。2013年，人武部先后在春节、“学雷锋日”、建军节等重大活动和节假日，共投入3万余元，对部分困难职工、贫困党员、伤残军人和联系户进行走访慰问。积极开展直接联系服务群众工作。根据县委、县政府统一部署，先后2次组织联系保胜乡的县委群工部、县司法局、县安监局等6个单位召开联席工作会议，共同研究制定帮扶措施，并落实帮扶资金3万余元。同时，先后10余次深入联系户家中，送去帮扶资金7000余元和价值1.5万余元的仔猪、羊羔、鸡崽、化肥以及农科书籍等生产、生活资料。积极投入到县委政府赋予的其他任务中。2013年以来，人武部共动用民兵2000余人次，较好地完成违章建筑拆除、砂石资源管理、农村水利工程建设等任务，受到地方党委政府的肯定。

【学习考评机制】 坚持每周抽考。在每周一交班会后，利用一定时间由值班首长对随机抽考干部职工对应知应会知识的掌握情况，并由政工科负责记录其答案情况。坚持每月测验。在每月的最后一个星期，由政工科拟制应知应会知识测验试卷，全体干部职工闭卷参考，并由政工科负责记录每个人的分数。坚持奖优惩劣。按照每周抽考和每月测验的具体成绩，每季度评出前三名和后三名，对前三名给予一定数额的奖金，而对后三名则扣除一定数额的绩效奖金。同时，到年底时汇总个人应知应会知识掌握情况，并将其作为年度目标考核、评功评奖的重要依据。

【“条令学习月”活动】 2013年3月7日，召开部党委会，组织党委委员认真学习上级关于开展“条令学习月”活动电报通知精神，对“活动”的开展进行研究和部署。会上，部长、政委要求党委委员在“条令学习月”活动中带头学习、带头落实，切实加强干部职工的条令意识，严格落实从严治军方针和《四川省军区正规化建设与管理实施细则》，努力提高人武部的依法管理水平，特别是在干部职工中大力倡导三种风气的树立，进一步规范队伍管理，确保教育活动收到实效。

【素质集训】 2013年4月15日—18日，人武部组织13名乡镇专武部部长进行为期5天的集中训练。集训采取理论授课与室外训练相结合的方式对队列、射击、战术基础动作、民兵组织建设、民兵军事训练教学法、兵役工作、兵员动员工作等内容进行系统训练和学习。

【应急救援演练】 根据年度军事训练安排，于2013年6月6日至9日组织民兵应急队伍和水上救援、医疗救护、交通运输、工程抢险5支救援分队共计150人，动用车辆5台，冲锋舟4台和部分抢险救灾器材进行应急救援大演练。演练以彭溪镇龙门桥村发生5.9级地震、岷江上游普降暴雨已达到100毫米为模拟背景，主演练场重点演练地震引发房屋倒塌、公告卫生事件以及电力、燃气、通信中断等次生灾害的应急演练；分演练点重点演练由暴雨引发群众被洪水所困、泥石流冲毁道路、山体滑坡等，大演练共设置处置与指挥决策、紧急避险与疏散转移、快速集结与水上搜救、医疗救护与灾民安置、抢通保通、处置报告6个科目。演练取得圆满成功，受到县委、政府的充分肯定。

【“八一”活动】 2013年7月30日，彭山县人武部为纪念建军86周年，邀请抗美援朝老战士、人武部退役老干部和部分烈军属代表共计30余人召开座谈会，共同回顾军队发展壮大的光辉历程，缅怀为革命献身的先辈，感悟军营生活给人生烙下的印记。会后，全体干部职工在政委董武的带领下，面向鲜红的军旗庄严宣誓。

【“一二三四五”机制】 2013年，人武部党委建立“一二三四五”机制，掀起学习中共十八大、宣传中共十八大、贯彻中共十八大精神热潮。“一二三四五”机制是：深学一篇报告，即原原本本研读十八大报告；开展二次宣讲，由部长政委带头深入联系点义和乡杨庙村和活桥村，开展两次专题宣讲，300余名民兵干部和群众到场听讲；坚持三个纳入，即将中共十八大精神纳入党委首要学习内容，纳入党日活动重要内容，纳入人武部机关共同学习；做到四个主动，即主动学习两级军区、军分区学习贯彻意见，主动理清发展思路，主动担当作为，主动沟通协调；抓好“五个融入”，即将中共十八大精神融入到年度工作中，融入到各自岗位中，融入到正规化建设中，融入到遂行任务中，融入到为民服务中。

（何　明）

民　主　党　派

中国民主同盟会彭山县支部

【大事记】 1月29日，盟总支开展辞旧迎新2012年终总结会。盟市委副主委胡志中在会上讲话。

2月，盟总支开展全文学习和领会中国共产党第十八次全国代表大会会议精神活动1次，座谈会1次。

4月，组织在职盟员参加读书活动1次。阅读旅美学者方绍伟所著《中国不一样》，为骨干盟员订阅《四川民盟》《四川统一战线》《中国统一战线》《群言》等。

5月，盟总支组织部分骨干盟员参加民盟眉山市委组织的“中国梦”学习活动；组织在职盟员开展“中国梦我的梦”主题活动2次，学习领会“中国梦”会1次，学习心得交流座谈会1次；盟员李清川参加县教育局“中国梦”演讲活动，取得好成绩。

7月5日，承办民盟眉山市委委员扩大会暨参政议政工作会并取得圆满成功。

7月19日—21日，盟总支在峨眉山市黄湾乡龙洞村开展“同心共筑中国梦”主题演讲报告会。盟员李清川等作演讲报告，82岁的盟员、四川省书法协会会员王武康欣然为该次活动挥毫题词两幅：“同心共圆中国梦”“亲和力正能量”；并为与会的盟员现场书写、赠送书法作品25幅。盟员毛迎春也挥毫为盟员赠送书法作品。

10月13日重阳节，盟总支为每位退休盟员送去问候和慰问品，价值1200元。

【组织建设】 为进一步了解民盟光荣历史，继承民盟前辈遗志，传承民盟优良传统，牢固树立同心思想，坚定“三个自信”，与党同心同行，是年10月26日，盟总支30人前往成都华阳开展“同心同行”政治交接学教活动，参观中国民主同盟成都史实陈列馆，盟总支为张澜塑像敬献花篮，每位盟员敬献一束秋菊；为开拓眼界，普及科普知识，了解最新科技成果，增进盟员友谊，到“西博会”现场参观科技馆、农业馆和“海昌极地海洋世界”。每年向退休盟员活动小组拨款2400元，退休盟员活动小组开展丰富多彩活动4次。2013年培养发展4位优秀盟员，分别是县医院五官科医师李晓鸣、彭山二中语文组组长任继超、黄丰中学史地组组长张艳、县医院体检中心主任罗晓丽。2013年，杨静（彭山一中教科室副主任）、卢莺（四川大学锦江学院计算机学院讲师）、龙念华（彭山县发展改革局财务管理）、谢庭洪（四川法派律师事务所主任）、文志海（四川泰鑫律师事务所任主任）、苏丹（彭山县第一小学教师）等9位优秀同志开始入盟培训考察。

【参政议政】 组织盟员委员积极参加市县两级政协全会、调研、视察、培训等活动。组织盟员积极参加县委统战部各次会议、调研、视察、培训活动。组织盟员中的“特约监督员”“行风监督员”认真履职。盟员刘建中撰写市政协提案2件《关于在乡村公路进入106线入口处增设减速设施的建议》《关于我市环境空气PM2.5污染防治的建议》。盟员唐建超撰写《彭山县以“七大战区”为抓手构建多点多极发展格局》《彭山县大力开展闲置土地清理处置的实践与思考》《彭山县依托区位优势大力发展第三产业的调研报告》3篇调研报告，其中《彭山县大力开展闲置土地清理处置的实践与思考》获得市长宋朝华签批；撰写彭山县第二季度经济运行发言材料在全市经济运行分析会上发言，得到与会市领导和区县领导的好评。《关于根据全省县域经济综合评价结果分析上半年县域经济发展相关情况的报告》获市委书记李静、市长宋朝华亲笔签批。2013年，盟总支撰写县政协集体提案1件，个人提案9件；政协小组讨论发言5人，撰写调研文章2篇；向盟市委上报社情民意7篇。向县委统战部报送信息7篇。向县政协报送文史资料文章11篇，全被出版采用。

【社会服务与宣传】 2013年3月和9月，盟总支两次到义和中学、黄丰中学开展“农村教育烛光行动”；向义和中学、黄丰中学初三前10名优秀学生颁发“伟业奖学金”计8000元。向40位获奖学生发励志阅读文章，向20名获奖学生的家长颁发“喜报”。彭山县电视台记者全程跟踪，对4名获奖学生进行电视采访，在彭山电视台报道播出。活动期间，盟员们参观考察彭山县的现代绿色农业——观音果园村葡萄产业、义和红心猕猴桃产业。医卫系统有8位盟员自愿成为县红十字会自愿者，盟总支与县“红十字会”于是年10月9日上午在保胜乡敬老院联合开展“博爱家园”志愿者服务活动，参加服务活动的有医生盟员王娜、倪文萍、周福生、毛迎春等，现场为30余名老人进行体检；发放与健康和保健有关的宣传资料并细心地与老人们讲解，指导怎样用科学的方法注意身体健康；最后还为老人们分发猪肉、食用油等慰问品。为普及应急医疗救护知识，提高中学生在突发事件中的自救互救能力。10月28日，民盟彭山县总支、县红十字会在彭山一中开展应急救护知识、技能培训活动，发放《应急救护与健康常识》宣传手册，采取理论讲解、示范指导、现场演示演练等方式，向同学们传授救护新概念、心肺复苏术、呼吸道阻塞、现场急救等救护知识、救护方法，普及创伤救护现场急救的止血、包扎、固定、搬运四项基本技术，1000余名学生接受培训。盟员周建伟接待青神县工商联到其小额贷款公司调研、考察学习两次，连续8年为义和小学资助贫困生每年5000元，2013年资助贫困大学生3人共计6000元。总支盟员向芦山地震捐款共计6300余元。盟员李清川春节期间回到故乡汉源县，组织春节文艺联欢活动，并参加演出；参加彭山县委、县政府组织的春节团拜会演出，受到好评。

【工作亮点】 盟员向智勇主编《暑假新动向——八年级英语》一书于2013年6月由东方出版社出版。盟员葛利群撰写信息1篇，出版在县政协文史文章《兢兢业业无私奉献——忆盟员卢平》。盟员许文权撰写文史《解囊扶困心向善无限功德夕阳红——记原民盟盟员陆念先生》出版在县政协文史资料书中。盟员谢志良撰写县政协文史文章《我与民盟》《优秀学者做人典范——追忆民盟彭山县支部前主委冯宗枚》。盟员张艳所教初中班级历史和地理在县统考中获全县第一，担任班主任的班级被评为县优秀班集体，担任教研组长的教研组被评为优秀教研组，担任历史课题研究主研，交流县级论文1篇，在国家级刊物发表论文1篇，作为县学科带头人到武阳中学送教献课1节。盟员刘建中在县委统战部“中国梦”征文活动中撰写文章《中国梦民盟梦》，在“同心工程”征文活动中，撰写文章《强化同心思想，与党同心同行——学习中共十八大精神的几点体会》，为县政协撰写文史文章《民盟彭山县总支委员会大事记》等共3篇。盟员唐建超分管彭山县政府办公室信息和调研工作，信息工作居全市第一，全省区县评比中名列前茅；争取到市调研课题三个，数量全市第一；撰写的《彭山经济呈持续高质量高增长态势》在9月23日《眉山日报》头版头条刊发。参与彭山县重点项目天府新区青龙顺河坝土地整理推进工作，任领导小组办公室常务副主任，起草合作协议、参与项目洽谈和项目建设规划和推进工作，该项目已与天之府实业有限公司达成合作协议，完成征地拆迁、方案设计等前期工作，2013年该项目已完成投资1.5亿元。盟员吴锦秀所教学生刘启豪成为高考眉山市理科状元，吴锦秀被评为县级优秀教师、眉山市高中生物学科带头人。盟员刘红玉帮助残疾人60余人，帮助10人免费做白内障手术，帮助大病救助20人，救助多名流浪乞讨人员，举办创业培训班。盟员李清川参加眉山市广播体操比赛获第一名。盟员李桂珍晋级为高级教师，获全国中学语文教师阅读竞赛“三等奖”，被评为县骨干教师。盟员林敏在邛崃市红十字医院任业务院长，医院被成都市医管局评为A级单位。盟员任继超在市级、省级、国家级刊物发表论文30篇，上县级、市级、省级公开课40节，开展讲座6堂，任继超主研的市级、省级科研课题3项，其中，一项获省“三等奖”，命制眉山市中考语文试卷三套，晋级为中学高级教师，被评为县“优秀教师”“优秀教研工作者”。盟员周建伟实施经营多元化战略，“伟业广场”二期全年完成投资1.2亿元，小额贷款公司大力扶持小微企业、三农经济、个体工商户（特别是残疾人和困难农户创业），累计发放贷款6730万元；投资“建伟伟业商贸大厦”，2013年完成投资8600万元；组织各部门员工开展“学雷锋做好事”活动一次；公司连续四年被眉山市工商行政管理局评为“重合同守信誉”企业。

（刘建中）

中国民主促进会彭山县支部

【参政议政】 2013年，中国民主促进会彭山县支部履行职责，积极参政议政。建立参政议政的组织网络。在参政议政工作中，总支实行一把手负责制，把参政议政工作列为重要议题，定期研究。采取会前集体审议、会中各抒己见等方式加强会员之间的联系，汇民心、聚民智，认真收集整理各领域意见、建议，精挑细选有价值的信息转化为参政议政建议，真正做到建睿智之言、献务实之策。深入调研，履行参政议政职能。引导会员围绕“五大重点”“七大战区”中心工作，把调查研究作为重要抓手，全面了解情况、认真分析问题的现象、根源，提出解决对策，不断提高议案、提案的准确度和实效性。同时充分发挥会员的自身优势，找准参政议政的角度，精心选题，扎实调研，围绕发展、关注民生，反映社情民意，撰写高质量的议案提案及调研报告。2013年两会期间，彭山总支提交党派提案1件，个人提案7件；并有上年度的2件提案被评为年度优秀提案；民进彭山总支作题为《关于深入推进我县“新农保”工作的建议》大会发言，取得与会委员的认同。

【服务社会】　2013年，中国民主促进会彭山县支部坚持“求真务实、量力而行、服务社会、讲求实效”的工作原则和“发挥优势，与时俱进，拾遗补缺，持之以恒”的工作方针，认真组织开展社会服务活动，增进社会各界对民进组织的认可。连续6年关心爱护留守儿童：在“六一”节前夕组织会员看望慰问城东社区的5名留守儿童，送去2000元的慰问金和民进总支的关爱。连续8年关心爱护孤寡老人：在重阳节前夕送健康下乡，组织会员前往观音敬老院，为75余名孤寡老人免费义诊，并送去价值8216余元的日常生活用品。主委喻旭与老人们亲切交谈，了解他们生活状况，身体情况，祝愿他们有一个幸福美满的晚年。关心彭山县特殊教育学校的发展：组织会员到新建的残疾人特殊教育学校，多方联系，积极协调为残疾孩子们送去价值6500余元的健身设施，帮助他们有一个愉快的童年。关心偏远地区学校留守儿童，“六一”前夕为锦江乡皇陵学校的60名留守儿童送去价值1.3万余元的慰问金和慰问品。关爱弱势群体，总支坚持在节假日前看望慰问困难群众，全年共为10户困难户送去3000元慰问金及慰问品。

【组织建设】　2013年，中国民主促进会彭山县支部有会员人数28人，在职会员18人，退休会员10人。为增强团队意识，也为加强沟通交流，总支适时安排各种活动。抓好会员的政治教育。围绕树立和践行社会主义核心价值体系方案，深入学习贯彻邓小平理论、中共十八大会议精神，对市委会下发的民进会刊能及时组织传阅学习，及早掌握上级工作方针和工作意图，了解工作动态。学习借鉴其他先进组织的好经验、好做法。以“双岗建功”等活动为抓手，切实加强思想建设，2013年，总支共开展思想建设活动8次。召开会员大会深入学习中共十八届三中全会精神，民进省委、市委会工作会议精粹，通过学习，全体会员知悉十八届三中全会的报告和决议，了解国家的大政方针。各位会员还积极参加市委会、县委统战部所组织的座谈会、报告会及各级各类会议20余次。会员中的政协委员积极参加政协组织的各种视察活动6次。如何加强新时期统战工作、如何提高民主党派参政议政水平是中国民主促进会彭山县支部十分关注的问题。2013年，会员撰写《如何加强民主党派民主监督的时效性》统战论文1篇，完成县政协的安排1万余字的《民进史》。有6名会员分别撰文畅谈自己的加入民进以来的感想，4名会员分别撰文写出自己的“中国梦”；会员何进德撰写论文《半夏汤治疗慢性胃炎》发表在《医学信息》2013年第六期。另选派一名会员参加市委统战部组织的演讲比赛。2013年，严格按会章要求，以“精准优”为标准，坚持程序、坚持稳步发展原则，坚持支部“四坚持一强调”做法，坚持发展对象政治素质好、知识层次高、参政议政意识能力强、积极要求入会，坚持发展对象对中国民主促进会彭山县支部性质和章程清晰了解，坚持发展对象半年以上考察期，坚持发展对象一对一重点考察培养，成熟一个发展一个。储备2名后备干部。

【信息工作】　2013年，积极开展组织、关爱活动，每次活动尽可能及时进行信息报道；拓展外界联系，不断扩大影响，以提升民进的整体形象；积极完成民进市委、县委统战部下达的各项任务。2013 年，共被民进市委会及上级部门采用信息 9 篇。

【工作成绩】 会员王波获得 2013 年第七届全国语文老师读书竞赛二等奖、2013 年彭山县优秀教师称号；会员张梅当选为四川省第十二次妇女代表大会代表；会员阳朋军被眉山市委、市政府评为眉山市群团工作先进个人；会员刘欣获得眉山市政府颁发的东坡文艺绘画类二等奖；会员邓大联获得四川省语言工作委员会颁发的“中国梦·语言梦·我的梦”征文活动优秀指导教师、眉山市第五届中职师生综合素质大赛优秀评委称号。

【存在不足】 主要是活动形式相对单一，缺乏创新，吸引力不大。会员的参政议政意识有待进一步提高。

（阳朋军）

中国民主建国会彭山县总支部

【概况】 2013 年 12 月，彭山民建共有会员 34 人。会员平均年龄 48.2 岁，其中副科级以上会员 4 人。大专以上学历 26 人，中级技术职称以上 13 人。市人大代表 3 人，市政协委员 1 人，县政协常委 5 人、委员 9 人。

【思想建设】 2013 年，中国民主建国会彭山县总支部坚持会员两个月集中学习和班子成员不定期学习的制度。参加主题学习培训。是年 6 月 20 日，参加省委会副主委王元勇作的题为“深入学习贯彻十八大精神，实现伟大中国梦”的专题培训；9 月 20 日开展会史知识学习会；10 月 30 日，参加省委会处长谢学峰主讲的如何撰写参政议政、社情民意信息培训。开展“学习中国梦，民建如何动”的大讨论活动。除座谈讨论外，会员撰写心得体会文章 10 篇，《中国梦》征文 1 篇。开展纪念“五一口号”发布 65 周年座谈会，深情回顾多党合作不平凡的历史。班子成员参加民建市委组织的座谈会，会员撰写心得体会文章 1 篇。传达有关会议、文件精神，重点传达中共十八届三中全会精神，县党代会、政协会、人代会精神，传达县委统战部工作会议精神以及民建眉山市委相关会议精神，为会员了解政策、知情出力提供帮助。组织会员撰写与彭山民建组织发展史相关征文 11 篇。

【组织建设】 按照民建“三为主”的入会原则，全年发展 3 位会员入会，分别是县司法局何锋、县妇幼保健院副院长余勤、县财政局助理会计师许鸣。向县委统战部推荐何锋、张丹、林翔三位会员为党外后备干部。会员周惠顺利完成在成都市建委的挂职锻炼。

【制度建设】 2013 年 3 月，经会员大会讨论通过，制定《参政议政文稿信息表彰奖励办法》，以激励会员推动工作开展。

【参政议政】 通过市县两级两会撰写提案、建议意见。在年初市、县两会上，市县人大代表、政协委员共提交提案 11 件。其中，提交市政协会 2 件，提交县政协会集体提案 2 件、个人提案 7 件。会员陈永华主笔的《规划实施垃圾焚烧发电项目，推进我市生态文明建设》作为市政协驻彭山委员小组集体提案和市政协全会发言材料，并得到市委书记李静的肯定和批示。围绕党政中心工作积极开展调研。主委周惠牵头组织开展对全县公共文化服务体系建设、扶贫开发和移民后扶工作、乡镇卫生院运行情况等调研，形成调研报告 2 篇。围绕党派自身建设开展调研。周惠牵头完成《民建彭山总支基层组织建设情况调查报告》《切实加强内部自律，积极争取外部支持——加强民主党派基层组织建设之我见》两篇调研文章。陈永华牵头完成县委统战部布置的《新形势下民主党派思想政治工作浅析》，李群芳完成市委统战部布置的《发挥民主党派民主监督作用之我见》。

【社会服务】 2013 年，共捐资助困 65.85 万元。组织会员为芦山灾区捐款，会员参与人数 27 人，捐资 4.71 万元。捐资渠道主要是通过党派、会员单位、慈善协会等。开展“321”联系帮扶活动，在职副科级以上的 4 位会员共联系帮扶 5 位贫困户，给予联系户 5000 余元的资金扶持。开展联系村活动。会员企业家热心社会公益事业，为牧马镇向阳 4 社 44 位老年村民发放养老金每人每月 500 元，计 26.4 万元；为牧马镇园门 4 社 66 人发放每人每年 1000 元养老金，计 6.6 万元；为向阳、园门两村 2107 人购买医疗保险每人每年 60 元，计 12.64 万元。以上三项共计 45.64 万元。会员罗永田致富不忘回报社会，2013 年为市慈善总会捐资 15 万元，用于贫困学生的扶助。在现有 9 位企业家投身经济发展的同时，总支会员、四川亨达实业有限公司总经理罗永田积极参与青龙段“天府新区”建设，与县人民政府签订天府龙都湿地公园 B 区的投资协议，计划总投资 1.4 亿元。

【信息宣传】 全年会员共撰写反映党派工作、会员工作动态的信息共计 10 篇，均被民建眉山市委、市政协采用。在县政协年初全委会上，总支《关于合理规划我县商业网点》的建议意见被表彰为优秀提案。

（周　惠）

群　众　团　体

总　工　会

【概况】 2013 年，彭山县总工会工作在惠民帮扶、工资集体协商、女工、法律援助、活动阵地建设等方面受到省、市、县的肯定，获四川省总工会“四川省工会系统先进集体”奖和全市工会系统工作评比一等奖。

【组织建设】 2013 年，彭山县工会始终坚持以“抓基层，重基础”为重点，深入开展“广普查、深组建、全覆盖”集中建会行动，全面加强村级（社区）工会、区域性（行业性）工会和非公企业工会组织建设。全年进入全总数据库的非公企业 713 家，全部建立工会组织，建会率达 100%，入会率达 100%。截至 2013 年 12 月底，全县基层工会组织达 914 个，会员总数达 11.03 万人。工会组织较上年净增 204 个，会员数净增 1.61 万人。

【工资集体协商】 2013 年，县总工会认真宣传动员，量化工作目标任务，采取“三方四家”（“三方四家”是指人社局代表政府，总工会代表职工，经信局和工商联代表企业）。部门“一联一”，个人“一联三”活动，规范程序，认真组织企业召开“两会”，倡导“重签订、守协议”，及时全面完成工资集体协商目标任务。专门制做工作开展情况的专题片、PPT 资料扩大影响，受到省、市总工会领导的肯定。是年，彭山县共签订工资集体协议 254 份，覆盖企业 710 家。其中：50 人以上企业签订工资集体协议 83 份，覆盖企业 83 家，覆盖职工 1.56 万人；50 人以下企业签订工资集体协议 171 份，覆盖企业 627 家，覆盖职工 6405 人；单独签订 136 份，区域签订 28 份，行业签订 7 份。2013 年，彭山县的“两个普遍”工作，成为省市州交叉检查的区县，省总工会在听取汇报并实地进企业检查后认为彭山组织有力、认真规范、扎实有效，非常满意并给予充分肯定。

【经济技术】 大力开展群众性经济技术创新活动，在重点项目、重点工程中组织职工广泛开展各种形式的劳动技能竞赛56项（次），参赛职工达5.2万余人（次）。组织454户企业开展“安康杯”安全生产竞赛活动，参赛职工达到5.68万人，印发资料3万份。彭山县八百寿酒业、金碧物业有限公司2家公司在四川省“安康杯”竞赛活动中获奖。

【合理化建议活动】 组织职工开展合理化建议活动，县企业职工提合理化建议2300余条，被采纳600余条（次），促进企业增收节支160万余元。设立职工节能减排义务监督员队伍的企业120个，聘请义务监督员26人。

【技术培训】 加大技术工人的职业技术培训，开展电工、焊工等10余个工种的岗位练兵和技能比赛，全县共有30家企业5000余名职工技能得到有效提升。推荐评选省级劳动关系和谐企业2家，市级评选表彰劳动关系和谐企业2家。

【劳模管理】 关爱劳模，宏扬劳模精神。在“五一”前夕召开劳模座谈会，坚持重大节日开展劳模慰问活动，并组织劳模体检，进一步弘扬劳模精神，充分发挥新时期劳动模范的骨干作用，激发全县劳动者为经济建设和社会各项事业发展作贡献，共慰问劳模122人（次），共发放劳模资金19万余元。

【惠民帮扶】 惠民帮扶力度加大，做好送文化、送技术、送温暖、送环境“四送”工作。贯彻省、市关于进一步推进惠民帮扶中心工作的文件精神，以“固定帮扶与应急帮扶相结合”做好惠民帮扶工作。开展“春送岗位”工作，采取委托培训、合作培训等多种形式共组织全县企业岗位技能、普法及安全知识、应急消防知识及演练等培训6200人次，投入培训资金11万元，大力提升职工（农民工）技能，帮助就业。切实搞好“夏送清凉”活动，共慰问鲁洲生物等16家企业，一线职工2460名，发放“夏送清凉”物资价值13万余元。积极开展“金秋助学”活动，基本实现全县建档困难职工（农民工）子女应助尽助。全年县工会共筹集助学资金22.5万元，为271名困难职工（农民工）子女就学提供资助。扎实开展“冬送温暖”工作，全县共组织慰问困难职工、困难农民工、困难劳模等1103余人，发放慰问金77万余元，为职工群众提供法律援助16起，提供援助资金3万余元。

【互助互济】 2013年，全县参加工会系统职工医疗互助保险达120人（次）。全县参加女职工大病互助保险达200人（次），赔付职工5人（次），赔付金额6万元。

【法律维权】 创新开展工会法律援助工作。立足发挥工会维权职能作用，整合资源，充分利用社会力量，共同做好法律维权工作，与“法派律师”事务所合作，从事务所、工会抽调人员，充实工会维权力量；抓好法律援助制度的建立健全。制定工作流程并上墙，让职工群众对法律援助程序一目了然。提供3万元法律援助专项资金，同时自筹1万元作为法律维权工作经费，确保维权工作的正常开展。积极主动参与企业劳动关系矛盾纠纷调解，利用法律武器依法维护企业稳定和职工合法权益。2013年，新建矛盾纠纷调解室15个，实现百人以上企业全部建立矛盾纠纷调解室，共建立100户，积极参与各种纠纷达17起，解决赔偿金额70万余元。2013年被列为全国工会职工法律援助维权服务示范县。省总法律保障部部长李长春到彭山检查，对彭山整合资源、利用社会力量的创新工作模式给予高度评价。

【自身建设】 开展“四好班子”建设活动。坚持年初有规划，年中有检查，年终有总结。坚持学习制度，组织开展“中国梦、劳动美”宣传教育活动，组织学习中共十八大精神和习总书记讲话精神，提高工会干部的思想素质，坚持把直接联系服务群众活动作为“四好班子”建设的重要内容，主要领导亲自抓。加强干部队伍建设，全年共举办工会干部培训班8期，培训基层工会干部130人（次）。加强党风廉政建设工作。认真组织学习“八项规定”“十项规定”“五个坚持”《党员领导干部从政若干准则（试行）》，加强党风廉政建设责任制的贯彻落实。全体干部职工从思想道德、廉政建设，特别是在接待费用、公务用车、后勤服务等方面严格执行上级规定，全年无一例违法违纪行为发生。加大工会经费收缴力度。完善委托地税代征企业工会会费机制，加强机关事业单位财政代扣会费工作，全面完成上缴经费任务。切实加强工会经费的监督管理，制定出台基层工会经费管理制度，加强对县本级和基层工会经费的审计工作，完成县本级工会、4个基层工会财务审计任务。

【城乡环境综合治理】　按照县委、政府关于城乡环境综合治理“进企业”的要求，对全县基层工会开展城乡环境综合治理“进企业”活动进行安排部署，明确要求，印制宣传手册，深入部分乡镇、企业进行指导和督促检查，促进城乡环境综合治理“进企业”工作的开展。2013年，在重点做好全县100家规模以上企业治理活动的同时，做好中、小企业组织发动工作。全县企业、职工积极参与，共300余家企业，4.3万余名职工参与城乡环境综合治理“进企业”活动。

【联系乡镇】　2013年，帮扶联系村新农村建设、道路建设、贫困户救助、计生三结合等，为结对帮扶对象筹集资金，共提供生产生活物资及资金1.9万余元，慰问74人（次），办实事18件，解决帮扶对象的实际困难和问题，支持其发展。

（许　皓）

共青团彭山县委

【概况】　2013年，共青团彭山县委积极围绕党政中心，突出亮点、狠抓重点，全面活跃基层共青团组织，促进全县共青团工作在各个层次、各个领域整体推进，团结带领全县广大团员青年为“实现伟大中国梦建设富裕美好和谐彭山”贡献青春、智慧和力量。

【青年基础工程】　狠抓“四大工程”，强化“青春彭山”底色。狠抓青年基础工程，扎实推进基层试点工作。2013年年初，彭溪镇、青龙镇、牧马镇成功申报为全市基层共青团试点乡镇。按照团市委基层试点工作要求，团县委积极指导三个乡镇全面铺开、扎实推进试点工作，探索关爱留守学生、服务企业发展、农村青年夜校等工作方法。2013年，全市基层共青团试点工作交流会在彭山县召开，团市委书记王艳，副书记梁宁，各区县团委书记、副书记，试点乡镇负责人以实地走访的形式，对三个乡镇共青团试点工作的开展情况进行参观与学习，团市委书记王艳对彭山县试点工作给予充分肯定。组织建设成效显著。落实各乡镇团委2万元工作经费，为基层团组织开展活动提供经费保障；扎实开展乡镇实体化大团委建设工作，全县新建乡镇直属团组织356个，建立“两新”团组织20个，实现不同区域、行业、性别、年龄的全覆盖，组织活力和战斗力大大增强。团省委副书记克克到彭山调研此项工作时，对彭山的做法和成绩给予高度肯定。干部素质提升明显。“五四”期间举办“纪念‘五四’运动九十四周年暨新形势下如何做好共青团工作”主题演讲比赛，充分展现基层团干部的风采。基层考评制度不断完善。制定下发《2013年共青团工作考评办法》，对各乡镇团组织、县直属团组织进行分类考核，对信息宣传工作进行单项考核，并明确奖惩办法。

【青年培训】　2013年，举办基层团队干部、西部志愿者培训会5次，邀请团市委、县委领导现场授课，深入学习中共十八大、团的十七大精神，突出抓好思想政治教育、业务技能培训等。联合乡镇劳保所组织开展青年技能培训350

人次；会同农业局、畜牧局在观音镇、黄丰镇、义和乡开展葡萄、柑橘、猕猴桃种植实用技术培训6场，并到田间地头进行现场技术指导。

【青年德育工程】 强化青少年思想政治教育。组织开展“三观”“三热爱”“我青春，我快乐”“寻找最美彭山青年”等为主题的系列活动25次，以先进典型教育引导青少年；“雷锋月”号召各级团组织在青少年中广泛开展“人人争做‘活雷锋’，共建和谐新彭山”活动13次；“清明”期间组织3000余名青少年开展祭奠革命先烈活动，进一步深化爱国主义教育；儿童节期间，举办大型游园活动，3000余名师生及家长共同参加，寓教于乐间增进亲子感情。同时号召各基层少先队组织开展文艺表演、诗文诵读等活动10场。加强安全意识教育。联合教育、公安、文化等部门开展校园周边网吧整治工作，动员“五老”网吧监督员定期进网吧开展监督活动，开展33期“法制副校长进校园”活动，让全县青少年知法、懂法，不断增进法制安全意识。开展感恩奋进教育。充分利用青少年社会实践基地，以军事训练、素质拓展为载体，开展感恩奋进教育，着力解决当下青少年耐受性差、贪图享乐、缺乏感恩等问题。全县参训青少年达到4500余人。

【青年创业工程】 实施就业创业帮扶计划。深化与银行合作，继续开展青年就业创业小额贷款工作，争取上级专项资金和社会支持，为青年贷款户贴补利息奖励6万余元，同时发放青年贷款85万元；在全县特色产业园评定农村青年信用示范户35户，进一步加强农村青年诚信意识，促进农村信用环境建设。助推非公企业发展。联合吉龙化工开展青工技能大赛，掀起全县企业青年职工技能比武热潮，并在青龙镇多家企业举办技能比武7场，为企业青年职工搭建一个展示才能、交流技术的平台。搭建青年实践平台。继续深入开展校地共建工作，下派74名品学兼优的大学生到县、乡、村挂职开展社会实践活动。

【青年和谐工程】 多形式帮扶贫困青少年。继续向上级团组织争取青少年成才基金及圆梦帮扶资金17.02万元，资助彭山县155名贫困青少年完成学业；联系爱心企业出资2万元，帮助全县10名贫困新生入学；继续开展“给贫困学生一个温暖的被窝”活动，惠及全县150余名贫困留守学生，慰问物资达4.5万元；开展“新年心愿青春微力量”大型公益暖冬行动，募集爱心资金12.5万元，帮助全县560名贫困、留守、残疾等特殊青少年实现新年心愿。救助重病青少年。为重度烧伤儿童雷家通捐款3000元，并通过发动社会力量募集救助金3万元；为观音小学重病儿童陈琳捐款1000元。打造交友品牌。为给广大青年提供安全的交友平台，团县委在情人节、圣诞节等特殊节日举办大型的单身青年联谊活动。

【直接服务联系群众】 与黄丰镇共和村2户群众建立长期联系机制，先后5次组织党员干部前往群众家中，深入了解其生产、生活状况，制定详细帮扶措施，并为联系户送去大米、粮油等帮扶物资及4300元慰问金；出资2000元，帮助联系户谢天强修建房屋；支持共和村工作经费5000元；慰问残疾人10户，并送去2000元慰问金；为贫困母亲和贫困职工送去慰问金1100元。

【关爱留守儿童】 突出亮点工作，打造“服务青少年”品牌。广泛开展“留守学生”关爱行动。按照乡镇分组，进行深入摸底，建立留守学生台账；自筹资金2万元在彭溪镇蔡山社区、兴崇村，谢家镇谢家场社区，黄丰镇黄丰场社区新建成标准化“留守学生之家”4个；利用周末、节假日组织青年志愿者、大学生村官、西部计划志愿者等开展关爱活动35次，关爱留守学生6000余名，有力地促进了留守学生健康快乐成长；承办共青团眉山市关爱留守学生（儿童）“亲情大讲堂”，为彭山县100余个返乡农民工家庭带来一堂别开生面的亲子教育课，增进家长与孩子之间的感情；结对国家开发银行四川省分行团委赴青龙镇龙都社区“留守学生之家”开展关爱活动，为25名留守学生送去书籍、学习用品；协同成都中医药大学、西南交通大学、成都体育学院等7所高校，分别在彭溪镇、牧马镇、青龙镇、锦江乡等6个乡镇开办“快乐学校”，针对农村留守儿童开展学业辅导、亲情陪伴、感受城市、自护教育、爱心捐赠等内容的志愿服务活动；承办四川万名青少年夏令营眉山分营开营仪式，并组织全县200余名留守学生开展为期3天的公益夏令营。

【青年志愿者服务活动】　2013年，全县各级青年志愿服务队围绕党政中心工作，陆续开展“关爱留守学生”“关爱孤寡老人”“义务植树”“城乡环境综合治理”“科普宣传”“学雷锋”“废旧电池回收”“做文明彭山人创文明彭山城”等志愿服务活动共50余次；“4·20”地震发生后，迅速组织青年志愿者为灾区募捐，2天共募集10万余元物资，并于第一时间将物资送达雅安。随后响应团省委统一号召，组织志愿者队伍深入灾区服务15天，为雅安市名山县的灾后重建工作作出积极贡献。全方位开展西部计划志愿者工作。认真做好大学生西部计划志愿者续签、离岗工作，并积极向省项目办申请，新吸收13名2013年度大学生西部计划志愿者来彭山县服务；成立西部计划志愿者兴趣小组，利用业余时间组织志愿者与大学生村官举行篮球友谊赛；在元旦、国庆、中秋和端午节等节日，组织志愿者召开茶话会，询问志愿者们的生活、工作等情况，切实帮助解决实际困难，让志愿者们感受到共青团的温暖。

【中心工作】　围绕党政中心工作，传递青春正能量。在“实践伟大中国梦建设富裕美好和谐彭山”伟大实践中，团县委紧紧围绕工作大局，主动作为，开展“1234”（一个宣讲引导、两种创新举措、三类主题活动、四大组织依托）工作法，被眉山市委、市政府授予“实现伟大中国梦、建设富裕美好和谐眉山”主题教育活动先进集体称号。邀请青年导师围绕“我的励志梦”“我的成才梦”“我的志愿梦”“我的创业梦”等主题，面向全县1000余名青年团员举办6场主题教育宣讲活动；通过筛选优秀青年代表，拍摄“青春梦想”宣传片、成立“坝坝电影院”，放映《梦想启航》励志片两项举措，扩大影响，传递正能量；开展“六一”游园主题活动、主题演讲比赛、优秀作品征集评选活动，覆盖全县80%青少年，为“实现中国梦、彭山实践”营造声势；依托乡镇、机关、学校、企业四大团组织，开展各类文艺演出、主题宣讲、技术培训、技能比武、关爱留守儿童、禁毒宣传、法制教育、防艾宣传等活动30余次。活动开展过程中，共编写《青年专报》12期，均被四川共青团网站、眉山青年网采用，省、市、县媒体采用6篇，“畅想中国梦传递正能量”主题教育活动取得良好效果。组织开展“做文明彭山人·创文明彭山城”志愿者劝导活动。为弘扬“奉献、友爱、互助、进步”的志愿者精神，引导教育广大市民摈弃陋习，养成文明的行为习惯，结合全县“做文明彭山人·创文明彭山城”活动的总体安排，联合县级多个单位共同开展为期1年的“我参与、我奉献、我快乐”文明劝导志愿者服务活动，每月组织青年志愿者对城内乱停乱放、乱吐乱扔、乱搭乱建、乱过马路等不文明行为进行劝导。

【外宣工作】　加大工作宣传力度，唱出青春最强音。为做好新时期共青团宣传工作，创建彭山共青团腾讯微博和微信，树立自己的品牌，收听粉丝达到1000人以上，有效地宣传彭山共青团工作。基层工作宣传力度大。乡镇团委、直属团组织、学校团委以及少先队及时向团县委报送信息，全年共报送信息98篇，其中60篇被采用。外宣工作成效显著。全年共撰写信息122期，青年月报5期，眉山青年网采用122期，四川青年网采用108期，其中，《爱老敬老，从我做起》《赛场青春秀，共圆篮球梦》《做文明彭山人，创文明彭山城》《暖冬行动心愿认领火热进行中……》《西南交大暑期社会实践，培育农村学生兴趣爱好》5期信息被中国青年网采用；

《彭山团县委六项重点工作推进主题教育活动》《彭山200青年志愿者植树节忙植树》被四川新闻网采用；《彭山首批十万元救灾物资运往芦山》被四川三农新闻网采用。乡镇团委书记接受《中国青年报》记者电话采访，采访内容被撰写成文章《关爱留守学生让基层团建找到抓手》，并刊登在《中国青年报》10月1日头版。

（孙　强）

妇女联合会

【概况】 2013年，彭山县妇女联合会工作围绕全县中心工作，创新思路，真抓实干，在引领妇女发展经济、维护妇女权益、改善妇女民生、提升妇女素质等各项工作中取得显著成效。

【妇女小额担保贷款】 主动与财政、人社、金融等部门沟通协调，对妇女小额贷款需求情况进行专项调研，共同探讨推动彭山县妇女小额担保贷款工作。2013年，彭山县妇女小额贷款省市定目标任务是2900万元，自定任务5000万元。截至2013年11月底，彭山县已发放贷款847笔1584人，共1.16亿元，完成省市任务的400%，完成自定任务的232%。

【贫困母亲救助】 实施扶贫帮困服务支持行动，改善妇女儿童生活环境。雅安芦山地震发生后，积极争取多方面救助，向中国妇女发展基金会和宝洁公司争取物资价值20余万元，为彭山县800余名受灾贫困母亲送去温暖。开展结对帮扶等工作，救助贫困母亲82人，发放救助资金5万元，完成省市定任务的102%。

【妇女维权】 进一步强化妇联维权职能，持续做好维护妇女儿童权益工作。2013年，县妇联共接待各类妇女儿童权益信访案件41件，接听“12338”妇女维权热线电话12条，办结率100%。同时结合各类宣传活动，先后5次深入各乡镇开展普法宣传和维权服务，在活动期间共制作展板2块，标语4条，发放宣传资料2000余份，接待群众咨询人数100余人次。

【妇女灵活就业】 为找准适应妇女需要的就业模式，县妇联对全县13个乡镇的妇女居家灵活就业发展现状进行实地调研，形成《手工制品调研报告》《保胜乡草编发展报告》和《锦江乡花艺调研报告》3篇调研报告，为编制居家灵活就业项目提供有力的数据支持。向中国妇女发展基金会争取40万元的“妇女居家灵活就业柑橘发展暨农业观光旅游培训”项目，用于黄丰镇农村妇女柑橘种植、营销技术和农业观光旅游培训。

【妇女“两癌”普查】 彭山县于2013年6月至2013年8月，在全县5个乡镇开展适龄妇女宫颈癌、乳腺癌的筛查工作。其中宫颈癌筛查6695人，完成省下达目标任务的104.61%；乳腺癌筛查2462人，完成率达153.88%。进一步提高农村适龄妇女（35—64岁农村妇女）自我保健意识，保障妇女生殖健康。

（黄　丹）

科学技术协会

【概况】 2013年，彭山县科学技术协会工作突出“服务基层，科普惠民”，组织全县科技工作者和广大群众开展科普活动，圆满完成各项工作任务，促进了全县科普工作的开展。

【科普工作成效】 2013年，组织开展科技、文化、卫生“三下乡”“全国科普日”等活动广泛宣传。县级领导高度重视，成员单位齐心协力，多渠道、多形式、多层次传播和普及科学知识和科学思想。同时，不断加强科普网络、科普队伍、科普阵地建设。科普工作、“三下乡”、银会合作、金桥工程、社区科普等工作获省、市、县表彰；谢家场社区获四川省第二批科普示范社区称号。

【科普惠农】 实施科普惠家，培育惠农典型。按照省、市科协的要求，组织开展科普惠农兴村计划项目申报工作。申报的彭山县观音镇果园村葡萄协会获中国科协、财政部表彰；保胜生态鸭养殖协会、青见协会获省科协、省财政厅表彰，谢家镇红石村获省级科普示范村称号，共获以奖代补资金45万元。

【科普宣传】 围绕“走基层、解难事、办实事、惠民生”活动主题，开展科技下乡。2013年3月13日，市、县、乡三级联动科技、文化、卫生“三下乡”在谢家镇引凤街举行，市级10个部门和县级20个成员单位参加此次活动。其余12个乡镇分别利用赶集时间，根据各自不同产业开展形式多样、内容丰富的科普宣传活动。活动共发动450余科技人员参与，发放各类宣传资料15万余份，张贴宣传画5100余张，为5000余名群众提供咨询服务，并为农民朋友送去价值8万余元的科普读本和农村实用物资。与社区联合打造科普画廊。县科协在征得县领导及有关部门同意后，于年初在人口密集、人流量大的翰林路建成百米科普画廊。科普画廊采用高质量的彩色喷绘图片，配以文字说明使科普画廊形象生动、通俗易懂，具有较高的知识性、科学性、艺术性。内容丰富，贴近群众生产生活，涵盖食品安全、卫生预防、环保、社会治安与反邪教等，每个板块有相应主题。为学科学、爱科学、用科学营造深厚的氛围，同时也为进一步提升全民科学素质起到积极作用。不同时期及时更换不同内容的科普宣传画，满足广大群众需求。

【科普信息】 积极拓宽科普宣传新渠道。县科协与县气象局签订合作协议，积极打造气象信息科普服务平台。通过县气象局信息服务中心，整合利用现有短信服务网络，不断围绕群众关注的热点问题，根据不同季节特点，普及开展极端天气、雾霾及其他自然灾害等科普知识，让广大群众及时做好防灾减灾等应对措施，同时发送有关健康知识、食品安全等与人们生活息息相关的科学知识，全年共计发送科普信息12万条，进一步提升公民科学素质。

【农村专业技术协会】 2013年，围绕“建立一个协会、振兴一批产业、带富一方百姓”的总体发展思路，县科协班子成员多次到公义镇，为该村做大做强特色农产品做大量的工作，指导其新成立彭山县公义镇莲藕协会和科普示范基地，被评为市级优秀农技协和科普示范基地，为下一步申报“科普惠农兴村”储备项目打下基础。

【科技成果转化】 发挥科协作用，大力促进科技成果转化。自“金桥工程”项目实施出台后，彭山县科协领导班子高度重视，把落实“金桥工程”项目作为践行党的群众路线，切实改进作风的具体举措来抓。2013年申报的H型新型笼养蛋鸡、肉鸡生产线、新建摆辗生产线、猕猴桃种植技术推广、年产2万吨锻造阀门生产线5条生产线被列为市级金桥工程项目，其中新建的摆辗生产线、猕猴桃种植技术推广、年产2万吨锻造阀门生产线等3条生产线被列为省级金桥工程项目。

【青少年科普活动】 开展青少年科普活动，提升青少年科学素质。2013年，在科技竞赛、优秀科技实践活动、科技辅导创新成果奖及科幻画等项目比赛中青龙一小、三中、二中、一小、二小、鹏利小学、观音中学等分获一、二、三等奖共计80余个，比上年所获奖项多20余个。是年4月18—19日，由县科协诚邀四川省流动科技馆、四川省科协民族科普工作队等组成的“科普大篷车进校园”首次开进彭山县鹏利小学，彭山一小、二小三所小学。向广大师生展示“人体导电”“共振”“3D立体图形”“认识邪教”“手眼协调”等10余种科教展品，充分展示数学、光学、电磁学等方面的科学原理。

【银会合作】 彭山县科协与彭山县邮政储蓄银行自2012年8月开展银会对接工作以来，本着“服务三农，优势互补，合作共赢”的原则，由彭山县科协牵线搭桥，在邮政储蓄银行与农村专业技术协会之间找准契合点，经多次走访调研，了解各农业行业的发展情况、行业特色、产业结构、资金需求情况，创造性地开展“银行+协会”的合作模式，为彭山县农村专业技术协会会员提供技术和融资需求。全年，共计为各行业协会贷款1200万元，切实解决想发展、想壮大却没资金的难题。

【联系乡镇工作】 2013年为帮扶村、帮扶户及计生“三结合”户、贫困母亲、部分农技协会等送去现金、科普实用书籍、米、油等共计价值2万余元，结对帮扶户增收效益明显。

【自身建设】 县科协结合本单位工作的实际，认真制定党支部学习计划，坚持单位每周一及支部每半月开展学习活动，先后组织专题学习中共十八大、十八届三中全会和省委十届三次全会精神，班子成员以身作则，单位上下团结一致，围绕县委政府中心工作，不断提高服务意识、业务水平和工作质量，圆满完成全年工作目标。在工作中始终坚持风清气正的优良作风，全年无违纪违规事件发生，保密和安全维稳工作均实现零差错。协会工作、科普工作、“三下乡”、科普进社区、党风廉政建设、史志工作等分别受到中国科协、省科协、市委、县委表彰。

（旷小玲）

工商业联合会

【思想建设】 2013年，彭山县工商业联合会在会员中开展中共十八大精神和“中国梦”的宣讲活动。宣讲方式以报告会集中辅导、小组会个别指导、座谈会互动交流等形式进行9场宣讲，在会员中实现全覆盖。活动方式以组织非公有制企业负责人赴广安邓小平故里开展以“坚定理想信念，传递正能量，共筑中国梦”为主题的理想信念教育参观实践等形式进行。共计180余人参加活动，为实现“中国梦”凝聚人心。

【基层调研】 2013年，围绕经济建设、社会民生、发展环境、非公企业生产经营等议题深入开展走访调研工作，努力为中小企业服务。针对彭祖山景区规划开展为期一周的专题调研，提出的五项建议列入县政协第九届三次全会的发言材料；针对全县9个基层商会、60余家规模以上企业、30余家小微企业经营管理、融资问题开展为期一个月的走访调研工作。全年共收集建议意见30余条，提交各类提案、议案30件，被采纳交办的28件。促进和改善非公有制企业发展的软环境建设。指导丰美饲料等20余家会员企业开展工资集体协商和民主管理工作。加强与金融部门的合作和联系，为非公企业融资创造条件。是年3月，邀请四川眉山有机联盟融资担保股份有限公司对全县基层商会开展信贷产品推介服务和融资担保业务指导9场；6月下旬会同彭山县农村信用合作联社、彭山珠江村镇银行、乐山商业银行彭山支行、邮政储蓄银行彭山支行等相关金融单位，与彭山县70余家中小企业、小微企业负责人在兴铁宾馆举行银企座谈暨信贷产品推介活动；应非公企业发展所需，5月下旬、9月中旬与四川法派律师事务所、市劳动仲裁办联合举办2期“合同法实务讲座”，来自全县各基层商会的班子成员及部分非公有制企业负责人共计80余人到场参加培训。6月下旬组织全县9个基层商会100余家会员企业参观考察四川南方家居产业园，促进交流学习效果。

【维权服务】 协助会员做好矛盾纠纷调处及法律维权服务，加强与司法、纪委、税务、质监、环保的合作联系，积极开展软环境治理“百日行动——大走访”活动，合理反映的纠纷调解率达到100%。

【百企联百村】　2013年，深入推进“百企联百村”及光彩事业活动。引导会员积极参与社会公益、扶贫助困、新村援建等各项社会公益活动9场，捐赠款物总计达248万余元，其中雅安芦山“4·20”地震捐赠款物150余万元。百企联百村活动全年实施各类项目28个，开展就业创业技能培训6期，培训人员200余人次，提供就业岗位580个，解决就业320人，实现项目投资416万元。

【组织建设】　强化商会组织建设、完善商会组织网络。2013年4月，协助和指导彭山彭祖企业商会在兴铁宾馆举行隆重的挂牌仪式，彭祖企业商会会员、彭氏宗亲及各界来宾100余人参加会议；11月下旬，指导筹建彭山县装饰建材商会，新发展会员39名。

【信息宣传】　围绕促进“两个健康”发展，加强企业文化建设，强化正面舆论引导，不断创新宣传工作新方式。是年6月下旬，举办非公有制经济人士“实现伟大中国梦、建设富裕美好和谐彭山”主题教育交流活动暨“南方家居杯”迎“七一”书画展。全年编发各类简报、信息20期，其中，被市商会网审核发表10期，省商会网审核发表4期，《中华工商时报》刊发1期。

（易昌明）

经　济

发展与改革工作

【综述】　2013年，全县GDP实现101.9亿元，历史性突破百亿元大关；地方公共财政收入实现10.5亿元，首次突破10亿元大关，位居全省59个扩权县第9位；城镇居民人均可支配收入实现2.14万元，增速10.5%；农民人均纯收入实现9963元，增速14.2%，两项指标增速均居全市第一；工业增加值增速11%，位列全市第一。在“全省县域经济发展前20强”排位中，彭山县前进10位，位居第6。

【规划编制】　2013年，科学编制规划，编制完成《多点多级支撑推进跨越发展五年规划》《十二五规划中期评估》等14项专项规划；代县委、政府起草关于加强项目管理、推进园区建设、优化项目评审等16个规范性文件。加强经济运行预测，及时跟踪全县经济发展运行态势，掌握经济运行中的新情况、新动向，及时为县委、政府提出有针对性的对策建议，为领导决策提供参考、当好参谋。

【项目建设】　全年成功申报省级重点项目5个，全市第一；市级重点项目18个，全市第一；以开展“项目会战年”“项目竣工年”活动为契机，全年共实施项目182个，竣工项目108个，完成固定资产投资147.7亿元。重点项目个数、投资总量、项目竣工个数均为历年最多；成功引进苏宁、华润、团结激光、长安汽车等重点项目15个，联合利华、苏宁云商、华润万家、中孚石油等优质重大项目纷纷入驻，项目质量全市第一；彭山经开区连续两年产值破百亿，成为省级高新技术产业园区，正在申报国家级园区。

【资金争取】　全年争取到农村基础设施、污水处理设施、乡镇卫生院建设、农村初中校舍改造、廉租住房建设等各类投资项目334个，到位补助资金7.8亿元，同比增加7800万元，全县向上争取资金规模较大幅度增长。其中，争取到的全省首批节能监察机构能力建设、养老福利院等项目成为全市唯一一个项目，城市棚户区改造基础设施建设争取到计划外资金达800万元，全市第一。

【行政审批】　行政审批不断优化，按照审批流程最优、审批效率最高、审批服务最好的要求，对涉及审批事项进行多次清理，为项目业主解决立项、投资入库、项目推进、招投标等过程中遇到的问题，形成服务群众、服务企业、服务发展的“绿色通道”，单位无一例“吃、拿、卡、要”等不良行为的发生。全年办理项目备案、核准、审批164件，无一例投诉件。

【招投标管理】　招投标管理全面规范，先后制定并实施加强和规范政府性投资、BT固定价比选规程、政府性投资承包商名录库等管理办法，进一步加强招标、投标管理力度，规范程序流程。全年核准招投标事项240件，无一投诉件和问题发生。

【节能减排】　节能减排初步提升，切实加强环境保护和创建生态县活动。严格实行节能减排目标责任制和评价考核制度，完成公共机构能源资源消耗统计、公共数据库建立等工作。严格办理评估审查县级固定资产项目节能评估，从源头上严把投资项目合理用能关。强制淘汰不符合政策的企业及生产设施，使2013年全县单位生产总值能耗预计下降到3.5%以内。

【体制改革】 体制改革不断深化，主动承担全县经济社会发展过程中出现的系列矛盾和问题，先后牵头成功处置县供销系统、商务系统、文广新系统、同庆公司等企事业单位转制或改制过程中存在的矛盾和问题。

【内部建设】 党的建设全面加强，全面推进基层组织建设年活动。派出专职党委副书记现场指导服务，帮助智盛科技股份公司对照要求找差距，增添措施抓整改，实现转化升级目标。五湖建材党支部全面通过市两新党工委五星标准验收。深入开展"中国梦"主题教育实践活动，在全县"中国梦"教育活动知识竞赛中，荣获三等奖。认真开展群众路线先行先改活动，查找差距、增添措施、促进转变。投入资金1.7万元用于企业党组织阵地建设、制度建设、示范岗位建设，进一步加强党的阵地建设。先后修订并完善党员管理、廉政教育、机关内部管理等13项制度，进一步规范机关建设和党员管理。围绕制约和规范权力运行形成党风廉政框架体系建设，开展股室和岗位风险点查找防范，组织全体机关干部到眉州监狱开展警示教育。全年全局干部职工无违法现象发生。

（李　罡）

经济和信息化工作

【概述】 2013年，彭山县工业经济以"质效齐升、加快发展"为主线，狠抓招强引优、扶优扶强、做大做强，奋力推进天府新区彭山区域建设，全县工业经济保持平稳较快发展，工业增加值增速实现11.1%，全市排名第一。

【工业经济】 工业经济总量扩大，1—12月，规模以上工业总产值达212.3亿元，同比增长26%；企业效益明显提升，实际利润11亿元，化工、轻纺、机电、材料四大产业支撑有力，四大产业产值达到181亿元，占规模企业总产值的85%；税收大幅增长，全县工业税收实现5.14亿元，同比增长34.2%。

【项目投资】 2013年，在建工业项目78个（竣工38个），完成投资61.72亿元，同比增长29.4%。中德气弹簧、凯达包装、君利电器、保罗包装、宏亚机械、通光锐风等一批项目相继建成投产，申报成为规模工业企业。引进联合利华、华润万家、长安汽车、苏宁云商等10亿元项目入驻彭山。

【工业园区】 2013年，共投入16.8亿元完善基础设施，完成青龙大道等9.86千米、新开工工业大道等13千米道路修建。进一步完善污水处理厂、变电站、会展中心、湿地公园等重大基础设施和城市项目。天府新区彭山区域和观音承接产业转移集中区规模企业达63户，占全县规模企业户数63%；产值143.7亿元，占全县工业总产值68%；税金3.9亿元，占全县工业入库税金76%。在建项目55个，完成投资45.01亿元。扎实做好对工业园区、现代工业新城的服务；积极做好园区与省、市经信系统的衔接。推进城区企业"退城入园"。牵头协调城区11户企业"退城入园"相关工作。

【企业培育】 2013年共申报2012年度享受政策支持企业35户，兑现奖励资金479.26万元；出资850万元建设尼科国润35千伏电力专线；为15户企业争取省级项目资金1475.7万元；通过以上举措，企业新增产值15.1亿元，新增税收3000万元。新增规模企业15户，实现产值25.9亿元。

【闲置低效土地清理】 2013年，高效处置闲置低效用地，依法回购储备土地 70.27 公顷；重新安排利用及土地置换 22.67 公顷；责令整改低效用地 84 公顷，督促追加投资 11.2 亿元；征收土地闲置费 198.98 万元；列入“黑名单”管理96 宗，已限制土地抵押贷款的 5 宗；顶格征收城镇土地使用税，追缴欠税及滞纳金 1320 万元，土地使用税收入大幅增收，2013 年新增土地使用税 3000 余万元。

【节能降耗】 认真贯彻落实省、市关于加强节能降耗会议、文件精神，全县规模以上企业每月按时报送能耗表，对每月未达到节能降耗的企业必须写出书面汇报情况说明，确保企业达到节能降耗目标，18 家重点企业按单位产品能耗计算节约 3.4 万吨标准煤。抓好 19 户重点用能企业节能审计和节能评审工作；关停彭山家用电器厂生产线；制定 2014—2015 年淘汰落后产能计划。

【安全生产】 全年出动车辆 190 台次、人员 300 余人次，对规模以上非煤矿山、危险化学品、电力、冶金、建材等重点企业、行业共组织检查 70 余次，提出整改意见 360 条。安全生产月期间接待咨询群众 300 余人，发放资料 700 余份。指导工业企业开展安全生产标准化建设，夯实企业安全生产基础。

【信访工作】 实行领导轮流接待来访和群众来访当天办理制度，解决武阳玻瓶厂、明坤建材有限责任公司等企业的矛盾纠纷问题。对群众来信阅办率达 100%，调处率达 100%。实现“零进京、零到省、不出事”的目标。

【亮点工作】 县经信局荣获 2013 年上半年眉山市主动作为创一流先进集体称号。工业经济主要指标名列全市前茅。1—12 月，彭山县工业增加值增速 11.1%，居全市第一。建立县级领导联系重点工业项目制度，海尔、联合利华、林德气体、思念食品、南方家居等重大项目进展顺利。建立健全各行业主管部门协调机制，着力解决部门之间行政审批存在相互制约的问题，打造工业发展软环境。确保工业增加值增速在全市排名实现“保二争一”。抓好工业大会战，推进重大项目建设。成立重大项目推进工作组，督促项目按协议进度加快建设，协调解决项目建设中的困难和问题。加快农村居民向产业工人转变，全年提供就业岗位 1.38 万个，转变产业工人 1.35 万人。深入实施中小企业培育工程，支持企业技改升级、规模扩张、开拓市场、引进人才等。大力推进“三化融合”（坚持“标准化是信息化、精细化的基础，信息化是标准化、精细化的工具，精细化标准化、信息化的目标”，不断提高标准化、信息化、精细化等“三化”工作的融合度与一致性）。推进新型工业化新型城镇化协调发展，工业化率达到 58%；加快信息化建设，完成“数字彭山”建设规划，启动“数字青龙”建设，制定《彭山县通讯保障应急预案》。协调 35 千伏灵黄线、10 千伏灵永双回线及港华燃气 LNG 储配调峰站项目建设。完成节能降耗及淘汰落后产能任务推进规模企业安全生产标准化建设。30 户企业通过安全生产标准化三级达标评审。

（周建勇）

四川彭山经济开发区管理委员会

【概况】 2013 年，彭山经济开发区以“两化互动，统筹城乡”为统领，坚持以工为主、统筹城乡和以城为主、统筹城乡的工作路径，全力建设宜业、宜商、宜居的天府青龙现代新城。

【主要指标完成情况】 2013 年，彭山经开区完成全社会固定资产投资 48 亿元，同比增长 9.1%；规模以上企业工业总产值 139.5 亿元，同比增长 33.4%；规模以上工业增加值增速 33.4%；销售收入 150 亿元，同比增长 27.1%；入库税金 4 亿元，同比增长 68.9%；新增规模企业 4 家（包括彭山经开区和成眉工业集中区）。

【规划统筹】　坚持规划为先，规划为要，努力实现规划引领下的统筹城乡。以总规和控规为指导，进一步深化、细化灯饰夜景、排水、生态环境与绿地、城市风貌、公共服务等专项规划，形成较为完整的规划体系。

【产业建设】　坚持高端产业、产业高端。园区现有规模企业60家，世界500强企业4家。形成以青岛海尔、台湾研创、长安特种汽车、新筑路机为主的机械电子产业链；以联合利华、巴斯夫、同庆南风、吉龙化工、尼科国润为主的精细化工产业链；以青龙物流园、当当网、苏宁易购、华润万家为主的现代物流产业链。

【项目建设】　按照“项目会战年”“项目竣工年”的要求，扎实推进项目建设。园区现有在建产业项目39个，总投资86亿元；其中，2013年新开工项目16个，总投资52亿元；恒卓光电玻璃、唯一益电子、联鼎盛吉等10个项目已竣工。总投资30亿元的联合利华（四川）全球生产基地项目一期洗衣粉项目进展顺利，正在进行综合楼修建，全年其销售公司累计上缴税金1亿元。总投资20亿元的海尔（天府新区）创新产业园项目完成投资5.87亿元，一期项目10万平方米厂房建成；总投资15亿元的台湾研创科技触摸型终端制造项目2013年已完成投资2.91亿元，3家配套企业厂房主体施工完成，2家配套企业钢结构厂房主体施工完成；总投资5.7亿元的林德气体项目仅用11个月建成全球样板工厂，创造林德集团在中国的建设新速度。青龙西货站铁路专用线竣工，青龙铁路货运能力突破1000万吨。

【招商引资】　严格执行“三要三不要”（三要：引进世界知名企业、行业龙头企业和集群效应企业；三不要：不要环保不达标的企业，不要投资强度低于13.33万公顷的项目，不要税收密度低于0.8万公顷的项目。）、“两个绝不”（对不符合招商引资产业规划说不，对不符合天府新区准入门槛项目说不。）的招商选资制度，从传统项目招商转变为高端产业招商，瞄准“515”企业（世界500强、国内100强、行业50强），注重核心竞争力、自主知识产权，努力构筑高端产业聚集地。2013年新签约项目12个，协议引进资金81.7亿元，招商引资到位资金48.45亿元。投资10亿元的西南华润万家物流项目、投资22亿元的苏宁集团西南地区电子商务运营中心项目、投资10亿元的重庆长安汽车特种车彭山青龙生产基地项目相继落户。同时，可口可乐等一批重大项目正在紧密洽谈中。

【创新转型】　2013年，通过省、市知识产权优势培育试点企业工作的进一步深化，企业自主创新意识不断加强、创新能力明显提升；通过广泛宣传和积极引导，园区企业主动开展技术更新改造，加快转型升级，迎合市场需求。园区企业通过“小巨人”奖、高新技术示范企业和技术更新改造补助等各种渠道向上争取项目扶持资金近2000万元。共有23家企业累计投入15.2亿元进行产业升级和更新改造，新增销售收入33.8亿元。

【政务服务】　全年协助企业办理各项报批、报建手续324件，代办84件。对在建项目牵涉到水、电、气等生产要素方面的问题实行全程跟踪服务，坚持督办项目到现场、解决问题到现场、送措施送点子到现场，着力破解项目建设进程的突出问题，全年完成：青碱线、谢公线泗河7社、青羽线泗河10社、镇青线、青同路、环区路、污水处理厂、工业大道的电线路迁改工程；联合利华临时用电设施和正式用电设施线路施工基本完成，并完成一期水、气管网建设；完成安置三期居民用电方案，蓉迪、研创等电力线路方案；青龙国际商贸城、青氮线、观音支线迁改工程；港华燃气管道迁改、双流采作区、恒卓玻璃用水管道迁改工程等。

【基础设施建设】　以城为主，统筹城乡。“两个先行”，提升承载能力。按照公共基础设施和生态绿地先行的要求，青龙大道、环区路（巴斯夫段）、莲池1路、莲池大道、新彭八路、梓潼河改道竣工投用，环区路南段、工业大道扩建、青同路西延线、联合利华大道、龙都大道西段等园区骨干道路快速推进。占地13.33公顷，总投资2亿元的天府龙都湿地公园A区已完成公园部分建设，B区正在基础施工，建成后将全面提升园区整体形象，打造环境优美的“会客室”。

【综合配套】 总建筑面积29万平方米的龙都新苑三期项目将于2014年6月前全部交付使用。总面积24万平方米的龙都新苑四期项目正在进行征地拆迁。总投资6亿元，集五星级酒店、会展中心、写字楼为一体的天府青龙会展中心已完成主体封顶，进入装修程序，2014年6月将正式投入运行。“智慧青龙”项目一期启动建设，将在全省率先建成“两化”（新型工业化、新型城镇化）互动数字化建设示范园区，建设全市第一家4G园区。日处理能力1万吨的污水处理厂于2013年10月正式开工建设。社区日间照料养老和残疾人服务中心竣工，青龙二小迁建正加快建设。

【融资、征地工作】 多渠道筹措建设资金，全年实现融资5.1亿元。积极争取土地指标，向省政府申请调整土地规划，新增建设用地366.67公顷。全年共征地拆迁400公顷，为20个项目办理国有土地使用证共计48公顷，报批建设用地指标51.2公顷。

（郭　韬　陈　宇）

成眉石化园区管理委员会

【概况】 成眉石化园区位于彭山凤鸣镇、谢家镇、义和乡，地处成都经济区核心圈，距成都市区50千米，成都双流国际机场35千米，眉山市区13千米，乐山港90千米，成昆铁路、成康铁路、成绵峨城际高铁、成雅高速、成乐高速、大件路省道103线穿境而过，区位优势突出。成眉石化园区是省委、省政府确定的全省三大石化基地之一，是成都、眉山两市专门为承接彭州石化下游项目环保的特殊要求而“量身打造”的专业园区。园区总体规划面积21.5平方千米，其中产业区16.8平方千米，生活配套区4.7平方千米。主要利用中石油配置的年16亿立方米天然气资源和彭州石化基地提供的原料，发展天然气化工和石化下游产业及相关产业。调整后的主导产业为油气化工产业、精细化工产业和循环经济产业。

【基础设施建设】 完成园区产业发展规划调整和园区及谢家小城镇21.5平方千米范围的总规修编和控规维护；启动园区和谢家集镇的防洪排涝规划工作及园区规划环评调整编制工作；完成首一期2平方千米场地平整；石化大道实现通车；谢家安置区（一期）项目进展顺利，15幢安置楼全部进入主体建设；石化大道延伸段和石化二路完成前期工作，计划动工建设；中石油西油司和省天然气投资公司的天然气分支管网均已规划到园区，并计划开工建设。

【配套设施建设】 2013年园区工业供水厂、220千伏变电站、污水处理厂、供热站等公用配套项目全面动工建设。

【招商引资】 2013年依据园区产业链招商，积极与行业龙头企业沟通对接。园区跟踪在谈项目达14个以上，已签约投资2.1亿元的园区220千伏变电站、投资1亿元的园区工业供水厂、投资1亿元的园区污水处理厂、投资5亿元的中孚石油生物柴油和投资18.3亿元的国能新兴能源集团LNG等项目。其中，生物柴油项目进场动工，LNG项目正协调省发改委核准路条。

【项目建设】 2013年园区已签约项目进行前期准备工作，2014年全面开工建设。

（余　珊）

农业和农村经济

农业和农村经济工作综述

【概况】 2013年，彭山县被确定“全国农业标准化示范县”和省级“绿化模范县”“第二轮新农村建设成片推进示范县”“现代农业重点县”。全县立足于“创新‘四种模式’、加快‘四个转变’，强力推进农村经济跨越发展”，以“1123”工程（“一个园区”：倾力打造岷江现代农业园区；“一座工程”。强力推进城市饮用水源扩建工程；“两片新村”。围绕岷江都市现代农业示范片和彭祖养生果蔬示范片2个片区，在7个乡镇21个村强力推进产业连片发展的新农村建设。“三项产业”：启动“绿海明珠”建设，打造103线10千米多色谱林业观光带，加快彭谢路两侧200米范围内花卉苗木带发展，切实优化全县生态环境；鼓励土地流转，加强农业技术支持，加快义和乡200公顷猕猴桃产业基地建设；加快专业合作社发展，大力推进永利林下养殖生态观光园区建设）为重点，围绕增收抓改革，努力发展都市近郊型现代农业。中共彭山县委农村工作领导小组办公室重点抓好岷江现代农业产业园区、彭祖养生果蔬示范园区、新农村建设、培育现代农业业主促进农民向农业业主转变和农民增收工作，开拓进取，较好地完成各项工作任务，基本建成面向成都市场的5个特色农产品配送基地，岷江现代农业产业园区建设初见成效，新农村建设蓬勃发展，农民收入更上一个新的台阶。

【目标任务】 全面完成市下28项农业和农村工作目标任务。第一产增加值实现11.8亿元，同比增长3.1%。农民人均收入完成9962元，同比增长14.4%，增幅在全市6个区县中排名第一。粮食产量稳定在16.3万吨左右；出栏生猪58万头，实现畜牧业产值15亿元；水产品产量达1.65万吨，完成目标任务127%；建成万亩林基地1个，营造林93.33公顷；减少农村贫困人口5192人，完成目标任务118%；完成部级“农机平安示范县”创建工作；完成养蚕2600张；气象局顺利通过省级文明单位验收；完成22个新村综合体详规的制定；建成新村聚居点12个，完成启动综合体建设9个，完成综合体建设2个；发展葡萄、柑橘、蔬菜、猕猴桃等产业面积653.33公顷。

【社会主义新农村建设】 2013年，彭山县被确定为全省第二轮产村相融成片推进新农村建设示范县。以此为契机，建成新村聚居点12个，完成任务的120%；完成启动综合体建设9个，完成目标任务125.8%；完成综合体建设2个，完成目标任务100%；完成农房改造1300户，完成目标计划144.4%；粉刷墙面面积14.9万平方米；改造屋檐0.92万米，改造屋面0.62万平方米；完成居民庭院改造600户。

【农业园区建设】 岷江现代农业示范片建设：主干道公义段3.9千米，完成路基填筑、涵洞工程，其余13千米路段已动工修建；高标准农田公义镇马林村已开挖沟渠7000余米，衬砌沟渠3500余米，槽田平整66.67公顷，砂浆抹面1000余米，垫衬混凝土400余米；观音果园村葡萄园安装欧式栅栏，已完成2638米栅栏安装。

彭祖养生果蔬示范片建设：完成开工建设新村综合体3个，完成20公顷花卉、205公顷果蔬的种植和266.67公顷柑橘的品改，发展蔬菜基地100公顷、桃33.33公顷、优质葡萄86.67公顷，建成绿色农产品柑橘基地433.33公顷，合计653.33公顷，完成目标任务的130.7%。修建村社道路22.3千米，新建沟渠20千米，整治山坪塘18个，改造提灌站2座，新修污水处理池4个；完成农业产业招商1570.8万元。

【农业产业化】 进一步加快葡萄、柑橘、蔬菜、粮经复合、林下养殖和猕猴桃产业基地建设，实现农民转变为现代农业业主178户，完成全年任务145户的123%。发展优势产业，提高知名度。彭山县着力建设现代农业业主示范乡镇——黄丰镇、示范点——果园村、示范村——丰华村，促进“六大基地”快速发展。打造示范点，培养家庭农场主。选定2户家庭生态农场（黄晓钟、杨艳艳）进行试点打造。重点引导，发展农民专业合作社。全面带动农村民营经济发展，组织眉山市市级示范农民专业合作经济组织申报，上报专业合作社7家，协会1家。新培育农民专业合作组织10个，完成全年任务数的200%。在2013年10月30日—11月3日举办的第五届四川泡菜展销会农产品展示台上，彭山县精心挑选参展的38种农产品十分引人注目，特别是红秋葵、红心猕猴桃、雪白金针菇、白玉茄等新型农业品种，受到了市内外宾客的亲睐。组织参加第十四届西博会农产品展，得到市委书记李静的表扬。

【都市近郊型现代农业】 深入推进都市近郊型现代农业建设。积极采取有效措施，实施农业产业结构调整，引导农户发展晚熟、极晚熟柑橘品种，高换劣质低产果园266.67公顷，葡萄品改20公顷，技改20公顷，新植红巴拉蒂、秋红、秋黑、甬优1号等面积53.33公顷。同时抓好全县水果、蔬、中药材标准化生产指导和管理。改造和发展水果、蔬菜1300公顷，完成目标任务的97.5%。水果产量实现7150吨，蔬菜产量实现2.86亿吨，中药材（川芎）干产达到2152吨。制定“千斤粮万元钱”粮经复合基地建设规划和2013年实施方案。建设稻—药—菜（麦）粮经复合基地2000公顷。巩固建设谢家镇、义和乡中药材万亩示范区2个，观音镇葡萄万亩示范区1个，黄丰镇柑橘万亩示范区1个；启动建设以公义镇马林村为核心，辐射红旗村、武阳乡江渎村、彭溪镇兴崇村的葡萄万亩示范区；启动建设以黄丰镇双塘村为核心，辐射金鱼村、花龙村、四塘村的柑橘万亩示范区。

【农田水利建设】 2013年，彭山被列为第五批中央财政小型农田水利重点县。县委、县政府广泛发动群众，动员社会力量，多方筹集资金，投入资金1.23亿元，强力推进农田水利基本建设。完成渠道掏淤1500千米，塘堰整治26处，防渗渠道2千米，修复水毁100处；完成农村饮水安全项目，解决2万人农村安全饮水问题；完成7座病险水库整治、治理水土流失面积7平方千米，堤防工程新建720米，加固520米；新增和恢复蓄引水提水能力154万立方米，新增有效灌面1066.67公顷，新增节水灌面1333.33公顷，改善灌溉面积1746.67公顷，新增农民用水户协会管理灌面2666.67公顷；完成土石方25万立方米，投工10万个；完成多色谱带建设10千米，成片造林333.33公顷，森林管护160公顷；完成农村沼气池建设300口，建设标准农田1333.33公顷，推广配方施肥1.67万公顷；地质灾害避险搬迁38户。

【成眉合作】 按照县委、县政府“成眉合作十大行动”的要求，努力创造彭山全面融入成都国际大都市，实现成都和眉山在农产品对接、技术对接和发展对接等方面全面合作，快速发展都市近郊型现代农业，为农民增收增添强有力的后劲。邀请成都农产品批发市场、超市负责人到彭山考察，推荐彭山高品质农产品进入成都市场，实现“农超对接”。从彭山农业实际情况出发，结合地理资源和区位优势，编制农业建设项目，邀请农业投资商前来考察，促进彭山农业快速发展。积极完成农产品配送基地建设，向成都市场提供优质的农产品，达到丰富成都农产品市场和彭山农民增收的双赢目标，基本建成彭山县林下生态养殖观光园、观音镇果园村葡萄产业基地、黄丰镇柑橘产业基地、谢家镇川泽泻产业基地、凤鸣镇蔬菜基地5个面向成都市场的特色农产品配送基地。邀请成都专家到彭山向农民讲解、传授先进的管理理念和生产技术。努力提高彭山农产品质量，组织农产品进入成都市场。彭山县观音金果果专业合作社与成都沃尔玛超市、红旗连锁华阳店实现农超对接。

【农民收入】 践行对农民增收实行县委书记、县长负责制，县委书记和县长亲自部署工作、亲自督促落实、亲自验收检查。都市近郊型现代农业和“双万”丰收工程协调发展促农增收；“七大战区”和产村相融成片推进新农村建设，为农民提供新的就业岗位促农增收；新型农村养老保险范围的扩大和标准的提高等在转移性收入中促农增收；最低生活保障标准的提高促农增收。农民人均收入完成9962元，同比增长14.4%，增幅在全市6个区县中排名第一，比市平均增速高出1.1个百分点；在全省成都平原27个类区县（市）中排名第3名，比平均增速高出1.5个百分点；在成都平原27个类区县（市）的综合排位由2012年的第25位上升到第14位，上升了11位。

【农村住户调查】 按照《国家统计局关于加强和改进分市县住户调查工作的通知》《四川省分市县住户调查一体化实施方案》和《眉山市人民政府办公室关于做好城乡住户调查工作的通知》文件要求，县农工办抽调人员专门负责农村基础统计和农村住户调查工作，建立规范的调查点和调查户，选配好调查员和辅助调查员，真实记录调查户收入和支出情况，悬挂“农村住户调查户”标识，建立调查点和调查户档案。进一步提高记账户和辅助调查员补贴标准，提高记账责任。与统计部门一道共同做好调查户、辅助调查员培训和记账质量检查工作，保证农村住户记账质量。

【新农通助农增收】 新发展“新农通”终端用户数2.7万人，达到5.7万人，完成目标任务的270%。上传信息2992条、发布信息262条，两项指标均超额完成目标任务，及时准确为全县农村农业和农民提供实用信息服务，加快全县农村信息化建设进程。荣获市级先进集体奖2个，先进个人奖2名。入选全省优秀信息1条。

【农民意愿调查】 按照市委市政府安排，由县发展和改革局牵头，县农工办和县统计局配合，开展农民意愿调查工作，统计局负责调查数据质量，农工办负责数据分析和农民对促进“四个转变”的建议意见收集，形成《彭山县农民意愿调查分析报告》，受到市委市政府的表彰。

【粮食产量抽样调查】 2013年，彭山县被四川省确定为粮食产量大县，按照省统计局、省委农工委等部门的文件规定，农工办牵头，县统计局、县农业局配合，在全县随机抽出20个村民小组，扎实开展粮食产量抽样调查工作，全面完成粮食产量抽样调查任务。

【县域经济编写】 根据中共眉山市委办公室、眉山市人民政府办公室《关于印发〈四川当代县域经济·眉山卷〉编纂方案的通知》（眉委办〔2012〕86号）精神，彭山县成立编纂工作领导小组，办公室设在农工办，组织相关部门编撰了20余万字的《四川当代县域经济》（彭山篇），收录在《四川当代县域经济·眉山卷》中。

【联系乡镇工作】 认真开展“主动作为创一流”“321”、党员干部直接联系服务群众等活动，帮扶贫困户11户，联系群众18户，制定帮扶规划13个，确定对村和群众帮扶项目9个，规划投入资金360万元，帮扶贫困户和联系户合计1.69万元，联系户人均收入比上年增加3000元以上。

【领导批示】 2013年3月28日，眉山市岷江现代农业示范园区推介会在彭山县观音镇果园村举行，副省长曲木史哈对在彭山县召开的岷江现代农业示范园区推介会作出批示："会议有创新亮点，望巩固会议成果。"市委书记李静批示："十庆、钟毅：此次活动组织很成功！邀请客商水平高，请紧盯不放，条件成熟时还可在北京举行推荐会。"

（龚开福）

农业工作

【大事记】 1月5日，农业部种子管理局副局长廖西元携调研组考察彭山县"制种＋中药材"产业发展模式。

3月17日，参加全国首届葡萄生长调节剂应用学术研讨会的专家、学者、葡萄种植户代表等130余人，在中国农学会葡萄分会会长晁无疾的带领下，参观彭山县观音镇果园村葡萄种植基地。

3月24日，省农业厅巡视员吴忠厚、土肥处副处长周孝强到彭山县检查高标准农田编制、规划情况。

4月18日，农业部农药监督检验所处长姜辉、省农业厅农药监督检验所副所长张忠明等一行8人在市县农业局负责人陪同下，调研指导彭山县农产品质量安全工作。

4月24日，省农业厅副厅长蒋天宝到彭山检查秸秆焚烧工作。

5月13日，省农业厅副厅长蒋天宝、土肥处处长吴晓军到彭山县检查高标准农田建设情况。

5月15日，省农业厅经作处处长胡强到彭山调研彭山县经济作物生产情况。

6月20日，粮油处副处长刘宇视察彭山县水稻高产创建示范片。

7月4日，全国农技中心主任邓光联携调研组实地考察彭山种子基地管理情况及发展前景。

7月11日，农业部处长陈志群到彭山县参观调研IPM病虫综合防治工作开展情况，省植保站防治科科长罗怀海、徐翔随行。

8月15日，广安区委副书记尹才洪一行15人在彭山县委副书记俞红梅、县委常委郭茂的陪同下到彭山县观音镇果园村参观葡萄。

8月28日，农业部节能砖项目办主任王久臣在四川省农业厅土肥处副处长刘兴万的陪同下到彭山节能示范村现场检查调研。

9月5日，国际应用生物科学中心北京代表处（简称CABI）专家一行到彭山召开植物诊所运行情况座谈会。

9月12日，科教司处长赵耀辉调研指导农业科教工作。

9月13日，农业部种子管理局副局长廖西元到彭山调研制种规模化生产，省市种子站相关人员陪同调研。

10月12日，省农业厅总农艺师潘海平带领经作处、园艺总站的同志到彭山督察现代农业重点县建设项目、农业部"菜篮子"产品生产扶持项目、"千斤粮万元钱"粮经复合产业基地建设、万亩亿元示范区基地建设情况。

10月19日，2013年中国植物智慧（Plantwise）项目交流会在彭山召开。农业部国际合作司欧洲处处长孙桂凤、陈巨莲及农业部国际合作司、全国农业技术推广服务中心领导、省植保站罗站长等相关人员参会。

10月31日，省农业副厅长张强检查彭山县农业生产。

11月1日，省农业厅粮油处处长刘代银、四川农业大学副校长杨文钰一行到彭山县视察指导晚秋生产。

11月15日，省农业厅土肥处处长吴晓军陪省级领导到彭山县检查高标准农田建设情况。

【概况】 2013年，彭山县农业工作围绕县委、县政府提出的农业和农村工作目标以及现代农业重点县建设要求，稳定发展粮食生产，加快发展优势特色效益农业，大力实施都市近郊型现代农业，促进农业稳定发展和农民持续增收，全面完成市、县下达的各项目标任务。

【主要经济指标完成情况】 2013年，全县粮食面积稳定在24.97万公顷，总产完成14.84万吨；油菜总产0.92万吨；种植业为农民人均增收300元以上。全县水果面积6746.67公顷，总产5.62万吨；蔬菜面积3820公顷，总产8.88万吨；中药材面积2800公顷，产量8824.9吨；食用菌产鲜菌2.65万吨；加工蔬菜基地面积1080公顷，加工量2450吨，销售收入2480万元。新认证绿色食品1个，无公害农产品2个。

【项目资金】 围绕全县农业生产、农业基础设施建设，实施部、省级项目17个，争取项目资金6300万元。以粮油高产创建、优质杂交水稻良种繁育基地建设、基层农技推广体系改革与建设示范县、巩固退耕还林基本口粮田建设、农业综合开发土地、高标准农田建设等农业项目为平台，整合资金在凤鸣镇、公义镇、保胜乡、武阳乡、谢家镇等重点乡镇，实施农田水利、机耕道等基础工程建设，完善乡镇农业服务中心业务用房建设，配置多媒体、病虫害测报仪，进一步打牢农业发展基础，增强农业发展后劲，推进彭山县现代农业发展和新农村建设。

【粮食综合生产】 依托粮油高产创建项目，建立以公义镇、凤鸣镇、谢家镇、观音镇和武阳乡为中心的水稻万亩高产创建示范片4个，油菜万亩高产创建示范片2个；万亩示范片经省、市专家组验收，水稻亩产633.83千克；油菜亩产达到201千克。完成晚秋资源开发6666.67公顷。依托省级粮油高产创建项目，实施以锦江乡、牧马镇为中心的2个万亩秋马铃薯高产创建示范片，总面积1440公顷，集中展示66.67公顷，“四新”示范16.67公顷。2013年11月29日，四川省农业厅验收核心示范片亩产1807.6千克，万亩示范片亩产达1175千克，圆满完成创建目标任务。同时，积极推广秋大豆、秋红苕、秋玉米等粮食作物，加大晚秋粮食作物规范化技术的宣传、培训和指导力度，有效弥补因干旱造成的小春减产损失。加快新品种新技术的引进和推广。引进推广水稻、小麦、油菜、玉米、洋芋等粮油作物新品种32个，引进推广水果、蔬菜、中药材等经济作物新品种12个，推广粮油新技术3.47万公顷次，加快全县农作物品种更新，优质农产品占有率明显提高。抓好病虫综合防治。发布病虫草鼠害防治通知13期，制作防治电视预报13期。发布农区鼠害防治预报2期，完成农田统一灭鼠0.8万公顷，挽回粮食损失472.6万千克。开展小麦、油菜、水稻、玉米、果树、马铃薯、蔬菜及其他经作病虫综合防治及化学除草18.73万公顷次，挽回粮油、果蔬损失3557.8万千克。切实抓好柑橘大实蝇的疫情普查工作，抽查45个柑橘果园和25个柑橘销售商，确保全县柑橘生产安全。抓好病虫害专业化统防统治工作，全县实现专业化统防统治面积6.52万公顷次，专业化统防统治率达42.36%，病虫损失率控制在4%以下。完成绿色防控示范4100公顷，其中黄色粘虫板1.5万张，频振式杀虫灯30盏，性诱剂5000套。

【特色效益农业】 围绕现代农业重点县建设，在以观音果园为核心的葡萄核心区新增葡萄种植面积82.67公顷；新打造以公义、彭溪、武阳为核心的万亩葡萄示范区1个，以黄丰镇四塘、中和村为核心的柑橘万亩示范区1个；开展“千斤粮万元钱粮经复合产业基地建设”，在公义、谢家、义和建成以稻—药—菜为种植模式的粮经复合产业基地2000公顷；在锦江、武阳建成以稻—菜（油菜）为种植模式的“吨粮田五千元”基地1333.33公顷。

【农产品质量】 高换劣质低产柑橘园581.53公顷，全年新植和改造果菜1333.33公顷，在柑橘、早熟梨、葡萄等水果中推广果实套袋2640公顷。新认定无公害农产品2个，绿色食品1个。切实抓好食品安全监管，开展农残快速检测，年检测样品245个次，合格100%，送省市检测样品78个次，合格率100%。配合市农业局在彭山县抽取37个蔬菜样品送省农业厅质检中心检验，合格率100%。

【农业监管】 推进农村“三资”网络化管理工作和农民专业合作社的指导工作。进一步完善配套措施，不断提高农村“三资”规范化、信息化管理水平，农村财务监督和管理向经常化、规范化、制度化、程序化迈进。对全县13个乡镇89个村19个社区共129名乡镇代理会计和村、社区会计进行为期3天财务会计知识培训。新成立农民专业合作社12家，全县累计成立农民专业合作社182家。指导5家合作社申报市场示范社，1家合作社申报省级示范社。申报家庭农场并完善工商登记程序21家。依法做好农民负担监管。认真贯彻落实农民负担监督管理各项制度，统一印发农民权利义务监督卡8万份，农业农户户平一份，实现减负惠农政策全覆盖。落实国家强农惠农政策，核实粮食直补、综合补贴面积2.67万公顷。加强对“一事一议”筹资筹劳工作的指导和监督管理，严格把握议事程序、范围、筹资筹劳标准。2013年，审批6个乡镇、12个村议事项目12个，其中，村道硬化项目10个、其他2个，共计筹资和筹劳折资352万元。做好农村土地流转。优化农村土地资源配置，2013年新增土地流转面积280公顷，全县土地流转面积达4336公顷。开展设施农用地建设项目审核，审核7宗设施农用地建设项目，建设面积12.63公顷。有序推进农村土地承包经营权确权登记工作，启动项目申请、资金审批、财政评审、项目招标等工作，已进入航拍和彭溪镇的试点。做好农村土地承包纠纷调解仲裁，组织培训仲裁员20人，调解土地承包纠纷案件2起。加强农资市场监管。开展农资打假专项集中整治，出动执法人员650人次，检查农资经营单位468个，立案查处10个。全年受理行政调解4起，调解率、满意率达100%，为群众挽回经济损失5.76万余元。宣传和贯彻《植物检疫条例》，坚持抓好邮电局、火车站、农资市场等处的检疫和执法检查工作。完成杂交水稻种子产地检427.8公顷。全年出具检疫证书共计255张，其中省间调运检疫水稻种子144批次共16.02万千克，玉米15批次共1.49万千克；省内调运检疫水稻种子84批次共12.88万千克，玉米8批次共0.4万千克；苗木2批次共1.76万株，柑橘2批次共6万千克。

【农村环境治理】 开展农村环境治理，建设优美标准村。“进村社”活动召开培训会议16次，培训23.37万人次，发放宣传资料6.2万份；在黄丰镇合力村实施农村清洁工程项目，农作物秸秆资源化利用率、生活垃圾和生活污水无害化处理率、农业投入品废弃物回收利用率（含地膜回收利用率）均达到80%以上，化肥、农药利用率提高4—5个百分点，农民生产、生活环境得到明显改善。

【科技创新】 加强基层农技推广体系改革与建设，凤鸣镇、青龙镇和彭溪镇三个农技推广服务站（农业服务中心）建设基本完成。遴选45名技术指导员和445个农业科技示范户，建立优质试验示范基地1个，建立由13名中高级技术职称组成的技术服务专家组和49名技术人员组成的技术服务组。积极做好农技人员知识更新培训和资格准入培训，组织农技人员参加省市县集中培训、调训和外派学习，培训率100%；做好“农业科技网络书屋”建设，为农技人员农业科技信息的学习创造有利环境和条件，增强增收致富本领。

【工作亮点】 杂交水稻种子生产：2013年8月，彭山县被农业部认定为全国31个国家级杂交水稻种子生产基地之一。现代农业取得新成效：是年1月，被省政府确定为全省现代农业重点县，为全市两个县之一；7月19日，全省现代农业重点县建设工作会在彭山县召开，省市领导充分肯定彭山县坚持规划引导，推广葡萄无雨栽培和反光膜覆盖技术，形成以高产优势产业带动全县农业发展的良好势头。植保植检有新举措：彭山县是全省首个实施农业部合作司欧洲处国际援助项目——植物智慧（植保诊所）建设的县，2013年6月底前已在4个乡镇建立4个植保诊所。十九届全国葡萄学术研讨会上，送评的新品种“无核夜美人”“白罗莎里奥”获金奖，“意大利”

获银奖。高标准农田建设初见成效，整合项目资金2000万元在公义镇马林村、红旗村按统一规划、统一招标、统一实施的要求实施400公顷田型调整，2014年完成该片粮经复合基地打造。

【民生工程】 抓好新型农民培训和农民实用技术培训，采用召开现场会、田间指导、开播科教专题片、网络培训等多种形式，推广农业新品种新技术。依托退耕还林基本口粮田建设项目、农业综合开发土地项目建设高标准农田1333.33公顷；推广测土配方施肥5.33万公顷，项目区肥料利用率提高4—5个百分点，每亩节本增效30元以上。实施农村户用沼气池建设，适宜农户建池率达到73.5%，沼气使用安全培训达100%。培训新型农民2180人，完成市县任务的109%；农村实用技术培训18.54万人次，完成县定目标任务的123.6%；高标准农田建设333.33公顷；新建农村户用沼气池300口，全面完成目标任务。

【机关建设】 深化“创先争优”活动，认真开展直接联系服务群众工作、“三定两保证党群一条心”活动，深化党员干部服务意识，积极建设“十佳机关”。加强党风廉政建设，严格遵守“八项规定”、《党政机关厉行节约反对浪费的条例》，全年接待费比上年下降50%以上。组织开展十八届三中全会精神的学习，针对“四风”问题，开展群众路线教育先行先改活动，查找问题制定整改方案。认真抓好普法、综治、维稳、群团、老体协等各项工作，认真组织实施“六五”普法，为建设廉洁自律、勤政务实的职工队伍打下良好的基础。全年全局职工没有违纪违规行为发生。

（熊利均）

畜牧工作

【概况】 2013年，全县共实现畜牧业产值15.1亿元；新增奶牛存栏86头，牛奶产量1.01万吨；生猪出栏58.1万头；肉兔出栏506.8万只；专用肉鸡出栏480.7万羽；肉羊出栏24.4万只；新发展现代畜牧业主117户；全年开展科技培训1.56万人次。畜禽规模养殖比重达71.1%，畜禽良种化程度达96.5%。2013年向上争取项目资金1476万元。

【基地建设】 六基地一园区建设强力推进。江口林下生态养殖观光园区建成一、三产业互动示范区香猪苑、孔雀山庄的中华珍禽博览园2个，于2013年9月30日投入运行。千万羽肉鸭养殖基地2013年带动农户达44户，出栏肉鸭达1302万羽。保胜义和十万头优质生猪养殖基地全年改扩建适度规模养殖户33户，出栏生猪16万头。武阳谢家百万只肉兔基地全年改扩建适度规模养殖户13户，出栏肉兔200.8万只。公义20万羽标准化蛋鸡养殖基地改扩建和新建适度规模蛋鸡养殖户21户，常年存栏蛋鸡达21万羽以上。黄丰百万羽肉鸡养殖基地2013年新发展适度规模户6户，年出栏肉鸡201.7万羽以上。锦江林下养殖基地全年新增林下鸡养殖面积达166.67公顷，出栏林下鸡231万羽。

【畜产品安全】 2013年重大动物疫病防疫密度达100%，免疫质量达标，全县无重大动物疫病发生，狂犬病零发生。动物及其产品检疫率达100%。全面推进畜产品质量安全生产，积极开展瘦肉精及其他违禁物品检查，组织开展饲料兽药生产环节、销售环节监督检查，2013年全县没有发生一起畜产品质量安全事故。节能减排，强力推行环保养殖，全县适度规模养殖场粪污处理率达到95%。

【亮点工作】 县畜牧局认真处理“3·19”南河死鸭事件，由于处置及时得当，未造成任何负面影响，受到市委、县委主要领导肯定。2013年4月19日，农业部副部长高鸿宾到彭山检查指导饲料生产和安全工作，对彭山畜牧工作给予高度评价。江口新建千只规模种羊场并投入使用，存栏种羊达800只。中华珍禽博览园已正式运行，日接待游客量达400余人。义和乡喻沟村生猪标准化专业示范村建设项目正式启动，新建的5户示范户已全部建成投产。首批32户生猪适度规模养殖场每户建30立方米的无害化处理池，已全部建成投入使用。百名畜牧科技人员进村入户服务群众，全年局机关技术人员服务群众时间达75天，乡镇技术人员服务群众时间达200天。农产品质量安全检验检测站建设完成，并投入使用。

【自身建设】 2013年，坚持政治理论学习，加强干部职工的宗旨意识，理想信念和民生民本教育，牢固树立以人为本、关注民生的工作理念；广泛开展现代科学养殖技术交流和专题研究，提高干部职工的服务水平和业务技术能力。积极组织开展“中国梦”“党的群众路线”主题教育活动，转变工作作风，强化队伍凝聚力。通过活动开展，使党员、干部思想觉悟进一步提高、作风进一步转变，党群干群关系进一步密切，务实清廉形象进一步提高，为民服务进一步落实，全系统工作作风建设成效显著。

【党风廉政建设】 建立完善服务型党组织建设长效机制，严格落实“三会一课”制度，始终坚持民主集中制原则，坚持重大问题集体研究决定，以制度约束规范全系统干部职工言行。严格监督检查，年初签订责任书，将党风廉政建设纳入目标管理。认真执行党内监督各项制度，坚决纠正损害群众利益问题，切实维护群众的合法权益。扎实开展党务政务公开，完善公示栏，接受群众监督。积极开展“廉政教育大讲堂”活动，深入学习国务院、省、市、县一系列反腐倡廉会议精神和文件内容。召开2013年度党风廉政建设工作专题会议，特邀县委党校副校长王正江前来讲廉政党课。组织参观眉州监狱廉政警示教育基地，开展廉政警示教育。

【存在问题】 全县养殖标准化程度不高，主要表现：养殖场户养殖档案不健全、不规范；养殖设施较为落后；部分养殖场户的防疫程序不科学，防疫不严格、不规范；部分养殖场户粪污处理设施不健全，养殖废弃物对生态环境影响较大；部分养殖场户对病死动物及其产品处理不规范、不到位。养殖业主抵抗风险能力较低，主要表现：对动物疫病风险的抵抗力较低；对市场行情波动风险的抵抗力较低；对发生自然灾害（地震、洪灾等）风险抵抗力较差。畜产品质量安全监管工作难度较大，主要表现：对兽药市场、饲料市场、畜产品安全、投入品安全等监管工作面广、人员少，监管难度日益增大；对养殖环境、生态环境等监管工作难度日益增大；检疫检验设备落后，手段比较原始，已经不适应畜牧业发展的要求。缺乏彭山县标志性的畜产品品牌，市场竞争力差。

（李其军　王　飞）

林业工作

【概况】 全年向上争取项目资金1709万元，林业产业总产值14.96亿元。其中：第一产业1.62亿元，第二产业11.62亿元，第三产业1.72亿元。全年农民人均从林业上获得收入960元；完成巩固退耕还林成果4533.33公顷，退耕还林已通过国家退耕还林阶段验收；城乡绿化覆盖率达到43.5%，绿化覆盖202平方千米，完成县城绿化率37.6%，全县森林覆盖率达到37.51%。完成岷江水上绿色走廊和仙女湖绿化规划。做好森林防火和森林病虫害防治，全年未发生一起较大以上森林火灾。创建森林防火“三进六有”7个示范乡镇。完成森林公安执法场所建设，按照上级要求已建立各类台账19种，登记规范整治，执法档案规范，达到市级执法示范单位标准。加强森林资源管理，加大对野生动植物的保护，全面规范全县竹木加工企业管理，完成民生工程各项目标任务。

【营林工作】 完成巩固退耕还林成果4533.33公顷，并通过国家退耕还林阶段验收；成片造林800公顷；改造低产低效商品林13.33公顷、速生丰产林166.67公顷；完成S103线10千米多色谱林业景观带建设和两个园林节点的打造工作；2013年度，创建省级绿化模范单位和省级绿化模范村各1个。在彭谢路两旁200米范围内实施林苗结合景观带建设，不断增加绿化面积，已引进业主10家，种植臭椿、香樟、银杏、黄桷树等绿化树种以及多种时令花卉，总面积达到60余公顷，投入资金1800余万元。利用春季造林和义务植树活动，完成新育苗13.33公顷，全县中幼林抚育2000公顷，成片造林333.33公顷。

【集体林权制度改革】 扎实稳步推进集体林权制度改革，巩固集体林权制度改革成果，搞好森林保险工作。全年森林参保面积1.2万公顷，比上年增加2200公顷，参保率为100%；实现森林保险全覆盖；积极探索林权流转变更登记工作新思路，为切实解决林权流转后林权变更登记存在的有林无证等诸多问题，切实维护当事人的合法权益，探索开展林权变更登记发证工作。为流转后的林地办理林权变更登记发证6240公顷，占林权流转面积的95%，此项工作走在全市前列，并在眉山市深化集体林权制度改革推进会上作经验交流。

【天然林保护】 2013年完成森林管护面积157.07公顷，管护率100%。完成天保二期工程建设，严格执法《四川省天然林资源保护条例》，利用广播、报刊、宣传车等形式加强宣传，成立管护队伍，采取巡山护林、设卡检查等方式，进行中幼林抚育，防止盗伐、滥伐、偷拉盗运，防止毁林开荒和乱占林地；搞好森林防火和病虫害防治工作；保护林区野生动物、植物；做好封山育林工作；搞好全县森林管护工作，全县天然林保护工作上一个新的台阶。

【林业产业】 建成黄丰柑橘特色经果林现代林业产业示范基地733.33公顷；成功创建市级示范社1个，新增林农专业合作社1个，市级专合组织标准化建设1个。

（王 艳）

水务工作

【水利工程】 2013年，彭山县投资600万元完成6座一般小Ⅱ型水库除险加固任务。该项目保护耕地1000公顷，保护人口0.82万人，恢复和新增灌溉面积302.33公顷，恢复兴利库容48万立方米，恢复和新增灌溉效益154万元。成功申报第五批中央财政小型农田水利重点县建设，总投资1.1亿元（其中：中央补助4500万元，省级补助2200万元），建设周期为3年。

【水库扩建】 2013年2月5日，取得《四川省水利厅关于彭山县龚家堰水库扩建工程初步设计报告的批复》；是年3月4日，取得省林业厅林地占用批准手续；是年3月7日，招标确定工程招标代理机构；是年3月8日，完成移民安置点、复建公路实物指标调查；是年5月21日，项目法人与市扶贫和移民工作局签订移民安置协议；是年8月12日库区公路复建工程项目开标，施工Ⅰ标段中标单位：四川省泸县加明建筑工程有限公司；施工Ⅱ标段中标单位：广西华南建设集团有限公司；是年9月18日，签订库区公路复建工程施工合同；是年10月10日库区公路复建施工监理及建设征地与移民安置监督（综合监理）评估第2次开标，施工监理再次流标，综合监理中标单位：长江工程监理咨询有限公司（湖北）；是年10月17日枢纽和补水工程施工及监理开标，施工Ⅰ标段枢纽中标单位：山东水利工程总公司；施工Ⅱ标段补水中标单位：江苏淮阴水利建设有限公司；监理中标单位：四川腾越建设监理有限公司；是年11月20日签订枢纽、补水工程及施工监理、移民综合监理合同；是年12

月2日进行枢纽、补水工程技术交底。

【安全饮水】 争取中央投资农村饮水安全项目，引县城自来水厂的水到义和乡、公义镇、观音镇，县城自来水厂到公义镇、观音镇供水管道已铺通，观音镇果园村新农村综合体居民用上县城自来水。

【防汛抗旱】 完成岷江牧马堤防新建720米、整治加固520米和府河牧马镇堤段水毁修复；及时准确向社会发布雨情、汛情检测和预测预报信息，宣传抢险救灾知识，确保全年安全度汛。

【水土保持】 2013年，彭山县水利局成功申请到2013年省级财政水土保持专项资金160万元；加强新《中华人民共和国水土保持法》的宣传力度；开发建设单位的水保方案申报审批率达90%以上；能力建设县项目继续推进，配备办公取证设备；进一步完善开发建设项目水土保持管理数据；水土保持“三同时”制度的落实得到进一步加强。

【水政执法】 加大渔政执法力度，渔政执法工作进一步规范；加大水法律法规、渔业法律法规宣传力度，按照县委县政府安排落实普法工作；加大水政执法力度，规范取水秩序，清理完善水行政审批权限；进一步规范水资源规费收取秩序。

【水产工作】 2013年，积极开展技术培训，共举办各类技术培训6期，培训养殖农户450余户，印发各类技术资料1100余份；加大业主引进和培育工作，通过各种渠道引进业主1个，投资200余万元，发展规模养殖6.67公顷；加大新品种和新技术的引进、试验、示范工作，新引进大闸蟹及养殖技术在武阳开展试验和示范，业主投入200余万元，养殖面积达6.67公顷；加强水产品食品安全监管。

（王　卉）

农机机械

【大事记】 2013年6月10日，全市首次农机事故应急演练在彭溪镇大楠村举办，受到省市主管部门领导一致好评。

2013年，彭山县农机局在全市首次编写水稻机械化水育秧技术手册，得到四川农业大学专家认可。

2013年，开展水稻制种机械化插秧试点并获得成功。

2013年，完成农村机电提灌站确权工作。

【概况】 2013年，全县农机总动力达到26.83万千瓦，综合机械化水平达到60.24%。机收稻麦1.41万公顷，机耕2.19万公顷，机播7380公顷，助农增收节支3800余万元。开展常规水稻和制种水稻机插秧技术推广2项。争取农机购置补贴、机插秧、阳光工程培训等到位项目资金779.6万元，新建和技术改造提灌站32座，新增提灌机械156台1344千瓦，维修养护提灌机具583台5830千瓦，新建（整治）机耕道92.7千米。

【农机化服务】 开展稻麦跨区机收服务，通过网上发布跨区作业信息、开通机收服务热线、设立机收服务接待站、培训机手、修理工等形式进行服务，引进联合收割机1000余台次，机收稻麦1.41万公顷，为农民群众增收节支3800余万元。开展放心农机下乡进村宣传周活动，宣传农机补贴政策、农机产品新“三包”规定等法律法规，进行产品质量咨询，教给农民识别假冒伪劣农机方法，让农民购买到放心农机，共发放宣传资料3600余份，接受群众咨询1800余人次。抽调工作人员3人，协助联系乡镇开展秸秆禁烧宣传解释工作，督察机收作业质量，排查安全隐患。开展农机市场集中检查行动，对全县农机维修点、销售点进行拉网式大检查，保障春耕安全生，共检查农机销售点17个，维修点34个。

【农机购置补贴】　落实“一岗双责”，把购机补贴廉政风险防控机制建设列入重要议事日程，加强督促、检查、指导，协调解决工作中的困难和问题。加强廉政学习，认真学习有关农机购置补贴工作相关规定、廉政风险防控机制等，提高干部职工农机购置补贴廉政风险防范意识，增强廉政风险防控能力。强化信息公开，通过会议、政府网站、电视台、公告等形式，公布补贴政策、补贴程序、补贴流程，使之家喻户晓。完善制度，相继完善农机补贴责任、补贴资金管理与监督、质量投诉、信息公开等7个制度。加强监管，建立联合审查制度，对涉及领导、股室、经办人员定职责、定岗位、定权限，共签订岗位廉政风险防范承诺书14份。全面落实“全价购机、直补到卡”规定。对资金使用进度、购机农户信息每15天公开一次。加强机具核查，完整、真实、无误后，由县财政兑现补贴资金，直接拨付农户“一卡通”。全县可使用国家补贴资金821.56万元，实际使用购机补贴资金526.42万元，使用比例为64.08%。受益农户203户，机具数量506台，全年无一虚假购机套取补贴资金和倒卖机具行为的发生。

【农机安全监管】　开展创建全国平安农机县工作，成立创建活动领导小组，定期召开联席会议，研究部署农机安全监督管理工作，使创建工作网络向基层延伸。落实创建经费，共投入专项经费720万元，在有条件的村组建“驾驶员安全学习活动室”，将创建标准、制度等规范上墙；扩宽、硬化道路并在车流量较大、事故易发路段的机耕道上设置警示标志和标牌；向“驾驶员安全学习活动室”赠送安全生产书籍。建立联创机制，与县公安交警建立联合执法机制，乡镇农业服务中心与安办、交管办联合执法；严格执行抄告制度，及时将未年检的车辆和到期报废的车辆以函的形式抄告县、乡（镇）人民政府，市监理所和县交警大队、县安办；与各科室、乡镇农业服务中心及驾驶操作人员签订《农机安全生产责任书》，签订率达100%，明确安全生产责任。部门配合行动，引导社会参与。开展平安农机进校园活动，广泛宣传农机安全知识及交通安全相关法律法规；开展对农机专业合作社农机法规政策宣传、综合信息服务、农机购置补贴、维修知识、安全生产进行服务和培训活动。开展农机市场监管。结合“3·15”和春、秋打假行动、“安全宣传月”“科技三下乡”等活动，与质监、工商、公安、交通、教育等部门对农机经销企业的产品质量、管理制度、安全措施进行全方位检查指导；严格落实资格认定制度，加强农机维修资质管理，严把市场准入关。开展源头治理，严把登记注册入户关，严格安全技术检验制度，规范监理内业管理，规范执法程序，强化政务公开，方便机手前来办事，接受社会和群众的监督。开展隐患排查，每月排查上报排查整治情况，每月和公安交警开展1次联合执法，全年共检查拖拉机2682台/人次，纠正违章85起，排查、整改出一般隐患6起。

【基础设施建设】　加强提灌站建设，增强农业抵御旱灾的能力。发动群众投资、投劳，新建、维修、改造提灌站，深入村社做好提灌站维修、改造，技术指导、质量监督和管理服务，组织技术人员下村指导195余人次，完成机电提灌站改造503台5130千瓦。恢复控灌面积6640公顷。投入提水提灌机械2.59万台次39.32万千瓦，提水量5380万立方米。完成更新改造提灌站32座，其中，省级项目建设5座，县级补助建设27座。总投入521.5万元，其中省级财政资金50万元，扶贫移民资金21.7万元，农民自筹资金449.8万元。恢复灌溉面积113.33公顷，新增控灌面积43.33公顷。

【农村机电提灌站确权】　自2013年5月开始，历时7月，首次在全市完成农村机电提灌站确权工作。召开县、乡（镇）、村社会议，强化宣传，提高乡村社干部和农户思想认识，积极投入改制。逐村、逐社、逐台核查，摸清家底。通过确权，明晰产权，落实主体，依法对全县提灌站进行产权登记，并颁发产权证。按照“分类定性，属地管辖，分级负责”的原则，实行分级管理，完善机制，落实管护责任，并建立完善提水收费、管护、改造、维修等制度。全县共有提灌站506座/512台套，设计灌溉面积9066.67公顷，保灌面积8333.33公顷，其中村民小组有310座/315台，村级有160座/162台，乡级有36座/35台。

【乡村便民道路建设】 加大宣传动员、组织实施、监督管理力度，多渠道、多层次筹资，积极争取土地整理、现代农业产业基地建设、财政奖补、以工代赈等项目资金，同时积极发动群众筹资。2013年，民生工程新建（整治）机耕道92.7千米。开展“东坡杯”农田水利基本建设工作，共建设机耕便民道305千米，其中：村组道路（水泥路）101千米，田间机耕道91千米，入户便民道113千米，修建桥涵16座。累计投资5815万元，投工0.89万个，完成土石方15.5万立方米。

【农机培训】 开展农机操作、维修员“阳光工程”培训。共出动农机技术人员8人，开展农机培训3期。主要培训农机专业合作社、农机操作、维修人员、农机户等，每期培训4天，共培训160人。向参训人员发放《农机具使用与维修》《农机安全生产知识》等资料160套。采取理论与实践相结合方式，学习农机、交通安全知识、道路交通法律法规、农机购置补贴相关政策及培训水稻机械化水育秧技术，现场示范联合收割机、拖拉机、耕整机等操作、维修、保养技术，并对参训人员进行考试考核。开展农机安全组学习，增强安全生产意识。每月15日—23日组织驾驶员、车主开展安全学习。宣传专项整治行动的内容和要求，教育其自觉遵守交通安全法律法规，要求做到不违法驾车，不将车辆交给无驾驶资质的人员驾驶等相关规定，学习安全生产形势、上级安全生产文件和领导对安全生产的要求等文件规定。共举办培训9期81天，参训人员达6378人次。（袁如蓉）

蚕桑生产

【业务工作】 2013年，全县完成养蚕2600张，生产蚕茧5.25万千克。加强桑园田间管理，最大限度发挥其经济效益，专业户桑园亩产值均达到6000元以上。专业户培育工作取得良好成效，全年培育专业户养蚕15张以上，年收入3万元以上的农户达25户。推广优良品种，春、夏、秋、晚秋四季品种均为最优品种，确保蚕茧产量和质量的提高。抓好养蚕关键环节和技术的落实，小蚕共育和大蚕省力化集约化蚕台饲养上升4个百分点，均达到99%以上。进一步提高蚕茧质量，塑料簇、纸板方格簇等新簇具使用推广率达到100%。以培训、现场指导、发送资料等多种形式，进一步提高蚕农管桑养蚕技术水平，蚕农受训率达100%，科技化水平显著提高。

【服务体系建设】 加强服务体系建设，为蚕农提供优质高效的产前、产中和产后服务，确保全年无爆发蚕病、桑树病害发生。坚持产量、质量、效益为中心，蚕农单张养蚕收入大幅提高，同比提高30%。抓好蚕茧收购，维护蚕农利益，蚕茧收购价格创历史新高，全年收购均价达每千克38.5元，同比上升28%，蚕茧收购率98%，蚕农满意度达99%，有力促进彭山县蚕桑生产可持续发展。

（周建三）

气象工作

【气候概述】 2013年，彭山县年平均气温18.8℃，与常年比较偏高1.6℃，属偏高年景。年总雨量1051.0毫米，接近常年，属正常年景。年日照时数1394.6小时，接近常年。各季日照时数与常年同期比较冬季和春季略偏多其余各季均接近常年。

【气候特点】　2013年，彭山县总的气候特点是：气温特高，降水、日照偏多。冬季冬干严重，无降雪，有强降温。春季有严重的春旱，春播期间只出现一次强冷空气活动，夏季有夏旱无伏旱，出现外洪和内涝，出现连续的高温酷暑，秋季出现秋绵雨。

【异常气候现象】　冬干连春旱：从2012年12月1日至2013年3月31日，总降水量仅20.3毫米，较常年同期偏少67%，为彭山县有气象记录以来同期最少降水。其中1月6日至2月7日连续33天无降水，2月9日至3月16日又连续36日无降水，为同期最长连续无降水日数。根据气象标准，彭山县遭遇冬干连春旱，旱情为重度。而从1月中旬以来全县气温一直偏高，日照时数达403.8小时，较常年同期偏多82%。由于长时间降水严重不足，气温偏高，光照充足，造成土壤墒情严重恶化，农林有害生物加速繁殖，小麦、油菜、柑橘等农、经作物遭受严重干旱，部分田块出现龟裂，全县蓄水量不足，部分丘区人畜饮水困难。据县应急办统计，截至2013年3月31日，干旱造成全县8个乡镇共计9000余人受灾，共6.5公顷的小春作物、蔬菜以及经济作物川芎、柑橘等受灾，造成农业经济损失12万元。强降温：4月5日出现了强降温降雨天气过程，日降温6.3℃，同时降了大雨，缓解了前期的干旱。10月14日—16日出现强降温，日平均气温累计下降9.4度，对农业生产无大影响。夏旱：5月17日—6月7日连续22天降水量仅有29.3毫米，达到夏旱标准。暴雨和洪涝：6月30日凌晨，全县普降暴雨到大暴雨。据县应急办统计，该次降水过程共造成彭山县9个乡镇受灾，受灾人口560人，房屋损毁362间，倒塌12间，农作物受灾面积为338.4公顷，另外还造成200羽养殖鸡受损，7.47公顷鱼塘受损，损毁沟渠1500米，直接经济损失587.1万元。7月9日—10日全县普降暴雨到大暴雨，并伴有短时阵性大风。城区降雨量为111.4毫米，县境内所有自动站降水量均在50毫米以上，降水量在100毫米以上的有7个自动站，最大降水量出现在武阳顺江村142毫米。据县救灾办统计，此次暴雨过程共造成本县13个乡镇受灾，受灾人口1100人，农作物受灾面积为0.12公顷，农业经济损失6万元。损毁堤坝河堤4座共1700米，直接经济损失1010万元。8月7日午后起出现明显的强降雨天气过程，并伴有雷电和阵性大风。到8日08时，城区降水量63.4毫米，全县大部分自动站降水量都在50毫米以上，有2个在100毫米以上，最大出现在冷家沟水库146.0毫米。该次暴雨过程共造成全县7个乡镇共计1594人受灾，23人因灾转移，倒塌房屋7间，123.7公顷农作物受灾，成灾面积27.3公顷，3.2公顷粮食绝收，农业直接经济损失26.5万，全县总经济损失57万元。连阴雨：9月1日—8日和16日—23日全县出现了两段5天以上的秋绵雨，对农业生产无大影响。

【基础业务】　地面气象测报错情率为0.0‰，7人次“地面百班无错情”通过检查验收。自动气象站设备运行良好，按时上报各类报表、总结和报告。观测、报表无错且自动站发生故障24小时内修复。未出现伪造、涂改、丢失、损毁原始记录、谎报错情现象。气象探测环境未遭到破坏。做好气象记录档案管理工作，无责任性事故发生。按时上报学习计划和学习记录。加强自动站资料质量控制工作，按要求确认并反馈疑误信息。各类上行气象资料传输质量考核成绩达标，国家级自动站资料可用率达到99%。做好区域气象观测站、土壤湿度监测站的维护工作，保证仪器正常运行。及时率96%以上，完成地面测报双轨并行观测设备安装。

【地方气象事业】　做好行政执法、行政许可、法制宣传教育、规范性文件审查备案，依法办理许可项目。县政府下发《关于进一步加强农村气象灾害防御工作的通知》，各乡镇农村气象灾害防御工作纳入县政府年终目标考核。依法履行防雷装置设计审核和竣工验收等防雷社会管理职责，无投诉发生。加强防雷技术机构的服务能力和标准化建设。防雷技术服务从业人员及仪器设备配置能满足工作需要。依法开展施放气球活动管理。防雷及气球施放无安全生产事故发生。严格执行科技服务有关管理制度，未出现违规行为。未发生服务及收费行为被投诉现象。完成市农经网中心下达的目标任务。结合“三农”服务项目启动并开展葡萄气候品质（地标）认证前期准备工作。县政府成立彭山县人工影响天气工作领导小组；县财政专项经费更换人影作业车辆，省人影办新配备火箭发射装备一套；标准化作业点建成率达50%以上。未发生作业安全责任事故。按市气象局统一要求开展跨区域作业。

【气象服务】 短期气候预测（长期预报）：干旱、洪涝、秋绵雨、冷暖趋势等总有效率91/92 =98.9%。中期天气预报：寒潮、大雨以上过程、连阴雨、持续低温、适播连晴等总有效率22/25 = 88.0%。短期天气预报：暴雨、寒潮、大风、冰雹、大雾、大雪、久旱转雨、久雨转晴等总有效率13/16 =81.3%，且暴雨、寒潮、大风、冰雹、大雾五项预报的总有效率（以下简称五项有效率）13/16 =81.3%。节假日和保障服务：节假日和重大活动气象保障晴雨预报有效率53/56 =94.6%。启动业务平台综合改造，建成预报会商大屏。天气预报电视会商和会议系统业务运行正常，按时、按规定开展天气预报视频会商。

【决策服务】 认真开展汛前自查，按时上报各类决策气象服务产品和总结。决策服务主动及时，没有出现重大失误。2013年，发布暴雨黄色预警信号11次、暴雨橙色预警信号3次、大雾黄色预警信号9次、雷电黄色预警信号10次、高温橙色预警信号5次。针对彭山2013年出现的有气象记录以来最严重的冬干春旱，积极做好为县委、县政府和相关部门提供决策服务，适时开展增雨作业，缓解旱情。县委书记蔡刚在县气象局报送的《气象信息快报》上批示：“彭山气象人工增雨，彭山村民喜获甘霖，感谢彭山气象人。”分管领导县委常委郭茂批示：“气象部门在今年的抗旱增雨中，全局干部职工不怕吃苦，多次工作到深夜，为彭山农业缓解旱情作出贡献。”县长梁磊多次发送短信和在全县农业生产及防汛工作会上肯定气象局工作。

【应急服务】 建立重大气象灾害预警信息发布机制，建立预警信息发布“绿色通道”。实现与县应急办等有关部门的信息互通，通过手机短信，使预警信息传送到乡镇、村和社区，实现了气象信息全覆盖。深化气象灾害防御体系建设。积极向分管领导和政府主要领导汇报，推进县级防灾减灾机构建立。由县政府发文将维持经费纳入公共财政预算，将农村气象防灾减灾工作纳入地方绩效考核。与县应急办一起完成丰华村、果园村气象灾害应急准备认证工作检查验收并授牌。进一步推进气象信息服务站、气象信息员的覆盖率；新建电子显示屏1个。完成5个乡镇气象防灾减灾标准乡镇建设。完成果园村小气候观测站建设，完成山洪非工程措施2个六要素区域自动站建设，完成“三农”项目2个四要素区域自动站升级改造建设。

【农业服务】 开展关键农时农业气象服务和重大农业气象灾害监测预警评估。及时发布重大农气灾害监测预警评估服务产品。建立农气指标、农气服务平台，有专人负责农气服务工作。与95%以上重点服务对象建立“直通式”联系，并开展针对性服务。

【气象宣传】 上传市气象局信息45篇，被省气象局综合管理信息系统刊用28篇，被四川气象网站刊用9篇，被《中国气象报》刊用1篇。多种方式开展气象科普宣传：完成《中国气象报》《气象知识》征订任务。2013年5月23日，《精神文明报》以《全国争先进，西部创一流》为标题，宣传报道彭山县气象局工作；3月31日眉山市政府门户网站刊登《彭山县干部群众齐心协力抗干旱》；4月4日晚上，县电视台全程跟踪采访县人影办实施人工增雨；4月8日《彭山》报头版头条刊登《人工增雨旱情得到缓解，彭山干群抢抓时机忙春耕》，对彭山县实施人工增雨作业进行宣传报道；8月6日、10日《四川日报》《眉山日报》分别于配图报道彭山县气象局在果园村安装农田小气候自动观测设备；全年县电视台、县报社采访报道20余次。

【其他工作】　省级文明单位通过检查验收。制定和完善党务公开实施办法；开展“中国梦”主题实践教育活动；继续开展创先争优活动；多种形式学习宣传中共十八大及十八届三中全会精神。认真学习《中国共产党党员领导干部廉洁从政若干准则》，切实做到“八个禁止”“五十二个不准”，认真执行中央“八项规定”，自觉接受群众监督；开展反腐倡廉知识竞赛，参赛率100%。较大支出都经“三人决策”小组研究同意，并向全局职工公开，组织开展形式多样的廉政文化活动，营造廉荣贪耻的良好氛围。对大额资金管理与使用等事项实施廉政风险防控。无违反财经纪律行为发生。安全生产稳定运行，无各类案件、上访事件发生。落实好退休干部“两项待遇”。

【财务管理】　落实预算编制和执行责任制，完成预算执行进度计划。需要公开招标（比选）的政府采购或建设项目，均发布招标（比选）公告。实施财务联网，按要求完成A++6.0版财务新系统升级等工作。在财政、科技服务、基本建设资金使用中，未出现问题。积极争取县财政投入，到位资金19万元。没有发生擅自改变预算资金用途、超预算执行情况。

（康　晨）

2013年彭山县气象资料

平均气压百帕	气温（℃）					降水（毫米）				平均相对湿度	蒸发量（毫米）	日照时数（小时）	平均风速	最多风向及频率
	平均	极端最高	出现日期	极端最低	出现日期	总量	一日最大	出现日期	暴雨日数					
962.7	18.8	38.0	8—24	-1.6	1—1	1051.0	116.8	6—30	4	68	1127.3	1394.6	0.8	C，NNW 24，9

商　贸　经　济

商贸综述

【概况】　2013年，彭山县商务工作以项目工作为抓手，以群众路线为基础，进一步转变工作思路，创新工作方法。实际利用外资4956.98万美元，全市排名第二；社会消费品零售完成29.77亿元，增速14.2%，全市排名第三；外贸进出口总额为6187万美元，进口完成5232万元人民币，出口完成955万元人民币。

【职能变更】　2013年，根据《彭山县人民政府关于印发保留、取消和调整的行政审批目录的通知》文件要求，取消酒类经营许可项目；按照《中共彭山县委机构编制委员会办公室关于新组建的食药监局相关职责划转征求意见函》文件精神，将酒类流通食品安全监督管理职责划入新组建的县食品药品监督管理局，原人员编制不变。

【市场建设】 推进城乡市场建设，搞活流通，扩大消费。培育打造“商业风情街”，投资1.5亿元的青龙铁路化工物流中心库项目已完成可研报告并通过审批，已完成基础设计和采购工作；西门新商圈、伟业广场大型商业综合体快速建设。谢家镇农贸市场已建设完毕，四川青龙国际物流中心被认定为省级现代物流聚集区。打击假冒伪劣产品，确保市场稳定。在商贸流通领域开展商业预付卡专项治理，4个单位公开作出承诺；加大节假日期间市场监测力度，积极组织货源，确保日常生活必需品供应不断档，不脱销。开展城信兴商宣传月活动，在生猪定点屠宰点、大型商场、超市、酒类流通市场开展专项整治确保市场稳定。

【现代服务业发展】 2013年，彭山县成功举办“迎春购物月”“江口桃花节”“三月三朝山节”“黄丰橘花节”“观音葡萄节”等一系列会节活动，实现成交额4000余万元，进一步扩大消费，促进商贸流通繁荣。加大限额以上企业培育力度，培育8家企业和个体户向统计部门申请入统，入统限上商贸企业44家。

【市场监管】 2013年开展酒类专项整治，联合公安、工商、技监、打假办、洋酒协会15次，共出动96人次，关闭乡镇小作坊1家。开展生猪定点屠宰清理整顿。全县共有生猪定点屠宰点28个，规划设置9个点，县商务局通过先易后难采取关、停、并、转等方式，关停并转13家，余15家。

【外向型经济】 2013年，尼科国润新材料公司在香港设立分支机构，成为彭山县第二家“走出去”的企业。新增四川省彭山县劲飞化工有限责任公司、四川省龙腾铁路器材有限公司、四川中德气弹簧制造有限公司等5家自营进出口企业。世界500强企业联合利华正式入驻彭山县经开区，总投资9900万美元，设立联合利华（四川）有限公司。组织9家企业参加第九届中国食品博览会、2013第三届川酒网购展、第十四届西博会等节会，进一步扩大消费，促商贸流通繁荣。

【农贸市场整治】 2013年，继续做好争创省环境优美示范县工作，加大宣传和教育力度。张贴市场整治通告20余张，发放创建环境优美示范县通知600余份，公开信700余份。督促市场业主功能分区，在城西、城北市场划出专门区域供流动摊贩摆放，划分停车位改变乱停乱放的现象。新换广告牌及市场管理制度，严格执法，严禁流动摊贩在市场消防通道内摆摊设点，严禁越区越线、乱摆乱放。市场内经营户做到证照齐全、亮照经营。

【企业改制】 做好各种历史遗留问题的善后工作，继续做好彭山县食品公司破产还债清算工作。全年未出现大规模群体性上访事件。

（陈迎春）

粮食工作

【大事记】 8月8日，省粮食局党组书记、局长张书冬率法规处、产业发展处、仓储管理处等部门负责人到彭山调研秋粮收购工作和粮食企业安全生产工作，并与市、县领导和相关企业负责人进行座谈。

图为省粮食局党组书记、局长张书冬在彭山调研秋粮收购和粮食企业安全生产工作情景

9月6日，国家粮食局监督检查司副司长袁

辉一行5人，到彭山检查农户科学储粮小粮仓建设和秋粮收购工作。省粮食局监督检查处处长朱文川、市粮食局局长钟建国等省市部门负责人陪同。

图为国家粮食局监督检查司副司长袁辉在彭山检查时情景

10月30日，国家粮食局秋粮收购检查组一行检查指导彭山县2013年中籼稻最低收购价收购工作。国家粮食局常务副局长卢景波、省粮食局局长张书冬、副局长黎明、调控处处长蔡开泉、调控处副处长黄敏、机关服务中心副主任吴颜、市委书记李静、副市长钟毅、市粮食局局长钟建国、中央储备粮眉山直属库主任罗正友、县委书记蔡刚、副县长廖伟等陪同检查。

图为国家粮食局秋粮收购检查组在彭山检查时情景

12月，彭山县被省粮食局评为"2013年度农户科学储粮专项建设先进单位"。

【概况】　2013年，全县粮食工作紧扣县十三次党代会提出的"抓好五个重点，建设七大战区"，向着"群众满意，上级放心"的目标奋进，继续以"稳市场、保安全、强产业、惠民生"为目标，进一步推动全县粮食工作加快发展。

【粮食收购】　全县收购粮食3万吨（其中托市收购最低保护价收购2万吨），占总任务（1.5万吨）的200%。

【粮食销售】　全县销售粮食3.5万吨，占总任务（3万吨）的116.66%。

【油菜籽收购】　全县收购油菜籽1500吨，占总任务（1000吨）的150%。

【食用油县内销售】　全县销售食用油3000吨，占总任务（2500吨）的120%。

【惠民服务】　采用"公司+基地+农户"模式，促进粮食产业化发展。积极配合农业等部门在全县范围内推广优质粮油2733.33公顷（粮食2066.67公顷、油菜666.67公顷），占总任务（2666.67公顷）的103%；其中，完成优质粮油订单面积1400公顷，占总任务（1333.33公顷）的105%。加大粮油网点建设，实施便民工程。2013年在凤鸣、谢家、观音等乡镇规范"放心粮油店（企业）"3家，总数达到21家。继续开展农户小粮仓建设。在全县推广农户小粮仓2034户，占总任务（2000户）的101.7%。向上争取政策性投资补助1000户（通过招标节约成本增加34个），实际发放1034户，达到为农户减损增收的目标。因农户科学储粮专项建设工作成绩突出被省粮食局评为先进县。

【粮油储备】　2013年，实现全县中央、地方政策性储备粮油库存3万吨，占总任务（2万吨）的150%；市级代储粮食1万吨，占总任务（1万吨）的100%。

【粮油储备基础设施建设】　抓好青龙粮食物流园区建设。2013年，相继落实项目征用地

4.08公顷，项目图纸的规划设计和图审及工程预算，2013年年底前已进入财政评审和项目的公开招投标阶段，为2014年项目全面实施打下基础。抓好全县延续申报4.03万吨中央储备粮代储资格工作，国家粮食局已于2013年8月2日批准，为中央、省专储粮食提供安全保障。

【粮食托市收购】 从2013年10月1日起，国家启动中籼稻实行最低收购保护价以来，全县粮食部门认真落实稻谷最低收购价收储工作，提高农民的种粮积极性和保护农民利益，到12月托市收购粮食2万吨。10月30日，国家粮食局常务副局长卢景波率相关部门人员检查指导彭山县2013年中籼稻最低收购价收购工作后，作出重要批示："从调研情况看，彭山县委、县政府对粮食收购工作高度重视，县粮食局精心组织，督促和指导企业严格执行收购政策，收购工作进度顺利，农民满意，望继续努力，确保全年收购任务圆满完成。"同时，省粮食局局长张书冬对彭山县粮食收购工作也给予充分肯定。

【粮食政策扶持】 积极向上争取粮食政策扶持，全年向上争取政策性补助资金788.88万元，占目标任务750万元的105.18%，为全县粮食经济发展壮大提供了条件。

【粮食流通管理宣传】 做好《粮食流通管理条例》（以下简称"条例"），颁布实施九周年宣传活动，维护市场秩序。召开18家具备一定规模的粮食收购、销售、储存、加工、转化企业负责人座谈会和全县具备粮食收购资格20户粮食经纪人参加收购工作会议，进一步规范收购行为。在全县6个主要产粮乡镇、11个集贸市场、2个火车站巡回广播宣传条例和实施办法2次，受教育群众达2万人以上，提高条例的知晓率。深入开展"粮食科技周"宣传活动，在彭祖广场举行以"安全、营养、健康"的消费理念，以"关注粮油安全——小麦粉的营养与健康"为主题的活动仪式。在宣传现场发放宣传资料3000余份，悬挂标语6幅，接受群众咨询1.2万余人次。

（苏晓云）

供销合作

【概况】 2013年，实现商品购进总额5310万元，其中，农副产品购进2730万元；商品销售总额5820万元。全系统实现利润12.6万元，上缴国家税费12.4万元，助农增收2730万元。

【企业改制】 认真做好公义供销社歇业解散和职工安置工作，抓好资产转让后的产权过户登记、职工住房问题的解决、产权取得人的房地产交付等工作以及与农业银行协调有关土地证返还和债权清偿金的工作，妥善完成职工安置工作。做好彭祖矿泉饮料厂依法破产工作。经县法院审理下达职工补偿和债权分配裁定书后，部分职工不服裁定上访反映。县供销社按有关法律法规回复，并做好维稳工作，协助产权取得人做好土地过户和进场工作。

【信访维稳】 坚持"社务公开""阳光作业"，加强服务企业工作，抓好信访稳定的落实。年初对系统内4000余名下岗职工信访稳定工作以及遗留问题的处置进行周密排查，对排查出的信访稳定工作确定领导包案，切实解决突出问题，维护系统稳定。全年，系统内未发生一起越级上访和群体性不稳定事件发生。信访实现"零进京、零到省"。

【改革发展】 认真贯彻落实2009年《国务院关于加快供销合作社改革发展的若干意见》和四川省人民政府2010年《关于加快供销合作社改革发展的实施意见》，稳步推进供销社改革和发展工作。按照县供销社发展庄稼医院五年规划，2013年规划的5个庄稼医院，已完成选址和建设工作。

【安全工作】　2013年，积极抓好全系统安全生产工作，制定预案，强化一把手责任制，执行安全大检查20次，全年全系统无安全事故发生。

【自身建设】　组织全社干部职工学习领会中共十八大、中共彭山县第十三届代表大会第三次会议、县政协第九届委员会第三次会议和县第十七届人民代表大会第三次会议精神。积极开展“实现伟大中国梦，建设富裕美好和谐彭山”主题教育活动。立足本职工作主动作为，围绕县委中心工作，始终坚持“三个只要”，抓实“五个重点”，推进“七大战区”建设，认真履行工作职责，坚持群众路线，改变工作、生活中与发展不相适应的作风，努力做好供销社工作。在全系统继续开展“送温暖”活动，筹集慰问金2万余元，为系统内80余名下岗职工，生活困难、患重病职工，企业离退休老干部以及军队转业干部送去组织的温暖和关怀。深入推进机关干部直接联系群众、服务群众工作。2013年，彭山县供销社继续联系观音镇、观音铺社区工作。成立联系乡镇工作和“321”活动工作小组。由“一把手”亲自抓，并落实工作经费。配合观音镇2013年具体工作目标，制定2013年帮扶观音镇、观音铺社区规划和工作措施。根据联系困难群众的具体情况，确定机关干部一对一帮扶联系困难群众。全年送慰问金7500余元、慰问物资60件，为困难群众办实事3件。

（龙永松）

烟草专卖

【概况】　2013年，全县共销售卷烟1.08万箱，完成全年销售目标的100.3%，其中，销售“娇子”卷烟3231箱，同比增长28.41%；一类“娇子”销售365箱，同比增长35.19%；销售七匹狼124.5箱，同比增长21.94%。

【专卖管理】　全年，新办零售许可证288户，歇业138户，注销156户，共有持证经营户882户。全年共查处各类案件271起，其中，假冒伪劣卷烟案33起，无证经营案93起，走私烟案22起，非法渠道进货案109起，综合案件14起，共计案值17万余元，罚没款5.9万余元，罚没卷烟121.1条。

【网建营销】　2013年，彭山县烟草专卖局（分公司）面对经济持续高位运行和卷烟总量与“娇子”销量保增长的双重压力，深入市场广泛开展调查研究，查找本县市场经营管理的症结；正视困难，做好全体干部职工的动员工作，进一步统一思想，积极采取有效措施，保持销量稳定增长，结构持续上升，效益平稳提升。

【企业内部管理】　2013年，进一步强化制度梳理，规范工作流程，设定工作标准，切实使每个员工做到职责清楚，流程熟悉，工作到位。强化宣传贯彻培训工作，制定培训计划，编制员工培训手册，分类别组织相关人员进行学习，并对培训效果进行评估。组织开展防火应急演练，进一步强化职工安全责任意识，进一步提高员工自我防护和应急应变能力，营造全员参与安全生产工作的良好氛围。

【企业建设】　2013年，围绕开展“两个至上”长效机制和评价体系建设的要求，积极开展“三八”节登山、“五四”青年员工送温暖、“关爱员工、夏日送清凉”“九九重阳”座谈等活动，进一步营造“愉快工作、幸福生活”的良好氛围。开展廉政风险防范管理工作，引导党员同志亮明身份、公开承诺、“创先争优”，切实从源头上预防和治理腐败。精神文明建设水平不断提升，积极为雅安芦山地震捐款，组织“暖冬行动”公益活动；彭山县局（分公司）结合彭山县政府“一帮一”活动的通知要求，组织开展一场节前“送温暖”活动，将慰问金500元送到帮扶对象翟燕的手中。2013年，彭山县局（分公司）

在普法依法治理工作中，强势推进彭山烟草法制化建设进程，普法依法治理工作得到进一步加强。积极主动地做好新闻报道工作，切实抓好政务信息、宣传报道和收文发文，全年共编发《简报》59 期，其中营销 10 篇、专卖 11 篇、内管 3 篇、综合办 35 篇。2013 年，全局共有人员 33 人，其中，7 人持有高级证书，17 人持有中级证书，4 人持有初级证书，技能鉴定持证率为 84.84%，中级以上技能证书持证率为 72.72%。

（黎　勤）

财政·税收

财　政

【概况】　2013 年，彭山县财政工作围绕“主动作为、争创一流、科学理财、与时俱进”的主题，以加强财源建设和财政管理为重点，以增加地方财政收入为中心，加强征收管理，大力增收节支，强化财政监督，实现预算收支平衡，圆满完成各项目标任务，有效保障全县经济正常运行。在全市考评中，彭山县财政收入增长、收入质量、综合指标均居全市各区县第一。

【财政收入】　2013 年，彭山县地方公共财政预算收入共完成 10.52 亿元，较上年增长 42%，增速居全市第一。其中，税收收入完成 7.43 亿元，较上年同期增长 22.3%；非税收入完成 3.09 亿元，较上年同期增长 132.2%。收入质量稳居全市前列。彭山县收入结构中税收占比 70.7%，居全市第一位，收入结构不断优化。积极向上争取项目资金。县财政积极配合县级相关部门向上争取资金达 7.83 亿元。

【财政支出】　2013 年，彭山县累计完成财政支出 27.26 亿元，其中，地方财政一般预算支出 19.93 亿元，基金支出 7.33 亿元。财政支出规模的不断扩大，为县委、县政府的重大决策提供坚强的财力保障，使政府的调控能力日益增强，各项惠民政策的落实、集中财力办大事的优势得到充分发挥。

【民生工程】　截至 2013 年 12 月 31 日，彭山县已拨付民生工程项目资金 2.90 亿元，占预计安排资金总额 2.33 亿元的 124.45%。其中，上级补助 2.11 亿元，占预计安排资金总额 1.60 亿元的 132.41%；县级安排资金到位 5964 万元，占预计安排资金总额 5439 万元的 109.65%；其他资金到位 1944 万元，占预计安排资金总额 1934 万元的 100.52%。

【农业投入】　积极组织配合农口部门、农业产业化龙头企业和乡镇向上申报项目，全年总共争取资金 1.01 亿元，同比增长 45.9%，其中，争取无偿项目资金 9390.7 万元，农业扶贫资金 718 万元。开展良种补贴等惠民工作。在有关农口部门、乡镇的配合下，发放农户良种补贴共计 507 万元；认真做好农业综合开发项目建设的各项工作。2013 年，农业综合开发项目总投资为 981 万元，其中财政资金为 915.6 万元；做好水费的催收工作，截至 2013 年 12 月底，全县完成代征水费 404 万元。与相关部门组成验收小组，对 2013 年一事一议公益事业财政奖补工作进行验收，共计验收 25 个项目，奖补资金 695 万元。

【财政评审】　加大财政评审力度，严把财政支出关口。彭山县共完成评审项目 548 个，评审投资额达21.2亿元，审定金额17.9万元，平均审减率15.6%，为国家节约财政资金3.3亿元。

【财政监管】　加强政府采购监管，提高资金使用效益。全年共组织集中采购83次，其中公开招标21个，竞争性谈判16个，邀请招标2个，询价采购42个，单一来源采购2个，特殊采购14个，采购预算金额8133万元，实际采购金额7367万元，节约资金766万元。加强县乡支付管理，做好集中支付核算。采用一体化信息管理大平台系统监控财政资金，增加“预算拨付——单位入账——计划支出”整个资金流程的透明度；严格控制单位银行透支行为，1—12月未新增透支。加强非税票据管理，严格非税收入征管。严格执行各项政府非税收入减免缓政策，强化非税收入的“收支两条线”管理原则；按照财政厅文件精神，完成新旧非税票据的更换工作，并对旧版非税票据进行统一销毁。深化公务卡改革，严控“三公”经费开支。2013年，彭山县公务卡消费达115万元。其中，“三公经费”开支情况较上年相比明显下降。清查全县执法执勤编制和用车情况，强化执法执勤用车管理。核查出超编车40辆，报废33辆，调剂使用7辆，确保执法执勤用车规范有序。强化财政监督职能，开展各项监督检查。县财政局组织对2011年交通系统非税收入情况、全县127个行政事业单位进行会计质量监督、中央水利建设基金、能繁母猪补贴资金等惠民资金进行专项检查，发现问题及时提出，及时要求进行整改落实。稽查科会同有关业务科室，选取两个县本级财政资金安排的项目进行财政支出绩效评价与监督，对项目的效益进行评价打分。对2012年度四川省范围内在工商行政管理部门登记注册实行查账征收的法人企业实行所得税税源调查，彭山县参与此次调查的有7户企业，按要求完成企业代码编制、调查表数据录入、审核工作。

【惠民工程】　通过“一卡通”按时拨付粮食直补、综合直补资金2890万元，全县受益农户达7.2万余户。发放石油价格补贴资金255.12万元，受益城市公交车12台，出租车100台，农村客运专线车辆121台，船舶15艘。发放农户良种补贴507万元，农机购置补贴621万元。教育投入达2.9亿元，比上年增加2604万元，教育支出占一般预算支出达到15.64%以上。落实城乡低保、医疗救助、高龄补贴、五保供养等惠民资金共计5921万。划拨县级各类医改配套资金1214.57万元。筹措902.78万元，用于182名退役士兵的安置和398名义务兵的优待金的发放。及时足额发放残疾军人护理费、退役补助等其他优抚对象抚恤补助资金2051万元。划拨再就业资金287万元，用于补助公益性岗位津贴、职介培训补贴、职业培训补贴、社保补贴、失业保险补贴和小额贷款担保。

【会计管理】　2013年，彭山县会计专业技术资格报名人数达1337人，其中：初级1262人，中级75人。全年共组织四川省会计从业资格考试报名两次，总人数达到3339人（第一次1975人，第二次1364人），比上年同期报名人数增加785人。全年完成会计继续教育2040人，其中网教1302人、面授738人，比上年增加267人。

【机关建设】　坚持每周五下午的学习制度，完善机关内部制度，建立机关效能建设长效机制。加强财政干部的政策理论、财政业务、勤政廉政的教育和培训，提升干部职工依法理财、科学理财水平。认真开展“中国梦”主题教育活动和“直接联系服务群众”活动，县财政局18名机关干部为20户联系群众、5户“计生三结合”帮扶户、1户贫困母亲帮扶户及时宣讲“中国梦”，帮助实现“致富梦”，并为其宣传各项惠农政策、致富信息，送去慰问金、慰问物资和生产生活资料及政策扶持，帮扶户生产生活条件明显改善。强化机关干部思想教育，筑牢群众观点，密切干群关系。认真开展“创先争优”活动，在单位内部开展“带头创先争优争做人民满意公务员活动”，争创优秀共产党员、优秀财政干部，积极开展“比学赶超”，坚决杜绝“慵、懒、散”，转变工作作风，树立良好形象，提升服务水平，提高工作质量。积极开展保持党的纯洁性教育和纪检监察系统“三项建设”活动，强化党员干部廉洁从政意识。是年10月，组织全体机关干部到眉州监狱开展警示教育，让机关干部受到全身心的教育，牢固树立正确的世界观、人生观、价值观。全年，财政干部无违纪违规行为发生。2013年，彭山县财政局继续派驻2位工作人员做好结对帮促白玉县县级财政工作，与白玉县财政局工作人员交流学习4批次。

（侯　娜）

国有资产监督管理工作

【国有资产清理核查】 2013年，彭山县国资局开展国有资产的配置和核减工作，搞好国有资产处置工作。对34家行政事业单位的资产核减和6家单位的资产配置进行审批。对全年的行政事业单位债权债务清理工作进行收集和汇总，并对2014年的债权债务催收工作进行安排部署。

【国有资产的公开拍卖和招租】 全年实现国有资产处置收入1461.8万元、租金收入217.79万元、城区排污费208.4万元。全程参与8处回购国有资产的清理、评估、接收环节，对原新筑路桥公司撤移资产进行追讨，为县政府挽回损失30万元，并上交县财政。

【融资工作】 2013年，全县有2家国有企业增加注册资金2.8亿元，县国资局对2家国有企业开展财务检查；全年融资完成6.3亿元。配合县粮食局完成10.14公顷国有粮食仓库资产整合及青龙物流园5万吨粮食仓库建设的前期准备工作。完成彭山发展控股有限公司、天府新区彭山工业投资公司等5家平台公司组织结构的完善和报批工作；对企业“三重一大”事项按《中华人民共和国企业国有资产管理法》进行监管。

【主题活动】 积极开展“融入成都同城发展找差距”活动。会同有关部门，分别到洪雅、新津学习国有资产监管及国有企业管理方面的先进做法；到仁寿县学习城市建设和土地管理经营；到省开行学习现代农业示范融资。通过学习，总结经验，取长补短，为新型城镇化建设以及国有资产实现动态化管理提供有力保障。

【党建工作】 组织党员干部认真学习中共十八大及十八届三中全会精神，扎实开展“中国梦”主题活动，做好学习笔记，撰写自己的梦想，形成“五个专题教育讨论成果”。重点是抓好国有企业公司党员职工的学习，抽调公司政治素质好、理论水平较高的人员到工地为施工业主宣讲。立足国资监管工作特点和岗位实际，党组织作出承诺5条，全体党员干部作出书面承诺并公开13条，组织党员参观彭祖新城建设，选派2名公司入党积极分子参加县直机关工委组织的培训。加强对国有企业职工的廉政教育，组织全体干部职工和国有企业部分中高层人员到眉州监狱通过服刑人员的现身说法、观看反腐宣传片、参观经典腐败案件图片展等方式接受反腐倡廉警示教育。

【群众路线】 结合“七一”“中国梦”活动、春耕等时机，开展群众路线先行先改活动，走访慰问贫困党员、困难群众9户，送去慰问金4000元；抓好对联系社区的帮扶，“七一”到社区召开党员代表、群众代表座谈会听取影响干群关系、经济发展的意见建议，共收集意见建议10余条，并将相关意见建议与县级部门进行联系解决；为联系乡镇捐赠资金1万元，为联系社区解决换届工作经费5000元，购买食品500余元并送到防洪现场慰问防洪村民；召开恳谈会，组织9家国有企业领导干部、职工提意见、建议5条，将所有意见建议分类整理并整改。

【其他工作】 加强法制宣传和教育。深入开展“六五”普法教育，通过学习，单位干部充分认识社会治安综合治理工作的重要性，增强法制意识，提高遵纪守法的自觉性。完善机构建设，强化行政机关效能建设；加强行政机关效能建设，抓好以解放思想、与时俱进为重点的思想建设，强化进取意识，树立创新精神；做好信访、稳定、安全、保密等基础工作。

（李　娴）

国家税务

【税收收入】　2013 年，彭山县完成国税总收入 4.07 亿元，同比增长 19%，首次突破 4 亿元大关。其中，增值税入库 2.93 亿元，同比增长 50%；消费税入库 122 万元，同比下降 27%；企业所得税入库 1.11 亿元，同比下降 22%；车购税入库 163 万元；个人所得税入库 5 万元。完成地方公共财政收入 9300 万元，在全市区县局中总量排位第一。

【税收优惠】　全年依法减免各类税收 1.20 亿元，惠及 2643 户企业和个体工商户，助力辖区企业扩产增效，帮扶弱势群体改善民生，促进县域经济结构调整优化。

【税收征管】　2013 年，全力推进“营改增”试点工作。县国税局重点在数据传递、部门衔接、宣传辅导上下功夫，接收地税局移交的“营改增”试点纳税人 409 户，经核实属于“营改增”范围纳税人 166 户，查无下落或无法取得联系 234 户，不属于“营改增”范围纳税人 9 户。“营改增”纳税人共 274 户，其中：一般纳税人 20 户，小规模纳税人 254 户。是年 9—12 月“营改增”试点纳税人申报增值税 320 万元，实现“营改增”试点工作的顺利过渡。按照“统一规划、统一管理、高效规范、优化服务”的原则，进一步打造全职能办税服务厅。在全市率先开展国税、地税、工商联合办税、办证探索试点，成功核发第一次套加盖国地税公章的税务登记。继续构建统一办税服务平台，实行“五统一、十联合”，实现国地税业务“一厅通办”。

【纳税服务】　全年广泛开展纳税人行业税收定期辅导工作，先后举办 2 期面向纳税人的各类政策辅导培训会，培训企业法人、财会人员 180 余人次。组织专业团队，为 20 户“营改增”一般纳税人提供现场申报辅导服务；组织第 22 个全国税收宣传月活动，围绕“税收·发展·民生”税收宣传月活动主题，开展“让风险远离自己”为核心的一系列主题实践活动；制作《纳税人涉税风险防范知识问答手册》赠予纳税人，先后开展重点税源企业涉税风险座谈会、集中宣传咨询日活动、涉税风险在线访谈、“小专家计划行动”等税收宣传主题活动；服务天府新区彭山区域发展机遇，重点突出对支撑园区的机电、物流、新材料和拟上市公司，实行团队跟踪，创造更优的税务环境，促进企业在园区生根发展，和谐征纳关系。

【风险管理】　开展“1＋N”纳税评估竞赛。打破科室界限，整合日常业务，实行以“评估选案准确率、评估入库全口径收入、地方一般预算收入税款”为主要指标的权重考核法，组建 8 个评估团队开展集中纳税评估工作。全年共评估企业 61 户，共评估税款 1099 万元，滞纳金 10.1 万元，有效地规范部分企业长期存在的涉税问题，降低重大偷税案件发生的风险。加强基础数据管理。对现有征管信息系统的数据进行进一步的清理，对征管系统内的缺失信息（如财务报表信息）、模糊不清信息（如行业明细信息）逐一核对界定，督促纳税人补充完善征管系统中各项信息。全年督促纳税人修改行业明细 395 户，督促 600 余户次纳税人补报和更正 2012 年，2013 年一季度、二季度、三季度，2011 年度财务报表数据信息。开展二次风险分析。全年实施风险排查预警项目 1000 余条，及时解决征管风险疑点，促进国税局征管质量指标得到好转，征管质量指标从半年 90.34 提高为 92.93，全市排名相比提升了两位。开展“强化责任、防范风险”活动。县国税局对人为因素的大小、风险发生频率的高低、危害程度涉及的范围等因素进行分析、评估，列出各科室日常工作风险点，制定岗位风险排查必查表，各部门、各岗位人员根据实际情况和履职要求开展自查，县国税局根据自查反馈情况，对潜在的风险点进行评估，制定防控措施，堵住风险漏洞。开展财政性补贴资金清理工作。对县政府2010年至2012年的46户企业实行财政性资金补贴进行核查，集体评审须补税的13户企业，涉及财政性补助资金4000余万元，补税175.8万元，调亏363万元，跟踪管理符合条件，符合不增税条件，需要后续跟踪管理15户。通过10个部门联合建立的财政性资金“先税后补”工作机制，形成财政性资金日常管理的源泉控制。开展“征前集中风险提示”。征纳双方在多方面形成共识，促进征期纳税人申报纳税额的增长和征管质量的提高，10月申报应缴税款4435万元，其中：申报增值税较1—9月申报平均数增长53.9%；申报二季度申报增长158.3%，单月收入规模创新高。

【依法行政】 2013年依法行政依法治税加大工作力度，深入开展依法行政示范单位创建工作。以强化执法考核系统的监督管理为基础，通过督促整改、检查核实、每月通报等有效措施，1—10月申辩调整后执法正确率平均为99.91%，高于全省、全市平均水平。其中4—10月执法正确率均超过99.9%。以执法监督和案卷评查为重点，对国税局2012年度的457户案卷进行日常评查，其中重点评查142户，评查面达30%以上，都为合格。以落实执法过错追究为保障，县国税局累计批评教育15人次，通报批评1人次，累计经济惩戒金额575元。认真落实各项税收政策。继续运用增值税转型政策，鼓励企业投资和技术改造；用足增加就业、支持中小企业和个体工商户发展、刺激消费等税收优惠政策，服务民生、扩大内需。推动稽查转型和管查联动，发挥征管整体效能。2013年，立案检查10户企业，结查6户，查补入库税额、滞纳金、罚款总额121.2万元，查补税款入库率达100%，其余4户基本结束，进入审理阶段，查补税款230万元。其中，增值税157万元，所得税73万元；组织31户企业自查，补缴税款337万元。

【税法宣传】 全年利用税收宣传月和“12·4”全国法制宣传日时机，开展街头税法宣传2次，通过税企QQ群向纳税人发送涉税文件资料500余条，解答涉税疑问200余个，开办各类政策辅导培训会2期，培训企业法人、财会人员180余名人次，形成依法诚信纳税的良好氛围。

【文化建设】 全年开展道德讲堂等活动。举办“彭山县国税局道德讲堂”成立活动，活动安排“学知识”“听要求”“作部署”“唱红歌”“诵经典”“赠书刊”“学模范”“发善举”等八项议程；10月，彭山县文明办在县国税局召开现场会，在全县党政机关范围内，推广彭山县国税局“道德讲堂”活动经验。开展税企和谐文化建设活动。县国税局创新以“连心线”“同心线”“生命线”“奋进线”“圆梦线”为标示的“五线谱”税企和谐文化建设活动。提升纳税人学校质量。依托“纳税人学校”平台，重点在科学设置培训内容、积极拓展辅导方式、加强师资力量队伍建设、强化培训效果跟踪反馈等方面下功夫，通过集中授课、专题培训、税企座谈、实地走访等灵活形式，为纳税人提供优质的政策培训和纳税辅导，实现征纳良性和谐互动。

【队伍建设】 2013年，制定《彭山县国家税务局补充中层干部工作方案》，新提拔中层正职2名，副职1名，交流中层干部3名；两名同志通过四川省国税系统稽查业务骨干选拔，参加四川省国税系统稽查业务骨干三年递进式培训；参加省市局干部培训24人次，参加县局“小企业会计制度”“营改增”、现行税收政策等培训320余人次；以领导管户、业务讲学和“1+N”

纳税评估竞赛等主题活动为载体，深化在岗培训工作。全面贯彻落实廉政准则和《税收违法违纪行为处分规定》要求，强化对税收征管、稽查、发票配售代开、案件审理、财务等重要岗位、重要权力事项的监管和流程控制。深入推进税务廉政文化建设，加强廉政教育，预防行业腐败。继续开展纪检监察干部集中接访、征管查人员直接面向纳税人述职述廉、被查企业廉政回访、党风党纪明察暗访等活动，加强政风、行风建设，实现“四个保障”“三个安全”和“五个无”的基本目标，呈现出党风廉政建设与税收工作协调发展、相互促进的良好局面。2013 年，深入开展直接联系服务群众工作。全员参加，与牧马镇武阳村村委会联合过组织生活 2 次，在武阳村建卡 48 户，每位税务干部与联系户见面，确定帮扶项目。为武阳村筹集水泥 50 吨、玉米 2 吨、鱼饲料 5 吨、化肥 3 吨、鸡饲料 1120 千克，现金 2.1 万元。

（罗梓璇）

地方税务

【概况】 2013 年，彭山县地税工作取得优异成绩。税收按时实现“开门红”，提前 9 天“双过半”，提前 11 天实现“满堂红”。截至 2013 年 12 月 31 日，全局共组织全口径收入 9.56 亿元，完成省、市地税局下达年度目标任务数 9.02 亿元的 121.46%，与上年同期 7.87 亿元相比，净增收 1.69 亿元，增长 21.46%；其中：完成税收收入 9.21 亿元，完成年度任务数 8.7 亿元的 105.86%，与上年同期数 7.57 亿元相比，净增收 1.64 亿元，增长比例为 21.66%；完成县级一般预算收入 6.67 亿元，完成县级年度任务数 6.5 亿元的 102.62%，与上年同期数 5.34 亿元相比，净增收 1.33 亿元，增长比例为 24.91%。基金附加收入入库 3575 万元，完成年度计划 3200 万元的 111.72%。在全省 59 个扩权县中，彭山县地税局税收总量排在第 9 位。

【税务登记】 严格税务登记制度，规范税务登记管理，强化税源监控。彭山县地税局、国税局从 2013 年 11 月起简化办税流程，实行国地税联合办证业务。

【纳税评估】 开展行业纳税评估模型建设和验证工作，共开展纳税评估 11 户，上报纳税评估模型 2 个。规范延期缴纳税款审批管理。

【科技管税】 加强信息管税，狠抓税库银联网，提高扣款占比，全县通过税库银签约的户数达 1600 余户，税库银扣税金额占比达 90%。规范房地产税收一体化管理，与县国税局等 10 个部门建立协税护税“先税后补”“先税后证”“先税后变”工作机制，进一步规避涉税风险，堵塞税收漏洞。加强发票内部管理检查并严格执行稽核制度，全年共入发票 49 万份。加强土地增值税、城建税、印花税、房产税、城镇土地使用税、契税和耕地占用税源管理工作，完善征收台账、重点纳税人“两税”管理台账、规范契税减免登记台账等基础资料。加强耕地占用税和契税的定期分析对比，落实和强化税源监控，开展耕地占用税和契税的征管情况执法检查。

【纳税服务】 纳税服务不断优化，按时间进度完成“12366”热线区县级建设。进一步规范办税服务厅，完善办税服务厅监控系统，共购置半球监控摄像机 4 台，监控硬盘 1 个。

【营改增试点工作】 2013 年 8 月 1 日，彭山县地税局将“6 + 1”内容移送国税局管理，移送纳税人 405 户，其中，单位纳税人 82 户，个体纳税人 323 户，涉及税额 480 余万元。

【税法宣传】 认真开展税收宣传月、法制宣传月、法制宣传日等活动，深化税法宣传力度。2013 年 4 月，启动全国第 22 个税法宣传月活动，县地税局 15 人与县国税局联合在县政府门外设立纳税咨询台 10 个，组织部分人员走入社区、街道、商场进行税法宣传。建立网络宣传平台，全年撰写调研文章上报市局5篇，被省地税局采用2篇，市地税局采用2篇。在省地税局发表信息10条，彭山地税腾讯微博粉丝达2万余人，加强信息化管税，做好网络舆情监控，全年无网络舆情发生。县委书记蔡刚对地税的优异成绩作出表扬："县国地财，今年由于全县共同努力，实现突破10亿元，实属不易，付出太多汗水和智慧，辛苦了，望2014年继续努力!"

【队伍建设】 加强领导班子建设，积极开展领导班子创四好活动，连续9年保持"四好班子"称号。以党建工作为牵引，结合工作实际，学习党建理论，指导各党支部开展"三会一课"活动，2013年，有3个支部被评为先进党支部。积极开展主题教育活动，及时部署群众路线教育活动。县地税局在"实现伟大中国梦，建设富裕美好和谐彭山"主题知识竞赛中荣获二等奖，获全市"思想政治工作先进集体"称号、连续8年获得政风行风暨软环境建设十佳单位称号。

（李国禄）

金　　融

金融综述

【概况】 截至2013年12月末，中国人民银行彭山县支行各项存款余额143亿元，比年初增加28亿元、增长24%，各项贷款余额64亿元，比年初增加13亿元、增长25%。

【人事变动】 2013年2月17日，免去朱碧刚基础业务科科长职务，任办公室主任。4月2日，李理由眉山中支调任彭山支行党组书记、行长。7月29日，魏文斌任办公室副主任。8月1日，杨伟任基础业务科科长。9月22日，魏丹波任纪检组组长。10月16日，朱锐任基础业务科副科长，陈维莉任综合业务科副科长。

【信贷管理】 加强对稳健货币政策的宣传解读，随时向县委、县政府领导口头或书面汇报金融工作，努力营造有利于稳健货币政策执行的政治环境。加强窗口指导，引导信贷投向，推动金融机构增加本地信贷投放，加强对天府新区彭山区域建设、中小微企业和"三农"的信贷支持。抓好两家地方法人金融机构的信贷调控，在中心支行的领导下，指导其根据信贷调控要求，合理确定信贷投放计划。管好用好支农再贷款，增强金融机构支持"三农"的能力。在金融的有力支持下，全县经济保持快速增长，2013年GDP实现101.9亿元，增速10.9%；实现全社会固定资产投资147.7亿元，增长27.9%。2013年，财政一般预算收入共完成10.5亿元，地方公共财政预算收入增长42%，增速全市第一，粮油、水果、竹木、生猪四大特色支柱产业形成规模，农业和农村经济稳步发展。

【金融管理】 按要求开展对辖内9家银行业金融机构2012年的综合评价工作。组织开展对彭山农村信用社、乐商行彭山支行、彭山珠江村镇银行有关征信、金融统计、现金管理等金融业务的合规性检查工作。针对"银保个案"纠纷，支行两次召开专门会议，一案一策，会同有关各方确保没有群体性事件的发生，维护辖区金融稳定。对彭山联社业务分管领导、办公室主任、征信管理负责人进行约见谈话，督促其进一步规范日常业务行为。按照银行业机构开业管理要求，对成都银行彭山县支行的开业进行初审。牵头全县各经济部门开展形势分析会，重点研究彭山金融形势、引导金融机构立足地方经济求发展。遵循《眉山市银行业机构金融消费者权益保护工作评分细则》，加强金融消费者权益保护工作。

【金融服务】　扎实推进中小微企业信贷培育工作，建立《彭山县中小微企业信贷培育工程走访制度》。积极推进财税库银税收电子缴库横向联网工作。“讯通工程”四有目标得以实现：镇镇有ATM机、村村有助农取款服务点、县县有刷卡无障碍示范区、户户有银行卡。进一步加强账户和贷款卡管理，截至2013年12月末，新开立账户452户、变更289户、撤销149户，新办理贷款卡47户、年审贷款卡218户，发放机构信用代码证452户。组织开展“彭山县账户管理业务培训”，全县9家金融机构参加培训人数达65人；组织反假货币知识的培训考试，银行业机构员工38人取得反假货币上岗资格证。组织开展银行卡、征信、反洗钱、反假货币、金融消费者权益保护宣传及“金融知识进园区”活动，努力提高社会公众对金融知识的认知水平。芦山地震发生后，切实牵头做好全县金融机构的抗震救灾工作。

【内部管理】　2013年，支行班子带头执行中央八项规定和中支党委《关于贯彻落实改进工作作风、密切联系群众规定的实施细则》，尤其是支行班子围绕“照镜子、正衣冠、洗洗澡、治治病”，努力查找解决自身作风不实、不正、不廉的问题，以身作则做表率。支行班子通过家访、慰问、个别谈心、科室座谈会、全行职工大会、行务会、老干部活动、专题教育活动等形式，与全体职工广泛谈心，征询他们对支行建设的意见，化解他们心中的疙瘩，为进一步提升彭山支行的“精、气、神”打下基础。加强教育引导，做好内部防控。组织开展春训活动；开展作风建设月、“中国梦”“创建创先争优长效机制”、开展“三践行”等专项活动；开展内控风险评估，对2012年支行38项制度进行梳理，修订完善10项制度。加强安全保卫工作，定期组织安全检查，完善突发事件应急机制，确保安全无事故。加强计算机安全管理，杜绝内联、外联网计算机交叉使用；做好计算机病毒防治、应急管理确保办公及业务系统的安全运行。

【党风廉政】　支行党风廉政建设工作领导小组每季度专题研究一次党风廉政建设工作；签订党风廉政建设责任书，把党风廉政建设和业务工作紧密结合，做到同部署、同落实、同检查、同考核、同奖惩。认真落实党风廉政建设责任制，搞好任务的分解，明确各方责任，加强考核和监督，把责任制真正落到实处。领导干部带头遵守廉洁自律的规定。对照《岗位（廉政）风险防范指南》进行岗位职权职责梳理29项，编制工作事项目录53项，权力运行流程图51项，排查廉政风险点292个，制定涉及权力、制度、思想道德方面防范措施164条，形成《彭山县岗位（廉政）风险防范手册》（试行）规范岗位廉政风险防范。

【文明创建】　开展“做文明有礼央行人”“修身律己、做文明人”主题实践活动，以个人礼仪的养成，窗口部门服务水平的提升，展示央行良好形象。抓好文明单位创建工作。把文明单位创建工作与业务工作紧密结合，发挥创建活动促进支行建设和发展的积极作用。落实职工之家创建的各项规划措施，引导全体职工通过创建活动平台为支行建设做贡献。2013年，中国人民银行彭山县支行荣获中支级目标管理最优单位；被省文明办评为省级文明单位称号；被市爱卫办评为省级卫生单位称号。

（朱碧刚　毛　惠）

工商银行

【概况】　2013年，工商银行彭山支行实现县域支行全面转型，综合竞争力得到提升。工行彭山支行以全面强化优质服务为抓手，以构建支行综合竞争力提升为目标，较好地完成分行下达的目标任务，绩效排名较2012年上升2位。

【存、贷款业务】 截至2013年12月末，各项存款余额12.7亿元，比年初增长2.52亿元。其中，储蓄存款余额8.79亿元，较年初增加1.05亿元；对公存款余额3.91亿元，较年初增长1.48万元。其中，公司存款余额2.57亿元，较年初增加1.26亿元；机构存款余额1.34亿元，比年初增加2200万元。截至12月末，各项贷款余额5.71亿元，比年初增长1.27亿元。其中，法人贷款2.82亿元，较年初增长764万元，个人贷款余额2.89亿元，较年初增长1.19亿元。中间业务方面：全年实现中间业务收入593万元，比2012年增加168万元，增幅39.5%。

【主要业务】 2013年，工行彭山支行坚持以改进服务质量，提高服务效率为工作措施来强化各项存款的稳定增长：在客户维护上坚持定期访问制度，做到及时了解客户需求，适时改变营销策略来做好客户维护；在网点服务上推行“大堂制胜”策略和“开门迎宾”服务制度；为进一步提高服务效率实施“签字叫号”制度；坚持晨会、周会制度，做到及时总结一天一周工作情况，对完成及未完成工作进行说明，明确下一步工作做法，为保证各项存款的有效增长奠定基础。强化客户拓面，做强资产业务，不断增加经营效益。2013年，严格按照分行以“资产业务发展全面带动各项业务”和“零售业务批发做”的经营思想，加强联动和批量营销。加强市场营销部与网点联动，网点与网点互动，分工配合，突出代发工资、电话POS、商友卡等批量营销。“到市场去、到源头去、到汇集地去”，加大拓户力度，以青龙工业园区和西街商贸区为主要目标市场，对重点业务、批量业务、新业务进行重点突破。通过扫描客户、接触客户、了解客户，抓好中高端客户拓展，带动中小企业贷款、贸易融资和个人经营消费贷款、理财产品、存款业务的快速增长。2013年，工行彭山支行实现两个创历史最好水平：各项存款净增2.52亿元，创历史最好水平，个人贷款净增1.19亿元，创个贷历史最好水平，同时也实现全县个贷投额第一的好成绩。

【内控管理】 2013年，工行彭山支行新进10名新员工（含委派）。由于新进员工年纪轻、工作经验少，给内控风险防控带来较大的压力，在内控管理方面，彭山支行坚持做到长抓不懈，注重提高全行员工内控防范认识，进一步强化内控及案防工作的组织推动。坚持行长、部门负责人第一责任人职责；坚持全员参与原则，保证内控及案防工作深入推进。努力划好依法合规线，在工作上坚持正确处理好业务发展与依法合规的关系，各项业务发展做到规范操作，有法可依；狠抓“三道”防线建设，努力防范案件事故。通过组织员工学习各类违章违纪通报，进行案例教育，使员工真正意识到违章操作的严重性和人情代替操作规程的危害性，从而引导员工从思想上高度重视内控及案防工作，有效构筑思想防线；严格落实安全标准有效构筑设施防线；全面贯彻各项规章制度，做到一切按制度办事，奖惩逗硬，有效构筑一条不可逾越的制度防线。

【存在问题】 2013年，公司贷款比上年同期相比只净增764万元，未完成分行下达的目标任务；储蓄存款比年初净增1.05亿元，未实现分行下达同业占比提升目标。主要存在以下问题。公司业务方面：对公司贷款储备不够；在贷款营销上，主动营销意识不强，未能有效抓着天府新区青龙经开区这一切入点进行营销；在抓创新业务上拓展力度不够，由于营销人员学习新业务知识的意愿不强，致使一些业务未能取得先机，被他行抢得；财政、社保、公共资源交易中心、房屋维修基金存款同业占比较低。储蓄存款方面：抓项目推进工作不积极，未能有效完成序时进度。具体体现在网点执行力度还不够，员工营销积极性、主动性提高不快，发展的紧迫性不够，存在畏难情绪，“推一推、动一动”，缺乏永不服输、永不放弃的决心，部分员工的发展意识还未真正形成。网点营销手段单一，就产品论产品，掌握客户的需求和挖掘意识不足，致使部分客户流失。由于网点自身原因，造成客户流失，未能从服务、产品营销方面找原因，也未从如何让工行产品留住客户方面想问题；客户维护和中高端客户个性化服务机制不建全，不能充分掌握这部分客户潜在需求；营销中以客户为中心的理念未能形成。部分网点人员素质不高，服务水平不优。员工对业务产品不够熟悉，主动学习能力不强，服务意识还有所淡薄。网点客户经理数量不足、人才严重短缺以及部分员工市场化意识不强，营销能力较弱，坐等客户上门现象还较为严重，制约各项业务发展。

（工商银行办公室）

农业银行

【概况】　2013 年，农业银行彭山支行各项存款余额为 36.13 亿元；各项贷款余额为 14.04 亿元；中间业务收入稳定增长；委托资产清收 169 万元。

【信贷业务】　2013 年，支行积极向上争取信贷计划，优先满足综合回报率较高的重点客户信贷需求，贷款结构进一步优化。新增法人贷款 3.24 亿元，主要投放于天府新区工投公司 1.04 亿万元，眉山东坡区农业科技公司 5000 万元，恒大鑫丰 1.4 亿元，四川润丰农资 540 万元、康四海 160 万元、斯莱德 450 万元、丰美饲料 200 万元、贴现 1650 万元。以天府新区建设为契机，重点支持新区基础设施建设、落户企业项目和重点客户营销。2013 年 6 月，成功实现天府工投公司道路建设项目的信贷投放，为抢占天府新区彭山区域高地、强化银政合作赢得话语权；成功上报获批建宏房产山水福都 1.9 亿元房地产开发项目，县域房地产业务市场竞争能力有效提升；发放恒大金碧天下项目联合贷款 1.4 亿元、眉山东坡农业科技公司水天花月项目联合贷款 5000 万元。以推进城镇化建设为契机，择优选择营销房地产和配套建设项目。紧紧围绕“彭祖、彭谢、牧马”新城建设，大力营销优质房地产项目。序时发放永达房产、巨梁房产、华硕房产、江源房产、恒辰房产、美盛实业等企业楼盘个人住房贷款，利率定价水平逐步提升。全年发放个人住房按揭贷款 568 笔，金额 1.03 亿元。以彭山城区商贸户和青龙粮食市场个体经商户、小企业主为重点，大力营销非住房贷款。以“房抵贷、随薪贷、旺铺贷、个人助业贷款、农村生产经营贷款”等多品种优势，满足不同客户需求，优化个人贷款结构，提升个贷创利能力。全年新发放个人非住房贷款（未含农户小额贷款）54 笔，金额 3551 万元。加大中小微企业和农户小额贷款营销，客户结构进一步优化。全年向四川润丰农资公司等 9 户中小微企业新增信用贷款 3000 万元，农户小额贷款 821 万元。成功实施“天府新区”所在网点青龙支行资产业务下沉，资产业务营销更贴近“一线”、市场和客户。

【储蓄存款】　全行牢树“赢在服务，胜在细节”的个人业务竞争意识，强抓“活期占比提升、综合付息率下降”存款结构调整，储蓄存款再创历史新高。扎实开展“春天行动”综合营销活动，突出营销主题、整合营销资源、加大联动营销力度。春节期间组织部门员工分赴各网点协助工作，解决网点业务繁忙问题，缓解门柜压力，帮助网点腾出更多精力服务客户，有效提高服务质量和效能。彭山农行获得市农行“春天行动”综合营销称号和个人资金贡献奖第二名。大力发展代理财政、社保、新农合、代发工资等业务，从源头上锁定客户、资源和存款。完成财政目标奖 8000 余万元、计生奖近 1000 万元、龚家堰水库移民拆迁补偿资金 1500 万元的代发和社保 1.3 万余张 IC 卡的开卡，为储蓄存款提前超额完成全年目标任务打下坚实基础。建立贵宾客户分层管理机制，细分客户、分层营销、逐级维护、齐抓共管。强力实施“保、抢、挖”策略，将存款研究到每日，不断提高活期占比，价值创造能力不断提升。完成谢家分理处灾后重建及迁址营业；锦江学院自助银行改造和装修；新增自助终端2台、发卡机1台，完善网点标识更换工作。支行以“网点绩效管理”为契机，实施“一点一策”，最大限度的发挥各网点营销中心和利润中心的战斗能力；同时，推动后台参与营销，将全员营销落到实处。从而实现网点由“交易核算”向“营销理财”“单一零售业务”向“综合经营”“平均分配”向“二次考核”转变。支行加大对点均、日均、人均等指标的考核力度，向储蓄存款要效益，提高活期占比。

【对公存款】 2013年，运行强力组织对公存款，制定阶段性对公存款营销考核办法，强化营销和维护，实现对公存款企稳回升。实施分层营销，将对公存款客户分为系统性、法人信贷、房地产、纯存款四大类客户，实施分层营销，了解客户需求，充分挖掘存款潜力，千方百计营销资金回行。充分发挥全行员工和重点客户的社会资源关系，运用员工人脉资源营销维护对公存款。在5月、6月、9月等重点考核时期分别下发对公存款专项营销方案，加强组织、明确目标、细化措施、强化考核、奖惩逗硬。积极与县商务局联系，新营销商业连锁客户2户，为摩尔赛尔超市和万家超市开通企业网银，共安装POS机5台。建立规模以上企业走访、政府职能部门定期联系制度，将“扩户提质”工程、“千百工程”“惠农通”等专项营销活动有效对接。分别制定方案、落实团队、配套严厉的奖惩措施，全行共认领客户172户，新开立账户111户，其中基本存款账户73户。通过市、县两级行共同努力，为世界500强联合利华（四川）有限公司开立基本账户；优质法人客户净增5户。在2、3季度全市“千百工程”竞赛活动中位居第一。

【中间业务】 加大新产品推广力度，中间业务收入渠道不断拓宽。深化以网点大堂经理、理财经理、柜员为主的自主销售团队建设，强力推行自主营销。开展代理保险业务风险排查，召开淡季营销专项推动会，建立健全客户回访及售后服务机制，协同保险公司共同落实应急预案，有效化解代理保险纠纷，全年未出现群体性事件。对开立银行卡、办理个人贷款、申请准贷记卡的客户，综合营销个人网银、手机银行、短信通和转账电话业务。在全省掌上银行专项营销活动中，支行荣获营销先锋农行称号，北街支行和青龙支行均进入全省前30位。重点营销个体经营工商户、网点打款等客户，为其开通电话转账业务；以银企对账功能推广为契机，拉网式营销企业网上银行和短信通等；继续以代发工资、支付结算、公用事业代收费业务为突破口，积极营销企业网银、企业短信通和电话银行、电子商务等电子银行产品，加大柜面日常支付结算业务向电子渠道迁移的力度，全面推动柜面客户向网银客户转化。并将网银对账签约率纳入“三化三铁”考评，电子银行产品有效覆盖率、交易活跃度和品牌影响力均有效提升。加强渠道分流，电子渠道收入增长提升。实施全员营销，全行员工人人开通和营销个人网银、手机银行和短信通等业务。推进信用卡和收单业务营销，大力扩张有效客户规模。提升信用卡市场占有率。实施全员体验金穗QQ联名IC卡。加大高端客户群体白金信用卡营销力度和发卡激活，提升信用卡市场占有率和创收能力。加大个人优质客户贷记卡营销力度。梳理PCRM贵宾客户名单，通过CFE发短信或电话邀约、上门等方式开展营销，贷记卡渗透率有效提高。大力开展“赢在大堂”营销活动。以网点软转型为契机，提高柜员开口率，力争每个网点每日每柜一卡。一季度营业室获得省农行“赢在大堂”优胜网点称号；全县辖7个网点均超额完成市分行一季度和6月专项营销活动“赢在大堂”网点营销目标。营业室和北街支行获4季度省分行IC卡专项营销活动奖励。与大型商户联合举办“刷卡有礼、大客户沙龙、积分兑换”等活动，鼓励持卡人踊跃消费，增加持卡人有效客户数和银行卡业务收入。推广POS布放规模，增加收单业务中间业务收入。充分挖掘分期商户客户资源。全行员工人人营销1万元信用卡分期业务，加大汽车车位分期、家装分期等商户营销力度。加大新产品推广力度，培育中间业务新的增长点。支行在巩固发展传统业务的同时规范操作，积极拓展新兴中间业务。是年9月，为四川省尼科国润新材料有限公司成功签发国际信用证797万美元，取得全国农行大宗商品贸易融资的重大突破。全年为贷款客户四川同庆南风有限公司签发全额保证金银行承兑汇票340万元；面对外部监管合规经营的要求，该行在规范操作的同时，积极拓展新兴中间业务。

【信贷风险】 2013年，深入开展“四无”竞赛活动及以案件风险排查，顺利通过总行审计局西安分局风险审计。抓实信贷基础管理，严格把握信贷准入条件、授信管理、贷后管理及贷款风险分类管理。强化风险管理工具运用，正确处理质量与速度、规模与效益、当前利益与长远利益的关系，比扩张更重后劲，谋近利更重长远，拼速度更重质量，风险管控水平全面提升。夯实财会、运营基础管理。加强费用预算管理，修订完善《彭山县支行2013年费用管理办法》，进一步推动财会精细化管理，专项费用严格按照上级行要求予以控制。全年单项费压降24.8%，招待费压降36%。扎实开展“三化三铁”创建工作和“三基本”培训、考试。落实传导、督导、措施“三个到位”，扎实推进账户真实性核查；继续开展每月两次对运营主管培训，抓实相关系统上线培训演练；修订完善《运营主管考核办法》，狠抓尽职管理，提高工作效率和制度执行力，充分发挥“第一、二道防线”的作用。深入推进创建“平安农行”和“三化三达标”工作。充分发挥视频监控联网系统在集中管理、重点监控、及时处置、督促整改四个方面的作用，加快传统保卫向“科技保卫”转变。全年未发生任何案件、责任性事故发生。

【效能培训】 2013年，健全人才培养机制，大力实施“人才强行”战略和梯次培养机制，将员工从“单一型”人才培养成“复合型”人才。帮助近年新进大学生规划职业生涯，安排到多个业务岗位锻炼，促使其全面健康成长。选拔3名全日制大学生员工到市分行培养锻炼；1名大学生村官在上级行举办的县域青年英才选拔培养活动中脱颖而出，在谢家分理处任副主任挂职培养，11月，调青龙支行任客户经理（挂职副行长）；提拔1名后备干部任部门副经理；委派1名后备干部为网点运营主管；通过公开竞聘，3名优秀大学生选任客户部客户经理，1名优秀大学生提拔为客户部经理助理，新储备5名后备干部；网点负责人和部门经理轮岗交流共11人。在工作能力和业务素质双提升的同时，实现人才在全行范围内的合理配置和干部队伍的梯次培养。

【管理机制】 2013年，支行制定《彭山农行关于请假制度、工作纪律、会议纪律、限时办结和审批上报制度的管理办法》等。严格执行指纹考勤，行领导、部门全体干部员工（包含到点退下副科级以上干部）月考勤结果与效益工资考核挂钩考核。完善绩效考核激励机制，根据薪酬体制改革和上级行绩效考核办法调整要求，围绕“五率、一日均、一重点”调整综合绩效考核办法，包括全额产品计价考核和年度目标考核。根据不同时期和时点，结合阶段性工作、重点产品、不良贷款、目标任务的冲刺以及短板业务等，制定不同的专项考核办法。同时认真研究上级行综合绩效考核调整变化，正确应对政策变化，完善考核体系，绩效考核的综合激励作用得到充分发挥。全面推进部门和网点任务分解的有效落实和“二次”考核分配，全员营销活力有效激发，业务发展的内生动力有效提升。

【党风廉政建设】 巩固提升“加强廉政文化建设、推进廉政风险防控”教育实践活动成果，扎实开展专项治理工作，持续推进惩防体系建设，继续抓好“四项制度“的落实，按要求实行全面轮岗，定期、不定期开展员工行为排查、案防会诊会、党风行风座谈会等，并走访纪委、工检、法等单位及部分企业和相客户；实施纪委电话查岗和廉政谈话，建立廉政档案，全行上下风清气顺，和谐稳定。

【联系群众工作】 深入贯彻中央密切联系群众改进工作作风的工作要求，扎实开展党的群众路线教育实践活动。大力实施行领导联系网点和部门挂靠网点制，成立4个工作指导小组，行领导分率部门常态性挂钩网点，加强对挂靠网点的沟通联系。下基层、摸实情，每月不定期到网点指导、辅导和督导工作；办实事、解难事，切实做好基层员工思想政治工作；转观念、提认识、强作为，于是年8月初召开7个网点民主生活会，关心一线员工、倾听员工心声，帮助网点查找不足、分析原因、解决问题。

【企业文化建设】 2013年，评选省级业务标兵1人，市级建功立业标兵2人、评选支行保障标兵12人、业务标兵6人；成立中国共产主义青年团彭山农行委员会，充分发挥工、青、妇组织倡导和带头作用，为支行精神文明建设和业务经营发展作出积极的贡献；认真开展“实现伟大中国梦、建设富裕美好和谐眉山”主题宣传教育、先进采风、“筑梦青春圆梦农行”“金融知识进万家”等活动；与运营财会部联合举办“三基本”业务知识竞赛；组织员工参加“劳动我最美”全国职工微博大赛，市分行开展的网络学习、读书学习、有奖征文和青年论坛等活动，全员序时推进“时代光华商学院”学习进度，促进学习型组织建设更加常态化。3名员工在市分行开展的“女性魅力与发展”有奖征文活动中，分别获得一、二、三等奖。在上级行举办的“读书强素质，实践圆梦想”青年读书活动中，1名员工读书心得上挂省经管网企业文化栏，多名员工读书心得上挂市经管网企业文化栏；为支行本部、青龙支行、谢家分理处、观音分理处完善所有后勤保障措施，完成青龙支行职工之家建设。支行办公大楼维修竣工使用，农行对外品牌形象有效提升。同时，以VI标识规范整顿及广告宣传检查为契机，规范企业文化标识的应用，全员将核心理念“外化于形”。

（王　凌）

农业发展银行

【概况】 2013年，农业发展银行彭山支行以科学发展为主题，以加快转变发展方式为主线，围绕保障国家粮食安全和托市收购政策、支持城乡一体化建设，坚持“两轮驱动”的战略，按照支行提出“支农树形象，发展增效益，业务创新高，风险牢防控，管理上台阶，案件事故零发生”的工作思路，推进支行健康可持续发展，各项经营指标再创佳绩，基础管理工作进一步夯实。

【经营指标】 2013年年末，各项贷款余额4.08亿元，较年初下降476万元，不良贷款为0，存款日均余额2.88亿元，比年初增长7027万元，主要经营指标再创新高。2013年全行实现各项收入3494万元，各项支出1959万元，账面利润1535万元，比同期增加354万元，人均增长15万元，增幅达到30%。2013年各项存款日均余额2.88亿元，较上年同期增加7026万元；人均增长305万元，增幅达到32%。2013年，全行共实现中间业务收入10万元，由于取消资信评级业务收费，较上年同期略有下降。2013年末各项资产余额4.08亿元，资产利润率达到3.8%，比2012年略有上升。各项贷款余额4.02亿元，比2012年略有下降。

【粮油收购工作】 农业发展银行始终将粮油政策性业务作为工作的重点，确保粮食收购业务不出问题。认真执行国家有关粮棉油收购政策和调控政策，做好省级储备粮食信贷监管和资金供应工作。2013年，共向凤鸣国家粮食储备库发放县级储备贷款432万元，收购稻谷150万千克。实地走访当地有收购意向的企业了解当期收购情况，确保2013年托市收购政策的执行。截至2013年年末，累计向凤鸣国家粮食储备库提供收购资金1849万元，收储粮食1370万斤，没有出现“卖粮难”“打白条”问题。有力地保障农民利益，支持农村经济发展，体现农发行服务“三农”的职能。

【营销工作】 树立抓项目营销就是抓发展，以业务营销为抓手，重点支持城乡一体化建设项目。截至2013年12月末，获得上级行批复的项目一个，贷款金额8000万元，已投放1000万元用于支持彭山工业投资有限公司土地整治。向眉山市华港饲料有限责任公司续贷龙头加工企业流动资金贷款1450万元；向彭山永祥饲料有限责任公司续贷龙头加工企业流动资金贷款3500万元；向彭山凤鸣国家粮食储备库发放县级储备粮贷款432万元，全年累计投放贷款6382万元，支持地方经济发展，同时提高农业发展银行的经济效益。

【存款组织工作】 2013年，农业发展银行存款增长迅速，为全市的存款考核工作作出巨大的贡献。对贷款企业资金情况按季进行检查，督促企业及时将资金划入农发行账户，并严格执行资金到账后申报资金计划的规定，从严把控资金支付，杜绝存款搬家；加强贷后管理，督促企业清收应收账款及时回笼归行，提高归行率，加大回笼货款的存款贡献度；强化项目贷款资本金管理和信贷资金的管理，严格审核企业的项目进度，认真按照工程进度支付资金；加强财政资金营销，向政府领导汇报沟通协调，成功组织财政资金存款3000万元，并长期存放。

【贷款业务】 强化贷后管理，有效防控风险，在实施无纸化办贷后，组织相关人员学习规章制度，理顺流程，提高办贷效率。信贷业务发生后，及时督促客户经理按月（季）对信贷合同执行、客户经营、财务、项目及担保等信息进行收集核实和分析，并通过CM2006系统进行信息维护，防范操作风险。加强信贷资金支付管控，特别是核查受托支付的真实性和受托支付中资金的流向，严防信贷资金转移用途和被挤占挪用。加大对客户经理的尽职情况和操作规范情况的考核力度，充分运用记分管理办法，督促客户经理认真履职。落实定期检查制度，及时把握企业生产经营情况，开展风险分析，防控风险。贯彻执行各项会计制度，确保营业安全。始终将防范操作风险作为会计工作重点，坚持印、押、证、机、卡等重控物品分管制度；规范现金管理，落实定期查库制度，严格钱箱的交接办理；加强银企、行社往来对帐工作，按时发送对帐单，对账流程及对账率达到制度要求；严格执行银监局“五十个严禁”“营业柜员十不准”；认真执行账户管理办法、结算管理办法及综合业务系统运行管理办法，落实岗位职责，确保营业安全；严格执行各项财经纪律，杜绝各种违规违纪行为的发生。

【队伍建设】 以学习贯彻中央十八大会议精神为主题，切实加强领导班子作风建设，不断提高领导班子治行理政能力。继续深入开展“四好班子”创建和创先争优活动。开展“基层党组织年度晋位升级建设年”活动。组织党员学习总行党委《关于基层党组织年度晋位升级工作的实施意见》文件。开展一名党员联系一名员工“一对一”活动，要求全体党员要做表率，彰显正能量，围绕支行业务发展献计献策。积极培养新党员，补充新的血液。2013年，农业发展银行彭山支行有3名业务骨干被党支部列为入党积极分子培养。开展访贫问苦，密切联系群众，坚持走群众路线。支行行领导、中层干部捐资5000元帮助困难户修建鸡舍，全行党员走访杜文慧等3户困难群众，捐助钱物2500元和米、油等生活用品，关心和帮助其生产生活。

【党风廉政建设】 切实加强党风廉政建设，层层签订《党风廉政案件防范和安全保卫责任书》《银企廉政共建责任书》和《廉洁从业承诺书》。按照标本兼治、综合治理、惩防并举、注重预防的方针，强化制度执行力。加强对制度、业务操作流程和银监会新规的学习和贯彻落实，严格规范操作，关口前移，从源头上防止问题发生。认真执行中央的“八项规定”“六项禁令”，严防不良风气的滋生。

【安全工作】 加强安全保卫工作，确保全行安全运行。实行门卫保安化，增添安全设施，安装门禁系统。加强安全教育，采取签订三防一保、银企共建、岗位职责三项责任书的方式，确保全行安全稳定。定期对现金库存、营业场所、车辆等进行安全检查，消除安全隐患。

（刘　畅）

建设银行

【概况】 2013 年，建设银行彭山支行以提增盈利能力为核心，重点围绕“调结构、增效益，抓服务、提能力，拓市县、升份额，转作风、强管理”，在发展中转型、以转型促发展，打牢可持续发展基础的工作思路，认真贯彻落实省、市分行 2013 年行长工作会议精神，全面地完成上级行下达的目标任务。

【主要业务指标】 截至 2013 年 12 月末，建设银行彭山支行一般性存款余额为 24.80 亿元，较年初新增 3.94 亿元，新增排名四行第一，市场份额较年初提升 0.91 个百分点；其中储蓄存款余额 13.95 亿元，较年初新增 2.06 亿元，时点余额和新增额排四行第二，市场份额较年初提升 0.32 个百分点；公司存款余额 10.85 亿元，较年初新增 1.88 亿元，市场份额较年初提升 0.91 个百分点，时点余额和新增额以绝对优势排四行第一。各项贷款余额 6.98 亿元，较年初新增 2.82 亿元，其中：个人住房贷款余额 1.93 亿元，较年初新增 0.51 亿元；公司类贷款余额 5.04 亿元，较年初新增 2.31 亿元，新增占比达 42.54%，时点余额较年初提升 5.47 个百分点。资产质量指标控制在省分行下达的计划以内，不良贷款余额为 0，逾期及非应计贷款 0.04 万元，比年初减少 0.05 万元。账面利润 3788 万元，同比新增 1017 万元，增速 36.70%。实现中间业务收入 1061 万元，同比新增 287 万元，同比增速 37.08%，收入总额排四行第二。建设银行彭山支行收入四行占比达到 37.97%，市场份额较年初提升 4.59 个百分点。客户基础方面，2013 年全行单位人民币结算账户数量较年初净新增 103 户，新增户数排四行第一，新开户数量四行占比 36.45%，账户数量四行占比为 34.95%。对公客户基础得到了进一步夯实，但有效客户增长乏力，对公有效客户全年仅增长 43 户，个人有效客户较年初新增 2379 户。战略性产品销售较好增长，实现基金销售 2885 万元；基金定投 1160 户，较上年同期增加 1036 户；销售实物黄金 8221 克，较上年同期多销售 4401 克；销售账户金 2.2 万克，较上年同期多销售 8452 克；销售账户银 14.98 万克。战略性产品客户稳步增长，2013 年信用卡客户较年初净新增 1980 户；信用卡净新增 3933 张，重点产品净增卡量 2090 张；信用卡一般分期完成 553 万元。专项分期完成 356 万，完成计划数 1200 万元的 29.67%。个人电子银行发展势头良好，2013 年，个人网银活跃客户净新增 3127 户；手机银行客户活跃净新增 2118 户；个人短信银行客户净新增 6907 户。

【工作措施】 以短板业务为突破口，抓好支行业务的均衡发展。在年初，支行针对 2012 年业务发展中个别指标拓展不力，完成不理想，特别是中间业务只完成全年 KPI 计划任务数的 58.18%，多次召集班子会、行务会进行研究分析，各业务条线分别对条线存在的问题进行认真总结，认真查找存在问题的根源，制定强有力的工作措施，使支行的短板业务有明显提高。公司条线针对客户基础薄弱、小企业贷款呈负增长的情况，细分客户群体，实施针对性维护和营销策略，见效明显。针对大中型贷款客户，实施“突出重点，以点带面”的经营策略，重点抓好四川省地勘局605大队和四川大学锦江学院的贷款拓展工作，并成功发放贷款5000万元和6000万元，同时密切跟踪联合利华、海尔、四川首创、尼科国润等县内重点项目，为大中型公司类贷款的持续发展奠定基础。针对小企业客户，实施“夯实基础、个中选优”的营销策略，采取组织银政企对接会，加强与园区、招商局沟通和现场定期走访等方式，储备客户或项目，累计实现小企业贷款投放6040万元，顺利回收5300万元，继续保持逾期和不良率为零的记录。资产业务储备丰富，对公资产业务项目储备达到2户，个贷项目储备2个，保证支行资产业务的持续健康发展。在B2B招投标交易托管、对公账户现金管理、单位电子银行、保函手续费等方面取得较大的增长。资金结算条线抓好小额无贷户管理，提升小额无贷户价值创造。截至2013年12月26日，建行小额无贷户有效客户新增39户，小额无贷户存款新增1890万元；实现单位人民币结算业务收入64.65万元，同比新增37.44%；对公一户通净新增3户。支付密码器通兑签约账户75户；单位结算卡新增100户，实现收入5.86万元，同比新增56.68%；现金管理系统新增14户；账单业务客户新增108户，实现收入4.60万元，同比新增12.75%；电子对账客户新增144户；信用卡完成120张。截至2013年12月末新签约激活高版网银客户19户，简版网银新增108户，代发、代扣新增16户，短信银行完成90户。个人业务条线通过加强对2012年短板业务板块的提升，重点加强信用卡发卡、信用卡客户新增、保险销售、理财产品、基金、实物和账户金、电子银行产品客户签约、激活实现账面个银中间业务收入的较好增长。2012年，因支行中间业务收入增速较低，被省分行列为重点帮扶对象。2013年，支行及时调整经营策略，高度重视中间业务收入对支行发展和核心竞争能力提升的重要性，认真分析2012年业务经营中的短板，尤其是如信用卡业务等战略性产品发展中的问题，制定攻克短板的相应措施，强化对上年短板重点产品销售和管控，取得较好的成效。11月末，实现个银业务中收596.03万元，较2012年同期多新增138.03万元，增幅为30.14%。实现寿险销售收入201.9万元，较2012年同期多实现中收17.5万元。电子银行产品中间业务收入69万，较2012年同期多实现中收22万元，增幅为47%；银行卡及收单业务收入147.9万元，较2012年同期多实现中收1.2万元；信用卡、信用卡分期及收单业务收入134.23万元，较2012年同期多实现中收109.23万元，增幅为437%。其中包含1—3季度建设银行彭山支行获得分行信用卡业务二次中收分配106.43万元，打破建设银行彭山支行2012年信用卡业务二次中收分配零的记录。

【渠道建设】　截至2013年12月26日，已实现新增投产自助设备6台，新增离行点位3个，支行自助设备数量已达到16台；2013年，新安装商户POS机18台，银联POS机17台，电话支付POS机4台。新增BST自助终端3台，除2台为附行式外另一台已安装在县交警中队收费大厅，受理客户交通罚款的缴纳。

【风险管理】　强化风险管理，提高内控管理水平，严防案件和安全事故的发生，在大力发展业务的同时，牢固树立对案件事故、违章违纪“零容忍”的理念，支行先后开展“抓基层、强管理、防案件”专项活动、案件风险大排查“百日行动”“案例警示教育读书季”活动；严格落实金融从业人员“八个不准”　“五十个严禁”“银行客户经理十个严禁”等相关规定；组织员工对《案件防控要点100条》（修订版）的学习；开展案件防控工作专项检查，多次组织开展员工有无参与民间借贷、非法融资，员工有无经商办企业、有无违规代客投资理财等行为的集中排查和专项排查，开展员工谈心活动，对全行员工进行家访。加强风险管理工作、培育合规文化。按月召开操作风险专题分析例会，听取各部门条线操作风险管理工作汇报，研究分析操作风险事项，提出有效的解决办法。认真履行关键风险点和延伸风险点监督检查职能，并结合支行实际，建立支行级操作风险分类信息库，实施差别化管控。加强信用风险管理，严格按照贷款平行作业要求，实施贷前、贷中、贷后平行作业。加强小企业贷后管理，对存在潜在风险事项的小企业及时进行跟踪分析并及时制定相应的处置措施，有效地控制小企业信贷风险，为建设银行彭山支行小企业业务的健康、持续、快速发展奠定基础。按季开展对业务条线的再检查、再监督，对业务条线重点领域和环节的检查履职情况进行监督。切实做好反洗钱工作，按时报送反洗钱相关报表报告，在规定的时间内完成对存量客户的风险等级划分工作；及时对新建立业务关系的客户进行风险等级划分；对系统筛选出的可疑交易进行分析、甄别上报。

【安全保卫工作】 在安全保卫工作方面主要着眼“保平安、防案件”两大目标，突出抓好全行安全稳定和安全生产。按照省、市分行的要求，开展“百日安全生产”活动，全面落实安保、消防管控措施，加强车辆管理，采取有效措施，排查各种安全隐患，确保“百日安全生产活动”安全无事故。加强安全保卫工作队伍建设，各部门、网点配备兼职安全员，负责本部门、网点的安全保卫工作。层层签订“安全生产责任书”，强化安全保卫工作责任制，修订和完善突发事件应急预案，组织全行员工进行消防知识培训，各网点每季度进行一次防火、防抢劫、防诈骗、防爆炸、防劫持人质等应急预案模拟演练，检验支行员工在遭遇突发事件时的遇险自救和处置能力；加强各种技防、物防设施的维护管理，对老式监控（工控机）全部进行更换，增加离行式自助设备的环境监控，对加钞间线路重新进行整改，确保设备安全运行；加强对保安人员的管理，对支行聘用的保安加强教育和培训，制定对网点执勤保安的考核办法，每月由网点考核其履职情况，对履职不到位或不适应在建行工作的保安，及时要求保安公司进行调整；加强对自助设备巡查人员的监督检查，每月要求巡查人员将巡查记录交支行，由支行保卫人员对巡查情况进行抽查，对不符合巡查要求的及时向保安公司提出整改要求。重点开展安全评估达标工作，在由彭山县公安局和银监部门牵头组织的安全评估达标工作中，支行取得99.5分的好成绩，在彭山县银行系统中排名第一。

【党建工作】 认真做好党建工作，抓好党风廉政建设。加强领导班子和干部队伍建设，强化干部员工的廉洁自律、自觉性，加强政治意识、大局意识、责任意识、服务意识和创新意识，努力“创一流的环境，创一流的作风，创一流的业绩”。加强党组织建设，深入开展以创建先进基层党组织、争当优秀共产党员为内容的“创先争优”活动，充分发挥党组织和党员在支行业务发展中的战斗堡垒作用和先锋模范作用。做好在营业网点和客户服务部门开展的“三亮”“三创”活动；加强双向培养工作，近两年共发展3名党员，新确定5名入党积极分子，消除党员“空白点”，每个部门、每个网点都有党员。重点抓好“学党章守纪律正品行”主题教育实践活动，组织党员和干部员工学习中共十八大修改的《中国共产党章程》、习近平“认真学习党章严格遵守党章”的讲话和中共十八大工作报告，并组织党员干部群众参加学习中共十八大报告和党章知识竞赛活动。开展党的群众路线教育实践活动，成立彭山支行党的群众路线教育实践活动领导小组，制定领导小组工作规则和领导小组办公室工作规则，建立支行领导班子成员党的群众路线教育实践活动联系点制度。在教育实践活动中，支行采取多种方式，广泛征求广大党员、群众对彭山支行领导班子和班子成员作风建设方面存在问题及改进建议意见，对征求到的意见建议逐条进行回复，对支行无法解决的问题上报上级行，对支行权限范围内的问题，落实责任人，限期进行解决，对个别员工提出的与上级行政策相违的问题，做好耐心细致的思想工作。为通过党的群众路线教育实践活动促进支行发展，支行对业务发展中的“短板”进行全面梳理，提出小额无贷户跨档升级、个人贷款业务营销、拆迁资金营销3个“啃硬骨头”专项活动，组建团队对“短板”业务实行攻坚，并制定专项活动考核办法，按月通报完成情况。

【服务管理】 强化服务意识，提升服务水平，牢固树立“以客户为中心”的服务理念，坚持不懈抓好优质服务工作。制定相应的考核管理办法和服务培训，提高员工的服务意识和水平。做好柜面服务人员的教育培训工作，按照网点转型的要求，除加强对前台服务人员业务知识的培训外，还加强对服务礼仪、服务规范的培训，优化服务流程，提高服务效率。完善服务环境，通过迁址改造等，使三个网点的环境得到改善，为客户提供更加宽敞、整洁的服务场所。优化业务流程，整合柜面资源，提高网点服务效率，降低客户平均等候时间，提高客户满意度，不断提升支行服务水平。

【内部管理】 充分发挥工、青、妇等组织在业务发展和企业文化建设方面的作用。发挥工会组织的凝聚力，促进支行业务发展，维护职工权益，构建和谐劳动关系。工会和团支部配合业务条线组织开展各种业务知识培训、技能比赛，组织员工参加上级行组织的各种等级考试和岗位考试，提升员工的各项业务技能；关心员工工作生活，做好“重阳节”老干部慰问、“三八”妇女节女员工慰问活动；关心职工子女教育，做好“六一”儿童节职工子女慰问；关心员工生活，当员工生病、住院以及出现其他特殊情况和困难时，由工会出面看望，并给予慰问金；召开新员工座谈会，了解员工思想状况；根据支行实际情况，有针对性开展一些文化体育活动，如“清凉夏日、放飞心情”户外倾诉活动，所有这些活动的开展，对凝聚员工向心力，对支行业务发展都起到很好的促进作用。积极参与社会公益事业，先后组织开展金融知识进万家校园和小区金融知识宣传、反假币宣传、以“认识人民币、爱护人民币”为内容的人民币知识宣传等。关心困难群体，主动奉献爱心。积极响应市委、市政府领导关于“领导挂点、部门包村、干部帮户”活动要求，切实帮助解决群众生产生活的困难。

（陈贵全）

农村信用合作联社

【概况】 2013年，彭山县农村信用合作联社紧紧围绕业务发展主线，以流程银行建设及战略转型的总思路为切入点，按照省联社打造“小银行+大平台”的构想，以深入推进“惠农兴村”“扶微助小”两大工程为载体，以“战略转型、提升核心竞争力、实现信用社可持续发展”为重要抓手，扎实有效地开展各项工作。

【业务经营情况】 截至2013年12月末，全县各项存款33.04亿元，比年初增长8.15亿元，增幅为32.73%；各项贷款余额20.06亿元，比年初增长3.23亿元，贷款增长19.17%，比全年央行合意贷款规模3.08亿元多1505万元；不良贷款余额（不计调入隐性不良贷款）5831万元，比年初下降了610万元，不良贷款占比2.91%，比年初下降0.92个百分点；调入隐性不良贷款9549万元和新增不良贷款714万元后，不良贷款余额1.54亿元，不良贷款占比7.67%。实现总收入2.64亿元，比上年同期增加6527万元，其中，利息收入1.68亿元，比上年同期多收1943万元；中间业务收入529.3万元，比上年同期多收108.3万元，占收入总额的2.55%；实现拨备前利润1.02亿元；计提拨备7000万元，拨备覆盖率为270.87%；收入成本比40.02%，资本充足率达12.55%；股金余额为1.29亿元，比年初增加361万元；发行银行卡41.1万张，新增14万张；银行卡存款3.76亿元，比年初增加1.17亿元；银行卡业务收入98.7万元；抵债资产净下降100万元。

【流程银行建设】 2013年，按照省联社党委提出的“以流程银行建设”为载体，以“小银行+大平台”为阶段性目标，县联社党委高度重视，并根据省联社《四川省农村信用社法人机构战略转型指引》和《四川农信流程银行建设暨战略转型实施手册》等文件精神要求，迅速成立流程银行建设暨战略转型工作领导小组，积极组织，广泛宣传，全体动员，全面启动彭山县农村信用合作联社实施流程银行暨战略转型工作。通过走访工商局、税务局、统计局等县级部门，对辖内企业客户、农户、个体工商户、城镇个人等上门发放调查问卷1000余份，并运用SWOT分析法，认真分析、摸清家底，形成翔实的《彭山县农村信用合作联社流程银行建设市场调研与竞争力评估报告》；9月末，完成《彭山县农村信用合作联社流程银行建设暨推进战略转型实施方案》的上报工作，并获得省联社的批准通过；按省联社《关于攀枝花、邻水等41家法人机构流程银行建设暨战略转型实施方案的批复》要求，彭山县农村信用合作联社组织人员积极落实流程梳理、组织架构调整等工作。

【改进服务】 牢固树立“以客户为中心”的服务意识，切实改变经营观念。改“坐商”为“行商”，改“等客上门”为“主动上门”，积极开展“扫村、扫社、扫楼、扫市场”活动，主动有效对接客户各类金融服务需求；“想客户所想，急客户所急”，有效满足客户合理需求。

【网点服务建设】 进一步加强营业网点建设，完善营业机构服务设施。以树立彭山农信整体形象、打造信合品牌为目标，对现有的营业网点进行形象与功能改造。2013年，完成东街分社、凤鸣分社的网点装修，功能区分更为合理；加强柜面优质服务考核工作，彭山县农村信用合作联社下发《关于进一步加强柜面服务工作的通知》，对柜面服务、环境卫生、文明用语等提出了明确要求，柜面服务质量逐步提高；合理配置客户服务设施，如点（验）钞设备、书写用具、老花镜、等候座椅等服务设施；建立大堂引导员制度。2013年，采取劳务外包的方式，委托中介公司招聘大堂引导员4人，分布到城区信用社、凤鸣分社、东街分社等营业网点从事大堂服务和管理工作。完善绩效考核体系，逐步拉大收入差距，形成“多劳多得，少劳少得”的竞争氛围。2013年，彭山县农村信用合作联社制定《彭山县农村信用合作联社信贷人员（客户经理）考核办法（试行）》。对客户经理的考核重点除考核组织存款、贷款营销、贷款户数、收息面、新增不良贷款等指标外，首先要改变服务方式，还要考核办理贷款效率、办理贷款质量、管理贷款质量；前台柜员的考核重点为柜面服务、内控建设和存款的组织、电子银行业务及网点规范性建设等。

【资金组织】 加大资金组织力度，实现各项存款稳步增长。牢固树立早部署、早谋划、早行动、早见效的思想理念，彭山县农村信用合作联社在年初时把任务层层分解到社、到岗到人，把组织资金任务与绩效、费用考核挂钩，严格考核机制，使人人都有任务、有压力，充分调动全体干部、职工的主观能动性和积极性。加大宣传力度，利用蜀信卡全国通存通兑、手续费低廉的网络结算优势，加大蜀信卡的推广力度。切实抓好个人储蓄存款。积极组织传统农户、外出务工人员、城镇居民、个体工商户等闲散资金到信用社，彭山县农村信用合作联社在年初将组织个人储蓄存款的任务数、户数下达到每位员工，抢抓春节这一资金组织黄金期。截至2013年12月末，储蓄存款余额为27.43亿元，比年初增加6.03亿元。加强与政府各部门的联系，将政府部门资金吸收到信用社。主动与县国土局、县建环局、房管局等职能部门联系，将土地出让收入、农民工工资保证金、履约保证金专户、商砼站投标、住房维修基金、法院执行案件标的等保证金全部存在彭山县农村信用合作联社。加大贷款企业存款归社率，对信用社支持的贷款企业，必须在信用社开立存款账户，并将销售收入等存入信用社。拓展代发工资、代收水电气费、代收学费等相关代收代付业务，方便群众生活的代理业务，增加蜀信卡的功能，吸收存款。主动与担保公司对接，上门服务，将全省13家担保公司的托管资金和保证金账户开在彭山县农村信用合作联社，全省信用社入围的担保公司在彭山县农村信用合作联社的年末托管资金和保证金账户上的账户余额达到6000万元。

【贷款营销】　2013年，彭山县农村信用合作联社立足农村，服务“三农”。转换经营机制，增强服务功能，大力助推农村经济持续稳定地发展。多方筹措资金，全力保证春耕备耕等传统农业的资金需求，把信贷惠农政策落到实处。加强农户小额贷款管理，增强农户贷款面和建档面，提升农户小额贷款占比。县联社在青龙信用社试点农户经济档案管理，在牧马分社试点农户信贷档案管理。积极发放小微企业贷款，做大、做强小微市场份额。立足天府新区建设，抢抓优质客户。支持符合国家产业政策、环保达标、经济效益好、信用度高的骨干企业和黄金客户。截至2013年12月末，累计投放中小企业贷款5.43亿元。大力支持天府新区彭山青龙工业园区、成眉工业园区10余户企业发展，重点支持立顿洗涤、金汇涂料、派克杰、恒鑫建材、建宏建材、美金龙、联鼎盛吉、西金联合等公司，支持金额达近2亿元。全面推广微贷理念和技术，通过编制客户资产负债表、现金流量表、损益表等来识别客户的诚信及财务真实状况，防范风险。创新思维，加快金融产品创新。实行利率优惠，完善利率定价机制，按客户的贷款风险、抵质押物品、期限、利率市场等合理确定利率价格，达到以价补量，收入不降的经营模式；为解决中小企业及个体工商户小额流动资金融资需求，县联社制定《彭山县农村信用合作联社动产质押第三方监管贷款业务实施细则》和《公职人员工资账户担保贷款管理办法（试行）》，微贷业务人员先后在眉州监狱、彭山二小、彭山职业中学、彭山二中、彭山运管所等单位中大力推广公职人员担保贷款，并与各单位初步达成合作意向。

【信贷管理】　加强贷款集中度管理，完善担保公司贷款管理。严格执行单户贷款余额不得超过资本净额的10%，集团客户贷款余额不得超过资本净额的15%，单一法人机构最大10户贷款不得超过资本净额的1.5倍的规定，积极做好贷款集中度的压降任务。担保公司贷款余额不得超过总贷款余额的20%，单个担保公司贷款余额不得超过7000万元。规范信贷管理，着力提高资产质量。抓好制度执行，严格规范贷款操作，认真落实贷款“三查”（贷前调查、贷时审查、贷后检查）制度，完善评级授信管理，做到准确评价客户的偿债能力和风险程度，有效防范信贷风险。抓好存量贷款管理，控制存量贷款劣变，防止新增贷款风险，对违规发放贷款，严格问责。抓好贷后管理，按规定频率跟踪检查贷款，形成检查报告，发现风险及时处置并按规定上报。切实落实贷款的动态管理，准确进行风险分类。规范信贷档案管理，所有信贷档案必须及时、全部纳入铁柜保管，并登记造册。2013年，县联社制定《2013年清收不良贷款实施方案》，加大对不良贷款的清收。加强管理，建立台账，对已清理出来的隐性不良贷款逐笔建立台账，实行动态监测，真实反映。对所有资产进行风险分类，对风险状况已发生重大变化的及时进行实时监控和调整。对隐形不良贷款逐笔进行责任认定并严肃责任追究。对应收利息进行清理，逐户提出清收处置方案，逐户清收。配合省高院、省银监局集中执行金融案件，加大对案件的执行力度，通过执行，收回卓云泉等不良贷款100余万元。加强抵债资产及固定资产管理，信贷管理部及行政人事部落实专人，对全县抵债资产、固定资产进行清理，并逐一对抵债、固定资产进行拍照留影，保存相关影像资料，逐步规范抵债、固定资产的档案资料。

【财务管理】　2013年，彭山县农村信用合作联社推进成本管理精细化，加强财务管理。根据各社上年度平均费用额为基数，并结合2013年人员变化、存贷规模、服务乡镇村社数核定2013年费用额，由营业费用和业务拓展费用两部分构成，制定《2013年度财务费用管理办法》，遵循“限额控制、包干使用，超支不补，节约和超任务奖励”的原则进行管理，明确费用报销程序，把有限的费用尽可能的用于经营发展。加强彭山县会计、出纳管理工作，制定下发《财务工作考核办法》《清算中心现金出纳管理办法》《金库管理办法》《现金调拨与解送款操作规程》和《关于核定柜员尾箱现金限额的通知》等文件，每季度对前台的会计、出纳基础工作进行考评，内容涵盖会计基础管理、账户管理、现金管理、柜面规范操作管理、反洗钱反假货币管理等方面。根据省联社《关于开展现金业务管理风险大排查和抽查工作的通知》要求，彭山县联社制定排查实施方案，认真组织自查，联社于2013年2月20日—22日组织专项检查组对现金业务管理工作进行检查，并对发现的问题进行通报和处罚。积极做好纪念币兑换工作，拟订存量个人结算账户的清理方案，组织各网点积极开展存量个人结算账户的销户工作。做好反洗钱工作，对反洗钱系统中提出的可疑交易进行重新识别，将反洗钱工作落到实处。做好会计基础辅导工作，全年会计辅导和检查60次；清点重空现金68次；会计培训5次，发放整改通知书46份，发放通报3份。加强管理，不断增加业务收入，截至2013年12月末，全县中间业务收入529.3万元，占比为2.55%。加强同业存款管理，每月对彭山县同业资金往来进行清理统计，保证同业资金存取的合规性，截至12月末，彭山县同业约期存款已达11.9亿元，创收5836万元。彭山县联社从2013年3月开始销售“金信富”理财产品，累计销售34期，截至12月末，销售理财产品7452.4万元，余额913.4万元，手续费收入7.4万元；加大社团贷款、评估公司手续费清理工作，12月末社团贷款、评估公司手续费收入339万元。规范小股金管理，2013年大部分网点均完成小股金清理，股金管理进一步规范。

【电子化建设】 积极提升科技手段，不断拓展业务发展渠道。身份核查等系统的上线，有效促进业务发展；上线房管局住房维修基金管理系统，代理彭山县住房维修基金，归集资金474万元；上线财政非税收入系统，归集彭山县非税收入2614万元；开发彭山县供排水公司水务管理系统。加强电子化建设，快速推进自助业务发展，截至2013年12月末，全县安装ATM机23台，其中存取款一体机14台。全县ATM机日均交易笔数504笔，日均交易额59万元；安装电话支付终端172台，其中安装无线电话支付终端22台，覆盖全县89个行政村，拓展农村金融服务渠道，老百姓足不出户即可享受农村信用社提供的多项金融服务。特约商户88家安装POS机113台，截至12月末实现刷卡金额3.25亿元，较上年同期增长4084万元，笔数4.43万笔，较上年同期增长2万笔，单笔刷卡金额0.73万元。截至2013年12月底，彭山县农村信用合作联社网银客户数2037户，较年初增加1010户；其中，个人网银客户数1899户，企业网银客户数138户；短信服务客1.46万余户，较年初增加4107户。

【内控管理】 2013年，做好常规序时稽核及后续稽核工作，对所辖16个信用社、分社和财管中心、清算中心进行重新划片包干，层层签订《稽核员岗位责任书》，稽核员对各自包片营业网点的业务经营情况进行常规序时稽核，稽核面达100%。搞好专项稽核，全年共开展专项稽核18项，主要是：对基层信用社清收不良贷款匹配费用、社团贷款手续费等进行专项检查；对2013年度部分网点装修及采购工程专项审计；对个人业务部按揭贷款保证金进行专项检查；开展现金业务管理风险排查；对领导班子2012年度履职情况进行经济责任审计；对大额资金及大额票据业务进行专项审计；对辖区网点及清算中心的柜面操作风险进行排查；认真开展离任、离职审计工作。对全县假冒名贷款进行排查，重点对从未结付利息、表内外欠息额度大、账面不良和隐性不良贷款进行抽查。加大后续稽核和违规、违制查处力度，及时进行稽核建议。稽核人员对每月查出的违规问题，要求及时整改，对不能及时整改的，发出稽核整改通知书，并要求各信用社把整改落实情况作出书面整改回复。全年共发出整改通知书27份，收到整改回复27份；处罚50人次，其中经济处罚39人次，处罚金额7万元，违规积分6人次，违规积分11分，通报批评2人次，责令缴纳保证金2人次，1万元，待岗1人次；根据检查发现的问题及风险隐患及时向联社经营班子提出监督意见书5份。继续开展制度落实年活动，制定《制度落实年活动方案》，各信用社认真开展各个阶段活动；认真梳理制度，并将2010年至2013年的信贷业务制度汇编、刊印成册。

【宣传工作】　加强宣传，着力打造信用社品牌。着重宣传信用社各类结算方式，如农信银、网上银行等现代化结算方式，逐步引导广大客户，特别是农村客户用卡习惯，普及电子银行业务知识。加强信贷业务宣传，由县联社信贷管理部、信息科技部等业务部门拟定宣传内容，行政人事部统一印制各类宣传资料，由各信用社（部）将各类信贷产品、客户经理电话等信息张贴、散发到各社区、村委，提高信用社知名度。积极开展“金融知识进万家”及“金融知识普及月”活动。在眉山银监分局和人民银行的要求下，积极开展金融知识宣传活动，分别到锦江大学、公义镇、谢家镇、青龙镇等地进行金融知识宣传，不断提高公众金融知识。全年到场镇、社区、小区现场宣传63次，送发宣传资料8万余份，印送墙体标语及宣传横幅160余个，广播电视、LED宣传190次。

【党风廉政建设】　认真履行纪检监察信访工作职能，从源头预防经济案件和治理腐败。认真开展政风行风群众满意度测评工作。联社转发《监察厅、省纠风办关于开展政风行风群众满意度测评工作的意见的通知》，认真做好政风行风群众满意度测评工作，不断推进农信行风行貌建设。制定《彭山县农村信用合作联社行风义务监督员制度》，并聘请部分存贷款客户、开户企业工作人员、村社干部为行风监督员。

【安全保卫工作】　认真履行安全保卫职责，切实做好“三防一保”工作。强化安全责任管理，明确工作目标，层层落实责任。与各信用社和相关部门签订安全保卫目标管理、枪支弹药管理、案件防范等一系列安全责任书，并实行风险责任金专项考核的责任制约机制，强化领导责任和全员参与意识，实行谁主管谁负责和逐级负责制。制定安全工作措施，组织学习法制、规章制度及案例通报和安全培训工作。制定《彭山县农村信用合作联社2013年工作意见》和《关于印发安全评估工作实施方案的通知》等文件，要求各机构认真组织员工学习并贯彻落实。2013年，做好技防物防，完成对两个改造社安全防范设施建设，按新的标准和要求，对监控和报警系统进行升级。全年安全常规检查204个机构，人次达408次；重大节日和安全专项检查68个机构、136人次、共137个工作日。对监控系统运行和值班及金库值守情况进行每周一抽查，安全检查面达100%。检查中发现安全隐患问题9处，整改9处，对5人进行责任追究，经济处罚1.2万元。

【队伍建设】　组织员工培训，提高员工素质。开展安全保卫操作规程培训工作；针对客户经理的营销误区，组织客户经理进行4期贷款营销的专题培训；组织全县信用社进行网上银行、电话支付终端、信息安全等方面业务培训；组织财务基础工作培训4期；积极开展理财业务培训2期，对门柜人员和部分客户经理进行理财产品销售培训；是年8月7日，聘请西南财大老师到县联社进行为期2月的财务基础知识授课，县联社信用社主任、客户经理、信贷管理部、财务会计部及自愿学习人员共70余人参加学习。积极做好员工管理工作，做好校园招聘及定岗招聘工作。与5名2012年校园招聘大学生、2名定岗招聘员工签订录用劳动合同；做好2013年校园招聘的10名大学生实习安排。继续推行员工轮岗制度，全年共有53名员工轮岗。加强“九种人”（黄赌毒、刁难客户、接受贿赂、经商办企业、交际复杂、介绍担保、沉湎彩票、收支不符、接受高档宴请）监督管理，密切关注员工八小时以外的思想情况。全年对全县员工进行失范员工行为排查2次，没有发现有“九种人”现象。积极做好违规员工积分台账管理。做好企业年金上线系统工作，并按规定做好“五险两金”的缴纳。组织开展机关部门缺编补员工作。加强党务工作，抓好党员积极分子的学习培训。2013年培养党员积极分子4人。继续搞好“四好班子”和“五好支部”的创建工作，按“三会一课”要求开展党支部活动，加强党员教育。做好退休和内退员工管理。春节前夕，陪同县联社领导参加退休和内退职工座谈会，对困难职工进行慰问。2013年1月16日，县联社举办2013年迎春银企联谊会，全县全体信合员工及企业客户约300余人参加联谊会，增强银企之间的联系、沟通。2013年，县联社选派3名选手到眉山办事处参加全市岗位大练兵比赛，获得团体三等奖。积极开展“中国梦”主题教育活动，县联社于6月1日召开中国梦主题教育活动动员大会，要求广大干部职工将“中国梦、农信梦、我的梦”有机地结合起来。县联社制定中层干部履职考核办法，考核的重点放在责任目标完成和岗位职责履行上，强化对信用社负责人和中层管理人员的履职监督，是年1月25日，县联社组织部分员工代表对全县中层干部履职考核进行民主测评。2013年，彭山县联社充分重视思想政治文化建设工作，县联社成立以理事长为组长，其余班子成员为副组长，各部门负责人为成员的领导小组，设办公室在行政人事部，由分管领导任办公室主任，负责思想政治文化建设的具体工作；制定《彭山县农村信用合作联社开展思想政治文化建设实施意见》，及时召开动员大会，做到工作有安排、有部署、有检查。

（农村信用合作联社办公室）

中国人寿保险股份有限公司彭山县支公司

【概况】 截至2013年12月25日，中国人寿保险股份有限公司彭山县支公司各项业务累计收入1.06亿元，同比减少2.1%，其中，短期人身险保费收入973万元，同比增长20.4%；长险首年标准保费收入567万元，同比下降8.5%；新单保费3886万元，同比减少12.3%；短险赔付481万元，赔付率为49.4%。

【个险业务】 彭山公司个险部主管、精英、伙伴和新人都分别参加黑龙潭个险业务培训。彭山公司2013年首卖达成140万元，达到全市平均进度。2013年，通过客联会和团专个专，彭山公司一季度共计完成保费380万元。积分换礼活动打响眉山公司二季度的战役；在二季度积分换礼中，4—6月，彭山县支公司共召开积分换礼42场，期交保费306万元；7月，积分下乡活动共计召开11场，为农村客户带去国寿的祝福与情谊；8月，彭山公司共计召开升级报告会18场，增额保费达206万元；四季度，彭山公司个险部重点发展队伍建设以及客户积累；11月，彭山公司组织组养计划和扬帆营，重在对准主管和新人的培养。每周五大会后对组织组养成员进行主管增员技能技巧培训，共计12人参加；11月，进行全员大拜访活动，共计70人参与，交回调查问卷2738份，累积准客户2564位。

【团险业务】 2013年，完成小额保险8.3万余人，收入保费300余万元。和个险部积极合作，利用个险部做保险村的契机，做到一村一服务员，业务员为村民代办理赔事宜，覆盖率达到70%。同时在13个乡镇招募小额保险服务保险专员。全年完成秋季学平险投保1.18万人，春节学平险投保52人，保费收入59万余元。加大与医保局合作力度，保证对全县干部职工医疗保险的续保，在做好老客户续保工作的同时，加大对新客户的开拓工作。2013年，补医险已承保1.93万人，收入保费86万余元，建安险收入保费50余万元。公司制定短险奖励的配套方案，2013年完成各项短险任务450万元。

【银保业务】 2013 年，对全县的工、农、邮几家单位认真进行市场调研和具体分析并作出总结。根据各行的状况和特点，做到有的放矢，制定详细的管理考核制度。坚持夕会制度，每周的星期一与星期四开夕会，总结工作，计划安排近期工作，相互交流学习。严肃客户经理管理暂行办法。明确客户经理的职责和义务，发生重大违纪、违规现象，坚决予以批评。严格客户经理目标考核奖励方案。客户经理分四个等级，每个等级对应的底薪和目标不同，客户经理可根据自己的能力提高自己的工资待遇，最大限度的发挥每个人的潜力，实现多劳多得。加强驻点服务。严格要求客户经理经营好，管理好网点，守好自己的阵地，做好自己的本职工作。截至 12 月 31 日，银保渠道共实现新单保费 1747.8 万元，其中，期交 136.8 万元，2013 年保险规划师队伍已经达到 11 人，在 2012 年的基础上增加 9 人。

【客户服务】 提升契约端对端时效，确保客户关键信息完整准确。提升理赔效率，简化索赔手续，至 2013 年 12 月底，共处理理赔案件 4534 件，简单赔付率 50%。大力推进月转年工作，为有效解决集团留存业务月交月领保单频繁交易带来的资源耗费和服务满意度不高问题，降低公司经营成本，降低保单借款超长展期率，截至 2013 年 12 月 27 日，公司保单借款超长展期率由 45% 降到 14.08%。大力推进“颗粒归仓”复效专项工作。截至 12 月 1 日，共完成复效保单 49 件，保费 20.66 万元，进度为 14.65%，排名全市第一。做好满期给付业务处理，顺利渡过满期业务高峰。2013 年，公司成立满期给付工作小组，通过加强对满期业务话术的学习和满期给付实务的学习、突发事件的应急演练、满期客户接待和系统业务处理工作等积极应对满期业务，全年共处理满期业务 890 件。在“3·15”及两会期间开展维稳工作，开展“6·16”客户节活动。2013 年是“国寿客户节”的第七年，客户服务中心于 6 月 14 日—16 日开展以“牵手国寿共享美好”为主题的系列客户活动。开展“进店送水”等活动，是年 6 月 14 日—16 日，到公司柜面办理业务的客户均获得公司赠送的《国寿客户报》1 份。8 月，开展“牵手国寿·爱‘心’伴孩子共成长”国寿大讲堂活动，邀请公司新老客户共 65 人参加，以少儿教育为主题，为客户讲解子女教育中存在的误区和如何有效地与孩子沟通。2013 年 9 月 10 日—20 日，客户服务中心选取特约商家——英英腊肉，开展“鹤彩无限”特约商家优惠活动。活动期间凡持国寿鹤卡的客户，均享受 8 折优惠；VIP 卡享受 7 折优惠。开展“牵手国寿梦想家园”少儿绘画活动。2013 年 6 月—9 月，公司利用张贴宣传资料、联合销售部门进行宣传等形式开展以“牵手国寿梦想家园”为主题的少年儿童绘画作品展活动。截至 9 月 15 日，共有 80 位小朋友们在公司网站报名参加此次活动并向客户服务中心提交绘画作品，公司评选出优秀作品 16 幅参加市公司评选，其中 2 幅作品获市公司二等奖。为全力满足一线所需，服务销售大局，公司采用送培训进职场的方式向销售人员进行契约、保全、理赔等业务知识的培训，并及时将公司实务调整变化等内容向销售伙伴宣导。为建立内勤与销售部门的定期沟通平台，客户服务中心每季度举行与销售部门的座谈会，征集销售员对当前业务管理服务的需求、意见和建议，客户服务中心根据意见和建议提出跟进或改进措施。对支持销售、服务销售提供保障。规范服务礼仪，强化服务用语，创新服务思维，提升服务质量，从细节着手，打造公司专业、优质、高效、完美的外部形象。加强员工业务技能学习，提升业务能力水平，完善业务知识结构，拓展员工服务视野。在强化服务礼仪培训的同时，加强员工的专业技能提升。统筹兼顾、合理安排，努力做到工作与学习“两手抓、两不误、两促进”。每周一次的学习，让彭山柜面柜员上岗资格证持证率达到 100%，销售资格证持证率达到 100%。为塑造公司阳光文化，客户服务中心组织开展关键岗位风险防范主题教育活动、员工读书活动和读书心得分享、“提升客户服务水平”大讨论活动等。通过关键岗位制度的学习和风险防控，增强员工依法合规和风险防范的意识。通过“提升客户服务水平”大讨论活动的开展，让员工深刻感受到“以客户为中心，提升客户服务水平”不只是一句口号而已，在工作中不仅要有规范的服务礼仪、服务用语，更要有创新的服务思维，从细节着手设身处地、换位思考、积极主动地为客户提供人性化的关怀和便捷的处理通道，最大限度地提高客户满意度。

（县人寿保险公司办公室）

人保财险

【概况】 2013 年，彭山县人保财险工作围绕“促发展、增效益、防风险”的工作主基调，严格按照“对标市场、合理灵活”的工作原则，立足实际，在规范经营、紧盯市场、科学激励、严格考核的基础上继续深化车商专管专营业务，继续加强个贷团队增员增效，继续推进农险团队和三农保险业务，继续夯实中介业务和兼业代理渠道业务。

【经营业绩】 2013 年，公司全险保费规模历史性突破 5400 万元，同比实现 17.6% 增幅。

【经营思路】 2013 年，公司全年始终以险种效益提升和险种结构优化为重点和前提，依靠服务和细化管理赢得市场、赢得客户，发展持续深入、更加灵活掌握市场，始终将发展和效益有机地结合起来，相互促进。

【服务管控】 2013 年，公司始终将服务管理重点放在以营业厅柜面、车行展场驻店、乡镇网点柜面、农险查勘员等临柜一线人员的日常服务管理上，持续加强教育培训，注重日常管控与考核评价。

（县财产保险公司办公室）

市　政　建　设

住房和城乡规划建设

【概况】 2013 年，彭山县城镇建设投入资金达 42 亿元，超额完成市下达目标任务 35 亿元的 120%；其中，市政基础设施建设 11 亿元，乡镇建设 5 亿元，房地产开发 26 亿元；建筑业产值实现 20.1 亿元，全面超额完成各项经济指标。

【城市基础设施建设】 2013 年，完成蔡山西路、蔡山东路等城区十三条道路黑化，李密大道二段，武阳西路道路改造及排水管网，廉租房三期配套管网，彭溪河商业风情街一、二期，永达·蓝湾风景，伟业广场二期等项目建设；实施高速路出口风貌综合整治、公租房建设、棚户区改造项目，滨江路南段道路及截污干管，上跨天桥，下穿隧道，孟文路，李密大道一段，锦绣大道，综合交通枢纽工程（客运站及广场建设）等项目建设。

【房地产业】 2013 年，彭山县房地产业实现产销两旺目标，全年房地产开发投入资金达 26 亿元，新开工面积 37 万平方米，同比增长 90%；竣工面积 19.1 万平方米，同比增长 11.7%；商品房销售面积 64 万平方米，同比增长 131%。

【保障安居工程】 2013 年，保障性安居工程开工建设902套（其中新建公租房292套，城市棚户区改造610套）；已基本建成1070套，竣工870套。分配农民工公租房16套，为1300户农民工发放租赁补贴224万元。完成268套农村危房改造工程建设，建档录入率达100%。

【城镇化建设】 2013年，实施莲花新村项目，新建2.6万平方米安置房及配套设施建设；牧马新镇（一期）项目，新建4.3万平方米安置房；武阳郡7.12万平方米安置房及配套设施建设基本竣工；完成龙都新苑32.4万平方米安置房及配套设施建设。城镇建成区面积增加3.07平方千米。

【行业监管】 2013年，彭山县对县城区2000平方米以上，具备网络条件的工地，安装"建安网"监控系统10个，"建安网"安装率达100%，安装位置、数量、角度等符合要求。全县2000平方米以上的建设项目工地62个，其中，2个达到省标化工地标准，4个达到市标化工地标准，另有1个省标化工地、3个市标化工地和1个省结构优质工程正在申报中。全年无死亡事件发生。依法抓好燃气安全管理，将液化石油气瓶质量监管、充装、运输、储存、使用等环节的安全管理职责落实到各职能部门，每月分别由责任部门负责组织开展燃气安全检查，建立即有分工，又协调配合的管理机制，形成齐抓共管的态势。按照年初工作预案，重大节假日、会议期间，由分管副职带队对燃气充装、运输、使用环节进行安全检查，全年共计检查15次。依法打击非法经营液化石油气商户6家，收缴液化气瓶133瓶，对非法液化气经营户进行坚决取缔，全年无燃气安全事故发生。

【信访维稳】 健全完善重大信息报送、安全保卫、值班等制度，建立不稳定工作台账，及时报送《不稳定因素排查表》和季度分析情况，节假日、重大会议严格执行值班制度。2013年，开展矛盾纠纷排查6次，认真接待群众来信来访，全年共接待群众来信来访50次，办理率100%，办结率达98%，信访率下降26%。全年未发生恶性事件，未发生上京到省的上访事件。

【依法行政】 2013年，依法查处和纠正各类违法建设行为和违法案件50宗，发出责令暂时停止施工通知书6份、《行政建设立案通知书》12份、《处罚决定书》12份，督促补办建设手续5件；处理市长、县长热线6件，答复和处理群众来信、来访200余人次，处罚罚款10万余元，全年履行法定职责，无行政行为被撤销、变更、纠正等现象。

【档案管理】 城建档案馆加大全县建设工程城建档案收集、接收力度，提高城建档案的收集数量和质量。全年验收审核37个工程档案，接收整理工程档案547卷，办理35个工程的档案移交，城建档案进馆率达98%。

（王洪刚）

房屋征收管理、土地储备工作

【概况】 2013年，全县完成土地征收122公顷，国有土地上房屋征收45.16万平方米，集体土地上房屋拆迁11.14万平方米，搬迁群众3246户；完成土地储备117.07公顷；启动实施土地整理和"双挂钩"项目11个，完成4个；完成土地融资1亿元。

【机构设置】 2013年7月1日，经县委编委《关于重新核定县土地储备中心领导职数的批复》文件批准，将县房屋征收管理局调整为县国土资源局挂牌机构，并与县土地储备中心合署办公。彭山县住房和城乡规划建设局不再挂彭山县房屋征收管理局牌子。县土地储备中心主任由县国土资源局副局长、房屋征收管理局局长兼任。核定临时用工控制数10名。内设机构为办公室、土地房屋征收部、土地储备部、工程建设部和融资部。

【国有土地上房屋征收】 全年共参与征拆项目17个，其中，牵头重点项目4个，协助项目13个，完成房屋征收45.16平方米，搬迁群众2573户。牵头项目进展情况：西门新商圈项目已与14户搬迁户签订意向协议，国有资产部分（县医院、县二小、县幼儿园）已搬迁完毕，启动商业主体工程基础设施建设；香堤漫步项目完成2户搬迁户的协议签订工作，完成2家企业回购，二期建设主体工程已基本完工；蔡山东路片区棚户区改造项目签订搬迁协议49户；南门庭院项目完成最后3户房屋搬迁工作。

【集体土地征收及房屋搬迁】 全年完成征地122公顷，落实征地资金2.13亿元，拆迁房屋11.14万平方米，搬迁群众673户，完成养老保险审批1798人，顺利通过国家土地督察成都局对彭山县的土地例行督察。

【土地回购工作】 全年完成土地回购12宗31.13公顷，完成统征储备国有土地85.93公顷。

【项目实施】 建设用地增减挂钩工作开展以来，省国土资源厅批准彭山县双挂钩项目13个，批准挂钩周转指标473.33公顷，涉及7个乡镇、15个行政村、68个农业社，搬迁7059户2.24万人141.18万平方米。2013年，省国土资源厅终验项目2个，批准使用周转指标53.4公顷，其中城镇建新区使用指标44.47公顷；新启动双挂钩项目5个，新建农民集中居住区6个32万平方米，安置农户1739户5364人，其中观音镇果园村首期安置房已经完工入住，拆旧区复垦工程通过市国土资源局初验，上报省厅终验；谢家镇毛河村安置区主体工程已经完工，拆旧区复垦工程通过市国土资源局初验，上报省厅终验；黄丰镇合力村、武阳乡泉水村安置区完成工程量的80%，拆旧区复垦工程完成50%；凤鸣镇宝珠村、石家村刚启动安置房建设，参与双挂钩的农户尚未搬迁，宅基地复垦尚不能启动；观音镇观音村安置区完成招投标及征地拆迁工作，即将启动建设。完成武阳乡茯苓村，锦江乡联络村、武陵村，锦江乡永泉村、天库村，公义镇红旗村，马林村等5个社会投资项目的招商及合作谈判。

【融资工作】 2013年，完成乐山银行贷款1亿元，初步达成2014年融资意向3亿元。

（余 丹）

城乡规划工作

【大事记】 1月，县政府同意以规划局为项目业主，启动轻轨站前广场及公共交通客运站规划设计方案编制工作。

2月，彭山县规划局更名为彭山县城乡规划局。

4月，经局务会研究决定任陶静为财务股股长，王亦军为规划监察大队队长，金祖军为工程规划股股长。

同月，启动实施彭山县户外广告规划。

6月，由副县长李忠云牵头，县规划局为业主，以150万元为最高限价，采用邀请招标方式确定规划编制单位，启动彭山县城市总规修编工作。

9月，县政府批复同意实施彭祖新城控制性详细规划。

10月，免去徐巍彭山县城乡规划局局长职务，任命张锐为彭山县城乡规划局局长。

12月，任命李光儒为县规划建设执法大队大队长。赵波、毛波、李赵平、严敏四位同志借调到局规划建设执法大队工作。

【机构设置】 2013年，城乡规划局内设办公室、财务股、基础规划股、项目规划股、工程规划股、行政许可股、规划监察大队、纪检监察室。有在编职工30人，正科级领导职数1人，副科级领导职数2人，中级以上专业技术职称7人，初级专业技术职称16人。

【县城总规修编】　2013年，县城总规修编完成报批工作，取得省住建厅同意正式开展修编。

【乡镇规划大会战】　根据眉山市乡镇规划大会战工作要求，彭山县除中心城区凤鸣镇、彭溪镇外，其余11个乡镇按照“五加一”的模式，即城镇发展规划、产业发展规划、交通发展规划、社会事业规划、文化特色及生态绿地规划和土地利用规划开展规划编制工作。

【牧马镇规划】　牧马镇是全省百镇建设试点镇21个重点镇之一，控制性详细规划已完成编制，牧马镇总体规划已于2013年7月通过省住建厅组织的专家审查。

【安置区规划】　实施李密大道、滨江恒辰、锦江学院三期安置区规划。

【规划审批】　完成恒大、复地、首创·城南郡、伟业广场等26个房地产项目建设办证工作。

【规划执法】　2013年，查处和纠正各类违法建设行为和违法案件160余件，拆除乱搭乱建以及擅自加层违法建筑物、构筑物2000平方米。发出《停止施工通知书》9份、《责令自行拆除违法建设通知书》17份、《行政建设立案通知书》2份、《处罚决定书》3份，督促补办相关规划建设手续40余户。

（樊　东）

环境保护

【污染物总量减排】　2013年，完成牧马镇莲花坝、谢家镇污水处理站、新宇涛等减排项目17个，上报减排化学需氧量904吨，氨氮53吨，二氧化硫1149吨，氮氧化物205吨。

【行政审批】　完成联合利华、海尔、彭祖山旅游开发等重点项目环评服务审批12件，实现本级审批建设项目71个，批准试生产29个，竣工验收18个，无超期审批。

【污染治理】　年审排污许可证63件，重点企业年审率100%，重点企业排放达标率96.8%。对全县不达标企业、效益低下企业、饲料企业和全县水系环境污染进行全面排查，提请县政府审议《彭山县流域污染治理实施方案》，县政府对6家企业下达了实施限期治理通知。编制完成《南河流域污染治理规划》《府河流域污染治理规划》。吉龙建材中高费方案，金炜氧化锌、尼科国润等3家清洁生产报告通过省环保厅审核。

【环境监察执法】　开展环保专项行动，加大涉重金属、危化品、国控企业、省控企业的巡查、监管频次，县级重点危险废物产生、处置单位规范化考核达标率96%，重点工业固体废物单位申报率92%，下达19家企业限期整改通知，下达13家企业停产通知，对5家违法排污企业实施行政处罚。

【环境监测】　完成工业污染源监督性监测98次、流域水质监测15次、委托性监测147次，城区空气自动监测站完成验收。完成监测站三级达标验收，扩项26个。

【饮用水源保护】　开展巡查执法29次，部门联合执法3次，水质监测106次（其中“4·20”地震加密监测13次），全县水质状况良好，城市集中式饮用水源水质达标率98.5%，乡镇集中式饮用水源水质达标率91.8%。

【生态县建设】　2013年，完成7个创建基本指标、42个重点项目及江口、黄丰生态观光环线打造，通过市生态办预验收。2013年12月27日，省生态办进行初步核查，2014年1月通过省生态办技术核查。

（何　涛）

城市管理

【大事记】 2月，城南农贸市场翻修大棚、菜台。

3月，彭山县省级环境优美示范县城验收成功。

4月，开展城区户外广告、店招整治。

5月，开展“中国梦”主题教育活动。

图为县城市管理办公室开展“中国梦”主题教育活动场景

7月，率先在城区成立“三乱”（乱吐、乱扔、乱倒垃圾）违章行为的劝导工作队伍。

9月，城区人力客运三轮车完成减量、换车工作，全部换成具有彭山长寿元素的新三轮车。

图为县城区人力客运新三轮车

12月，新建生活垃圾压缩转运站竣工，验收合格。

【概况】 2013年，彭山县城市管理办公室全面完成县城区10平方千米的市容秩序管理任务，全面完成县城区170余万平方米的道路清扫、保洁任务以及全县13个乡镇的垃圾收集转运处理任务。为彭山县顺利创建省级卫生县城、省级环境优美示范县城作出突出贡献。

【机构设置】 彭山县城市管理办公室成立于1992年7月，2013年，全办有干部职工110人，有环卫清扫、保洁、垃圾收集、转运、处理、临聘人员共383人，有下属事业单位2个：彭山县城市管理监察大队、彭山县环境卫生管理所。城市管理办公室机关内设办公室、行政许可股、市场管理股、法规监察股、财务股。

【主要职能】 彭山县城市管理办公室主要行使县城规划区内建筑红线以外的各类临时占道审批管理，城市规划区内的所有户外广告、宣传品，各类标志、城市霓虹灯制作安装的审批监督管理、城区人力客运三轮车的管理，县城区市容市貌和环境卫生的行政管理和行政执法，城区道路的清扫、保洁和全县生活垃圾的清运及无害化处理，城区城南市场管理等职能。

【亮点工作】 2013年，顺利创建成省级环境优美示范县城，8月份被省政府正式命名。全年为中央、省、市级领导到彭山视察30余次提供了良好的环境秩序保障，受到领导好评。排除各种阻挠，在2013年雨水较多的情况下，抢时间、保质量顺利完成县委、县政府确定的“十大民生工程——垃圾转运站建设”，年底将投入试运行。对城区人力客运三轮车实施减量、换车工作，削减332辆缓解城区交通压力，更换具有彭山长寿元素的新车725辆，提升城市形象，受到县委、县政府主要领导的肯定性批示。率先在县级城市中成立治理乱吐、乱扔、乱倒的“三乱”违章行为劝导处罚队，并坚持组织开展劝导、处罚工作。全年教育、劝导“三乱”违章行为人1200余例，依据《四川省城乡环境综合治理条例》相关规定，处罚违章行为人580余例。投入财政资金84.5万元新购清洗扫路车1台，加大城区道路的清扫保洁、除尘力度，提高环卫机械化作业率。户外广告专项治理取得明显成效，提升城市形象，减少视觉污染，消除安全隐患。非税征收任务实现一个新的突破，创历史最好水平，截至年底已入库650万元。

（袁跃福）

供电工作

【安全生产】　2013年，彭山县供电公司深入开展安全大检查，排查整治各类隐患180余项。启动秋季安全大检查和风险评估工作，及时查找消除各项安全风险。严格落实到岗到位制度，加大明察暗访力度，突出抓好施工作业现场的安全巡查，确保施工现场安全。2013年，班子成员深入现场共计213人/次，各级管理人员356人/次。加大安全教育，全年开展各类安全培训8次，培训600余人次。圆满完成迎峰度夏工作任务，确保电网安全稳定运行。切实抓好应急管理工作，全力以赴做好“4·20”抗震救灾、“7·9”抗洪抢险、“8·17”风灾抢险，圆满完成抢修保电工作。进一步完善设备故障突发事件、大面积停电事件、自然灾害处置、新闻突发事件等应急预案。

【电网建设】　2013年，彭山公司紧密跟踪经济发展最新动态，围绕天府新区和彭山“七大战区”发展战略，滚动优化“十二五”电网发展规划，积极做好电网项目储备。做好220千伏石化园站新建项目协调和110千伏桂林站项目的前期工作，石化园站土建工程已开工。做好35千伏灵黄线和10千伏灵永双回线路新建衔接协调，完成工程量的50%。针对2013年以来彭山县市政基础设施建设涉及的大量线路迁改问题，公司主动对接，有效协调，积极做好配套网络规划和线路迁改工作，发挥好要素保障作用。根据城市用电负荷增长情况，大力开展城区配网改造，完成9个公变台区标准化整治和12个台区低压改造及部分下户线、跌落开关整治，大大提高供电保障能力。组织实施北外街户表改造工程，为城区居民提供优质的电力供应。大力实施农网升级改造工程，2013年共完成项目9个（共11个），完成总资金2060万元的95%。合理安排“春供”保电项目，在春节前投入资金497.1万元完成农网改造项目9个；投入资金110万元完成城区6台400千伏安变压器的新投及低压接线改造，全力以赴确保迎峰度冬期间电网的安全稳定运行和“双节”可靠供电。

【营销服务】　积极做好增供扩销，1至9月10千伏及以上高压新装、增容用户67户，容量65.74兆千伏安。建立班子成员定点联络重要客户走访机制，定期开展上门走访沟通。完善营销系统功能，拓展缴费模式，借助工行网银平台实现网络智能电表用户网上充值、缴费功能。大力推广安装网络智能电能表，在城乡127个台区安装网络智能电能表1.50万只，安装采集运维终端452只，真正实现城乡居民用电一体化服务。加强用户侧管理，开展重要（高危）客户安全用电检查，共督促客户整改隐患106项次。扎实做好农村服务工作，供电所7支供电服务小分队深入田间地头，切实保障春耕春灌用电。

【包片进村】　2013年6月启动“包片进村”工作，彭山公司认真按照实施方案要求和“四个五”工作思路，扎实推进“包片进村”。5个工作组深入7个供电所，对119个村社的595户客户进行了走访，共收集问题112项，已解决76项，针对不能及时解决的问题，已制定整改措施。确定“包片进村”十大调研课题，认真开展课题调研分析。创新管理手段，提升农电管理水平，在彭溪供电所试点使用“供电所安全工器具及备品备件二维码管理系统”，实现供电所安全工器具规范化、智能化管理；在籍田、彭溪供电所试点农村低压台区“三色”（红、黄、绿）平衡管理，确保三相负荷平稳，解决农村低电压供电难题，提高农村供电可靠性，让老百姓用上舒心电。

【优化体制机制】　认真落实建设“三集五大”（人力资源、财务、物资集约化管理；大规划、大建设、大运行、大检修、大营销体系简称“三集五大”）体系人力资源集约化管理工作要求，及时传达眉山公司“三集五大”体系建设工作会议精神，组织各科室负责人认真学习方案，征求各科室意见和建议。按照国网公司指导方案要求，结合当前工作需要和人员实际情况，编制上报组织机构岗位编制实施方案和操作方案。推进供电所业务委托工作，彭山三新公司已正常运营。进一步规范农电管理，籍田供电所管理划转问题得到落实。搭建集体企业平台，完善机构设置和人员配置，逐步规范电力市场。认真落实国网公司依法治企综合专项检查工作要求，开展自查自纠。

【作风建设】 2013 年，公司多次召开作风整顿大会，传达深入贯彻中央“八项规定”、省公司“十项禁令”和作风建设相关要求，结合“强管理、转作风、提素质”专项活动，细化实施方案，建立作风建设办公室工作机制，制订考核细则，明确规范工作开展程序和标准，健全作风建设和效能提升常态长效机制。印发《作风建设学习手册》，进一步强化员工劳动纪律、行为规范等，切实改变文风、会风、作风。成立 2 个作风建设督察工作小组，先后 23 次通过明察暗访、督导检查等方式，对公司各科室、班组和供电所劳动纪律、行为规范、车辆管理、行风优质服务等情况进行检查，收效明显。截至 2013 年年底，公司已印发《作风检查通报》19 期。

【自身建设】 2013 年，公司以学习贯彻中共十八大精神和党的群众路线实践教育活动为主线，认真组织党委中心组学习，不断提升公司党建科学化水平。推进廉政风险防控，深入推进协同监督，以“微型廉课”送基层、“红线”巡讲、廉洁短信等形式，加强廉洁教育，强化廉洁意识。创新机制，开展农电兼职纪检监督员监督工作试点，进一步拓宽民主监督渠道，强化对供电所的监管。加强队伍建设，开展调度运行、优质服务技能竞赛、安全生产知识竞赛等，提升员工队伍素质。有序推进企业文化进班组（供电所）落地实践，加大班组建设工作力度，全年有 4 个班组、2 个供电所通过企业文化进班组达标验收。关心、关怀困难大病职工，对符合基本生活帮扶、重大疾病帮扶情况的困难职工，统一开展项目帮扶。

（张雨薇）

交通·邮电

交通运输

【大事记】 4 月 10 日，省交通运输厅公路局副局长罗玉宏视察彭山县公路建设情况。

图为省交通运输厅公路局副局长罗玉宏（左二）视察彭山公路建设情况

7 月 5 日，眉山市副市长钟毅视察彭山县“三箭齐发”工程建设工作。

图为眉山市副市长钟毅（左二）视察彭山公路建设情况

9 月 26 日，省交通运输厅副厅长鲜雄视察彭山县工业大道工程建设工作。

图为省交通运输厅副厅长鲜雄（右二）视察彭山工业大道工程情况

11 月 5 日，省交通厅公路局副局长罗玉宏视察岷东大道成彭段公路建设工作。

图为省交通厅公路局副局长罗玉宏（右一）视察成彭公路建设情况

11 月 8 日，市交通运输局局长顾贵鹏视察彭山县“三箭齐发”工程建设工作。

图为市交通运输局局长顾贵鹏（右一）视察彭山“三箭齐发”工程建设情况

12 月 25 日，省交通厅公路局副处长张炳文到彭山县检查指导公路养护管理工作。

图为省交通厅公路局副处长张炳文（左一）检查彭山公路养护管理工作现场

【运输生产】　2013 年，彭山县道路旅客运输完成客运量 2151.53 万人次，客运周转量 2.76 亿人千米，完成货运量 387.55 万吨，货运周转量 3.09 亿吨千米。

【基础设施建设】　岷东大道：成彭段正在进行路基、桥涵工程建设，完成投资 1.4 亿元；彭祖山隧道建设工程已完成征地拆迁工作，完成工程便道施工，准备进洞施工，已完成投资 0.25 亿元。滨江大道：彭祖新城段建设工程正在进行水泥稳定层、市政管网工程施工，完成投资 1.3 亿元。工业大道：石化园区 B 段正在进行沥青混凝土路面施工，完成投资 1.4 亿元。彭谢路升级改建工程：已完成勘察设计招投标，初步设计工作基本完成。彭祖山旅游通道：已完成施工图设计、项目招投标工作，项目正在进行路基工程施工，完成投资 200 万元。现代农业园区生产通道：公义段已动工建设，正在进行路基工程、盖板涵工程施工，剩余路段已完成招投标工作准备进场动工，完成投资 700 万元。谢青路、邛彭路：建成 27.9 千米；指导完成通村公路建设 20 千米；完成 9 千米波型梁防护栏建设。岷江三桥建设：完成通航论证报告评审工作，正在进行勘察设计工作。岷江大桥维修加固：完成大桥维修加固设计方案。

【公路桥梁养护管理】　2013 年，完成道路维修工程投资 90 万元，各项养护指标任务均完成较好，其中，出工率 97.5%，出勤率 99%，县道优良路率80%。根据养护路段分布情况，将养护公路分成6个片区，每个片区由一名班长负责，一名管理人员具体联系相关工作。段与各个养护管理站签订公路养护管理目标责任书，并将养护任务分解到基层，落实到人头。投入资金2万余元设置36个县乡道养护责任公示牌。坚持每天、每月巡查，加大桥梁养护力度，认真履行桥梁管养职责。将每座桥梁的基础数据全部重新复核，对病险桥梁设置警示标志并派专人看守，发现问题及时上报、及时处理，确保公路桥梁运营安全。狠抓安全生产，做好安全隐患排查工作，全年共排查出病危桥5座、隐患路段5000米。制定公路养护突发事件应急预案，落实应急处置的责任，建立预警体系。在“4·20”地震灾害后，彭山县交通运输局半小时内启动应急预案，组织工程股、养护股、各养护管理站对全县道路、桥梁进行拉网式安全巡查，及时处置突发情况；是年5月，进入汛期后，制定汛期防控制度，落实值班人员，确保值班领导和人员24小时通信畅通，为公路、桥梁的安全度汛提供组织、资金、人员保障。

【路政管理】 2013年，加强超载超限车辆的治理力度，严管重罚，确保道路、桥梁安全畅通，狠抓“现场查处力度”。全年共出动执法人员850人次，共取缔乱停乱放机动车辆443台次，清除以路为市357处、违章摆摊设点419个，清除各种路障1621处，处理损坏路产案件8起，办理路政许可案件4起，案件查处率达98%，案件结案率达100%。全局将超限运输治理作为路政管理的重要工作，尤其是大型砂石超限运输车辆治理问题，始终坚持源头治理、严查严管。2013年11月，由县交通运输局和县公安局联合制定《彭山县货运车辆违法超载超限集中治理方案》，全面启动彭山县多部门联合治超工作。县交通运输局出动治超执法人员1.12万人次，执法车辆1790辆次，开展专题宣传8次，发放宣传资料1万余份，悬挂宣传标语22幅，出动宣传车216辆次，检查超限运输车辆11.65万台次，查处超限超载车辆6.8万台次，劝返车辆5400台次，查处严重超限运输车辆318辆次，均进行卸货、处罚，并拆除非法加高栏板，恢复原状。基本杜绝车货总重超过55吨非法超限超载车辆上路、上桥行驶，有效遏制“三超”（超载、超限、超负荷）行为，延长公路的寿命。

【道路运输管理】 年初，分别与所属各部门和道路运输企业签订责任书60份，同时，督促企业与营运车辆业主、驾驶员签订春运、黄金周目标责任书。完善应急救援预案和各项安全管理制度，深入开展“春运”“安全生产月”“百日安全”“安全生产活动月”和道路运输危险化学品专项整治等活动。加强节假日和重要时期运输安全管理工作，组织从业人员参加省、市、县的安全教育和培训工作。开展法制工作，集中宣传2次，大力宣传“安全第一，预防为主”的思想，共发放道路运输安全宣传单3420份，督促客运企业对驾驶员开展为期4天的职业技能和安全知识培训，参训人员4856人全部合格。制作安全宣传展板和安全生产宣传牌，组织召开全行业的安全生产会议15次，安全领导小组会议18次，普通货运公司会议4次，撰写安全工作简报19期，在道路运输管理中，严格按照“三把关一监督”（严把资质企业市场准入关、营运车辆技术状况关、营运驾驶员从业资格关，搞好汽车客运站场安全监督）和“三不进站、五不出站”[易燃、易爆和易腐蚀等危险品不进站，无关人员不进站（发车区），无关车辆不进站；超载客车不出站，安全例行检查不合格客车不出站，驾驶员资格不符合要求不出站，客车证件不齐不出站，出站登记表非经审核签字不出站。]的要求对客货运输企业、车辆、从业人员进行安全监管，并通过安装GPS和行车记录仪监控平台对车辆实行动态管理，确保全年彭山县道路运输行业无源头安全事故发生。

【运输市场整顿】 采用专项稽查、联合稽查等方式，扎实开展打击非法营运、危险化学品运输、超限超载等专项整治行动，遏制客运超载、非法营运和货运超限、超载车辆的违章势头，确保道路和人民群众的安全。全年共扣押非法营运电动车95台，查处各种非法营运车辆5台。道路运输管理所联合公安、城管等部门开展对非法电动三轮车经营再次进行集中整治，共出动执法人员280人次，执法车辆155台次。

【行政许可】 进一步推进行政服务中心窗口“两集中、两到位”（部门行政审批服务职能向一个处置集中，部门行政审批事务向政务服务中心集中；部门行政审批服务事项进政务服务中心落实到位，部门对窗口工作人员授权到位。）工作，对涉及运管部门的7个行政许可项目进行规范性清理，做到行政许可项目的应进必进，及时受理，依法许可，提高窗口服务质量，交通窗口连续多年被评为先进窗口。

【水路运输管理】 始终坚持“安全第一，预防为主，方便群众，依法管理”的方针，认真贯彻水上交通法规、规章和制度；改建码头，改善基础设施；坚持每月召开一次安全例会，用以会代训的方式提高船员的安全意识和业务水平；经常开展安全宣传，发放法律、法规知识和应急救援知识宣传资料，提高群众安全意识，提高船舶自救和互救能力；加大检查力度，对全县的通航水域、渡口、码头、船舶进行全面检查；强化水上交通执法，做好元旦、春节等“七节”及中共十八大期间、汛期、枯雾期等重点时段以及青龙下渡、夏家沱车渡、仙女湖水库等重点水域的现场监管和隐患排查，保证水上交通安全、畅通、有序，完成县交通运输局年初下达的全年无沉船、火灾、爆炸、人员伤亡的目标任务。同时，注重职工队伍的素质教育，经常组织执法人员学习、讨论，不断查找不足，探讨改进方法，提高工作效率和质量。全年共召开安全例会12次，汛期水上交通安全培训会1次，乡镇管船员培训1次，完成对全县24名船员的基本安全培训。在各渡口、码头张贴标语累计83幅，发放宣传资料910份。共检查营运水库1个，渡口9道，码头1个，船舶521艘次，发现违法行为10次，安全隐患19件，全部予以纠正和整改。2013年，县海事航务管理处投入67.2万元完成青龙下渡、锁江渡、府河渡码头改建；投入20万元完成彭渡5号船的更新改造，于是年4月投入使用。

【交通安全】 按照横向到边、纵向到底的要求，落实“一岗双责”，签订安全生产责任书7份，把安全责任落实到责任单位，将安全责任纳入目标管理，实行一票否决。做到年初有计划，计划有落实、有检查，完善安全例会制度、事故报告制度、档案制度、奖惩制度、安全检查和隐患整改责任制度；使交通安全管理工作有序进行。制定完善全县水陆交通突发事故应急处理预案，着力构建水上交通乡镇船舶管理“四级责任体系”；制定全县防汛工作抢险预案和重大自然灾害交通运输应急预案。组织安全会议15次，交通安全培训2次，共580人次；组织从业人员（驾驶员、船员等）安全培训4856人次。局属各单位每月召开安全生产例会，同时加大对社会的宣传力度，通过电视、报刊、专题、标语、展板等形式，大力宣传相关法律、法规，印发宣传资料5200余份，悬挂标语、宣传画64幅；制作固定式宣传牌12个，在车站、码头、车辆、船舶上张贴标语64份；安排宣传车2辆，在省道103线、县道及城乡道路上巡回宣传。严格实行“三把关一监督”，对“五不出港”“五不出站”、三危品检查、车船例检、签单发航制度、汛期减载和封渡停航制度执行情况进行经常性检查，严格执行救生衣行动，及时纠正违规行为，有力维护交通安全秩序。2013年，共组织安全检查295次，检查企业190个次，检查营运车辆1.03万台次，出动检查人员2286人次，出动检查车辆486台次；发现安全隐患84处，下发整改通知书3份，全部隐患整改完备；查处客运违法行为19起。安保工程：组织各单位业务骨干，对客运站车辆、路桥、码头船舶进行全面排查，增设473

块警示标牌，警示桩1500根，1.5千米，波形防护栏5000米，标线4000平方米，路面修复3524平方米，道路加宽改造830平方米，补坑凼1200平方米，整治病危桥3座，投入资金252万元（县政府安全生产隐患治理专项资金90万元，主要用于道路隐患治理，修复路面，填补坑凼），及时消除安全隐患，为百姓安全出行提供保障。

【交通科技教育】 投入教育经费21万元，组织在职职工业务培训156人次，组织职工技能考核56人次，组织中层干部调训、轮训35人次，组织开展执法人员军事科目训练2次，参加省市调训19人次。

【交通行政执法】 2013年，共组织执法人员180余人次参加省、市、县主管局组织的执法培训，并根据彭山县实际情况，开展案例分析，组织一线执法人员开展讨论，做好执法文书的归档工作。2013年在全市执法文书检查中，运管所执法文书规范化管理得到市县领导好评，通过对法律、法规的学习，提高执法人员的整体素质和精神面貌，推进系统执法工作质量的提高。

【行政效能监察】 成立交通行政执法和规费征收稽查组，对交通行政执法进行全过程监督，有效杜绝"三乱""四难"和行政不作为、乱作为现象；建立完善首问责任制、限时办结制、一站服务制、跟踪回访制、行政效能考评制、行政服务公开承诺制、行政审批网上公示制、行政执法错案责任追究制，严格查处信访举报案件，有报必查，有查必复。

【政务公开】 交通行政执法单位职能职责、行政许可事项、办事程序、办理时限、收费标准全面公开；所有行政许可事项和非行政许可事项办理情况均及时上网公示。

（侯代喜　周　玲）

邮　政

【概况】 2013年，彭山县邮政工作完成业务总量2174万元，实现业务收入1792万元，完成年计划的101%，同比增长20.23%。全员劳动生产率22.12万元/人/年。

【业务拓展】 2013年，组织金融业务"千万用户大走访，千万存款大巩固"活动效果显著，得到市公司领导的肯定，并将彭山经验向全市推广；2014年报刊业务大收订流转额绝对值在2013年基础上增长26万元，达到423.9万元；搞好"便民服务站"建设，成功签约35个，其中29个点购买信誉额度，购买率达83%，全市邮政排名第一；有力组织集邮品鉴会，现场销售邮品29.8万元，在各区县局同类品鉴会中，销售额全市排名第一；包裹业务方面：加强管理和稽核，寄递费用从负增长实现正增长，全年实现业务收入136.3万元，完成年计划的122%，同比增长21.7%，占全市邮政包裹收入的48.8%。

【形象工程建设】 2013年，建成职工食堂并投入使用，解决部分职工中午吃饭问题；建成全局职工大会议室并投入使用；建成邮件处理中心并投入使用；改造综合楼消防管道，排除隐患，安稳发展；完成观音支局屋面、县局门卫室、业务档案室、投递室屋面补漏工程；完成公义支局转型升级改造，改造成精品店。

【内部管理】 2013年，彭山县邮政局相继出台《彭山县邮政局2013年绩效考核办法》《彭山县职工考勤制度》《彭山县邮政局会议制度管理办法》《彭山县邮政局员工违规违纪处理暂行办法》《彭山县邮政局员工轮岗及末位淘汰管理办法》《彭山县邮政局营销积分管理办法》《彭山县邮政局投递人员绩效考核办法》等一系列管理考核办法，坚决严格执行，考核逗硬，成绩得到市邮政公司肯定。

【工作成绩】　在全县邮政2013年经营目标绩效考评中，周伟获得一等奖，李丽霞获得二等奖，肖化获得三等奖，杨艳、彭晋获得优秀奖；周伟、冯东建、李丽霞、徐玲、张倩、周洪秀、彭小群7人在市公司开展的“主动作为创一流”活动中，获得优秀个人荣誉；在市公司举办的“超越梦想、激情绽放”活动中，符露丹获得超越成就奖，李丽霞获得超越精英奖；公义支局被市公司授予“全市营销创优”短信进步奖；彭小群被省邮政公司、省邮政工会评为安全保卫先进个人；税常见被省邮政公司、省邮政工会评为押运钞先进个人；谢家支局被省邮政公司、省邮政工会评为优质服务标兵单位；江口支局在市公司“金融转型谱新篇、银蛇舞开门红”网点争先活动中获三等奖。

（李　波）

电　信

【通信建设】　2013年，中国电信彭山分公司重点是以“宽带中国、光网彭山”为统领，做深、做精、做透重点行业应用，抢占信息化服务制高点，广泛开展信息化建设合作，搭建好业务推广平台；完成城区光纤进户建设2.57万端口，实现光纤入户2.4万户，提升用户上网质量；在打造天翼精品网络方面，抓住重点，精细规划，以提升有效区域质量和用户感知为主，全年通过新建、扩容基站，网络覆盖更加完善，优化县域3G网络12座，保持领先优势；启动县城区4G网络建设。

【业务拓展】　聚焦重点业务发展，天翼语音、高清视频发展取得一定成果。强化天翼语音优势卖点和营销技巧培训，改变渠道销售人员销售习惯，组织开展渠道销售人员巡回培训，提升销售能力。增设天翼销售激励，直接兑现到渠道销售人员，提升渠道销售人员积极性。加大炒机、炒店及节日促销活动，营造卖场销售氛围。以宽带提质提速为契机，大力开展高清影视应用宣传，树立光网高端品牌，用户满意度大幅提升。

【强化服务】　以“服务就是营销”为指导，系统推动服务能力提升转型。夯实基础服务能力，从制度标准、服务流程、激励考核、协同能力、执行能力等方面持续完善以客户满意为中心的服务管控体系。下大力气改善影响客户满意的关键指标，投诉率持续下降；以服务模式转型为手段，服务开发创新为牵引，通过本地全功能穿越体验、服务回馈内容产品化设计、产商品审核前置等措施，推动服务全面领先；全面深入推进服务达标工作，实现服务监督工作常态化、专业化、系统化。

（张俊红）

移动通信

【概况】　中国移动通信集团四川有限公司彭山分公司（以下简称“彭山移动”）成立于1999年，在眉山公司的统一部署和县委、县政府的大力支持下，经过十五年的不懈努力，截至2013年12月，彭山移动总资产规模达3.7亿元，员工总数67人，移动用户数超19万户。彭山移动在“正德厚生、臻于至善”核心理念的指导下，不断创新，形成独特的四敢文化——敢想、敢说、敢拼、敢干，并为实现“打造当地受人尊敬企业”这一目标而不断奋斗。

【网络建设】　截至2013年年底，彭山移动已建GSM基站378个、TD基站86个，建设管道88千米，光缆1080千米，实现全县网络覆盖率99%。

【市场服务】　彭山移动坚持以“客户为根、

服务为本”为理念，以丰富的产品和服务不断为客户创造价值。到2013年年底，客户突破19万户，全县新型营业厅、手机大卖场、手机连锁、手机专卖店、村级店等营业网点110个，覆盖城区、乡镇、校园各个角落。网上营业厅、短信营业厅、热线等电子渠道的业务办理能力提升，客户足不出户就可以通过网站或热线轻松办理业务。

【信息化建设】 彭山移动通过整合资源、优化产品，致力于为集团客户提供多层次、多领域、更人性化的综合信息服务。2013年，先后为党政军、公检法、科教文卫、金融保险等多个行业量身打造移动信息化解决方案，共同打造县纪委视频会议系统、行政权力依法规范公开运行平台、公安局交警卡口项目、教育局幼儿园校车监控系统、运管所机动车二级维护平台、开发区“智慧青龙”、牧马镇天网以及农村信用合作联社营业专线等项目，项目的运行帮助客户进一步优化流程、提高效能、节约成本。

（刘学文）

经济综合管理

工商行政管理

【服务民营经济】 2013年，彭山县工商行政管理局认真落实“两集中、两到位”，推行“一审一核制”、简易事项“一人办结”制，严格执行服务承诺制和限时办结制。认真开展创“五星级”政务中心窗口活动，实行“全方位、一站式、多层次、贴近式、零距离”服务，开通登记审批“绿色通道”，特事特办、急事即办，服务民营经济工作3次受到县委主要领导的批示表扬。全年政务服务中心窗口办理各类行政审批件2300余件，全部在规定或承诺时间内办结。截至2013年11月底，全年新发展个体工商户1525户，私营企业243户，农民专业合作社31个。办理股权出质41件，出质金额3.62亿元，担保债权额24.62亿元。办理动产抵押46件，抵押物价值8.25亿元，主债权额7.26亿元。

【商标品牌战略】 认真实施商标品牌战略，指导帮助企业争创名优品牌，全年新申报注册商标28件（其中农副产品商标16件）。培育著名商标1件，申报知名商标2件，赠送农民专业合作社商标1件。

【行政执法】 2013年，认真开展或参与打击传销和变相传销、商标侵权、假冒伪劣、农资市场监管、查处取缔无照经营、“红盾春雷行动”等整治行动，严厉打击各类违法经营行为。全年共查办各类经济违法案件127件，罚没收入129.20万元。其中：万元以上案件34件，商标侵权案5件，无照经营案73件，产品质量违法案件13件，反不正当竞争案2件。在行政执法中全面推行行政处罚说理式文书，在各类专项整治中加强行政指导，对广告发布、出租、出借营业执照等轻微违法行为进行行政告诫。

【市场监管】 2013年，进一步加大建筑建材、农资、农药、粮食、成品油等重要商品市场和节假日市场、旅游市场监管力度。开展种子、粮食、化肥等各类市场专项整治和红盾护农行动，严厉打击各类坑农、骗农、害农的违法行为。进一步加强市场“三化”建设，开展“创优美环境示范县城”活动，清理占道经营67户，违章搭建49户，取得显著成效，得到县委、县政府的充分肯定。2个市场保持省级三化示范市场称号，青龙物流园商贸市场继续保持全国“诚信示范市场称号”。强化合同监管，认真开展“守合同重信用”活动，被评为省级守重企业8户，市级守重企业8户，县级守重企业15户。继续深入开展城乡环境综合治理和校园周边环境整治，深化认识，明确责任，完善措施，进一步巩固城乡环境、市场环境整治成果。

【食品安全监管】 切实加强食品流通许可证的审核、发证、监管工作，全年发放食品流通许可证196户，总户数达1035户，其中，批发户151户，个体工商户884户。进一步加强对85个“食品安全示范店”和9个非常规范化“食品安全示范店”的指导。

【消费维权工作】 2013年，开展以“让消费者更有力量”为主题的“3·15”宣传活动和“诚信经商宣传月”活动，印发宣传资料3500份。认真处理消费投诉工作，把投诉调解与行政调解、人民调解有机结合起来，切实维护广大消费者的合法权益。加强警示教育和消费指导，全年发布消费警示22次，受理咨询1145人次，受理消费投诉458件，为消费者挽回经济损失12.30万元。

【行政指导】 2013年，开展执法制度检查和案卷评查、行政大调解、“普法宣传月”“三下乡”和“3·15”等活动，共发放各类宣传资料5000余份。认真做好案件核审和行政调解工作，全年共完成案件核审126件，案件核审率100%，无行政责任过错和行政诉讼案发生。对200余户企业进行行政指导，行政调解31件。作出《行政告诫书》8份，《行政指导意见书》5份。

【干部队伍建设】 深入学习贯彻中共十八届三中全会精神，认真开展“实现伟大中国梦，建设富裕美好和谐彭山”主题教育活动、群众路线教育实践先行先改活动和“321”直接联系服务群众活动。继续加强“四好班子”建设，领导班子的凝聚力、向心力和驾驭能力进一步增强，被县直机关工委评为“四好班子”。开展分层、分类培训和全员岗位练兵，参加省、市工商局和县法制办组织的各级各类知识更新培训、技能培训和法规培训。深化干部人事制度改革，严格执行人事纪律，坚持正确的选人、用人导向，加大竞争性选拔力度。建立健全学习制度，把每周一学、业务培训、专题讲座、“三会一课”等学习教育活动与“伟大中国梦”教育和主动作为创一流结合起来，全年共组织干部职工参加各级各类教育培训和知识竞赛100余人次。在“红盾春雷行动”中，彭山县工商行政管理局有1个工商所和3名干部被推荐为先进集体和个人，分别受到省、市工商局的表彰奖励。

【基层建设】 建立健全和完善内部管理、巡查督察和公开公示等制度，用制度管人、管事，规范干部职工言行。加强硬件建设，及时配备、更新电脑、照相机、打印机等办公、办案设备，提高信息化建设水平，提升工作效能。加强中西部地区基层工商所建设试点之一谢家工商所的修建工作。市工商局局长王北先后两次到谢家工商所建设现场检查指导工作，对建设工作提出要求。在省、市局领导的关心下，主体工程建设已顺利完工，正在着手进行装修方案设计。

【党风廉政建设】 继续加强党风廉政建设和反腐败工作，把风险防范管理与履行职能职责、提高服务水平和工商廉政文化建设相结合，认真落实党风廉政建设责任制，把“一岗双责”落实到每位领导和工作人员，落实到执法监管和内部管理工作的各个环节。认真落实反腐败领导体制和工作机制，初步建立起内容科学、程序严密、配套完善、有效管用的具有工商特色的惩治和预防腐败体系基本框架，受到省、市县纪委的充分肯定。加强行风政风建设，严格落实行风政风建设责任制，严肃认真开展“双评双述”和民主测评行风政风满意度工作。加强对行政行为和执行双“六条禁令”的督察检查力度，将风险防范贯穿于权力运行的各个环节、各个层面，实行全方位防范，全年全局没有发生违纪违规现象。

【党建维稳工作】 2013年，全局进一步加强党的基层组织建设和党员队伍教育，按时完成各项学习、教育、培训任务。内部管理、安全生产、平安建设和社会治安综合治理工作进一步加强，全年未发生安全生产责任事故；精神文明建设进一步加强，继续保持“市级文明单位”称号。全年共受理各类信访件3件，全部进行处理回复，处理回复率100%。无群体性上访、重复上访、越级上访等信访事件发生；财务管理工作进一步规范，通过上级主管部门和审计部门的检查，保障全局各项工作的顺利开展。

【宣传工作】 全年在各级各类报刊上稿17篇，上报信息简报64期，被市工商局、县委、政府和县纪委监察局采用5篇。

（彭贵明）

质量技术监督

【概况】 2013年，彭山县质量技术监督局完成定期监督抽查115批次（食品100批次，非食品15批次），合格110批次，监督抽查合格率96%，委托检验108批次，未发生质量安全重特大责任事故。

【质量监管】 2013年，县质量技术监督局深入贯彻实施《眉山市“十二五”质量发展规划》，利用质量月活动，大力宣传引导，推进政府和社会重视质量发展。全面实施质量强县战略，有重点地对全县企业开展“市政府质量奖”的宣传和培育工作。每半年对全县质量状况进行分析，并建立实施失信企业“黑名单”制度。严格生产准入，加强对QS取证企业、3C认证企业，以及工业生产许可证企业的管理，分类别、分区域，通过巡查、回访等方式进行分类监管、后续监管。建立企业档案，实行一企一档，对行政许可管理和强制性认证管理产品（制造）企业全部建立质量信用档案。定企业、定人员、定责任，集中全局力量完成26家企业“质量监管质量提升”示范推广工作目标任务，并顺利通过省局验收。完成1家抽查不合格企业的处理工作，帮助企业分析原因、完成整改。加强对强制性认证产品、有机产品认证监管，对辖区内2家企业进行强制性产品认证工作。

【品牌培训】 积极培育四川名牌产品和地理标志保护产品，指导帮助鲁洲生物科技、青龙公铁物流、同庆南风洗涤3家企业进行第11届四川名牌的申报，其中2家已接受省名牌办现场审查。同时指导吉龙、八百寿、华西德顿3家四川名牌企业顺利通过年度审查，并力争培育彭山芒硝申报地理标志保护产品。

【食品安全监督】 2013年，县质监局组织召开全县食品质量安全工作会议，与50家食品生产加工企业签订《食品安全生产承诺书》，明确企业食品安全主体责任。加强食品质量安全巡查，开展腌腊制品、食品标签标识、大米、饮用水等8次专项监督检查。严格食品生产许可证管理，全年共审查35家，新办7家，到期换证17家。按照市局和县委、县政府统一部署，做好食品安全监管职能划转工作，于2013年11月底将食品安全监管职能和监管人员划转到位。

【特种设备安全】 与全县所有特种设备使用单位签订《安全目标责任书》，督促企业落实安全主体责任。加强巡查监管，认真落实隐患排查、登记、报告、整改和销号制度，共检查特种设备使用及生产单位357家次，发出监察指令书59份，立案查处5起，有效保障特种设备安全，全年未发生一起安全责任事故。对迪美特、通力燃气等4家特种设备使用单位开展特种设备安全风险评价工作，并完成安全监察规范化建设，制定特种设备使用管理标准化工作方案。督促完成高耗能特种设备节能任务，组织对恒源农业、一强饲料等5家企业所使用的5台锅炉进行锅炉能效测试。集中开展为期3个月的安全生产大检查工作，有效保障彭山县特种设备安全。严格按照特种设备“属地管理”原则，对2014年市特检所报送的22起重大安全隐患都按期予以消除。联合平升电梯有限公司在水电七局一、五分局开展电梯事故应急救援演练。

【计量工作】 加强计量器具检定工作，全年共检定计量器具2855台次，其中，加油机442台，压力表1516只，天平168台，台、案、地秤560台，血压计96台，酸度计、分光光度计45台，材料试验机28台，合格率在95%以上，部分项目达到100%。积极开展“关注民生、计量惠民”活动，利用“中国梦、惠民行”“5·20计量日”“质量月”等宣传活动，组织计量专业技术人员深入社区、集贸市场，对用于贸易结算的820余台件在用计量器具开展免费检定，并对批价、红旗、万家等超市进行定量包装抽查，切实维护消费者的合法权益。加强对水、电、气三表授权站管理，对自来水公司、电力公司、港华燃气公司的相关计量检定项目进行依法考核授权。

【标准化管理】 指导帮助观音镇葡萄省级农业标准化示范项目建设顺利通过验收，并推荐其申报无公害食品彭山优质葡萄国家级农业标准化示范项目，批准发布观音葡萄农业标准化示范项目的地方标准。指导帮助华西德顿省级标准化良好行为试点企业完成申报工作。认真开展条码工作，新办条码用户4家，协助8家企业到期换证，续展率达到88.9%。鼓励企业积极采用国际先进标准，完成2家企业2个产品的采标工作，并启动四川省标准化信息管理系统建设，对彭山县企业产品执行标准进行登记。

【行政执法】 突出米面油、肉制品等重点民生产品和电梯、气瓶等民生设备，先后开展农资打假、食品百日安全、安全生产大检查、石油液化气瓶、液氨使用等涉及产品质量和安全生产的16次专项检查。全年检查各类企事业单位420余家次，发出责令改正通知书40份，立案查处违法案件46起，结案46起，结案率100%，向公安机关移送2起违法生产、加工食品案件。

【组织机构代码】 全年共新办代码479个，换证360个，年检1572个，变更225个，恢复50个，废置246个，迁址11个。更新率92.49%，过期沉淀数据率0.6%，电子档案上报率和合格率均达到100%。

【质量宣传】 2013年，在省、市、县各级政府网站及主流媒体登载信息共240余条，扩大质监工作的影响力和知名度。组织开展“5·20计量日”“质量月”“科技三下乡”等宣传活动，发放宣传资料7000余份，悬挂标语12幅，接待群众咨询上百人。

【自身建设】 创新活动载体，开展中国梦“企业行”“惠民行”和“安全行”等“三大行动”。贯彻落实中央“八项规定”，省委、省政府“十项规定”，省质监局“行政执法八条禁令”等关于改进工作作风的各项规定。切实改进机关工作作风，并结合实际，制定“六项规定”。全局无一起违规违纪案件。开展基层能力保障建设，对照国家质量技术监督总局和省质量技术监督局验收标准，在资料和设备方面进行逐项完善，达到省质量技术监督局精品局验收标准。重视软环境建设，连续11年被县委、县政府评为“优化投资环境十佳单位”。在工作中，认真执行限时办结制、首问责任制、重大项目跟踪服务制等制度，简化手续，特事特办，并加强质监行政服务窗口建设，努力提高工作质量和服务水平，按时办结率达到100%。

（夏海朝）

食品药品监督管理

【机构职能变更】 2013年，彭山县食品药品监督管理局设办公室、综合协调股、政策法规股（行政许可股）、食品安全监管股、药品医疗器械化妆品安全监管股5个内设机构，青龙镇、凤鸣镇、江口镇3个派驻乡镇食品药品监督管理所。下属2个事业单位，即彭山县食品药品监督稽查大队和彭山县食品药品检验检测中心（挂彭山县不良反应检测工作站）。局机关核定行政编制22名，后勤服务人员编制1名，现有在职人员19人，其中，在职公务员18人、工勤人员1人，离退休7人。食品药品监督稽查大队核定行政执法类事业编制9名，实有9人。食品药品检验检测中心核定事业编制7名，实有0人。根据四川省人民政府《关于改革完善市（州）、县（市、区）食品药品监督管理体制的实施意见》，2013年11月30日从彭山县工商局、质监局连人带编划转11人到彭山县食品药品监督管理局。

【食品安全监督】 2013年，县食安办职责划入食品药品监督管理局后，组织召开多次全县范围食品安全会议，明确乡镇、工商、质监、食药监职能部门在调整期的责任，确保工作无缝衔接。年初，分别与13个乡镇、大中型餐饮单位签订责任书和承诺书，聘任乡镇协管员13名、村级信息员120名，监管全覆盖。全县857家有证餐饮单位建立档案，340家药品、保化品经营单位建立档案，信息公示率达80%。评定餐饮单位优秀9家、良好25家、一般573家（待评定22家、责令整改42家、新办证186家）。建成餐饮服务食品安全省级示范店2家、市级示范店4家，县级示范店86家。认真开展无证非法经营、食品添加剂、学校食堂餐饮服务食品安全专项整治，检查餐饮食品单位1528户次、学校食堂67所。立案查处食品违法案件品8起，结案8起，罚没2万元。其中，无证餐饮集中整治，分类指导规范308家无证餐饮单位（纳入备案管理53家、许可管理128家、转行48家、停业26家）。完成自制饮料、油条、食用植物油、淡水鱼虾、鸡肉、蔬菜、辣椒粉、火锅底料、熟肉制品、非发酵豆制品等11个品种11个批次食品监督检验抽样工作。

【药品安全监管】 强化药品安全日常监管，严格辖区内4家药品生产企业的日常监督检查，坚持月巡季查和网上周报。开展辖区内150余家药品经营企业的日常监督检查，乡镇以上药品使用单位检查面达100%，村级药品使用单位检查面达50%。在全市率先启动辖区内药品经营企业信用等级评定工作，评定药品经营单位基本守信87家、失信65家、严重失信10家。深入开展药品安全专项检查。开展隐形眼镜、义齿，医疗器械专项检查，开展地震灾后药品流通领域等药品安全专项整治，检查药械经营单位273家。开展保健食品、化妆品专项整治行动，检查保化品单位67家，建成化妆品市级示范店2家。立案查处食品药品违法案件37起，结案31起，罚没6.31万元。完成120个批次药械抽样，移送药品违法广告1个，收集不良反应病例报告356例，医疗器械不良反应报告36例。聘请6位连锁配送公司药品协管员，制定工作制度，从宣传法规、信息上报、监督巡查方面明确协管员工作职责，确保药品质量安全。

【内部管理】 全面落实党风廉政建设责任制。一年来，全局无一起违纪、违法行为发生。注重结合中心组学习、“中国梦”、群众路线主题教育活动，每月开展法规宣讲、经验交流，不断提高领导干部和监管人员综合业务素质和办案能力。面向餐饮食品从业人员开展培训26期，培训人员1892人次；面向流动厨师开展培训12期，培训人员316人次；面向药品从业人员开展培训2期，培训人员242人次；面向广大公众开展食品药品宣传活动22次，发送短信1.5万余条，印发宣传资料9000余份，实现食品药品宣传覆盖率达80%。完善信息奖励制度，在各类媒体上发表信息50余条。

（管夏西）

统　计

【概述】　2013年，彭山县统计局以“全面提升统计服务能力，全力服务全县经济发展”为中心，以第三次全国经济普查为重点，以“创先争优”活动为载体，狠抓统计各项工作。在全省“县级统计机构规范化建设”中圆满通过四川省统计局的验收，被评为全省县级统计机构规范化建设示范县。2012年，彭山县域经济综合评价排位40位，比2011年提高10位，被市委、市政府评为“四个转变”意愿调查先进集体。

【主要经济指标】　2013年，全县实现地区生产总值（GDP）101.91亿元，同比增长10.9%，增速居全市第2位。其中，第一产业增加值11.83亿元，同比增长3.1%。第二产业增加值62.44亿元，同比增长11.8%。其中，工业增加值实现55.41亿元，同比增长10.8%；全社会固定资产投资完成147.7亿元，增长27.9%。第三产业增加值27.64亿元，同比增长12%，其中，社会消费品零售总额完成29.8亿元左右，增长14.2%。三次产业对经济增长的贡献分别是3.2%、68%、28.8%，分别拉动经济增长0.3、7.4、3.1个百分点，三次产业结构比为12∶61.9∶26.1。农民人均纯收入完成9962元，增长14.4%；城镇居民人均可支配收入完成21358元，增长11.3%。

【经济普查】　积极做好第三次全国经济普查的前期工作，做好机构、人员、经费的筹备，通过机构组建普查方案设计，物资准备，普查指导员、普查员选配，业务培训，清查摸底，汇总比对等阶段，为2014年1月1日开始的正式普查作好各方面的保障工作，全面调查了解中国第二产业和第三产业的发展规模及布局。

【统计基础工作】　夯实统计基础工作，加强统计基础规范化建设，督促检查乡镇统计基础工作“六有”（有机构、有人员、有资格、有台账、有场地、有设备）建设情况，进一步规范统计基础资料和统计工作流程，并将建设成果制订成册。是年4月通过省统计局检查组的验收，县统计局被评为全省规范化建设示范单位（全市唯一），9月参加全省统计基层基础工作现场交流会。

【城乡收入调查】　启动城乡住户收入调查一体化工作，统一城镇和农村居民收入和支出的分类标准、指标名称与口径，按照统一的抽样方法和程序进行汇总计算。与人社局、农工办通力协作，对全县15个城乡调查点的统计员和辅助调查员进行业务培训和指导，对3000户城乡住户进行收支和生活状况的摸底调查，最终确定出150户调查户，设置新的调查网点，做好调查员和辅助调查员的培训，调查户的收支调查进入试运行阶段。年终，两项收入在全市均排位第一。

【“四个转变”意愿调查】　切实做好农村居民“四个转变”问卷调查工作，对全县乡镇统计人员和辅助调查员进行业务培训，对7万余户农户进行入户调查，汇总上报数据，被市委、市政府评为“四个转变”意愿调查先进集体。

【粮食抽样调查】　积极开展全县粮食产量抽样调查工作，在11个乡镇设立调查点，开展业务培训，对全县小春和大春粮食播种面积及产量进行调查与核实，为宏观调控、改善民生提供基础数据。

【统计服务】　全力做好统计优质服务，积极为县级领导和相关部门提供各行业的统计信息，做好预警预测工作，对外提供数据上千笔。抓好统计分析，按时发布2012年统计公报，做好《彭山统计月报》的发行，编印《彭山县统计年鉴（2013）》，撰写统计分析资料22期，其中《彭山县社消零统计工作现状、存在的问题及解决思路》和《彭山县2013年上半年国民经济支行分析》得到县委书记蔡刚和县长梁磊的肯定性批示，调研文章《我和统计教育培训》被国家统计局采用。

【统计法制建设】 强化统计法制建设，加强法制宣传，进机关、进乡镇、进企业，大力宣传统计法律、法规。根据国家、省、市统一部署，联合经信、住建、发改、商务、三产等部门开展企业"一套表"联网直报"三查"工作，组织全县所有"三上"企业开展自查，成立5个检查小组，结合自查对重点企业进行抽查，发现问题及时整改，确保工作实效。加大统计执法检查力度，严肃查处统计违法、违纪行为。

【统计教育】 统计教育工作面向社会、面向基层，积极组织全县基层统计工作者60人参加统计从业资格认定考试，77人参加统计继续教育，20人参加统计技术职称考试。

（赖雪英）

审　计

【大事记】 2月，四川省审计厅干部赖蕾下派彭山县审计局挂职任副局长，党组成员，挂职一年。

3月，审计局副局长游利琼调县财政局任副局长。

同月，增设彭山县经济责任联席会议办公室，为内设机构，与县经济责任审计分局合署办公。

4月，四川省审计厅厅长黄河到彭山县审计局开展关于加强和改进审计工作情况调研。

同月，审计局考核招聘3名高层次紧缺人才。

5月，眉山市审计局局长彭惠琴带工作组对彭山地震抗震救灾情况进行检查和听取汇报。

6月，眉山市审计局关于2012年度审计项目评选结果的通报，彭山县审计局选送的彭山县新型农村合作医疗专项审计获表彰审计项目。

同月，审计局经责分局职员叶龙丹参加眉山市审计局组织的"中国梦·审计实践"演讲比赛，获得第三名；参加县政府机关党委组织的"中国梦·彭山实践"演讲比赛，获优胜奖。

7月，审计局审计信息中心3名事业人员调动。1名调双流县商务局，2名调眉山市有关部门。

同月，考试招聘2名事业人员和临聘1名驾驶员。

9月，四川省锦江学院1名大学生到审计局实习。

12月，县审计局局长余启军带局有关人员到联系村锦江乡正华村开展村委主任和委员换届选举工作。

【概况】 2013年，审计局完成审计项目240个，其中，完成年度审计项目计划22个，县党政交办及其他审计项目218个。完成固定资产投资审计项目202个，总项目送审金额2.6亿元，审定金额2.21亿元，审计削减金额3931万元，审计减率达15%，是目标任务1500万元的262%。已完成的审计项目查出问题资金金额13.57亿元，其中：违规金额1314万元，管理不规范金额12.71亿元，调账处理金额3317万元，应减少财政拨款资金3931万元。审计处理上交财政金额16.49万元；提交审计报告63份。

【财政收支审计】 维护财政资金安全，优化财政收支审计。完成2012年度县财政预算执行和其他财政收支审计，并向县人大报告审计结果。2013年把"三公"经费、贯彻落实中央"八项规定"情况纳入审计内容，通过揭示问题、提出建议、督促整改，维护了财经秩序，推动了财政改革。

【政府投资审计】　强化政府投资审计，审计监督关口前移、保质升效。审计局分4个跟踪审计组对全县76个总投资200万元以上的工程建设项目进行全程跟踪审计。审计发现业主、施工、监理单位存在8类57个问题，审计组向业主单位送达具有明确整改要求的审计建议单13份，对专业性较强的项目向项目主管部门进行审计移送3件。

【融资公司审计】　促进融资公司规范管理，深化公司审计。对彭山县四个融资公司和三个园区2012年度资产、负债和损益进行审计，检查园区和融资公司政府性债务的规模、结构及风险变化情况，促进完善政府性债务管理制度，防范和化解债务风险。

【审计整改】　完善审计整改督察机制，加强审计整改工作。坚持一手抓审计，一手抓审计整改，积极采取措施督促有关部门和单位整改落实审计发现的问题，加大审计发现问题的整改督察力度，着力提高审计监督的成效。

【队伍建设】　2013年，组织干部职工参加上级审计机关和县党政部门组织的审计业务、执政执法、公务员、专业技术人员继续教育、干部自主选学等各类各式培训班学习，参训人员达84人次。2013年，鼓励审计人员参加专业技术资格考试，5人通过AO系统资格考试，2人参加全国保密干部全员培训四川省保密干部培训班，获得结业证书，有力地提升审计队伍素质。

【审计宣传】　2013年，报送审计信息文稿42条（篇），被《现代审计》杂志刊载2篇；市审计局《眉山审计简报》采用9条，县委办《彭山信息》采用1条，县政府办《政务信息》采用4条，《创先争优活动简报》采用1条，《直接联系服务群众工作简报》采用3条，《主题教育活动简报》采用1条，《纪检监察工作》采用10条。

【直接联系服务群众工作】　2013年，县审计局围绕县委“发展经济、保障民生、高兴群众”目标要求，统筹兼顾，精心组织，周密安排，扎实稳妥地推进全局主动作为创一流活动深入开展。深入锦江乡正华村，同困难群众结成帮扶对子。全局干部职工积极参与“主动作为创一流直接服务群众”活动，全年共结对帮扶联系户17户，为联系村落实项目3万元，捐赠物资折合资金8400元，通过活动转变干部职工的工作作风。

（张建才）

国土资源管理

【土地例行督察】　2013年，县国土资源工作认真做好土地例行督察。从2012年10月开始筹备，至2013年12月9日检查验收，全县共组卷审查、备查卷宗2367宗，顺利通过土地例行督察整改核查和维护被征地农民合法权益专项督察工作，检查合格。

【卫片执法检查】　完成2012年度全县63个土地卫片图斑、21宗98.96公顷项目用地和2个矿产图斑的外业调查等综合性检查工作，新增违法建设耕地占新增建设耕地比例2.3%，取得良好成效，全市最低，实现“零约谈、零问责”目标。

【闲置土地清理】　2013年，盘活利用闲置低效土地27宗，面积88.98公顷；盘活闲置低效工业用地建成投产10宗，面积41.6万平方米；盘活闲置低效房地产用地动工建设5宗，面积16.2公顷；追缴土地出让金3100万元，已限制土地抵押贷款11宗；追缴38宗闲置低效土地欠税及滞纳金1364万元；依法处置督促回购7.33公顷工业变性商住，实现政府净收益5500万元。

【建设用地】 全年共上报14批次建设用地，主要解决保障房、锦江学院、天府新区、石化园区、联合利华、岷东大道等急用地块，缓解全县用地压力，保障重点建设项目及时供地。严把建设用地预审关，受理并通过建设项目用地预审69宗。

【耕地保护】 2013年，坚持把耕地保护工作纳入政府目标管理考核，完善政府主导、部门联动监管、社会广泛参与的耕地保护共同责任制。认真落实县、乡、村三级耕地保护目标管理责任，把耕地保护责任目标考核同安排投资土地开发整理项目相挂钩，并严格执行问责制度。划定永久基本农田。全县耕地保有量不少于1.91万公顷，基本农田保护面积不少于1.58万公顷。全年完成土地整理项目4个，实现新增耕地192.97公顷，确保全县耕地占补平衡，基本农田面积不减少、质量不降低、用途不改变。增减挂钩建设已验收6个，正在施工建设2个。

【土地出让】 全年共出让土地48宗，总成交价款8.2亿元，完成二级土地划拨改出让、转让、改变土地用途等463宗。完成7宗房地产项目土地推介会和基准地价更新工作。

【土地储备】 2013年，完成统征储备国有土地共16宗；收购储备国有土地17宗67.13公顷。通过土地征收储备，规范和净化土地市场。

【土地监管】 对已录入土地市场动态监管系统的151宗建设用地进行核实，对3宗超容积率建设用地对照政策，逐宗提出整改意见，追缴增加容积率补缴土地价款115万元。

【矿政管理】 全年拍卖泥夹石4宗，总成交价款108.1万元；拍卖砂石1宗，成交价款1326.78万元。收取矿业权价款7.50万元，矿权使用费0.2万元，矿补费69.56万元，地质环境恢复治理保证金319.42万元；对11宗违法开采没收违法所得24万元；开展“两权”年检，年检率达100%。

【地灾防治】 2013年，完成地灾防灾避险搬迁安置任务46户130人；制定年度地灾防治方案和应急预案，在“4·20”地震后对全县进行紧急排查，确定隐患点74处，落实防灾、监测、群测群防责任人和专职监测人员76人；治理2处滑坡工程和开展地质灾害应急抢险救灾演练。全年未发生一起地质灾害和安全事故。

【土地矿业权市场】 抓资源集约利用，严格规范土地矿业权市场。严格执行国家供地政策，着力推进土地资源市场化配置，实现土地资源向土地资产转变，凡经营性用地一律以招拍挂方式出让。加大矿产资源开发整治整合力度，严格实行采矿权有偿使用制度，凡新设采矿权必须以招拍挂形式出让。规范全县土地出让宗地多、面积大、金额大项目，土地出让必须做到五个规范：程序规范、条件规范、用途规范、价款规范、管理规范。

（朱镜江）

公共资源交易

【制度建设】 2013年，彭山县公共资源交易中心修改完善效能建设、内部建设、廉政建设3个方面16项内部制度；以便民、服务、高效为原则，精简流程；以项目责任追究制、首问责任制、项目负责制、文件审核制、中介库抽取工作制等制度管人，确保制度严格执行，落实到位。

【政府采购】 完善协议供货范围，方便采购单位及时采购；依照省市相关文件，制定新版的招标文件，进一步规范化、科学化；建立与市公共资源交易中心统一的电子交易平台并在其系统中发布公告，统一电子交易平台的搭建，进一步规范政府采购，方便采购人及供应商。2013

年，共完成采购项目88个，其中，包含公开招标23个，竞争性谈判17个，邀请招标2个，询价采购44个，单一来源2个，总预算7315.83万元，总成交额6536.53万元，总节资额779.3万元，总节资率达10.65%（另有特殊事项采购项目14个，共预算1274.15万元，成交价1217.23万元，节资额56.92万元，节资率4.47%）。

【建设工程招投标】 建立新版电子交易平台，整个开评标系统实现全过程监督和无纸化办公；建立新版承包商名录库，该系统模板已建设完毕，招投标部已经拟定好对承包商入库的征集公告，入库人员审核通过后，即可启动运行；对BT、BOT模式进行积极探索，结合彭山县实际需要协助业主制定招商招标文件。全年，共完成各类招标代理项目194个。其中，公开招标项目44个，邀请招标6个，比选项目64个，竞争性谈判项目80个。预算总价1.69亿元，中标总价1.42亿元，为政府节约资金2712.67万元，节约率16.09%。中介机构预选库运行良好，共抽取服务性项目197个，为项目实施过程大大节约时间。

【资源交易】 制定《彭山县国有产权交易目录》，进一步规范国有产权交易，优化彭山县国有资产处置程序，做到精简、效能；建立拍卖机构库，对拍卖机构库进行公开比选，努力实现国有资产效益最大化；建立与市公共资源交易中心统一的电子交易平台并发布地（矿）产权交易公告，进一步提高知晓度和工作效率。2013年，共完成土地出让39宗（土地拍卖8宗，土地挂牌31宗）；完成矿权出让6宗（砂石拍卖6宗）；完成国有资产转让38宗（国有资产拍卖1宗，国有资产竞价37宗）。土地共计为政府创收4.12亿元，增收4667.84万元；矿权出让共为政府创收2884.88万元；国有资产为政府创收392.374万元（其中，国有资产拍卖创收11.8万元，国有资产竞价创收380.574万元）；土地、矿产、国有资产出让共计为政府创收4.45亿元，收取交易服务费639.36万元。

【党风廉政建设】 落实党风廉政建设责任制，强化“一岗双责”要求；加强党风廉政建设和反腐败教育；完善廉政风险防范管理，加强党务政务公开；深化源头治腐，推进体制机制改革和制度创新，确保公共资源交易规范廉洁高效。

【作风建设】 以贯彻落实“八项规定”“十项规定”和“五个坚持”为重点，狠抓工作作风建设；加强厉行勤俭节约宣传教育，打造资源节约型机关；坚持党的群众路线教育实践活动，广泛收集和切实解决反映强烈的突出问题；结合“321”直接联系服务群众工作，组织党员干部职工深入联系乡镇、联系村社区、联系户以及服务对象中进行大走访，听取广大群众对干部作风建设的意见建议；强化政务公开，提升群众满意度。

（李　姝）

物价管理

【概况】 2013年，县物价局成本监审工作被省、市发改委评选为先进单位，价格检查、认证等工作得到各级领导的充分肯定，机关效能、队伍建设、廉政建设、联系乡镇、信息宣传等工作进一步提升。

【价格监测】 2013年，完成县内主要农副产品定期采价上报，上报重要商品价格监测报表66份。完成涉案物品和车损鉴定71件，标的116万元，价格认证20件，无重新鉴定和复核裁定案件。召开价格听证会2次，编制《涉企价格公示目录》，做好涉农价格公示，完成政务信息公开、政协提案等工作。规范城市电力附加费征收管理，出台《强化价调基金征收监督管理办法》，强化价调基金征收，已完成480万元征收任务。

【价格监管】 规范教育收费行为，对全县16所农村公办幼儿学前班统一实施定价管理，通过合理定价，防止农村学前教育“上学难、上学贵”等问题，促进教育事业发展。开展节假日景区门票、停车收费、车站、商场等市场价格专项整治5次，开展“3·15”商品明码标价宣传活动，规范市场价格行为，查处问题3个；受理“12358”举报电话和群众来信来访13件，群众满意率100%。

【惠民工作】 2013年，强化民生价格保障，统一规范彭山县农户自来水、天然气、有线电视等户表安装工程价格，惠民利民。改善农村居民生活条件，对农村集中安置户户均减少支出1800余元，对农村散户户均减少支出800余元。服务工业园区发展软环境，强化工业企业户表安装监管，出台《加强工业园区工业用水户表安装收费管理办法》，防止乱收费行为，建立促进发展良好的价格秩序。对锦江供水站水价、农户自来水户表安装价格科学合理定价，促进农村饮水安全民生工程长远发展。对低收入困难群众实行每月15度免费电量电价优惠政策。2013年，全县1.3万余户城乡“低保户”、农村“五保户”享受优惠金额120余万元。对彭山县中心城区机动车临时占道收费实施分区域分时段收费管理，有效治理城区主要街道拥堵现象，提升城市交通管理形象。

【常规工作】 2013年，全面完成收费许可证年审，审验面100%。外出学习先进经验20余次，完善制度，推进工作，形成工作建议方案10个，被政府采纳转化制度和政策性成果5个；下基层，联系群众，访贫问苦8次，解决问题12个。

（王安成）

社 会 事 业

教育体育

【教育投入】 全年累计向上争取项目资金5865万元。完成县职高整体搬迁一期工程等11个项目的开工建设，总投资2537万元新建、维修校舍1.76万平方米。启动县职高整体搬迁二期工程和府河学校整体搬迁等项目工程。投入教育装备资金1580万元，建设计算机网络教室、数字化教室、实验室135间。

【教学质量】 2013年，规范学前教育管理，提高办园水平和保教质量。是年11月，通过创建国家义务教育发展基本均衡合格县工作市级督导复核；12月通过省级评估验收。获2013年高中教育工作眉山市先进集体称号，并获区县集体一等奖。高考本科上线人数551人，重本上线71人，本科上线率和重本上线率均超2012年；彭山一中刘启豪以691分成为全市理科状元，跻身全省前十，赵茂莎以618分名列全市文科第二名，二人分别被清华大学和北师大录取。

【体育工作】 开展各类体育活动，组织、承办和参加全国比赛1次，省级竞赛4次，市、县各级比赛17次，获多项个人和团体第一名。2013年9月17日，组织健身秧歌队代表眉山市参加四川省健身秧歌比赛获金奖和优秀组织奖；参加眉山市第三届运动会获得金牌33枚，金牌总数和团体总分居全市区、县组第三位。加强体育设施建设，协助文广新局做好县体育馆改造工程；向上争取资金24万元，完成8套省级农民体育健身工程的选址和安装；投入12万余元，完成湿地公园、凤鸣公园、观音果园村等地共41套健身路径的安装、更换和维护。严格体育场馆管理，制定详细的体育场馆管理制度并逐条实施，公园山健身活动中心面向社会免费开放，日平均接待健身群众3000人以上。

【队伍建设】 建立从国际培训到学校培训的六级培训机制，全年培训教师6000人次以上。加强师德建设，制定《彭山县中小学教师师德行为准则》，规范教师行为，并对教师师德失范行为提出相应的处理规定。在开展“中国梦”主题活动中融入专题学习讨论、撰写心得体会、师德承诺、演讲比赛等活动，强化师德师风建设，培养教师爱岗敬业的精神。强化师德考核，严格实行师德考核“一票否决制”。

【安全稳定】 加强安全教育，完善学校安全稳定常态工作制度和各类应急预案，按照“一岗双责”要求层层落实责任，并签订目标责任书，扎实开展安全知识教育和安全隐患排查治理。强化信访维稳工作的组织保障，认真开展社情民意调查，切实解决人民群众最关心的教育热点难点问题，及时化解各类矛盾纠纷。全年未发生一起安全责任事故，未出现一例非正常上访案件。学生接送车和学校食品安全管理工作在全市作经验交流。鹏利小学获全国和谐校园称号，县教育体育局被评为全国校园安全教育工作先进单位。

【民生工程】 完成省、市、县定各项民生工程目标任务。落实国家“两免一补”政策和普通高中家庭经济困难学生资助、中职学生免学费、中职学生生活资助、生源地学生信用助学贷款、普惠性民办幼儿园资助等资助政策。自筹资金86万余元，资助贫困大中小学1008人次。全县残疾儿童212人全部在义务教育学校随班就读或在县特殊教育学校就读。解决进城务工、农民工子女613人的入学问题。

【党建工作】 组织学习中共十八大以来重要会议精神和习近平总书记关于作风建设、群众路线教育实践活动的一系列讲话精神，在全系统开展“中国梦”主题活动和群众路线教育实践先行先改活动。严格执行中央“八项规定”和上级有关作风建设的各项规定，制定相关工作制度，加强工作督察力度。深入开展廉政文化进机关、进校园活动。制定党风廉政建设工作计划，完善惩治和预防腐败体系，与各基层单位分别签订党风廉政建设工作目标责任书。组织干部职工参加廉政教育培训，邀请县纪委领导到机关开展廉政教育专题讲座。组织全县各基层单位负责人和机关干部60余人到眉州监狱参观并接受廉政教育。严格按照相关规定推进教育项目建设。严格执行财务管理制度，完成对全系统40个单位的财务内审工作。

【直接联系群众工作】 彭山县教育体育局与基层群众结对帮扶，下基层“接地气”，全体党员干部了解民情，密切干群关系，转变工作作风，增强服务意识。领导班子成员分别联系锦江乡联络村4个村民小组，与18名群众结成对子，走访慰问群众6次，为联系乡镇、村社送去帮扶资金、物资总计5.8万余元。帮助联系村理清五年发展规划和发展重点，依靠群众共同研究解决困难的办法。

（廖俊秀　高　飞　周才洪）

科学技术

【概况】 2013年，彭山县科学技术工作紧密联系全县实际，大力推进科技进步与技术创新，进一步增强服务功能，为实现经济社会又好又快发展提供强有力的支撑。

【科技成果】 2013年，彭山县科技局组织申报各类科技计划项目共25项，其中：国家级科技富民强县项目1项；省级科技富民强县项目1项；省重点新产品计划1项；省科技成果转化项目2项；省农业科技成果转化资金项目1项；省战略性新兴产品生物领域专项2项；省专利实施与促进项目3项；省中小企业技术创新基金6项；市级各科技计划项目8项。实施高新技术及战略新兴产品项目12项。组织申报国际合作项目1项。推荐省级科技进步奖1项：吉龙化工。市级科技进步奖2项：吉龙化工和迪美特。培育高新技术企业1家：鲁洲生物。推荐上报市级以上工程技术研究中心2家：宁氏木业、兴天源。申报省中小企业技术创新基金6项：新筑精坯、四川环能、宏亚机械、志得环保、星源特涂、联鼎盛吉。申报市级技术研发中心3家：新筑精坯、巩固建材、迪美特。帮助企业新建“产学研”合作关系4家：康四海、滋升肥业、巩固建材、新筑精坯。申报成功农村产业技术中心1个；市级农业科技园区1个：公义镇生态莲藕种植示范园。

【知识产权】 加强企业知识产权管理和服务工作，鼓励企事业单位和个人申请发明专利，提升专利申请数量和质量。2013年，共申请专利87件，其中，发明专利24件，新增专利消零企业10家，超额完成全年目标任务。

【科技服务】 2013年，选派24名科技人才组建6支科技特派员创业服务团队，重点服务于粮油、葡萄、中药材、特种水产、林下鸡、肉鸭六大特色农业优势产业，将技术、人才、资金和管理生产要素引入农村，指导农民创业致富，提高农民科技文化素质和市场经济意识；开发优势资源，培育新的经济增长点；整合资源，创新农业科技服务体系；实践一种新的机制，锻炼培养农业科技人才。

【科普宣传活动】 全年共发送各类科技信息36条。组织开展科普宣传月和科技活动周活动，与县科协、农业局、林业局、水务局、畜牧局、农机局、气象局、人口计生委等20余个单位先后在县政府大门和谢家镇开展送科技下乡活动；与粮食局在彭祖广场联合主办“粮食科技宣传周”活动，倡导提高绿色环保意识，健康文明生活理念。活动期间，全县共展示350余块科普知识展板，发放科普宣传资料2.5万余份、赠送书刊1500册，悬挂标语80条，医护专家对百姓进行义诊达300余人次，宣传防艾、环保、防震减灾、安全自救、农业技术、知识产权保护、申报专利、节能减排等相关知识。

（王丽琳）

文化广播影视新闻出版工作

【机构变更】 根据《彭山县发展和改革局关于县电影发行放映公司改制方案的批复》精神，报县政府同意：同意采取第一种改制方案，即由县政府收回电影公司全部资产，拨款清偿债务，安置工作。涉及土地由县国土资源局进行收储。

2013年7月10日，根据中共彭山县委机构编制委员会《关于撤销彭山县电影发行放映公司的批复》，已退休人员和5年内退休人员纳入财政预算，五年内退休的职工依法不能解除劳动合同，其养老保险应留在机关养老保险，退休时与其他财政拨款的事业退休人员一视同仁。五年内退休人员（冯钦志、倪红莲、汪德群、王兰、杨社民、杨云千）由文广新局代管。

【机构设置】 2013年，局机关内设6个股室：彭山县文化广播影视新闻出版局内设办公室、财务股、社会文化股、新闻出版股（挂“扫黄打非”工作领导小组办公室牌子）、广播影视股、行政许可股（挂行政调解和安全生产股牌子）。行政编制8名。其中，局长1名，副局长2名，纪检组组长1名，中层职数4名。实有9人。

直属事业单位6个：彭山县文化馆：编制11人（原艺术中心2人自收自支），实有9人。彭山县非物质文化遗产保护中心：编制2人，实有2人。彭山县图书馆：编制6人，实有6人（其中离岗待退1人）。彭山县文物保护管理所：编制8人，实有8人。彭山县文化市场综合执法队：编制9人，实有9人。广播电视局参公事业编制11人（参公10人，工勤1人），实有10人；县电视台编制23人，实有20人（差额编制13人、自收自支编制10人）。

【编制变动】 2013年，文化广播影视新闻出版局现有编制78人（代管原电影放映公司8人，其中2人退休，现有6人未纳入编制）、实有73人。其中：行政编制8人、参公编制20人（其中：工勤编制5人）。全额拨款事业编制25人、差额拨款编制13人、自收自支编制12人。共有退休人员33人（其中：原文体局17人、原广播电视局16人）。

2013年7月10日，根据《中共彭山县委机构编制委员会关于核减县非常遗中心事业编制的通知》，决定核减非遗中心事业编制1名（金琳琳）；2013年5月19日，中共彭山县委机构编制委员会《关于徐涛同志编制调整的批复》，同意徐涛从原广电局编制调入县文化市场综合执法大队；根据《中共彭山县委机构编制委员会关于核减县广播电视台事业编制的通知》精神，经县委编委2013年第三次会议审定，核减县广播电视台经费自理事业编制5名，调整后县广播电视台核定经费自理事业编制10名。

【人事变动】 2013年7月11日，金琳琳从局直属事业单位非物质文化遗产保护中心调入县委组织部；根据彭山县人力资源和社会保障局《关于给予陈宁以开除处分的函》、彭山县文化广播影视新闻出版局《关于给予陈宁开除公职处分的决定》对陈宁予以开除；2013年，原县文化艺术中心自收自支编制刘学芳退休；2013年5月1

日和9月1日，史燕群、路珊分别退休。2013年4月12日，根据县人社局《关于同意何李同志提前退休创业的通知》，县电视台自收自支编制何李提前退休创业。

【公共文化服务体系建设】 2013年，全县新建53个村级文化活动室、27个村广播站以及2个省级示范乡镇综合文化站；在人口居住较为集中的6个乡镇、村文化阵地内购置安装6套室外健身路径，并为20个条件较好的村（社区）书屋增配22种报纸杂志，进一步完善全县公共文化服务阵地。

【社会文化生活】 举办“寿乡大舞台”“寿乡大讲堂”“市民艺术培训”“书香未来”流动图书服务等县级群众文化活动及文化惠民活动41次，观众参加人数达26.8万人次，在全县范围内掀起“铺天盖地”的群众文化活动浪潮。此项工作受到上级领导充分肯定，并在全市文广新系统工作会上作经验交流。农村群众文化活动蓬勃开展。各乡镇充分发挥文化站、文化室功能作用，举办广大农民群众喜闻乐见的文化活动。全年，全县各乡镇共组织开展乡镇性群文活动89次，观众人数达6.3万人次。积极组队参加市级群众文化活动，获一等奖3个；代表眉山市组队参加四川省健身秧歌比赛，以9.87的最高分，夺得该次比赛第四套健身秧歌12人组金奖，为市、县争得荣誉，受到市委领导和县委主要领导充分肯定。积极配合县纪委放映《钱学森》《郭明义》等“廉政电影”教育片112场；放映《四大名捕》《1942》《西游降魔篇》等惠民电影共计30场。全面完成农村公益性电影放映任务1089.3场，超额完成上级下达的目标任务21.3场。

【农村文化】 创新农村文化工作思路，率先在全市制定并出台《农村文化服务示范标准》，调动全体农村文化工作者积极性，发挥全县农村文化阵地的功能作用。“一乡一镇一品”特色文化品牌创建工作初见成效。全县各乡镇高度重视此项工作，深挖和整合本地文化资源，初步形成各具特色的文化品牌，如江口镇的文化遗产保护、锦江乡的竹火龙、凤鸣镇的广场舞、谢家镇的曲艺等。

【文化体制改革】 本着“以人为本”的原则，积极稳妥地推进县电影发行放映公司改制工作，解决该公司多年未彻底改制的难题，妥善安置职工满意率达100%。

【体育场改造】 彭山县公园山体育场改造工程是彭山县重大民生工程之一，总投资345万元的体育场改造工程于2013年6月中旬全面竣工，并面向社会免费开放。焕然一新的体育场成为彭山县城区一道靓丽的风景线，其良好的运动健身设施，完善的配套设备，优美的健身环境受到广大市民和各级领导的充分肯定。

【文物保护】 顺利完成园宝山、葛岭山汉墓的发掘和清理工作；完成《江口汉崖墓总体保护规划》的编制、上报工作；启动第三次可移动文物普查工作。

【非物质文化遗产】 “彭祖八百寿传统酿造技艺”“彭祖山三月三朝山节”列入市级非物质文化遗产保护名录，正积极申报省级“非遗”保护名录之中。

【文艺创作】 自创少儿舞蹈节目《找朋友》成功入选四川省2014年少儿春晚节目，并于春节期间在四川省电视台播出；有3个少儿舞蹈节目入选四川省第七届“星光灿烂”少儿舞蹈大赛决赛。在眉山市第四届东坡文化节暨第五届四川泡菜展示会上，彭山县选送的原创精品文艺节目《幸福长寿》受到各级领导和中外来宾的一致好评；编辑出版并发行4期《彭祖山文学》，影响面和读者面逐步扩大，吸引省、市知名作家前来投稿10余篇。

【文化市场管理】 在全县范围内陆续开展“净网”“剑网”“清源”“涉藏反宣品”“少儿出版物”“秋季教辅材料”等专项行动。收缴非法出版物200余册、非法音像制品300余张。开展“网吧专项整治行动”和“2次零点行动”，出动执法人员1500余人次，查处取缔“黑网吧”3家，扣押电脑主机41台，查处违法、违规经营单位立案调查12起；在全市范围内率先开展网吧“单改连”示点工作。联合工商、公安、消防对文化市场经营场所进行安全隐患大排查，共出动执法人员900余人次，检查经营场所300余家（次），排查及整改30余处安全隐患。配合相关部门抓获并查处冒充央视网络电视台记者在彭山县进行敲诈勒索一案，受到省、市新闻出版部门表彰。

【其他工作】 在2013年全县行风政风评议中，彭山县文广新局以88.29分的评议验收最高分，名列全县第一。举办乡镇文化站站长、农家（社区）书屋管理员、村文化活动室管理员、村广播站管理员等培训活动共8次，提高农村文化工作管理水平。选调精兵强将，积极参加国家、省、市举办的文化产业、舞蹈、农村文化、新闻出版、广播电视等方面的培训活动，提升干部职工的业务素质。积极开展“中国梦”主题教育活动，受到一级部门表彰奖励；深入开展“321”工作，投入1.5万元，收到良好的扶贫效果。

（田远贵）

档案

【概况】 2013年，全县档案工作坚持档案服务彭山的工作方针，团结一致，求真务实，扎实工作，全面完成全年档案管理工作目标和其他任务。

【机构设置】 根据2010年重新确定的“三定”方案，明确县档案局为县政府参公直属事业单位，核定编制为8人，一正二副，设办公室、业务股、行政许可和行政调解股、馆务股4个职能股室，设中层干部职数4人。

【人事变动】 2012年9月，副局长徐丽经县委批准享受乡科级正职非领导职务工资、医疗待遇。

【档案馆建设】 继续深入开展“基础业务建设年”活动，狠抓档案馆基础工作。县档案局组织专人对馆藏档案进行全面清理，编制规范的全宗名册，全宗卷齐全规范，规范档号的编制，案卷科学排列，对档案馆历年接收台账和出入库登记台账进行全面清理，做到账实相符。馆藏全宗125个，馆藏档案5.43万卷。

【新农村档案】 在彭山县义和乡认真开展新农村档案工作示范乡镇创建活动。

【档案规范化管理】 认真做好创建机关规范化档案室工作。派专人对县委政研室、县畜牧局等5个单位档案室规范化管理进行认定和复查，全部合格。

【档案执法检查】 对县环保局、县农业局、县人社局、锦江乡人民政府等10个单位进行档案行政执法检查，对检查出的未按时归档等问题限期进行整改。

【档案接收进馆工作】 加强档案接收进馆工作，认真开展对婚姻等重点民生领域档案的接收，对进馆档案进行冷冻、杀菌、编制档号，规范整理上架。全年接收进馆档案8931卷。

【项目档案工作】 加强重大建设项目档案工作，对天府新区彭山区域和成眉石化园区基础设施建设项目档案进行检查、指导，完成四川眉山市新筑建设机械有限公司等21个重大建设项目档案的登记工作。

【档案法制宣传】 利用业务指导、普法宣

传、档案执法检查等形式，认真宣传《中华人民共和国档案法》和《四川省〈中华人民共和国档案法〉实施办法》；利用“6·9”国际档案日活动契机，在彭溪镇蔡山社区开展法制宣传，发放宣传资料200余份，宣传人数达500余人。扎实推进彭山县档案“六五”普法规划，利用彭山县档案局网站宣传贯彻档案法，2013年度更新信息61条，全年点击6000余人次。

【档案调研】 2013年11月6日，眉山市副市长汪树怀在分管领导县委常委、副县长蒋会强的陪同下，到县档案局调研档案工作，充分肯定彭山县档案工作并对档案信息化工作提出新要求及奋斗目标。

【档案信息化建设】 2013年，彭山县档案局继续按县“十二五”期间档案信息化建设工作规划和数字档案馆建设规划开展工作，全年对馆藏档案进行文件级目录著录3.22万条，累计著录9.6万条。

【档案查阅利用】 积极开展档案及政府公开信息利用工作。2013年8月1日起，严格执行关于取消档案利用收费规定，全年共接待查阅群众1364人，利用档案2699卷。

【档案安全管理】 加强档案库房安全管理，2013年，新购置库房用3P空调2台，更换库房门窗，完善档案库房管理制度，全年单位无一例安全、泄密事件发生。

（刘洪春）

广播电视

【概况】 《彭山新闻》栏目全年播出电视新闻1660条，完成目标任务（1650条）的100.6%。开设宣传专栏27期，完成目标任务（24期）的112.5%。《彭山纵横》栏目全年播出36期，完成目标任务（30期）的120%。《跟我看天下》栏目全年播出220期，完成目标任务（220期）的100%。《健康你我TA》栏目全年播出48期，完成目标任务（40期）的120%。《七嘴八舌》栏目全年播出46期，完成目标任务（40期）的115%。《滨江翡翠城故事汇》栏目全年播出30期，完成目标任务（30期）的100%。《聚焦三农》栏目全年播出48期，完成目标任务（40期）的120%。

【外宣工作】 在市级以上电视（广播）台采用电视新闻节目267条（其中，在省广播电视台播出11条），完成目标任务（220条）的121%。

【节目创新】 首次在《彭山新闻》栏目中设置“我要安全”宣传专栏23期，普及广大群众的安全意识，为“一票否决”的安全工作作出较大贡献。配合县委、县政府中心工作，首次在《彭山新闻》栏目中开设“市县重点项目巡礼”宣传专栏13期。从2013年4月起，首次推出《舌尖上的彭山》，共播出9期。2013年7月推出《岳钟琪系列专题片》，共播4期。

【媒体活动】 2013年12月，成功举办“寻找最美声音——2013彭山全民歌手大赛”，是彭山历次歌手大赛中规模最大、档次最高、形式最为新颖、参加人员最多的一次，为全县人民奉上一道精美的文化食粮。

【节目创优】 2013年，彭山县广播电视台开展的“我要上彭山春晚”活动、组织工作、工业发展保障、民生工程、社会事业发展、第三产业发展、城乡环境综合治理、“百企联百村”、统战工作、党风廉政建设、科技文化卫生“三下乡”等工作均被县委、县政府评为先进集体。在省广播电视局组织的2011、2012年度四川广播电视节目奖（含民族语言广播电视节目奖）评选中获7个提名奖，其余只有三个区县各获1个提名奖，获奖件数居全市区县电视台第一。在市政府组织的2012年度眉山市广播电视节目奖评选中获奖总数在全市区县中名列第一。

【安全播出】 认真落实安全播出责任制，严格值班值守，加强监督检查，确保中央、省、市、县等重大活动、重要节日、重点时段的安全播出万无一失，实现“三个零”（零插播、零停播、零中断）目标。

【直联工作】 完成“三定两保证、党群一条心”和“直接联系服务群众”工作。2013年，彭山县广播电视台共派出17名党员干部参加“321”直联活动（其中，台领导5名，党员干部12名，联系户5户，帮扶户18户），发放联系卡23张，下基层5天，记民情日记36篇。解决问题5个，办好事20件，收集建议意见3条，送去慰问金1.22万元。报送帮扶信息6条。

（张景遥）

卫 生

【大事记】 1月，彭山县新农合人均筹资标准由2012年的290元/人提高到340元/人，封顶线也由2012年的10万元提高到12万元；同时将肺癌、胃癌等20种疾病全部纳入大病保障范畴，报销比例按可报部分的70%纳入补偿。参合人数26.06万人，基金收缴1563.85万元。

1月22日—28日，彭山县基本公共服务指导中心组织6名相关专家对辖区内的社区卫生服务中心和17家乡镇卫生院进行2013年一季度基本公共卫生服务工作督察。

1月23日，卫生局召开彭山县急性传染病综合防控示范县创建工作培训会。

1月30日，县委常委、副县长蒋会强到疾控中心慰问艾滋病病人。

2月28日，彭山县基本公共服务指导中心召开2013年一季度基本公共卫生服务项目督察工作情况通报会。

2月底，彭山县基本公共卫生指导中心实施“基本公共卫生工作台账”。

3月6日，县卫生局、县教育局召开学校和托幼机构传染病管理培训会。全县28所中小学校、25所托幼机构负责人共计53人参加培训。

3月7日—11日，县卫生局组织开展全县乡村医生合理用药培训，全县175个村卫生室共238名乡村医生参加培训。

4月8日，彭山县灭螺现场交流会在谢家镇石山村召开。

5月，社区卫生服务中心制定绩效考核激励化、进社区常态化、临床回访制度化、机构管理规范化、健康教育深入化、文化氛围温馨化“六化”举措。

5月2日，彭山县“全民健康生活方式行动”启动仪式在四川大学锦江学院杏坛广场举行。

5月10日，眉山市卫生系统医德医风现场会在彭山县人民医院召开。

6月26日，眉山市2013年基本公共卫生服务健康档案与财务管理清理完善现场推进会在彭山县谢家中心卫生院召开。

7月18日，眉山市疾病预防控制半年工作总结会在彭山召开。

8月，彭山县实施家庭医生签约方案。

8月27日，由市卫生局副局长夏炬光率市卫生局妇社科负责人刘志荣、市局献血办主任陈俊芬等6位专家对彭山县凤鸣镇社区卫生服务中心创建省级标准化社区卫生服务机构进行检查验收。

6月至8月，县卫生局在全县5个乡镇开展适龄妇女宫颈癌、乳腺癌的免费筛查工作。全县总计9157名妇女受检，其中，宫颈癌筛查人数为6695人，乳腺癌筛查人数为2462人。

9月10日，彭山县荣宝药物灭螺技术现场培训会在观音镇观音村举行。

9月12日，彭山县秋季血防工作会召开。

9月17日，眉山市市政府副市长吴爱玲、市卫生局局长彭峰及相关部门领导到彭山县人民医院视察安全生产工作。

图为市政府副市长吴爱玲（左二）等领导视察县人民医院安全工作

自10月1日零时起，彭山县县人民医院、县中医院、县妇幼保健院、县血防站、县卫校附属医院5所县级公立医院取消药品15%加成，全部实行药品零差价，标志着彭山县公立医院综合改革进入实质阶段。

图为彭山县公立医院综合改革座谈会

10月15日—16日，国家中医药管理局评审专家组对县中医院进行二级中医医院的等级评审检查。省中医药管理局纪检书记甘绍华参加评审预备会。

图为国家中药管理局评审专家组对县中医院进行检查情景

10月15日，四川省政府血吸虫病综合治理重点项目规划中期考评组对彭山县贯彻实施《四川省血吸虫病综合治理重点项目规划（2010—2015年）》情况进行中期考评和督察。

图为省政府血吸虫病综合治理重点项目规划中期考评对彭山县考评督察工作会情景

10月21日，县人民医院住院部七楼的重症医学科（ICU）顺利开诊。

10月22日，县政协主席谭福轩带领县政协委员一行12人，对谢家镇、观音镇、江口镇的血吸虫病防治工作进行视察。

10月24日，眉山市卫生局副局长、市医改办副主任王吉宏率市财政局社法科科长、市卫生局计财科科长、市医保局、医改办工作人员一行6人调研彭山县深化医药卫生体制改革工作。

11月8日，彭山县卫生局在县人民医院组织开展霍乱防控应急演练。

11月21日，召开彭山县2014年新型农村合作医疗续合筹资工作动员会。

11月，县人民医院顺利通过市级园林式单位验收。

12月3日，彭山县人民医院伤口门诊正式开诊。

12月10日，彭山县彭溪镇、黄丰镇卫生院顺利通过AAA级规范化预防接种门诊验收。

12月13日，国家卫计委领导调研彭山县全科医生试点工作。

图为国家卫计委领导调研彭山县医院情景

【概况】 2013年，全县有各级各类医疗卫生机构243个，有专业卫生人员1233人，其中：执业医师546人，执业助理医师204人，注册护士483人，平均每千人拥有卫生技术人员3.74人，平均每千人拥有执业（助理）医师2.38人，平均每千人拥有注册护士1.46人。

【基本药物制度】 2013年，彭山县18个乡镇卫生院、1个社区卫生服务中心和181个村卫生室全部实施国家基本药物制度。全县基层医疗机构上网采购率100%、零差价销售率100%、阳光采购积分合格率100%、集中支付率100%；截至2013年12月，全县医疗机构集中采购药品总金额5702万元，其中：基层医疗机构采购金额1594万元，县级医疗机构采购金额4108万元。全县基层医疗机构始终执行基本药物零差率销售；2013年10月1日起，县级医疗机构全面实行药品零差率销售，直接让利群众1000余万元。

【公立医院改革试点】 按照“上下联动、内增活力、外加推力”的公立医院改革原则，在县级医院全面开展预约诊疗、双休日和节假日门诊、“一卡通”“先诊疗、后结算”等便民惠民措施；继续推进临床路径管理和单病种质量控制试点工作，县医院选择疝气等19个病种作为临床路径管理试点工作，选择阑尾炎和顺产作为单病种质量控制试点，为全面推广临床路径积累一定经验。继续推进县级医疗机构优质护理示范工程，县医院、中医院、保健院已建立示范科室10个。在省医改办确定的县级公立医院即县人民医院、县中医医院取消药品加成的基础上，扩大政策实施范围，县妇幼保健院、县血防医院、县卫生进修学校附属医院同步实施取消药品加成政策，实行“一刀切”，全县100%的县级公立医院实施取消药品加成政策；根据药品收入情况测算，县级公立医院取消药品加成后全年将减少药品收入1000余万元，直接让利于患者。乡村一体化管理按照“五统一，两独立”的原则全面铺开。

【新型农村合作医疗保险】 2013年，全县参合农民26.07万人，参合率100%，比2012年参合人数实增590人。筹资标准从上年的290元/人提高到340元/人，最高支付限额12万元。参合农民累计受益59.54万人，基金支出总额为8864.20万元，基金使用率为98.53%，参合农民住院率为10.98%，实际住院补偿比达到66.36%，政策范围内报销比列达到76.22%，实际住院补偿比达65.36%。全面开展提高农村儿童白血病、先天性心脏病等20个重大疾病病种的医疗保障水平工作，报销比例达70%。进一步规范门诊统筹补偿，全面实行总额预算控制制度。加强对定点医院的监管，进一步控制医疗费用的不合理增长，切实降低次均住院费用，减轻参合农民医药费用负担。

【医疗卫生服务体系建设】 2013年初，县医院综合楼、卫监和农村急救体系项目投入使用，2012年中央下达彭山县卫生建设6个项目均已完工。2013年，争取落实到1个乡镇卫生院、12个村卫生室建设的项目均于11月底前开工建设。上报省卫生厅储备彭山县中医医院整体迁建、重大疾病防控体系建设、乡镇卫生院建设、乡镇卫生院周转房建设、村卫生室新建业务用房建设等5大类项目。全年接收各级基本公共卫生服务项目配套资金到位701.4万元，全部拨付到各乡镇。同时，进一步强资金管理，对各基层医疗机构财务人员进行《四川省基本公共卫生服务项目管理手册》专项财务知识培训。

【均等化基本公共卫生服务】 国家十大基本公共卫生服务项目全面实施。截至2013年12月底，全县累计建立居民健康档案30.9万人份；孕产妇管理2615人，管理率98.34%，0—6岁儿童保健管理1.68万人，管理率98.24%，新生儿2680人，访视人数2646人，访视率98.73%；对3.72万名65岁以上老年人进行管理；高血压患者管理2.27万人，管理率达50.03%；糖尿病患者管理9360人，管理率达40.03%。

【创新管理模式】 全年开展中医药服务规范、孕产妇和儿童两个系统规范化管理等5项培训，进一步提升公共人员的服务能力。全县13个乡镇依托一体化，创新建立台账式管理制度，并将台账、职能下沉与“三级包片责任制”捆绑，构建县、乡、村三级服务网络，实现全县网格化管理，确保服务对象无遗漏。探索实施家庭医生签约服务，各单位人员组成服务团队，将乡村医生纳入团队，每周分段分时间入村入户进行基本公共卫生服务，签约家庭户数本年度达到全县家庭户数10%以上。按照省卫生厅统一安排，2013年5月底起对已建档案进行清理，对信息的真实性重新进行核实，对档案的漏项和缺项进行填补，及时剔除无效档案，清理后的档案严格按照规范化、真实化和动态化进行管理。是年7月，全市清理工作现场推进会在谢家中心卫生院召开。

【疾病预防控制】 认真组织实施国家重大公共卫生专项疾病预防控制项目，加大艾滋病、结核病、H7N9型禽流感、手足口病、狂犬病等重点传染病防控力度。全年疫情报告率达100%，无甲类传染病病例发生，全年法定传染病发病率253.61/10万，比上年同期下降13.68%。做好急性传染病综合示范区创建准备工作，等待省级验收；继续推进扩大免疫规划工作，各种免疫规划疫苗基础免疫接种率均达到上级要求。全县五苗全程接种率达98%以上，扩免疫苗接种率均达92%以上，做好全县2月龄—3岁儿童脊灰及麻疹疫苗查漏补种工作，脊灰及麻疹疫苗查漏补种率均达到99%以上。

【地方病防治】 做好疟疾、碘缺乏病防治工作，保持无脊灰状态。继续巩固血吸虫病传播控制达标成果，春秋两季查螺2102万平方米；采用药物泥糊灭螺、药物喷洒灭螺、地膜覆盖灭螺和荣宝灭螺等技术，完成灭螺865.33万平方米；完成人群血清学查病9万人，完成流行村重点人群吡喹酮扩大化治疗5万人次；开展内外科晚期血吸虫病人救治150人，补助救助经费71.64万元。举办各类技术培训班6班次，共培训县、乡、村血防技术人员4550人次；发放血防知识健康教育宣传资料21.2万份，完成墙体标语制作52幅；无急性血吸虫病感染病例发生。

【妇幼保健】 2013年，建立健全三级妇幼保健网络体系，开展产儿科人员培训4次共150人次，进一步巩固二级乙等妇幼保健院成果。全年孕产妇管理2615人，管理率98.34%，0—6岁儿童保健管理1.68万人，管理率98.24%；全面完成农村孕产妇住院分娩补助项目、“降消”项目、增补叶酸项目和艾滋病、梅毒和乙肝母婴阻断项目等重大妇幼公共卫生项目。截至2013年12月，为1816名农村孕产妇补助90.8万元，补助率达100%；免费发放叶酸1万瓶；艾滋病、梅毒、乙肝表面抗原免费检测1.04万人，为124名新生儿注射乙肝免疫球蛋白；农村孕产妇住院分娩总人数1816人，比例99.78%，婴儿死亡率为6.49‰，新生儿筛查率99.57%，无新生儿破伤风、孕产妇死亡发生。全面完成“两癌”筛查任务：共检查9160人，完成率114.5%。以“六化措施”为抓手，经市卫生局考核验收，凤鸣社区卫生服务中心成功创建省级标准化社区卫生服务机构。

【食品安全】 因机构改革，完成与县食药监局的食品安全移交工作。并按照卫生系统的职能，彭山县卫生局积极配合县食安办开展食品安全大检查，在2013年食品安全专项整治“百日行动”和“食品安全宣传周”活动中彭山县卫生局组织开展食品安全国家标准等街头宣传活动，发放宣传资料2000余份，展板4个，咨询2000余人次。开展食品从业人员的健康体检5200人。

【卫生监督】 加大卫生监督执法力度，联合县公安局、计生局和食品药品监督管理局开展“进一步整顿医疗秩序打击非法行医专项行动方案”；卫生监督工作网格化监管模式进一步夯实，对全县13个乡（镇）40名拟任卫生监督协管员进行集中培训；将全县2家城市市政供水单位、2家城市二次供水和5家农村学校自建设施供水纳入国家监测网；分别在2013年4月和9月开展两期“放射卫生法律法规暨防护知识培训班”；对全县公共场所100%实施量化分级管理；对全县农村19所小学，15所中学，县城内5所小学，4所中学，1所大学开展4次检查。

【行政审批】 坚持依法审批，对卫生局行政权力进行全面清理，清理后的行政权力共404项，其中，行政审批（行政许可）13项；行政处罚368项；行政强制12项；行政确认1项；其他行政权力10项。同时对法律依据、申报材料、办理程序和时限重新进行梳理。行政许可办结率和群众评议满意度达100%。

【爱国卫生】 结合卫生创建活动，加大健康教育的宣传和培训，切实抓好爱国卫生活动和春秋两季除“四害”、卫生镇（村、单位）的创建等工作。春秋两季共投放毒饵1309千克，投放灭蝇药1152瓶。完成1个省级卫生集镇、11个省级卫生村、6个省级卫生单位、3个省级无烟单位和4个农村健康教育示范点的创建任务。全面启动全民健康生活方式行动，紧紧围绕“世界无烟日”“全国爱牙日”“世界艾滋病日”等活动主题，开展宣传教育和义诊等工作，悬挂横幅10余条，摆放展板15个，发放宣传资料1万余份。在卫生系统开展卫生厕所整治行动，为广大患者提供干净、整洁的就医环境。

【医疗质量】 完善医疗质量控制体系，深化“医疗质量万里行活动”。全面实施县乡两乡双向转诊制度，县级4家机构分别与18乡镇卫生院签订转诊协议；完成医师年度定期考核工作，全县692名医务人员通过市级医师定期考核；开展乡镇卫生院等级评审。2013年9家乡镇卫生院接受县卫生局评审。谢家中心卫生院接受市卫生局评审，成功创建甲等中心卫生院，全面提升乡镇卫生院整体管理水平；加强医院感染管理，建立全县统一集中消毒制度；整合“120”院前急救中心，建立统一管理制度，保证服务迅速到位；县医院与四川大学华西医院建立远程网络协作关系，县中医院建成全医网视频网点。2013年，县医院分别与成都市第三人民医院、金川县2个中心卫生院建立对口支援关系，县医院、县中医院、县妇幼保健院、县血防站分别与黄丰镇卫生院、义和乡卫生院等10个乡镇卫生院建立联系帮扶关系。

【中医工作】 2013年，全县推进中医药事业发展，做好《四川省中医药条例》和《四川省人民政府关于扶持和促进中医药事业发展的实施意见》宣传贯彻工作。积极准备中医医院等级申报评审和等级复评工作，深入开展“中医医院管理年活动”。乡镇卫生院中医科设置100%，农村中医药服务量40%以上；社区中医科设置100%，中医药服务量40%以上，中医药人员占卫技人员的20%以上。完成省、市下达的中医临床骨干和全科医师培训任务，参考人员达85%以上。

【安全生产与信访维稳】 健全安全生产领导责任制，明确职责，与各医疗卫生机构签定安全生产目标责任书，并建立每月排查上报制度，及时排查整治安全生产各个环节的隐患，做好医疗安全、消防安全、交通安全等重点领域的安全生产工作，全年系统内无重大安全事故、可防性治安案件和重大刑事案件发生。结合平安创建活动积极抓好信访维稳工作，妥善解决医疗纠纷，维护医患双方合法权益，认真处理群众来信来访，维护正常医疗服务秩序。落实专人受理信访案件，接待来访、来电、来信，建立信访档案。按时完成交办件，案件处理率、办结率均达100%。全系统无非正常上访，“零进京、到省”，无“民转刑”案件、越级上访案件，无因调解不当引发的群体性事件和影响社会稳定的事件发生，确保卫生系统的稳定。全年无到市政府上访事件发生，无集体上访和重复上访。扎实开展

“信访积案清仓行动”，息诉息访率达100%。

【党风廉政建设】 严格执行中央“八项规定”、省“十项规定”和市“五个坚持”有关规定，组织机关干部和各医疗机构负责人到眉州监狱廉政教育基地开展廉政警示教育1次，召开卫生系统警示教育大会，全县医疗机构重点岗位人员等200人参加。组织县人民医院等3家医疗机构负责人参加全省卫生系统领导干部反腐倡廉教育培训。加强经常性监督检查，及时发现行风建设等方面存在的问题并督促整改。深入开展“纪检组下基层”活动，组织下基层8次，为困难群众解决困难40余件。继续扎实推进医药购销和项目资金监管领域商业贿赂专项治理，加强新农合基金、卫生项目、医改基金监管，全年无重大违纪违规案件发生。

（刘 娟）

红十字会

【概况】 2013年，彭山县红十字会坚持以全面贯彻和落实中共十八大精神，坚持“主动作为、争创一流”的工作思路，始终坚守依法“建会、治会、兴会”的工作理念，以弘扬“人道、博爱、奉献”的伟大红十字精神为宗旨，全面宣传和贯彻《中国红十字会法》《中国红十字会章程》，圆满完成年初各项工作目标任务。

【组织建设】 2013年，召开第三届理事会第二次会议，完成增补和更换理事、选举常务副会长和常务理事工作。新发展基层组织2个，分别是凤鸣镇红星社区红十字会和保胜乡保胜场社区居委会，新招募红十字志愿者106人。

【公益活动】 开展“5·8”世界红十字日宣传活动和造血干细胞志愿捐献者宣传活动。“5·8”期间在城区开展1次义诊义检、健康咨询、造血干细胞志愿捐献者宣传活动，受益面达100%。结合“实现伟大中国梦，建设富裕美好和谐彭山”主题教育活动，分别在彭山县八百寿酒业和联合利华西部项目企业中开展2次应急救护培训，参加人数150余人。开展红十字进社区志愿服务活动，组织医院和社区的红十字志愿者走进敬老院进行义诊义检活动，并送去慰问品，受益人群90余人。积极推进青少年红十字工作，开展红十字知识进校园活动，为彭山一中1000余名红十字青少年进行“红十字卫生救护知识”专题培训讲座并现场演练。

【救灾济困】 认真做好“4·20”雅安芦山地震捐款捐物接收工作，共接收5565件价值30.28万元的物资定向捐款5.29万元，及时按捐赠者意愿将接收的所有款物分批送往雅安灾区。开展“红十字博爱送万家”活动，分别对全县13个乡镇的困难群众发放价值2.29万元的“红十字家庭包”（棉衣棉被），受益群众80户，受益人数240人。完成红十字医疗救助款发放工作，为4个乡镇10户困难群众发放医疗救助款1万元。做好“321”联系困难群众帮扶工作，全年共走访9次，送去资金3600元和价值621元的慰问品。

【项目工作】 巩固凤鸣镇城中社区“博爱家园”项目成果，在城中社区开展1次应急避险知识讲座活动，参加人数300余人。完成“凤鸣镇红星社区博爱家园项目”启动工作，召开居民大会，开展基线调查，做好会员和志愿者招募工作，建成凤鸣镇红星社区红十字会并挂牌。开展“博爱家园”宣传培训，全年内共培训5次，入户宣传2次。实施项目硬件设施建设，完成红十字博爱健身活动广场、红十字博爱培训中心、红十字博爱书屋的建设。

（汪 泳）

扶贫移民工作

【概况】 2013年，彭山县扶贫移民工作把连片贫困区和重点村作为主战场，把稳定解决扶贫对象温饱、尽快实现脱贫致富作为首要任务，实行扶贫开发与新农村建设相结合，扶贫政策与农村低保制度相结合，扶贫开发与发展特色产业相结合，项目扶持与提高发展能力相结合，专项扶贫与行业扶贫、社会扶贫相结合，自身努力与争取支持相结合，政府主导与社会帮扶相结合的方针，确保做到应扶尽扶，应保尽保。全年向上争取扶贫和移民后扶项目资金 529.69 万元，完成全年目标任务（320 万元）的 165.5%。

【机构设置】 彭山县扶贫和移民工作局原称彭山县移民工作局，成立于 2007 年 8 月，主要承担全县大中型水库移民管理工作。根据 2010 年中共彭山县委办公室、彭山县人民政府办公室《关于印发〈彭山县人民政府机构改革方案的实施意见〉的通知》，彭山县移民工作局于 2010 年 9 月 2 日更名为彭山县扶贫和移民工作局（以下简称县扶贫移民局），为县政府直属事业单位。2010 年 12 月 8 日根据《彭山县人民政府机构改革方案的实施意见》将县委农村工作领导小组办公室承担的扶贫开发职能和县移民工作局的职责整体划入县扶贫和移民工作局。2013 年，扶贫和移民工作局内设办公室（挂行政调解股牌子）、扶贫开发股、移民后期扶持股。共有参公事业编制 5 名，其中，局长 1 名，副局长 1 名，中层职数 3 名。

【工作职能】 贯彻执行国家扶贫开发和大中型水利水电工程移民迁建安置及后期扶持的方针、政策和法律、法规，拟订有关具体政策措施，并组织实施。拟订全县扶贫开发中长期规划和年度计划，组织、协调和指导全县产业扶贫、科技扶贫、特殊类区扶贫开发工作，组织和指导社会扶贫工作，负责联络县外机构或组织在彭定点扶贫与扶贫协作工作，组织扶贫开发对外交流与合作及外资外援扶贫项目的引进与实施。拟订全县扶贫开发和移民资金使用管理和项目管理办法，负责有关项目、资金、基金、物资的分配、管理、使用、稽查审计、绩效考评、统计监测等监督工作。负责扶贫开发和移民安置的政策研究及信息工作，组织贫困、移民群众生产技能和劳动力转移培训、扶贫移民工作人员培训。拟订全县大中型水利水电工程移民迁建安置实施方案，做好移民安置、后期扶持工作。负责扶贫开发和移民信访接待、处理、管理工作，协调、指导有关的社会稳定工作，负责扶贫开发和移民安置、后期扶持政策宣传工作。承担县扶贫开发领导小组的具体工作。承办县政府交办的其他事项。

【扶贫工作】 2013 年，全县共有贫困人口 1.64 万人，贫困人口主要分布在丘区，涉及 10 个乡镇 35 个村。分别是：龙泉山脉市级贫困村（江口镇：双合村、永利村、土桥村、石龙村；锦江乡：联络村、象耳村、永泉村；黄丰镇：四塘村、金鱼村、花龙村、双塘村）；长丘山脉市级贫困村（公义镇：农乐村、五马村、新桥村；义和乡：喻沟村、悦园村、活桥村；谢家镇：岳油村、邓庙村、李山村；保胜乡：金岗村、佛岩村、天柱村、连桥村；青龙镇：同乐村）；插花市级贫困村（义和乡岐山村；青龙镇狮子村；江口镇凯旋村；武阳乡茯苓村；牧马镇武阳村）。县级贫困村：江口镇远景村；黄丰镇共和村；武阳乡大塘村；公义镇马林村；谢家镇石山村。

2013 年，县辖区内有小一型水库和小二型水库 40 座，无大中型水库。2006 年，接收安置瀑布沟水电站库区移民 852 人，集中安置在坝区的 8 个乡镇（公义镇、谢家镇、武阳乡、义和乡、牧马镇、彭溪镇、凤鸣镇、观音镇）。2006 年 7 月，核定接收其他大中型水电水库和投亲靠友移民 172 人，分散安置于 11 个乡镇（凤鸣、江口、黄丰、青龙、观音、公义、彭溪、武阳、谢家、义和、锦江）。接收瀑布沟水电站投亲靠友移民 14 人。截至 2013 年底，共有农村移民 983 人。移民集中安置区地势平坦，经济基础较好，但还存在着基础设施薄弱、环境差、致富难等问题。分散安置区人口居住分散，人均纯收入低，经济基础差，道路硬化少，出行较难、饮水难等的问题还需亟待解决。

【扶贫开发】 2013 年，完成扶贫解困人口 5192 人，全面完成省、市下达彭山县的扶贫解困任务。完成基础设施：村道整治 13 千米，村道硬化 7.68 千米，社道硬化 5.14 千米。产业发展：整治生产便道 3.74 千米，新建沟渠 0.05 千米，整治沟渠 4.89 千米，整治山坪塘 7 口，新建蓄水池 40 口，生产技能培训 2200 人次，核桃产业 143.53 公顷，发展猕猴桃产业 35.53 公顷。贫困村互助资金：全县 5 个乡镇 8 个实施贫困村互助资金项目的村，互助资金安全运行。2013 年，共为贫困村争取和落实帮扶、捐赠资金 580 万元，其中：县级领导及部门帮扶资金 320 万元；企业帮扶资金 260 万元。新建和改建住房 20 户，新建改建公路 16 千米。举办培训班 27 期，培训人数达 1.62 万人次，帮助 500 名农村贫困残疾人发展生产，救助贫困家庭脑瘫儿童 31 人，救助贫困母亲 76 人，社会各界资助学生 700 余人。全县共有 107 家企业与 101 个村（社区）联系结对（109 对），实施各类项目 28 个，其中，参与产业带动的企业 5 家，参与基础设施建设 7 家，参与全民创业 70 家，参与扶贫助困、捐资助学及其他活动 25 家；全县联系企业举办各类培训班 13 期，培训 1200 余人次，培训投入资金 25 万元，提供各类就业岗位 920 余个。

【移民后扶工作】 全年完成彭溪镇兴崇村道路建设 750 米和公义镇新桥村新建提灌站 1 座。完成 2012 年小型水库移民扶助基金项目和 2013 年大中型水库移民后扶项目方案的编制和审查工作，完成项目前期工作；全年共发放移民直发直补资金 58.97 万元，受益移民 1.16 万人次；完成 100 名移民生产技能培训和 30 名扶贫移民干部培训；完成第三期瀑电移民生产生活监测评估调查资料收集、上报等工作。

【龚家堰水库扩建工程】 完成工程建设征地和移民个人补偿补助发放工作；完成库区公路复建、移民安置点基础设施建设、移民监督评估的招标工作。

【其他工作】 全年接待困难群众和移民来信来访 4 批 15 人次，无到京、到省和集体上访。完成直接联系服务群众的对接和服务承诺，并制定帮扶措施。全局职工自愿捐款 2200 元为 7 户联系户送去农业生产所需物资，为联系户办实事、解决问题达 28 件，干部记录走访日记 54 篇，帮助 1 户贫困户实现脱贫。争取资金 3.4 万元，为黄丰镇花龙村添置文化及办公设施 54 件。完成计生“三结合”基地建设和 5 户计生帮扶户的建档建卡和帮扶工作。接受县人大组织调研组对扶贫移民局的调研，县人大充分肯定了扶贫和移民工作。

（刘　勇）

民　政

【概况】 2013 年，示范公墓创建等殡葬工作被民政部表彰；县殡仪站投入运营，领先各区县；武阳敬老院被评为省级星级敬老院，并代表四川省在全国民政工作会上作敬老院管理经验交流；青龙、保胜新创“十佳”敬老院成功，受到市委、市政府表彰；蔡山社区被评为国家级减灾示范社区，龙都社区和南星社区被评为省级养老示范社区；全市地名信息标准化工作会在彭山县召开，并作经验交流，受到市民政局肯定；全年共向上争取项目资金 6200 余万元，超额完成县委、县政府下达的目标任务。

【城乡低保】 截至 2013 年 12 月底，全县共有农村低保 1.10 万人，城镇低保 4413 人，1—12 月农村低保共保障 13.05 万人次，共发放低保金 1482.87 万元，人均月补差 131.36 元（含春节一次性补助）；城市低保共保障 5.40 万人次，共发放低保金 1302.59 万元，人均月补差 266.57 元（含春节一次性补助）。认真做好春节生活补贴发放工作，累计为城市低保对象 4532 人发放生活补贴款 135. 96 万元；为农村低保、五保对象 1. 22 万人发放生活补贴 230. 74 万元。

【医疗救助】 2013 年，县政府常务会议审议通过城乡医疗救助封顶线提高至 8000 元，每年从募集的慈善资金中安排 20 万元，县财政拨付 10 万元，共计 30 万元作为慈善医疗救助专项资金。截至 2013 年 12 月底，城市困难群众医疗救助累计 5174 人次，救助金额 104. 83 万元，农村困难群众医疗救助累计 1. 7 万人次，救助金额 575. 93 万元。认真开展重特大疾病救助工作。全年，共救助重特大疾病 191 例，救助金额 143. 83 万元。全额资助农村低保对象、农村五保对象参加新农合，部分或全额资助城市低保对象参加城居险，城乡低保对象、农村五保对象参合参保率达 100%。截至 2013 年 12 月底，按救助人次数计算，城市年门诊人均救助 362. 71 元，超市局目标 162. 71 元；城市年住院人均救助 1329. 13 元，超市局目标 129. 13 元。农村年门诊人均救助 276. 48 元，超市局目标 116. 48 元；农村年住院人均救助 1187. 95 元，超市局目标 187. 95 元。做好儿童先天性心脏病救治工作，全年共救治 3 例。

【五保供养】 2013 年，彭山县五保供养标准由每人每月 175 元提高至每人每月 280 元。加强对各乡镇五保供养工作的督促检查，坚持动态管理，及时清理核减五保死亡人员和新批应保五保对象，做到及时清退，及时审批。截至 2013 年 12 月底，共发放五保金 470. 62 万元。提高敬老院入住率，全县适合入住且有意愿入住敬老院的五保、三无老人，集中供养率达到 92%；床位使用率为 100%；入住供养协议签订率为 100%。

【社会救助】 坚持自愿求助、依法救助、无偿救助的原则，积极开展街头劝导和救助管理工作，提高救助工作的主动性，实现街头救助经常化。及时认真对待救助对象 700 余人次，参与救助站改建、启用、规范工作，开展街头巡查救助工作。救助信访处理率 100%，办结率 100%。落实孤儿保障标准，彭山县散居孤儿养育标准提高至每人每月 678 元，机构养育孤儿标准提高至每人每月 1130 元，及时足额发放孤儿养育费。2013 年全县共有孤儿 32 人，每月按时发放基本生活费；2013 年 1—11 月，共发放 316 人次，累计金额 24. 97 万元。做好儿童先天性心脏病救治工作，全年共救治 3 例。截至 2013 年 12 月底，彭山县减免困难群众、优抚对象、百岁老人共 353 人、基本丧葬费 30. 15 万元，做到应免尽免。

【社会福利与慈善工作】 2013 年，积极组织开展抗震救灾募捐工作，共募集到“4·20”地震捐款 49. 41 万元。开展资助贫困大学生入学活动，全年共资助贫困大学生 70 名，资助资金共计 43. 7 万元。福彩销售完成 2659 万元。完善福利院设施建设和内部管理，床位利用率达 65%，有意愿入住的“三无”老人全部入住。探索建立城市“三无”老人供养机制，月供养标准达 400 元。组织敬老院、福利院 2 名工作人员参加市护理人员职称培训。总投资 1300 余万元的社会福利院已完成 600 余万元的主体工程建设。大力推进养老服务体系建设，注重发挥家庭和社区功能，深入推进社会化养老示范社区创建活动，青龙龙都社区成功创建省级社会化养老示范社区，谢家场社区成功创建市级社会化养老示范社区。

【救灾救济】 全面完成“4·20”地震抗震救灾和“7·18”雨灾灾后重建工作。及时下拨冬春救济款 264 万元，救助人口 1. 95 万人。为保障困难群众安全温暖过冬共发放棉被 1200 床、棉大衣 220 件、棉衣棉裤 70 套。深入开展防灾减灾示范社区建设，积极宣传防灾减灾知识，由县民政局组织参加的防灾减灾大演练受到好评。

【优抚工作】 优抚对象抚恤定补金按时足

额全部实行银行发放。2013 年 1—12 月，发放定抚定补金 1160 万元；兑现优抚对象 2013 年元旦、春节生活补贴 2922 人 105.19 万元；兑现 2012 年度在部队立功受奖优待金 43 人 2850 元；清明节发放烈属优待金 30 人 1.2 万元；按新标准发放义务兵优待金 397 人 207.51 万元；督促乡镇及时更改优抚政务公开栏；积极完善重点优抚对象医疗费用“一站式”即时结算服务工作，严格按照《彭山县优抚对象医疗保障办法》，2013 年 1—12 月，优抚对象医疗费补助 55 人 8.85 万元。支持 1669 人参合 10.01 万元，元旦、春节、“八一”解决重点优抚对象生活、医疗难 325 人 17.15 万元，临时救助 7 人 2.15 万元；加强烈士纪念建筑物建设管理。清明节期间，彭山县烈士陵园共接待扫墓献花的机关干部、群众、学生、部队官兵共 1 万余人；做好伤残人员档案规范化管理工作；上报 2 名退役士兵补评残材料，合格率达 100%。为 10 名残疾军人分别配备上臂假肢、助听器、轮椅、手杖、拐杖、防褥疮床垫、坐垫等，减免 18 名重点优抚对象基本丧葬费 1.08 万元。落实军休干部政治生活待遇。协助省民政厅、市民政局成功举办全国军休干部门球赛南片区预赛，受到民政厅的通报表扬。

【双拥工作】 开展第十届省级双拥模范县（区）创建活动，探索非公组织拥军工作途径和办法。利用元旦、春节、“八一”期间开展丰富多彩的双拥慰问活动。登记接收 2012 年冬季退役士兵，符合安排工作条件的转业士官 6 人已安置到全额财政拨款的事业单位。发放退役士兵自主就业补助金及城镇退役士兵自谋职业补助金 182 人 785.76 万元。委托彭山县高级职业中学对退役士兵开展退役士兵免费职业教育和技能培训，培训率达 95%。

【基层政权建设】 全面完成第九届村（居）委换届选举工作。全县 95% 的社区达到社区党风廉政标准化建设示范标准。深化村（居）务公开和民主管理，全县乡镇和村务公开率达 100%，规范化达到 91% 以上。社区服务设施覆盖率达 35%，建成社会管理创新达标示范社区 11 个；有 7 个社区使用“中国社区”标识，使用覆盖率达 35%；新建农村社区 5 个。严格按照市民政局制定的各项标准开展和谐社区建设示范单位、农村社区建设示范单位创建活动，继续开展城乡环境综合治理进社区、廉政文化进社区活动。

【区划地名工作】 2013 年，对中心城区、乡镇集镇街道命名及街路、门牌标志设置情况进行全面清理，新命名街道 42 条、更名 17 条；完成更名、新命名街道门牌编码登记造册工作。投入 50 万元，协同城管、交警等部门完成更名、新命名街道街路牌、临街门牌、交通指示牌制作安装 1600 个。录入 2012—2013 年更名和新命名的街路名以及 2012—2013 年在彭山工商部门新建立的企业单位数据 360 条。2013 年，全面完成武阳乡撤乡建镇工作。

【社会事务管理】 2013 年，共完成遗体火化 1854 具，火化率达 86%。总投资 340 万元的彭山县殡仪服务站于 2013 年 8 月份正式投入运营。处置关闭锦江非法公墓一处。督促莲花公墓对大墓进行整改。确保武阳公益性公墓的惠民政策落实，有效遏制公墓受经济利益驱使出现的泛滥势头。殡葬信访处理率 100%，办结率 100%。

【婚姻、收养登记】 婚姻登记处继续以巩固全国示范化窗口为目标，积极参加窗口创先争优活动，实行节假日预约登记制度。截至 2013 年 12 月底，共办理婚姻登记 6189 对，其中，结婚登记 3280 对，离婚登记 1257 对，补发 1652 对，全县婚姻登记合格率继续保持 100%。严格按照《中华人民共和国收养法》的规定办理收养登记。共办理国内儿童收养登记 2 件，解除收养关系 1 件，合格率为 100%。

【民间组织管理】 为有效促进民间组织健

康发展，2013年从年检工作入手，对民间组织遵纪守法、活动情况、财务状况及基层党建情况做重点检查，发放《限期整改通知》3份，年检社团26个，注销1个，撤销社团1个，社团年检率为100%；年检民办非企业单位37个，已检民办非企业36个，注销1个，年检率为100%，补发、换发证书7份，有力的促进民间组织健康有序发展。

【老龄工作】 进一步完善高龄补贴机制，彭山县80岁至89岁老人高龄补贴标准由每人每月60元提高至每人每年120元，90岁至99岁老人每人每月100元，百岁及以上老人每人每月300元。成功申请县老年大学全额财政拨款编制2名，并纳入事业单位管理。加大对新《中华人民共和国老年法》的宣传力度，印制、发放新《中华人民共和国老年法》5000册。加强老年组织建设和管理，专项预算补助基层老年组织活动经费，确保基层老年组织活动正常开展。免费更换和办理老人优待证3500余本。

【行政效能建设】 狠抓基层基础建设，积极推进党风廉政建设进程，优化行政效能建设，提高服务能力。加大资金投入，协调乡镇做好基层民政工作人员配备、办公场地、办公设备配置，以点带面，在青龙镇、观音镇成功举办民政“双基”工作学习借鉴会，有效推进13个乡镇民政“双基”工作。2013年10月底，县民政局组织检查验收，全部达标，提升民政公共服务能力。向上争取资金15万元，对烈士陵园进行修缮，有力地保护爱国主义教育基地。组织相关人员60余人次参加民政部、民政厅、市民政局举办的各类业务培训，多次到省内先进市（县）学习借鉴优秀经验、做法，共撰写质量较高的调研文章、考察报告5篇。

【党风廉政建设】 始终把党风廉政和反腐败工作列入重要议事日程，在党风廉政建设和反腐败工作中，放手大胆支持纪检组工作，并给予资金、组织保障，坚持标本兼治、综合治理、惩防并举、注重预防的工作方针，加强制度建设、思想道德建设和纪律教育，积极开展廉政风险源排查，深入探究风险形成原因，出台风险防范措施。制定党风廉政教育学习、会议制度，坚持每周一例会，学习中央、省、市、县纪检监察文件精神，传达纪检监察部门会议精神，经常性开展党性教育和廉政警示教育。全年给党员上党课5次，召开民主生活会3次，并个别开展交心谈心工作。全面加强行政效能和政风行风建设，彭山民政工作全市第一。

【信访维稳】 深入推进领导干部接访下访活动，落实重点疑难问题领导包案制度。及时报送各类报表、总结和信访问题调查处理报告，认真办理群众来信来访，信访事项办结率、回复率达100%，息诉息访率达95%以上。全年实现“零进京、零到省、零到市”非正常上访目标。

【信息宣传】 积极做好民政宣传和信息调研工作，全年完成5篇理论调研文章，被新闻媒体采用文章180余篇，民政系统采用信息部级2篇、省级14篇、市级24篇，超额完成市民政局下达任务。

（徐 飞）

人口和计划生育工作

【大事记】 1月16日，国家卫计委财务司领导到彭山，视察县人口计生服务中心改扩建项目进展情况，眉山市人口计生委副主任梁小林、县政府分管领导陪同。

10月，省人口计生委科技处熊英、省计划生育药管中心副主任刘伟信到彭山检查免费孕前优生健康检查工作，并高度评价县人口和计划生育工作。

11月，省人口计生委科技处杨利带队检查县人口计生服务中心改扩建工程。

12月，省人口计生委发展规划处副处长沈一民率队代表省人口计生领导小组到彭山县对2009—2013年5个计生年度人口计生工作进行全封闭入户检查。

【概况】 2013年，彭山县人口和计划生育工作以稳定低生育水平为目标，以提高人口和计划生育工作质量为核心，创新机制，落实措施，强化服务，坚持科学发展观，全县人口计生工作稳步发展，圆满完成各项目标任务。

【项目化目标】 深入推进“阳光计生行动”，争创省级“人口计生统计质量信得过”先进县，开展“创先争优”“三定两保证、党群一条心”直接联系服务群众等活动。加大对新农村人口文化基地、县（乡）服务机构的投入。建立天府新区彭山区域流动人口计划生育服务管理办公室，实现园区流动人口计划生育基本公共服务均等化；设立“青春健康俱乐部”，对在校学生进行健康教育。将“失独”家庭列入计划生育特困家庭范围。完成国家流动人口和5‰人口状况抽样调查工作。全年共出生3621人，占控制指标3900人的92.85%。自然增长率3.66‰，比市下最低控制指标5‰低1.34个千分点。符合政策生育率87.6%，比市下任务87%高出0.6个百分点。出生婴儿性别比107.27，属正常值范围。

【民生工作】 全县有11063名对象享受国家和省奖励扶助政策；有27634户农村和城镇享受最低生活保障的独生子女家庭享受独生子女父母奖励政策；有481人和75人分别享受国家和眉山市计划生育家庭特别扶助政策。牵头资助54名农村困难独生女孩就学（市下达任务30人），资助资金共计18900元，超额完成市下目标任务。完成免费孕前优生健康检查1332对，占市下1137对任务的117.15%，该项工作代表眉山市接受省人口计生委检查获高度肯定。在2012年为眉山市计划生育家庭特别扶助对象参加新农合给予全额补助的基础上，2013年以县人民政府名义出台文件对眉山市计划生育家庭特别扶助对象参加城乡居民社会养老保险（新农保）给予每人每年100元的补贴。

【计生“三结合”】 2013年，牵头同60个县级部门签订人口计生三结合工作责任书，全县各部门共计投入110万余元，举办32期各类培训，发放1.3万余份资料，帮扶三结合新增帮扶户300户（市下任务250户），新建“三结合”示范片15个（市下任务13个），实现2013年增收20%以上的帮扶任务。此项工作在《中国人口报》头版给予深度报道，稿件获得眉山好新闻三等奖。

【统计质量】 根据彭山县实际情况，推行人口基础信息四级责任体系，明确组级体系职责、村级体系职责、乡（镇）级体系职责、县级体系职责。完善纪律规定，落实奖惩制度。实行抵押金制度，对完成工作任务的实行奖励，未完成工作任务的实行惩罚。此项工作被市人口计生委作为创新工作给予高度肯定，在全省80余个扩权县中排名第三。彭山县2013年度人口计生统计信息工作获省人口计生委优秀单位称号。

【宣传教育】 以“我青春，我飞扬”为主题，投资5万余元在县职业高中建立全市第一个“青春健康俱乐部”，将人口计生宣传与青春健康有机结合。2013年联合县文广新局，以“寿乡大舞台”为载体，投入5万余元与专业演出公司合作，组建专业文艺演出队，以“圆梦计生为主题”，全年在乡镇巡回演出10余场次。是年，县人口计生局领导带头写稿投稿、强化责任分解任务、逗硬奖惩见报兑现，全县有12篇计生稿件在《中国人口报》《人口与计划生育杂志》和国家卫生计生委官网等国家级媒体发表，近百篇稿件在《家庭与生活报》、四川新闻网、《眉山日报》等省、市媒体刊出，有力地宣传彭山、眉山人口计生工作，传递人口计生正能量。全年，彭山县在人口文化阵地建设上累计投入近10万余元，圆满完成市下5个人口文化阵地建设任务。进一步加大观音镇果园村人口文化阵地建设力度，在2012年新农村人口文化阵地建设基础上，请专业广告公司设计、县委书记亲自过问，高标准、高质量完成观音镇果园村新农村广场《幸福家园》人口文化雕塑建设。

【依法行政】 2013年，县人口与计划生育局、县检察院对各乡镇社会抚养费征收工作中的犯罪线索进行梳理，起到震慑作用；县审计局在对全县各乡镇财务审计中将社会抚养费征管列入重点。是年，县人口计生局汇同纪检、财政、审计开展三次社会抚养费征收管理专项检查，对发现的问题及时纠正，监督整改。先后三次召开全县社会抚养费征管工作专题培训会，针对乡镇计生财务管理存在的薄弱环节进行重点培训。全年征收社会抚养费1100余万元。彭山县社会抚养费征管工作受到市人口计委社会抚养费内审组和省人口计生委检查组的高度评价。

【生育关怀工程】 县人口计生局对全县“失独”家庭进行摸底调查，为20余对具有生育能力和再生育意愿的夫妇进行登记建档，并组织县计生技术服务中心和乡镇计生服务站的技术人员对他们进行孕前咨询检查、孕期保健检查和上门服务，为每户家庭送去500元的再生育关怀资金。通过关怀与帮助，全县“失独”家庭具有生育能力的已有4人怀孕，其中1人已生育一个健康的小宝宝。为贯彻2013年省人口计生委等六部门《关于进一步做好独生子女伤残死亡家庭扶助工作的通知》文件精神，彭山县对65户独生子女伤残死亡困难家庭开展帮扶，共发放帮扶资金3.9万元。投资5万余元为锦江乡2户计生困难家庭修建房屋和改善生活设施。

【健康教育活动】 县人口计生服务中心分别于2013年6月和10月两次为空军驻彭山部队300余名官兵进行生殖健康优生优育知识讲座，其中对60对夫妇免费进行孕前优生健康检查。县人口计生局负责人带队到驻彭部队对接人口计生工作，并免费赠送价值5000余元避孕药具和相关的宣传资料，在其家属区设置免费避孕药具发放点，这一活动在部队官兵中引起强烈反响。2013年9月10日，县人口计生局在四川大学锦江学院开展“青春期健康教育进校园”活动，全校4000余名师生参加活动。该活动被《中国人口报》、四川省新闻网、《眉山日报》《彭山日报》、彭山电视台宣传报道。

【孕前优生】 2013年，彭山县专门制作免费孕前优生健康检查宣传日历2万余份发放到各乡镇和村社，编制专题光盘在县、乡服务站为育龄群众进行滚动式播放，共有近2万群众进行观看。彭山县免费孕前优生健康检查工作得到省人口计生委高度肯定。是年，扩面增项，积极开展艾滋病筛查的筹备工作。所必备的房屋、检验设备、技术、人员均已配备到位，申请开展艾滋病筛查工作的书面报告已报送上级医疗主管部门等待核准。

（左建群）

残疾人联合会工作

【概况】 2013年，彭山县残疾人工作认真履行“代表、管理、服务”职能，按照残疾人事业“十二五”发展纲要提出的重点工作，以两个体系建设为中心，以为残疾人开展“量体裁衣”式个性化服务为抓手，紧扣县委、县政府中心工作，围绕十大民生工程和市残联下达2013年残疾人工作目标任务，立足实际，创新工作思路，加大落实力度，全面完成各项工作任务。彭山县被省人民政府残疾人工作委员会评为“十一五”残疾人工作先进县，县残联被县委、县政府评为2013年度扶贫开发先进集体。

【民生项目】 2013年，残联有省市定民生工程项目8项，县定民生工程项目2项。县残联高度重视民生工程任务，成立以理事长赵洪良为组长的民生工程领导小组，各股室和相关部门以及乡镇密切配合，各项民生工程任务顺利完成。创建全国“阳光家园”示范区顺利通过验收。县残联集中托养服务机构“阳光家园”。2013年来，已先后接收34名精神残疾人康复对象入住参加康复训练和康复治疗；为261名重度残疾人提供居家托养服务，全年每人发放居家托养补贴600元。投资40万元，新建5个残疾人日间照料机构于是年5月起开始运行，照料残疾人101人。投入资金17.46万元（其中争取上级资金10.5万元），采用招标方式，由专业公司为85户残疾人家庭实施无障碍改造。创建白内障无障碍县，坚持开展贫困白内障患者免费手术，全年为157名贫困白内障患者实施免费白内障复明手术。大力开展脑瘫儿童抢救性手术和康复训练，争取上级资金29万元，组织31名脑瘫儿童接受康复手术及康复训练。为251名残疾人免费提供轮椅、拐杖、盲杖、盲表、助听器等辅助器具，为4名聋儿免费安装人工耳蜗，为3名听力残疾人配备助听器，总值90余万元。采用职业技能培训、实用技术培训、残疾人扶贫基地帮扶、提供创业资金等方式，促进残疾人多形式多渠道就业，新增残疾人就业127人，灵活就业残疾人达2657人。制定残疾人创业扶助政策，县残联安排资金40万元，争取上级补助资金26万元，为450名残疾人提供创业发展资金，其中对16名创业典型发放每人1万元的创业扶助金。开展精神患者免费服药，坚持每月送药下乡，全年继续免费服药精神病患者达350人。

【创业培训】 积极培训，帮扶创业。加强对残疾人的培训，大力开展造血式创业扶助和技能培训，使残疾人增加收入、发展生产。2013年，开展各级各类残疾人实用技术和技能培训达650余人次。安置残疾人就业129人，其中，残疾人福利企业（新永发铝业）新安置残疾人18人。着重技能培训，以盲人按摩为重点，通过培训使其掌握一技之长、自食其力。落实创业扶助资金62万元（其中，省级10万元，市级16万元，县级36万元），有450名正在创业的残疾人得到及时扶助，为2657名残疾人实现居家灵活就业。通过培训和帮扶，有3300户残疾人家庭普遍增收。

【个性化服务】 以“量体裁衣”式个性化服务为残疾人工作的核心，建好“量服”平台，为残疾人提供菜单式个性化服务。“量服”平台全省联网，各项工作开展落实情况通过平台一目了然。2013年，继续将“量服”工作纳入县、乡残联组织及干部职工目标考核。认真开展“量服”培训，不定期对乡镇“量服”平台进行督察、抽检，及时发现和纠正问题，提高“量服”服务质量。各村（社区）专职委员、乡镇残联专干、理事长走村入户，为每一位残疾人科学制定量体裁衣式个性化服务方案，各部门积极协助配合组织落实，“量服”工作走在全市前列。全年个性化服务落实8255人，服务达4.05万项次，人均4.61次。

【“两个体系建设”】 强化“两个体系建设”，保障残疾人合法权益。2013年，彭山县残疾人工作者队伍进一步壮大，在108个村（社区）配备了108名残疾人专职委员的基础上，在5个残疾人日间照料点新增12个公益性工作岗位，为残疾人提供日间照料服务；提高乡镇专职干事工资，村（社区）残疾人专职委员补贴由2012年的每月50元提高到每月100元；在队伍扩大的同时，加强业务培训。于是年5月举办业务培训班一期，对全县的专职委员、专职干事、乡镇残联理事长以及县残联干部职工进行一次业务培训，进一步提高残疾人工作队伍素质。2013年，投资6000万元、占地2.67公顷的省残疾人体育训练中心落户彭山，已完成选址、立项、环评等项目，2015年可建成投入使用；积极争取各级各类资金131.83万元，分别用于残疾人灵活就业、集中托养、居家托养、燃油补贴、小额贷款贴息、扶贫基地建设、农疗场地建设以及脑瘫儿童救助等惠及1500余户残疾人家庭；通过"全国助残日"等重大节日广泛开展法律、法规宣传教育，鼓励残疾人依法保护自身利益。坚持开展群众来信来访接待，先后接待群众来信来访113件，为残疾人解决实际问题58个，移交乡镇、部门解决实际困难42个，在依法保护残疾人权益的同时极大地维护社会和谐稳定。

（徐建华）

精神文明建设

【概况】 2013年，彭山县精神文明建设工作以建设社会主义核心价值体系为根本，广泛开展公民道德教育、"中国梦"学习宣教活动、"做文明彭山人、创文明彭山城"活动，扎实推进群众性精神文明创建活动，县气象局成功创建省级文明单位；进一步推进未成年人思想道德建设工作，争取中央专项彩票公益金20万元，建成观音中心小学乡村少年宫，建成县级自建项目乡村少年宫4个，建成2个未成年人绿色上网场所。

【公民道德实践活动】 开展中国梦学习宣教活动。在文明单位中开展"六微"（微编、微讲、微播、微展、微评、微读）系列活动，调动文明单位干部职工的积极性，使其自觉成为中国梦的学习者、传播者和奋斗者。以彭山县主城区和各乡镇场镇为重点，开展"做文明彭山人创文明彭山城"活动；制定具体的实施方案，设立曝光台，开展"三管十不"宣传活动。组织60名志愿者开展"我参与 我快乐 我奉献"文明劝导活动，编写《做文明彭山人、创文明彭山城宣传手册》，发放"做文明彭山人、创文明彭山城"倡议书2000份。开展"爱我家园，净化城市"活动，成立联合执法队和文明纠察队开展"严执法，重管理，促规范"专项整治活动，引导市民树立注重仪礼、热情友善、文明礼貌的良好风尚。利用元旦、春节、元宵、清明、端午、中秋、国庆等组织开展"我们的节日"征文、看坝坝电影和猜灯谜等活动，清明节组织单位和学生到烈士陵园献花，营造浓厚的节日氛围。开展市县道德模范推荐、评选和宣教活动。组织全县干部群众参与市第三届道德模范评选投票工作，彭山县李学芬等3名道德模范候选人入围。积极开展彭山县首届道德模范评选表彰工作，按照"公开、公平、公正"原则，经群众和组织推荐、审核把关、媒体公示、公众代表投票评选、社会群众参与投票评选、社会各界人士投票评选等程序，评选出彭山县首届道德模范10名。积极建设"道德讲堂"，邀请刘树军等市级道德模范开展宣教工作，弘扬中华传统美德，树寿乡文明新风。

【志愿服务】 组织开展志愿服务，传播正能量。成立志愿服务支队，建立36个志愿服务大队，有注册志愿者4861人。组织县志愿服务支队开展形式多样的"志愿有我幸福彭山"主题志愿服务活动。如：卫生局组织医疗志愿者开展"学雷锋"活动，走进敬老院为老人们免费体检；团县委组织青年志愿者为留守儿童表演小品、独唱、合唱；党员志愿服务者走访贫困党员，为其送去慰问品等，形成志愿服务热潮，使彭山县弱势群体感受到温暖和幸福。截至2013年12月，彭山县各级志愿服务组织共关爱留守儿童5000名，关爱服刑人员子女20人，关爱贫困青少年800名。

【群众性精神文明创建】 积极开展道德讲堂活动，抓好"五个一"建设，即：在文明单位中开展好一堂（建好用好道德讲堂）、一队（常态化的学雷锋志愿服务队）、一牌（设置与环境相融合的遵守礼提示牌）、一桌（开展文明餐桌行动）、一传播（建立有效发挥作用的网络文明传播志愿服务小组）。广泛开展城乡环境综合治理"进村社"活动，以改善农村人居环境为重点，积极培育文明新风尚；开展专业技术人员"送技术、送政策下乡"服务活动发放宣传资料2万余份；开展农业技术、标准化生产技术入户指导445户，开展农村文艺队伍、乡镇文化专干、农家书屋管理员培训班4期，开展送文化下乡活动20余场，引导农民提高素质，形成乡风文明的好风尚。

【城市公共文明】 协助配合市精神文明办公室做好城市公共文明测评体系工作，全年党委专门召开会议对公共文明测评进行研究，会上把精神文明建设的主要指标纳入发展规划，制发彭山县《关于开展道德领域突出问题专项教育和治理活动的实施方案》。

【未成年人思想道德建设】 2013年，县委县政府按人均1.2元标准落实未成年人思想道德建设专项经费，并纳入财政预算，县委常委会召开1次未成年人思想道德建设专题调研会，纳入县委对各乡镇、部门的目标考核。年初制发《未成年人思想道德建设工作计划》。净化社会文化环境，规范文化市场管理，开展网吧、游戏厅等专项整治活动。禁止在中小学学校周边200米以内开办网吧、电游、歌舞娱乐场所。结合“中国梦”开展多彩德育主题活动。教育局组织城区中小学开展“家访万人行，中国梦现场书画比赛”“中国梦彭山故事”征文比赛、“师德讲座”“教育梦”演讲比赛、“学雷锋，做美德少年”等活动。鹏利小学开展了“六一彭祖广场启航中国梦”中华经典诵读；公义、谢家等小学开展“童心向党”等歌咏活动，营造了和谐校园文化氛围，倡导学生存好心、行好事、做好人、“好好学习天天向上”，用实际行动诠释自己心中的中国梦。

【乡村少年宫建设】 2013年，完成县级自建项目4个，争取中央专项彩票公益金20万元，建成观音中心小学乡村少年宫；建成2个未成年人绿色上网场所。

【文化市场稽查】 强化对全县文化市场的稽查力度，加强文化市场巡查，开通“12318”24小时举报电话，开展“网吧专项整治行动”“中高考及寒暑假前后网吧、电玩专项整治行动”“校园周边专项整治行动”“娱乐场所专项整治行动”“法制宣传”“禁毒宣传行动”等，组织“五老”监督志愿者在节假日开展专项督察，杜绝未成年人进网吧。全年开展突击清查28次，出动联合执法队200余人次，收缴非法书刊600本；开展清除校园周边的非法小卖部、摊点和餐馆等专项整治活动，确保全县食品和饮料的消费安全。

【直联工作】 2013年，彭山县精神文明办积极做好直接联系服务群众工作。为4户联系户送去价值4000元的物资，加强与群众的血肉联系。

（傅迎珑）

老龄工作

【大事记】 7月，县老龄办会同县卫生局、县人民医院对全县百岁老人进行为期2周的上门健康体检活动。制作《彭山县百岁老人风采》画册，受到省、市老龄办的肯定。

10月和11月，资阳市雁江区老龄办和山东潍坊市老龄办分别到彭山县进行老龄工作交流，两市对彭山县老龄工作取得的成绩给予高度评价。

11月，由中国老年学学会主编，彭山县参与的《相约美丽与幸福》第一届中国长寿之乡名录正式出版。

同月，省老龄办副主任渠崎一行4人到彭山县老年体育协会、彭山县老年协会、凤鸣镇南星养老服务示范社区和牧马镇官厅村、牧马镇老年协会调研彭山老龄工作，实地考察县老年两协的阵地情况、社区居家养老政府购买服务情况和乡镇基层老龄工作开展情况，调研组对彭山老龄工作给予充分肯定。

【概况】 2013年，彭山县老龄工作全面贯彻党的十八大精神，认真落实省、市老龄工作会议精神，以实现“六个老有所为”目标，抓基层、抓重点、抓落实，维护和保障老年人的合法权益，丰富老年人的精神文化生活，促进老龄事业健康持续发展。

【业务工作】 突出重点，加强老龄工作力度。完善高龄补贴机制，彭山县80岁至89岁老人高龄补贴标准由每人每年60元提高至每人每年120元，90岁至99岁老人每人每月100元，百岁及以上老人每人每月300元。加强彭山县老年教育工作，巩固发展老年教育成果，县老年大学被纳入事业单位管理，并设立全额财政拨款编制2名。“4·20”地震期间，及时收集各基层老年组织受损情况并上报，编制《彭山县老年活动中心规划》。启动第四轮省敬老模范县创建工作。严格把好年龄关，截至2013年11月18日，共为老年人免费换发老人优待证3500本，按时足额发放80岁以上高龄津贴1.88万人次、215.60万元。

【宣传工作】 深入开展反邪教警示教育活动和新《中华人民共和国老年人权益保障法》宣传活动。在全县开展反邪教警示教育活动，制发“崇尚科学宣传资料”在全县进行发放。加大对新《中华人民共和国老年人权益保障法》的宣传力度，县老龄办重新印制新《中华人民共和国老年人权益保障法》5000册，通过司法、乡镇民政、基层老协、老年组织等在全县范围进行发放。同时，向办理老年优待证的老年人发放新《中华人民共和国老年人权益保障法》宣传手册。全面贯彻落实《中华人民共和国老年人权益保障法》，弘扬中华民族尊老敬老传统美德。做好第一个法定“老年节”的庆祝活动，全县上下举行一系列的老年节庆祝活动：县老龄工作委员会对全县30个老龄工作先进集体和43个老龄工作先进个人进行表彰；县委、县政府积极配合市委、市政府等对彭山县老干部、老党员、百岁老人和贫困老人代表进行慰问，帮助其解决困难；县政府对全县百岁老人进行慰问；各乡镇、各部门对本辖区、本部门结队帮扶的老年人进行慰问帮扶，重点对空巢老人、生活困难老人进行物质和现金资助；各部门、各单位召集离退休人员，开展重阳座谈会；各村委、村老协会举办“坝坝宴”为农村老年人过节。重阳节期间，全县各级各部门、各乡镇及村（社区）共发放慰问金和礼品共计金额达100万元，开办近2万名老人参加的坝坝宴长寿宴2000桌；县老年人协会、老年人体育协会为迎接第一个“老年节”，举办全县首届老年人体育运动展示活动。

【“敬老文明号”创建】 2013年，制定“敬老文明号”创建实施方案，成立“敬老文明号”创建活动领导组。各涉老职能部门，特别是一些服务窗口单位积极开展创建工作，评选出12个县级“敬老文明号”单位；12个单位获市级“敬老文明号”和为老服务组织先进单位称号；2个单位获省级“敬老文明号”称号；彭山县离退休干部服务中心获得全国“敬老文明号”称号。

【服务体系建设】 进一步开展居家养老服务工作，推动社会化养老服务。继2012年凤鸣镇南星社区被评为省级养老示范社区后，2013年彭山县新增谢家场和龙都社区两个省级养老示范社区，成为老年人的快乐家园。

【组织建设】 加强老龄工作督导员制度，强化基层老年组织建设和管理。完善老龄工作督导员制度，2013年7月至9月，县老龄办会同县老龄工作督导员对全县各乡镇和村级老协工作进行督导，重点督导乡镇党委对老协开展活动的支持情况、村级老协分会建设情况和基层老年学校建设情况，并针对存在的问题及时协调解决，观音镇、黄丰镇、武阳乡的老年两协阵地及活动场所得到落实。县老龄办、县老年两协每季度召开全县基层老协联席会议，传达“四川省基层老年人协会规范化建设推进会”会议精神，对乡镇、城区老协会长进行培训。在全县范围内开展基层老协先进个人和先进集体的评选活动，全县13个乡镇老协中被市老年人协会评为先进集体7个、先进个人6人。

（姜　毅）

彭山县2013年百岁老人花名册

表1

乡　镇	姓　名	性别	出生年月	身份证号码	家庭住址
凤鸣	陈金华	男	1908－03－01	511128190803010011	城中社区
	袁桂芳	女	1910－02－23	511128191002235522	宝珠村
	熊玉轩	男	1910－12－21	51128191012211516	城东社区
	罗有婵	女	1911－01－22	511128110122552	南星社区
	李桂珍	女	1911－07－23	511128110723582	金烛村
	毛德辉	女	1912－02－24	511128120224552	集关社区
	朱学彬	女	1912－04－06	511128191204065824	金烛村
	徐学明	女	1913－01－10	511128130110482	南星社区
	盛学彬	女	1913－10－22	511128191310225828	菱角四组
彭溪	龚金枝	女	1913－04－05	511128191304055244	毛店村12组
牧马	李玉珍	女	1912－06－13	511128191206133720	官厅村5组
武阳	袁术彬	女	1910－10－27	511128191010273422	江渎村2组
黄丰	刘月英	女	1911－03－21	511128191103212826	合力2组
	覃子良	男	1912－10－04	511128191210042811	花龙3组
	文春仙	女	1911－10－18	511128191110182528	共和4组
江口	刘学琴	女	1912－02－08	511128191202080625	凯旋村3组
	许学如	女	1913－11－13	511128191311130628	双江村4组
	张学成	女	1913－08－27	511128191308270624	远景村4组
锦江	罗学明	女	1910－05－10	511128191005103226	联络村1社
观音	毛瑞清	男	1907－06－14	511128190706144819	果园村9组
	李学彬	女	1912－07－18	511128191207184829	白庙村4组
	梁学华	女	1912－11－05	511128191211054824	曾家村1组
青龙	徐学珍	女	1912－09－02	511128120902422	古佛村7组
	李志轩	男	1910－01－03	511128191001034219	桂林村5组
	梅学琴	女	1911－10－21	511128191110211117	莲池村5组
	祝一清	女	1912－04－20	511128191204201128	泗河村5组
	胡翠蓉	女	1909－11－08	511128190911081120	龙都4组
	钟佑量	男	1913－10－27	511128131027421	古佛村1组

续表 1

乡　镇	姓　名	性别	出生年月	身份证号码	家庭住址
公义	范作义	女	1909－01－06	511128190901061525	鹤林村 3 社
	岳桂英	女	1909－06－02	511128190906021522	欣荣村 1 组
	陈国彬	女	1912－10－02	511128191210021529	新开村 7 组
	代素彬	女	1911－02－18	511128191102181525	欣荣村 7 组
谢家	朱学彬	女	1913－12－05	511128191312051921	毛河村 3 组
	王月英	女	1911－12－08	511128191112081923	吴堰村 4 组
义和	王孝清	男	1913－01－12	511128191301126115	喻沟村 7 组
	陈国清	女	1913－04－12	511128191304126129	悦园村 9 社

乡 镇 概 况

凤 鸣 镇

【概况】 凤鸣镇地处县城中心城区，是彭山县城关镇，是推进全域城市化的集结地，建设商贸文化中心城的主战场，统筹城乡发展的排头兵。2013 年，全镇人口 10.02 万人，辖 16 个村（居）民委员会（社区）。2013 年，凤鸣镇被市委评为全市 2013 年度乡镇经济综合实力 20 强、眉山市首批“六好”基层关工委、“实现伟大中国梦建设富裕美好和谐眉山”主题教育活动先进集体。

【主要经济指标】 2013 年 1—12 月，全镇 16 户规模以上工业企业（5 月新吉鸿破产后为 15 户）实现产值 1.7 亿元，全镇固定资产投资完成 16.5 亿元，技改投入完成 2.6 亿元；农民人均纯收入增加 1430 元，达到 1.1 万元。

【项目建设】 2013 年，凤鸣镇将重点工作逐一分解到领导干部，实行“一个项目、一名领导、一抓到底”的工作机制，严格落实定责任领导、定负责组、定负责人、定目标任务、定时间进度、定奖惩措施的责任制，在牵头部门的指导下，合力推进。房地产项目：完成家·天下（孟文路）、滨江翡翠龙湾、香堤漫步任务 95%；南门庭院已完成拆迁 98%。保障性住房建设：完成 264 套廉租房设计并开工，完成率 100%；开工建设棚户区改造 100 套，主体工程完工率 80%。市政道路建设：李密大道道路建设工程竣工，并完成工程验收；完成兴旺路、孟文路、龙潭路、李密大道、灵石西路、华西路的拆迁工作并已进场施工，龙潭路、李密大道灵石西路、华西路并已全面通车。截污干管项目全面进场，思念 12 月中旬完成协议的签订及房屋的拆迁。市政设施建设：高速公路出口整治项目完成 205 户的拆迁工作，施工单位已进场施工；高速公路出口改道项目做好 2 户人的房屋拆迁工作，路面建设已完成；城市垃圾中转站已投入运行。旧城改造项目：西门新商圈项目启动实施，完成拆迁户房屋评估；城南市场、卡口拆迁安置及二环北路棚户区改造完成指挥部确定的任务。土地双挂钩工程：规划拆迁安置 878 户，签订拆迁安置协议 715 户，交纳保证金 698 户，完成安置点征地；石家村、宝珠村安置点已进场施工。石化园区项目：积极稳妥解决好石化园区场平后遗留问题，完成污水处理厂 3 公顷、7 户的征地拆迁工作。岷江现代农业园区：启动 15.67 公顷征地拆迁工作。

【现代农业】 全力做好农业工作，粮油作物产量稳定。以科技入户为抓手，通过技术示范、测土配方施肥和病虫害防治等技术的推广，水稻良种率 98%，旱育抛秧率 94%。全面启动农业示范带建设，在成乐高速路两侧，完成 40 公顷蔬菜基地建设，稳固发展蔬菜、中药材、淡水鱼、粮油、畜禽、水稻制种特色规模农业。

农田基础设施建设完成 13.33 公顷土地整理，新民支渠淘淤 1170 米，农业灌溉条件进一步改善。深化为农服务工作，为农民免费提供复合肥 450 吨，农药 800 公顷次、种子 5 吨，小麦机收率达到 93%，农业保险 100% 达标。畜牧防疫工作实现防疫工作全覆盖。

【民生工程】 投资 800 万元整治山坪塘 5

口、硬化沟渠6千米，新增自来水集中供应3000户，农村人口饮水安全。五保集中供养率达85%，80岁以上老年人补贴应补尽补，农村新农合参保率100%以上，城乡低保应保尽保，动态管理。完成264套廉租房、100套棚户区主体工程。新增就业人数2211人，失业人员再就业410人，就业困难对象实现再就业200人，补贴“4757”灵活就业人员569人，补贴金额达224.63万元，妇女小额贴息贷款1450万元。城乡医疗救助55人，救助资金达12.81万元，济困助学37人，救助贫困母亲7人，残疾人“阳光家园”工程换办残疾证100%。启动关爱工程免费健康体检城乡居民4650人，查螺灭螺85万平方米，急性感染血吸虫病知识普及率100%，控制率100%，疾病预防控制和免疫工作进度达标。向符合政策的计划怀孕夫妇提供免费孕前优生健康检查226人。新增文化健身场所7处，数字电视600户，农村免费放映公益性电影52场。启动成乐高速路出口综合整治，新建农村生活垃圾池3个，改建农村生活垃圾池67个，新增生活垃圾机动转运车1辆，三轮转运车3辆，形成处理回收长效考核管理机制。拓宽硬化村社道路4千米，硬化农村机耕道10千米。

【党建工作】 开展“三诺”大行动：党员围绕中心大局和岗位工作，签订党支部承诺书及党员承诺书，实行乡镇负责人年度目标承诺，包含干部工作、基层组织建设年工作、党建创新工作三方面内容。开展窗口部门“三亮三比三争”活动：做到亮标准、亮身份、亮承诺，比技能、比作风、比业绩，争创群众满意窗口、争创优质服务品牌、争当优秀服务标兵。开展基层党组织“三分类三升级三挂钩”活动：形成3个先进组织、2个后进组织的剖析材料和1份全镇“三分类三升级三挂钩”调查报告，分类定标评级，落实整改措施。开展干部直接联系服务群众工作：深化“三定两保证、党群一条心”活动，做好县科级干部结对的56名困难群众帮扶协调工作，发放联系卡32份。保质保量完成凤鸣镇的帮扶任务。两新组织建设：努力形成具有自身特色的企业党建文化，实现党组织和两新组织发展的“互动双赢”。全镇已单独新建两新党组织1个，联建两新党支部2个。开展中层干部岗位“双选”竞争上岗：产生18名能力强、党性强、工作效率高的中层干部。实现伟大中国梦、共筑凤鸣梦想：以“万人梦想行”活动为载体，制作1万余份五彩梦想卡，成立专门梦想办和8支宣讲小分队，深入村（社区）全面开展宣讲活动，负责梦想的收集、整理、交办，并落实专人负责督办。开展“凤鸣镇庆祝中国共产党92周年暨实现伟大中国梦”圆梦行动，现场为10名梦想者圆梦；针对群众短期内不能实现的梦想，专门走访，制定规划，共同探索圆梦之路。村（社区）党组织换届工作：按照优化班子结构、“一好三化”的标准，严格选举程序，完成9个社区和7个村党支部换届工作。完成第九届村（居）委会换届选举工作，全镇16个村（社区）村（居）委会完成换届选举。完成关工委专项基金募集，凤鸣镇捐款1万元；组织18名青少年参加夏令营活动；发放“陈志忠助学金”4800元，资助5人。圆满完成征兵任务，新征兵34人。广泛宣传党风廉政建设社会评价工作，深入开展“三项建设”活动。

【平安创建】 安全管理机制健全，定期督察整改常态化，发现安全隐患82处，整治落实82处；防汛抢险方案、预案到位，防汛抢险物资、队伍落实。安全工作代表眉山市接受国务院安全检查组检查并受到肯定和表扬。信访工作坚持领导干部轮流带班接待制度，接待群众来访98人次，答复解决反映问题45项，承诺办理40项，办结率94%。重点稳控，坚持领导包案，责任到组，化解历史遗留问题12个，排查稳控重点对象10人次，实现“零进京、零到省、不出事”的目标。积极稳妥处置突发事件，化解干群纠纷1起，环境污染纠纷2起，接到处置城镇拆迁户安置过渡费诉求3批。调处民事纠纷85起，调解成功率100%。做好社区矫正工作，46名监外服刑人员，102名牢释解教人员，实现无新犯罪记录。

【工会工作】 2013年，全面完成企业工资集体协商任务，签定区域工资集体协商8个，包含企业208个，覆盖职工人数1477人；签订单独工资集体协商31个，包含企业31个，覆盖职工3369人。建立贫困职工档案1028人，生活救助127人，发放资金6.65万元，医疗救助10人，发放资金2.2万元，资助贫困职工子女上学75人，发放资金4.5万元。对93个新增企业按县总工会要求分别单独建会和建立联合工会。

（彭蜀明）

彭溪镇

【大事记】 2013年11月7日，中组部部务委员、全国基层办主任吴玉良在省委常委、纪委书记王怀臣和市委书记李静的陪同下到彭溪镇调研基层党建工作并座谈，对彭溪镇的工作给予充分肯定。

【概况】 彭溪镇位于饮誉全国的“忠孝之邦，长寿之乡——彭山县”城北，地处成都平原西南端，岷江上游西岸，属平坝地区，是四川省经济发展“一条线”的腹心。2013年，全镇幅员面积17.41平方千米，人口3.81万人，辖1个社区和4个行政村，共有41个农业社，9个居民小组，党员919人，18个支部，1个党委，1个总支。彭溪镇党委被市委表彰为2013年度先进基层党组织，全年获市县表彰34项。

【基础设施】 彭溪镇基础设施完善。1998年以来，共投资2000余万元新建硬化道路20余千米。全镇已形成大小街道、道路20余条，街道总长28千米，主要街道全部绿化，全镇实现村村通水泥路。镇内建有500门程控电话交换站，镇行政辖区内程控电话、宽带业务全部开通。广播电视光纤工程覆盖全镇。镇辖区内电力充足，110千伏的变电站能满足企业的电力需求，天然气管道纵贯彭溪镇，彭山县天然气公司和天然气加气站座落其间。彭山县仅有的一所高等院校——四川大学锦江学院落户彭溪，现有在校学生1万余人，三期扩建征地正有序进行。彭溪将成为眉山市高等教育基地和高等技术人才的聚集地。

【工业经济】 2013年实现经济社会发展新突破，全镇GDP实现28.3亿元，5000万以上规模企业4个，规模企业总产值实现4.2亿元，全社会固定资产投入实现23亿元。农民人均纯收入实现1.09万元，比上年增加18%。

【重点项目】 2013年，彭溪镇实现安置方式的彻底转变，突破项目工作瓶颈，征地拆迁工作取得突破性进展。彭祖新城、老城区、综合交通三大战区中21个重点项目有序推进，共征地173.33公顷，交地159.8公顷，拆迁900余户。长寿大道建成通车，彭祖新城安置区1期安置房全面竣工，安置区2期主体完工。完成前程东路、正一豪生酒店、风情一条街、省残疾人体育馆、锦江三期片区、锦绣大道等项目的征地进场工作。全年交地133.33公顷，拆迁600余户。

【产业发展】 以川大锦江学院为辐射推动的农家乐、房屋出租、副食品批发零售、网吧、水吧、书屋等“校园服务经济圈”正在发育形成，已发展到100余家，户平增收2万元以上。结构调整明显加快，种养殖业向规模化、特色化、现代化扩展，全年引进业主开发、流转土地133.33公顷，促进农民增收。实现农民向居民转变3000人；向产业工人转变2800人；向三产经营者转变360人，带动三产从业者1200人；向农业业主转变160人，实现农民的“四个转变”8200余人，城镇化率达72%。

【社会事业与民生工程】 社会事业全面发展，民生工程全面完成。建立全域服务网，服务群众全程化，建立镇、村、社三级便民服务站点，实行“集中办公、一门受理、全程服务、限时办结”。创新民事代办制度，115名镇、村、社干部为民事代办员，明确45项民事代办事项，为群众提供全程代办服务3621件。37名镇机关干部联系41户困难户，制定帮扶措施68项，投入资金10余万元，解决热点、难点问题62件，极大的拉近党群、干群关系。建立“三级劳保就业服务体系”，有针对性开展就业培训18期，点对点跟踪服务，帮助就业3850人。“自选民生工程”7项，投入资金300余万元。2013年彭溪小学被评为“教学质量一等奖”，顺利完成“省级生态乡镇”创建工作，成功创建国家级计生依法行政乡镇。圆满完成“省级优美示范县城”创建任务，兴崇村成功创建省级生态文明村，蔡山社区成功创建国家级防灾减灾示范社区。科教文卫基础得到加强，川大锦江学院三期建设项目启动，教育质量稳居全县乡镇前列；医疗卫生条件进一步改善，初级卫生保健达标成果进一步巩固，全年查灭螺59万平方米；国防建设力量不断强化，为部队输送优秀兵源；人口计生控制达标，符合政策生育率达90.1%；浆砌沟渠1600米，整治沟渠6000米、整治道路6.5千米，完成省市县下达的54项民生工程目标任务。

【安全维稳工作】 安全整治力行“一岗双责”，层层签订安全工作责任书，完善企业安全生产主体责任制，切实加强辖区内各类隐患的检查、整治和监督力度，确保全镇无重特大安全事故发生，平安创建活动达标。“大调解”工作建立维稳长效机制，成立社会矛盾纠纷大调解中心，蔡山社区实行网格化管理，初步形成“人民调解、行政调解、诉讼调解”为主的“大调解”格局；着力化解社会矛盾，初步形成“预警、协调、决策”三大应急机制，成功处理20余起征地拆迁等历史遗留问题；着力把矛盾化解在基层，全年成功调解纠纷102起，为全镇经济和社会各项事业又好又快发展营造良好环境。

（艾素仙）

观音镇

【概况】 观音镇位于风景秀丽的岷江河畔，幅员面积26.7平方千米，自古为交通要塞。据史书记载，清嘉庆年间，古驿站附近建有观音寺，观音镇由此得名。观音镇北距省会成都45千米，南离眉山23千米，成昆铁路、省道103线、成乐高速公路纵贯全境。水、电、气、视、信等基础设施配套完善。2013年，全镇辖7个行政村，64个农业社，1个社区，总人口2.89万人。耕地面积1020公顷。镇域内气候温和，四季分明，平均温度17摄氏度，平均降雨量980毫米，日照时数1244小时。

【农业产业化】 2013年，观音镇推广优质、高效粮油新品种15个，创建粮油高产示范片1个；全镇范围内实现水稻旱育免耕定栽；依据“岷江现代农业示范园区”建设规划，完成葡萄品改20公顷，技改20公顷，新引进业主21个，新发展葡萄133.33公顷，葡萄产业园葡萄面积达到380公顷，通过省级精品葡萄产业基地333.33公顷认证；进一步加大葡萄园区基础设施建设投入，园区大道进场建设；葡萄产业园试种紫云英、草莓、红心蜜柚等新水果品种，逐步发展壮大水果产业。2013年，观音镇出产的“无核夜美人”“白罗莎里奥”在全国第19届葡萄学术研讨会上荣获金奖，“意大利”荣获银奖。国内葡萄专家、教授、全国葡萄协会100余人次先后到园区调研指导。

【工业经济】 2013年，观音园区新增征地24公顷，拆迁140户，完成工业投资9.5亿元，椿巅村园区大道进入环评程序，园区污水处理厂启动前期工作，基础设施不断完善。工业技改投入1亿元，小微企业增加16户，工业企业产品销售收入实现49.13亿元，销售率达到98%，工业企业节能2053吨。园区发展建设坚持绿色生态，人文和自然和谐共存。

【社会治安综合治理】 2013年，全镇召开安全生产教育培训会8次，下发安全生产法律法规以及安全知识1.3万份。举办安全知识展板4场，挂图32幅，悬挂宣传标语横幅31幅，群发文件28份。共组织安全检查360人次、专业技术人员培训120人次，开展专项整治和隐患排查，共查出安全隐患566处，即时整改543处，限期治理23处，投入整治资金17.8万元，发出隐患整改通知书9份，组织安全培训班3期，培训160人次，制作宣传展板8个，标语31幅，投入宣传教育经费2.2万元；协助上级相关部门取缔非法生产经营场所1家，处理查处无证非法行医1起，收缴非法行医用品银针10根。全年观音镇无重大安全生产事故。截至2013年11月底，共排查调处各类矛盾纠纷121起，调解存档121起。镇调解委员会调解37件，调解成功率99%以上，使绝大部分矛盾纠纷都及时化解在基层，无因调解不及时而转化成刑事案件和群众性集体上访案件的发生。接待群众来访咨询人员达560余人次，群众满意。

【城乡环境综合治理】 2013年，观音镇继续加强集镇、103线和各村社区道路两旁环境保护和综合治理，全镇环境卫生得到极大改善。2013年年底，观音镇通过省级文明村镇复查，获评眉山市城乡环境综合治理“十佳乡镇”，获得“省级生态乡镇”称号。

【社会事业】 2013年，全镇安置城镇新增就业784人，下岗和失地无业农民再就业149人，就业困难对象再就业65人，开展创业培训105人，为观音镇企业介绍输送700余名技术员及普通工人。新型农村合作医疗、城镇医疗保险基本实现全覆盖，加强“4050”人员工作，有482人参加城镇居民基本医疗保险。计生工作成效明显，截至2013年9月30日，全镇共出生316人，死亡175人，落实各类手术250例，综合节育率88.68%，长效节育率89%，独生子女办证率100%。完成各项计划生育优惠政策，奖励扶助1329人，特别扶助52人，独生子女父母奖励5774人，向3名贫困独生女孩家庭发放扶助金1500元。民政工作全年共发放各类民生保障127万元，发放城乡医疗救助金共计35.14万元，涉及58个困难户家庭，对低保户和五保户电价补贴8万余元，完成68户地震危房加固维修，发放各类老年人补贴11万余元，对优抚对象发放82万余元，全面落实各项优抚政策。镇党委、政府为工会、共青团、妇联开展各项工作提供资金保障，保证工作的开展，促进全镇“两个文明”建设。镇团委加强团员思想政治建设，以“服务大局，服务青年”为主题，扎实有效地开展各项主题活动。镇妇联抓农村妇女实用技术的培训，建设“妇女之家”，发放妇女健康资料5000余份，救助帮扶农村留守妇女、儿童80余人，发放妇女小额担保贷款1674万元。镇残联核实登记全镇650名残疾人的个人及家庭基本情况和需求，及时给予帮助扶持；医疗救助27人，救助金2.62万元，临时困难救助12人，发放救助金3.4万元，残疾人扶助器具50件，组织14名贫困白内障患者实施复明手术。

【党的建设】 2013年，镇党委制定《开展基层组织建设年的实施方案》，严格落实“书记抓、抓书记”制度，把党建工作纳入目标管理考核。通过设置专栏9个、张贴标语25幅、印发资料1.5万份，借助党员干部远程教育站点、网络短信等平台，扩大宣传范围，形成人人都参与的良好氛围。积极开展“三分类三升级三挂钩”活动，评出一类党组织3个、二类党组织5个、三类党组织1个，实行定期督察制度、淘汰销号制度和择优递补制度。后进党支部通过努力成功转化，转化率100%。扎实推进直接联系服务群众工作，观音镇各级干部联系服务群众共99户，为联系户解决疑难问题102个。建立9个“两代表一委员”服务群众工作站，接待群众106人，解决问题56个，满意率达98%。对全镇31家两新组织指派8名党建指导员深入企业，两新组织建党组织覆盖率达到90%。观音镇基层组织建设年活动多次接受市、县领导检查指导，受到领导的肯定和表扬。

（潘竞平）

青 龙 镇

【大事记】 3月14日，召开青龙镇第十八届人民代表大会第四次会议。

【概况】 2013年，全镇幅员面积42.8平方千米，辖8个行政村，1个社区，总人口4.8万人。全镇共有中小学校3所，全镇有中小学生2278人；有教职工147人，中小学生入学率达100%。

全年青龙区域规上企业工业总产值完成139.5亿元，同比增长33.4%；销售收入150亿元，同比增长27.1%；固定资产投入完成48亿元，同比增长9.1%；入库税收实现4.02亿元，同比增长68.9%；新增规模企业4家。农民人均纯收入达1.04万元，同比增长6.5%。2013年，青龙镇先后被省委、省政府评为全省环境优美示范镇、四川省生态示范镇；被市委、市政府表彰为上半年和全年主动作为创一流先进集体、信访工作达标重点乡镇、综治维稳工作先进集体等。省委常委、政法委书记刘玉顺，市委书记李静，市政法委书记杨勇，市委组织部部长姜怡等领导先后到青龙镇检查指导基层组织建设工作和创新社会管理工作，给予了充分肯定。

【基础设施】 基础设施完善，城镇建成区面积2.8平方千米，拥有日产5000立方米的自来水厂1个，110千伏、220千伏变电站各1座，省级联网天然气配气站日供应气能力2030万立方米；开通程控电话、移动电话、无线市话小灵通，光纤电视实现村村通；修建客运汽车站，村道全面实现硬化；镇域内1所中学、2所小学均为市级校风示范校；彭山县第二人民医院辐射近10万人的医疗。物流产业兴旺，优越的区位，便捷的交通铸就青龙镇交通枢纽和重要物资集散地地位，构成青龙粮油交易物流中心得天独厚的开发优势。青龙充分发挥物资集散地的特点和优越的地理位置，投资上亿元建成西南地区最大的粮食批发大市场天下粮仓。青龙粮油交易物流中心及铁路转运站、农贸市场、综合贸易市场、木材专业市场，各类服务商家近1025户，货运中转长期辐射成都、乐山、雅安、凉山州、攀枝花和西藏、云南、贵州等全国10余个省、区、市，已有粮食、木材、副食品批发等行业销售额达50亿元以上。青龙镇充分利用有利条件，以粮食大市场为依托，狠抓招商引资，加大市场建设规模，引进新企业和商家，带动省道103线沿线第三产业迅速发展。

【工业经济】 坚持宁缺毋滥，招大引强，全年新签约项目12个，协议引进资金81.7亿元，招商引资到位资金48.45亿元。投资10亿元的西南华润万家物流项目、投资22亿元的苏宁集团西南地区电子商务运营中心项目、投资10亿元的重庆长安汽车特种车彭山青龙生产基地项目相继落户，招商引资到位资金67.89亿元。全年新开工项目16个，总投资52亿元，在建项目39个，总投资86亿元。全镇工业经济呈现强势的发展态势。截至2013年12月，全镇共有规模企业57家，其中，亿元企业30家，世界500强企业5家。2013年，完成固定资产投资48亿元，规模企业总产值实现139亿元，入库税金4亿元。建筑面积5万平方米的铁建安置区主体工程已完工，由青龙镇负责建设的铁建安置小区，348户拆迁户已全部分到新房。

【农业基础】 2013年，青龙镇建设村道4.15千米，硬化、浆砌、淘淤沟渠155千米，修整山坪塘3口，维修提灌站11座，新建沼气100口，新增提灌设备12台。加快推进农业机械化，全面落实农机补贴，新增农机500余台。实现新造林33.33公顷。新增家庭农场1个，农业增加值比上年增长2%，粮食产量达到1450万千克，农民人均纯收入比上年增长665元。围绕木耳、水果、水产养殖基地，按照“生产集约化、生态多元化、环境生态化、产品高端化、发展高效化”要求，推动特色效益农业稳步发展。其中，木耳种植共计2100万袋，产值11.5亿元；葡萄种植186.67公顷，产值达890万元；梨树种植126.67公顷，产值达到760万元；寿柑种植123.33公顷，产值达620万元；出栏生猪4100头，实现年产值4900万元；各类禽蛋达到450万千克，产值达到1200万元；网箱养鱼达到5.07公顷，年产商品鱼160万千克，产值1600万元；库、塘养鱼4.2公顷，年产商品鱼65万千克，产值550万元。特色产业年产值达2.6亿元。

【第三产业】 2013年，全镇粮油贸易和现代物流业非常活跃，青龙火车站、粮食大市场和天下粮仓，年货物交易量达400余万吨，销售额50亿元以上。餐饮、服装、通信、电器等服务业日益兴隆，发展星级乡村旅游接待点5个，个体工商户达到860余户。

【融资工作】 2013年，创新融资方式，建立融资平台，组建注册资金2亿元、总资产10亿元的天府新区彭山工业投资公司；组建注册资金1亿元、总资产8亿元的天府新区彭山兴龙投资公司。积极加强与金融机构的合作，加大对建设项目的推进力度。

【城乡环境】 2013年，投入城乡环境综合治理资金3万余元，新增垃圾桶110个；投入资金2万余元，对6个垃圾地库进行维修，保证环卫工作的正常运行；投入3650万元完成2.3千米、70米宽的青龙大道，460米、16米宽的莲池1路，560米长、30米宽的环区路巴斯夫段改造；投入400万元，对青龙集镇区10条街道电力线路进行升级改造，清除安全隐患，提高供电可靠性。截至2013年12月，全镇共有生态垃圾处理池12个，垃圾分类池321个，垃圾清运车45台，配备镇级保洁员88名，村级保洁员19名，基本实现农村生活垃圾常态化管理。同时加大人力、物力、财力的投入，确保“省级环境优美示范镇”争创成功。

【社会事业】 2013年，青龙镇大力实施“十大”民生工程，改善群众生产、生活条件。坚持“产城一体，安置在先”，建筑面积5万平方米的铁建安置区主体工程已完工，由青龙镇负责建设的铁建安置小区，348户拆迁户已全部分到新房；总投资3.2亿元，建成面积28万平方米、可安置1840户的龙都新苑三期项目；另有3万平方米正在进行招投标；总投资2.4亿元、建筑面积约20万平方米的龙都新苑四期项目正进行征地拆迁。完善社会保障体系，城乡居民养老保险实现全覆盖，城镇职工医疗保险实现应保尽保，参加城镇居民医疗保险达1027人，新农合参合率达99.8%。办理新增失地农民养老保险3096人。全面落实城乡大病医疗救助，低保、五保实现应保尽保。2013年，为五保户解决参合医保费3.8万元。开展农业实用技术培训1.8万人次，实现城镇新增就业394人，下岗和失地无业农民再就业80人。发放计生奖励扶助金、农村独生子女家庭奖励金150余万元，发放贫困户医疗、生活救助金25.9万元，资助23名贫困学生上学。成功调解劳务纠纷5起，确保了农民工工资110万元的足额兑现。为无房户、雨灾倒损实施安居工程10户，免费为20名白内障患者实施复明手术。着力化解矛盾纠纷，做好信访维稳工作。认真抓好“六五”普法和人民调解工作，大力开展创建信访“三无乡镇”和信访治理重点乡镇活动。定期排查信访稳定，发现问题限期处理化解。截至2013年12月，受理民间纠纷195件，成功调解195件，调解成功率100%；信访18件，办结18件，办结率为100%。

【计划生育】 2013年，全镇出生人口454人，死亡252人。截至2013年12月，全面完成县计生委下达的89%的目标任务，完成社会抚养费征收85万元，全额上缴县财政。认真做好“两奖一扶”金的发放工作，实现“零差误”发放，每季度定期开展一次计划生育政策宣传活动，发放政策资料4000余份。

【教育事业】 完善农村义务教育管理体制，建立较完善的义务教育阶段家庭贫困学生资助制度，切实保障农村家庭经济困难的学生接受义务教育的权利。2013年，救助大学生4名，救助现金14.4万元，救助中小学生10人，救助现金6000元。大力发展各级各类教育，建设学习型社会。在扩大教育供给的同时，着力解决教育分配不公和教育体制等问题。对现有教育资源进行整合，调整学校布局。

【安全生产】 2013年，全镇加强安全生产宣传教育工作，形成安全生产“齐抓共管”的良好氛围；定期分析研究安全生产中存在的问题，确保安全检查“零死角式”排查、对检查出的问题“零容忍”、对出现的问题“零放过”。全年全镇未发生一起安全事故。

（覃光敏）

公义镇

【概况】 公义镇位于彭山县城西北11千米处，海拔438.1—774米，幅员面积40.31平方千米，辖8村1社区，56个农业社，5个居民小组。总人口2.58万人，其中农业人口2.42万人，非农业人口1510人。有耕地面积1633.33公顷，以通济堰为界，属半丘半坝地貌，主产水稻、玉米、红薯、花生、小麦、油菜，是典型的农业大镇，是有名的“腰鼓之乡”“女子龙之乡”。镇内储藏有丰富的钙芒硝、页岩，具有利用价值和开发潜力。有退耕还林500公顷，血防还林133.33公顷，珍稀苗圃基地1个占地100公顷，优质核桃100公顷，形成公义绿色屏障。

【新农村建设】 2013年，公义镇红旗村投入资金30余万元，创建省级环境优美示范村。红旗、新开创建省级卫生健康教育示范。组织群众参与，投入50万元完成祝家山，五马村1、2社的水泥路建设，使长达3.7千米的机耕道成为水泥路；投入资金20余万元重建镇内标准化垃圾池37个；饮水工程管道铺设完成。首批集镇居民42户交纳了天然气使用保证金；有300名困难群众进行房屋改造；锦绣苑开工建设，群众幸福生活指数明显提升。

【农业产业化】 精心培植“一村一品”，发展制种生产400公顷，中药材川芎种植466.67公顷、泽泻200公顷，发展优质葡萄33.33公顷，大棚蔬菜、西瓜333.33公顷，食用菌10万袋；出栏商品猪3.7万头，出栏小家禽126万羽，成鱼460吨；实现粮食总产1521万千克，农民人均纯收入1.13万元。建成以禾苗集团为主体的高端蔬菜种植基地3个，巩固生态莲藕，使公义荷塘更加艳丽，农乐珍稀苗圃扩大为100公顷，五马优质核桃基地86.67公顷，实现土地集中流转533.33公顷，形成公义产业发展带。

【岷江现代农业园区建设】 2013年，马林村、红旗村岷江现代农业园区工程全面启动，公义镇农业现代化建设载入史册。征地拆迁、“双挂钩”集中安置点2个，安置农村居民1300户，马林、红旗实行田型调整，以禾苗集团为主体的3家高端蔬菜种植企业到园区落户。集中流转土地133.33公顷，群众向城乡一体化靠近。

【工业经济】 2013年，新进农业开发业主3个，配合天府新区建设，联合利华进场。镇内企业达到19家。生产经营效果明显，晓钟牧业成为龙头企业，为软环境建设竭诚服务，工业经济进一步提升。

【社会事业】 文化事业建农家书屋7个，远程教育终端接收点9个，11个老体协文娱活动丰富，有全县独具一格的红旗村塑胶门球场，新开、欣荣村、马林村4社共有3个农民文化健身休闲广场，每天晚上有上千名群众唱歌跳舞，社区女子龙独占鳌头，参加全县2013年元宵表演，备受群众喜爱，节目在四川电视台播出。计划生育工作继续巩固计生三结合联谊结对42户，PIP系统和全员化信息系统化工作久居全县前例，计划生育率保持在89%以上，征收社会抚养费60万元，全面落实独生子女和“两奖一扶”政策，兑现资金100余万元。基础教育工作巩固和普及九年义务教育成果，达标率达100%。均衡发展顺利接受国家的检查验收，建成农村青少年文化宫。开展关爱留守儿童帮扶活动，使121名困难学生受到资助，民政、计生建立中、小学帮助贫困学生联谊，使少年儿童同享幸福的蓝天，圆读书梦。劳动和社会保障工作转移农村劳动8500人；城镇新增就业63人，失业再就业完成24人；困难就业15人；完成小额意外保险7189人；完成“4757”人员社保补贴30人，金额10.46万元。新农合参保率达96.7%。配合尼利国润、南方家居开展专场招聘会，为群众就业提供平台。民政工作救济困难群众858人次，金额27.46万元，落实医疗救助40人，金额12.14万元；落实丧葬补贴26人，金额2.22万元，完成23户灾后重建和210户群众维修加固工作；173名五保户集中供养78人，分散供养95人，残疾人实施无障碍改进14户，为20位残疾人发放专用辅助工具。每月16日为精神病患者发放药物，推荐8名残疾人就业，为180名残疾人实现居家灵活就业。殡葬改革完成145具火化，超额完成任务。社会稳定安全工作化解社会矛盾纠纷173件，完成率100%。实现零进京、少到省、不出事的信访维稳工作目标。全年无重特大安全事故的发生，维护社会稳定。

【党的建设】 2013年，培养和发展35岁以下党员15名，通过“三分类三升级三挂钩”历练，支部素质全面提高；“321”工程完成57户困难群众的结对联谊；为300户困难群众进行D级危房改造；开展种养殖技能培训，上千名群众收益。以实现伟大中国梦与我同行，组织党员开展城乡环境综合治理、科普“三下乡”赶场活动、植树造林绿化活动、抗击“4·20”地震灾害、“7·19”特大洪灾。坚持党政公开，接受群众监督，积极开展走基层、听民声、解民忧和群众路线教育先行先改的教育活动，组织党风廉政建设监督机构，确保公义镇村级党组织换届选举风清气正，无违法违纪行为发生。

（王　皓）

谢　家　镇

【概况】 谢家镇位于成都平原经济圈核心层内，北距成都58千米，南邻眉山26千米，东接县城7千米，属四川盆地亚热带湿润气候，年平均气温18.2℃、降雨量813.6毫米、日照时数973.6小时、无霜期252天。谢家镇历史悠久，物产丰富，有“搬不空的谢家场”之称。2013年，全镇幅员面积46.5平方千米，总人口2.83万人，辖8个行政村，1个社区居委会。

【新农村建设】 2013年，谢家镇引进业主29家，流转土地133.33公顷，实现水稻制种基地面积405.33公顷，中药材种植面积1000公顷。全镇2013年农业增加值实现1.24亿元，比上年增长12%；农民人均纯收入达9860元，比上年增长12%。做好农业基础设施建设，新硬化村道、社道6.5千米，整治沟渠3.8千米，新修山坪塘3口、改造维修5口，整治水库1座。

【基础设施建设】 2013年，紧紧抓住国家扩大内需和灾后重建的重大机遇，积极对上争取土地工程、村通工程、安全饮水、退耕还林等项目，进一步加快农田水利、道路交通、供水、供电、通信等基础设施建设。完成“双挂钩”收尾工作，复垦土地面积30万平方米，探索创新小区社会管理，让群众安居乐业。同时积极配合园区，园区拆迁安置区建设工程已顺利进场施工。完成石山村780平方米“标美化”办公阵地建设；完成毛河村500平方米的办公阵地修建。

【工业经济】 落实领导定点联系企业制度，努力为企业排忧解难，做到主动登门和“110”式服务，切实维护群众和企业的利益。全年完成固定资产投资1亿元，规模企业实现总产值2亿元。

【第三产业】 依托狗肉美食文化、农副产品交易等，进一步发展壮大餐饮业、农家旅游，搞活商贸流通。新增服务业80余家，完成投入超过1000万元，城乡经济不断繁荣，社会消费显著增加。

【社会事业】 2013年，全镇享受城镇低保的居民达256人，发放低保金68.27万元；农村低保户1151人，发放低保金134.56万元；争取“4·20”芦山地震重建房屋66户，资金189.1万元；雨灾帮助建房17户，发放救灾救济资金30.8万元，加固维修208户，发放救灾救济金44.5万元。全年为残疾人办证65本；为特困残疾人投入1.2万元建房；帮助2名残疾人小额贷款贴息；贫困精神病患者免费服药60余人；贫困白内障患者免费手术5人。帮助33名困难职工，发放生活救助金、医疗救助金共计1.85万元。

【城乡环境综合治理】 2013年，谢家镇投入资金80余万元，完成引凤街、政府街、凯旋路、中兴街的亮化工程；新建垃圾池120余个，集中转运池20余个，新添垃圾清运三轮车10辆，垃圾桶50余个；投入资金450万元，建成生活污水处理站1个，修建人工湿地处理池100口，新创建生态村2个。成功创建为全省生态乡镇，极大地改善群众人居环境，提升集镇形象。

【党建和党风廉政建设】 深入开展“实现伟大中国梦”主题教育活动，坚持书记亲自抓，各级领导小组统筹协作，强化组织推动，强化典型带动，取得阶段性的成果。继续抓实党组织晋位升级，以“三分类三升级”为总抓手，实行一个支部一个对策、一本台账、一个联系镇领导、一个定期通报，突出重点，明确目标，分类制定不同等级村的创建标准和升级措施，新建毛河村级阵地，完善党建硬件资源建设、建立健全或督促落实党组织工作制度、解决群众反映强烈的其他突出问题，确定9名班子成员包片、9名机关干部驻村帮助整改，引项目、修道路、建新村，各党支部面貌很快发生改变。在村（社区）全面实施党员积制管理，印发《关于实施党员积分制管理的实施意见》。继续推行“321”及机关干部联系服务群众制，36名机关党员结对帮扶62名困难群众，全年入户走访调查352次，收集群众意见、建议412条，制定帮扶措施138条，通过“一事一议”，民生工程等项目为群众办实事187件。投入资金近4万元，为群众送慰问金1.8万元，送家禽家畜、生产化肥、种子、农药等生产物资2万余元，帮扶户年人均纯收入均超过2300元，顺利脱贫。同时加大“两代表一委员”联系服务群众工作站的便民力度，为群众解释政策5000余项，帮助群众代办服务事项1000余件。着力解决群众反映问题，结合两周一会镇村联席会，变群众上访为干部下访，转变工作作风，增强党员干部为民服务当先锋的主动意识。2013年，共排查搜集群众困难问题298件，现场解决238件，办结率80%；镇村联席会议共讨论群众困难问题60件，成功处理60件，办结率100%。完成村（社区）两委换届选举工作，优化班子搭配，增强村级班子运行力。建立社区党建工作联席会议制度，促进社区共建活动开展；以创建文化特色社区为目标，加强社区文化建设，新建谢家场社区文化活动场所，整修谢家镇电影院，谢家场党支部组建固定的文艺宣传队，文化活动精彩纷呈。建立并推进镇惩防体系建设，继续落实谢家镇党风廉政建设和反腐败工作任务分解的要求，利用党员学习日，通过组织学习文件、观看警示教育片等多种形式的廉政教育活动，使党员干部增强拒腐防变和抵御风险能力。

【社会治安综合治理】 高度重视大调解工作，镇村两级调解平台已基本建设到位，实行信息化管理，专业调处、公调、诉调等对接机制能正常运转，是年4月成功创建省级生态乡镇。全年，共排查民间矛盾纠纷125件，调处120件，调解率达96%，调解成功率达100%，上访案件较往年大幅减少。全年全镇未发生一起重特大安全事故，保持社会安全稳定。巩固“平安创建”成果，强化社会治安综合治理，大力开展群防群治，巩固农村院坝联防，落实“三定”财物安全责任制，健全整体联动防范网络，成功创建市级平安示范镇。高度重视信访工作，建立镇群众工作办公室和村级群众工作服务站，充实信访力量，建立信访“包案”制和信访协调“三三”制，严格信访值班制度，认真对待每一位群众的来信、来访，及时开展调查、分析，化解各种矛盾，确保实现“小事不出村、大事不出镇、矛盾不上交”。强化规范化建设，与企业、村、烟花爆竹经营户签订安全责任书40余份，加大安全检查和隐患排除整治，开展以交通、非煤矿山、危化品、烟花爆竹和非法客运为重点的安全生产宣传教育活动3次，共发放宣传资料2000余份，挂横幅12幅，进行安全生产大检查和专项整治15次，设点检查2次，整治安全隐患13处，杜绝重特大安全事故发生。

（陈玲玲）

江 口 镇

【概况】 2013年，江口镇国民生产总值（GDP）完成2.67亿元，增幅在16%以上；完成固定资产投入1.4亿元，招商引资1.5亿元，其中农业项目招商引资2000万元；农民人均纯收入达到9760元，增幅达到15%；农业增加值比2012年增长4.5%；粮食产量达到757.1万千克；年出栏生猪3.73万头，水产品产量达500吨。

【农业农村经济】 2013年，江口镇全面启动建设“长寿养生果蔬新村示范片”，打造彭祖桃园农业园区，完成桃树标准化品种改换13.33公顷，硬化道路6千米，沟渠整治5千米，山坪塘防渗6口。以土桥村为中心，建设蔬菜种植基地，种植土豆、青菜等33.33公顷，使当地农民人均纯收入增加300元。完成土桥村、远景村、凯旋村柑橘新品种、新技术改良33.33公顷。依托“建设千湖之城、打造山水寿乡”项目，完成桤木、芋和水库整治2座。完成山坪塘整治3座，山坪塘综合利用90座，增加水域面积0.6平方千米。依托以工代赈项目和血防项目，完成农村道路硬化6千米。防渗整治沟渠4000米，水改旱20公顷，田改鱼6.67公顷。

【社会事业】 2013年，全镇符合政策生育率达到87%。完成孕检89对及社会抚养费征收任务，协助相关部门落实好计划生育三结合工作，开展计生三查3次，完成各村困难独生子女就学工作及“两奖一扶”工作。进一步扩大新型城乡居民养老保险参保面，完成续保工作及低保政策动态管理，做到应保尽保。新办理失地农民保险92人。全面落实惠民资金477.34万元，圆满完成民生工程目标任务，完成贫困白内障免费手术10人例；19户贫困户安居工程建设完工；残疾人危房改造2户，大病救助41人次15.12万元，一站式服务410人次，实现残疾人灵活就业182人次，发放低保金184万元，地震灾后补助资金233.7万元。加大殡葬管理宣传和执法力度，完成火化任务80具。强化安全管理责任制，实行“一岗双责”，做到月查、突击检查、重点检查到位，整治到位，全年无一例安全事故发生。城乡环境综合整治工作已步入常态化管理，保证常规运行，投入资金10万余元，维修垃圾池100余个，完成将台社区亮化工作。以“平安创建”工作为主题，建立矛盾纠纷动态管理机制，坚持常态化排查处置不稳定因素；及时预防和化解矛盾纠纷93起，基层矛盾纠纷化解成功率达100%，无一例重大群体性事件和重大刑事案件发生，行政案件和治安案件明显减少，巩固平安创建工作成果。全面完成2013年春秋两季灭螺工作。江口卫生院扩建工程顺利开工建设，农村合作医疗参合率达100%。强化村镇建设管理和土地监察工作，规范建设行为，统一建设风貌和格调的川西民居。全年有效遏制违规乱搭、乱建和乱占国有土地资源的行为。完成地质灾害搬迁9户，协助规划部门完成江口镇总体规划、道路规划、产业规划、村镇规划等“5+1”规划工作。全面完成人民武装、民兵标准化的规范建设工作，文化、教育、卫生、工、青、妇等专项事业工作和谐发展。

【重点工作】 林下生态养殖观光园区利用“专业合作社+养殖基地+农户”的方式，强化“过山鸡”品牌效应，带动园区养殖山林鸡100万羽，使当地农民人均纯收入增加500元。大力发展以旅游为“龙头”的第三产业，加快以“双江、永利、白蜡”为主的生态农家乐建设速度，新建、改扩建休闲娱乐农家乐2家。以永利、远景“生态观光园”为重点的生态旅游休闲区建设初具规模。以畜牧观光园区为依托，打造一个省级残疾人林下养鸡扶贫基地。顺利通过省级生态乡镇的创建工作、省级乡村旅游示范镇的申报工作、国土部成都督查分局土地例行督察工作。项目开发工作稳步、顺利推进。完成彭祖山“长寿小镇”安置区规划、地勘、财评、方案审定等；全面完成省“人防工程”征地拆迁附着物处理，拆迁农户70余户，基础、场平工程已动工修建；全面完成九龙山隧道工程征地拆迁附着物处理，征地5.24公顷，拆迁农户20余户，工程已顺利进场施工；完成彭祖山旅游通道工程建设调查和赔付，确保工程顺利进行；完成龚家堰扩建工程征地53.07公顷，完成安置点及道路复建占地的选址和实物调查，启动安置点建设。

【党建工作】 2013年，江口镇以基层组织建设年为契机，夯实基层组织建设。创新思维，开拓进取，认真开展“融入成都，同城发展”活动，增强班子团结，1篇学习心得“融入成都、同城发展、找差距、添措施”活动专刊载入县政务信息。实行联动帮扶，开展后进党组织转化升级，双合村成功转化升级为先进基层党组织。加大党建投入，筹措资金10余万元新改扩建双合、凯旋2个办公阵地，打造茶场、永利两个党建示范旗帜村。新建跑山猪种养殖专业合作社等“两新”党支部3个，山林养鸡专业合作社党支部成功晋升为“五星级”两新党组织，全县仅2个。继续深化创新党员积分制管理，分类、细化考核指标，探索建立党员低分警示教育机制，实现党员积分制常态化管理，有效破解党员考核难、管理难的问题，党员的责任意识和模范意识明显增强。圆满完成村（社区）党组织和村委（居）会换届选举，回引人才6人，村级班子队伍进一步加强。实行干部“双向选择”竞争上岗、项目化管理和激励考核督察制度激发党员干部动力；推行“三级便民服务体系”“三卡一册”“两办三中心”等模式提升机关服务效能。结合反对“四风”要求，深入开展“正风肃纪”等活动，健全17项监督管理制度，干部作风明显改善。进一步强化党风廉政建设，全年开展党风廉政进村社活动2次，到眉州监狱接受警示教育1次，撰写心得体会60余篇。认真做好案件查处和来信来访工作，对违反社会管理秩序的3名党员进行立案、结案。创新开展“x+1”帮扶工作，扎实开展党的群众路线先行先改活动。印发民情联系卡100余份，结对帮扶群众75户，发放慰问金20余万元。紧紧围绕“聚焦四风找准问题，营造环境推动发展”要求，开门开放先行先改，查找突出问题10个，建立整改台账和具体责任人，干群关系进一步密切。

（阳 洋）

黄丰镇

【大事记】 3月29日，黄丰镇第十八届镇人民代表大会第三次会议在黄丰镇文化中心隆重召开，全镇53名镇人大代表参加会议。大会依法选举谢红为黄丰镇人民政府镇长。大会听取和审议镇人大主席张忠灵代表镇人大主席团所作的《黄丰镇人大主席团工作报告》，谢红所作的《政府工作报告》，通过《黄丰镇2012年财政预算执行情况和2013年财政预算（草案）的报告》，袁长清向大会报告镇十八届第二次会议代表建议意见办理情况。

图为黄丰镇第十八届人民代表大会第三次会议投票现场

图为黄丰镇人民政府镇长谢红（左一）在会上讲话

4月13日，以“乡趣无限　完美‘橙’现”为主题的2013中国·彭山第四届黄丰橘花节在团结村橘花广场盛大开幕。开幕文艺演出吸引近4万名游客前来赏花品果，乡村趣味运动会和民间文艺汇演节目活动吸引四面八方的群众和游客激情参与，提升会节品牌，实现促进农民增收目标。

图为2013中国·彭山第四届黄丰橘花节组图

该届橘花节由黄丰镇柑橘协会、合作社和雷雷果业公司共同主办，全社会参与，完全市场化运作。从开幕文艺活动、农民style、乡村趣味运动会到民间文艺汇演，绝大多数节目活动都由农民群众自编自导自演，群众参与度高。

6月19日，市委农工委主任陈明芳率领市委农工委17名同志到联系村彭山县黄丰镇金鱼村与该村26名村社干部、党员代表、群众代表就如何实现伟大“中国梦”，促进金鱼村经济发展、基础设施建设、新农村建设、老年活动中心建设等群众热切关心的问题进行了面对面的交流。在市农工委的指导下，金鱼村全年新种植柑橘16公顷，品改柑橘36公顷；对村办公室进行全面改造，为全村提供了很好的活动阵地；修建沟渠2000米，投资15万元；硬化道路2200米，投资60万元；极大地改善金鱼村群众的生产生活条件。

图为黄丰镇“中国梦”座谈会现场

【概况】　2013年，黄丰镇坚持“科学发展、规划引领、统筹城乡、一三互动”工作思路，创新“四种模式”，加快“四个转变”，奋力建设生态田园活力和谐黄丰。全年实现国内生产总值2.73亿元，比上年增长16%；固定资产投资达到1亿元，比上年增长30%；农民人均纯收入达到1.02万元，增长1483元。

【产业发展】 坚持“规划引领”，由广西华蓝设计集团完成全镇总体规划，通过竞争性谈判确定成都意道旅游策划公司为黄丰镇做好旅游发展规划。以节为媒，推进“一三互动”，由团结村协会、合作社成功承办2013中国彭山第四届黄丰橘花节，吸引游客近10万人次。创新“四种模式”、加快“四个转变”，摸清农户意愿，全镇完成培育现代农业业主35户，其中党员业主21户。邀请中国柑橘研究所教授培训果农8500人次。抓好柑橘品改，做强柑橘产业，黄丰“春见”柑橘获得国家绿色食品认证。

【基础设施建设】 全镇新建水泥路8千米，防渗沟渠10千米，整治山坪塘20口。完成黄丰牌坊处绿化节点打造，江新路沿线垃圾池升级改造，统一黄丰场镇店招工作。完成投资80万元建成合力村综合文化室。完成双塘村、中和村、合力村、团结村四个村级司法工作站建设。完成团结村省级环境优美示范村和合力村、金鱼村省级卫生村创建工作。

【重点项目】 完成投资2.4亿元龚家堰扩建工程，涉及黄丰镇范围内34户搬迁户协议签字确认，安置区改建道路、枢纽区项目征地工作。完成投资4511万元合力村城乡建设用地“双挂钩”项目安置区296套房屋主体工程建设。完成投资699万元四塘、花龙村土地整理项目。完成35千伏变电站及连接线路途经黄丰镇范围内占地的征用、补偿、搬迁工作。完成投资300万元双塘村电网改造，建成国家级标准化电网工程。完成全镇灾后重建户312户，投入资金854.4万元，维修加固户502户，投入资金120.8万元。

【综合体项目】 2012年12月，合力村综合体项目依托县土地整理双挂钩项目正式开工建设，占地约6.67公顷。2013年搬迁267户，新建297套房屋，安置997人，房屋主体工程建设已全面完工。同时，镇村两级认真贯彻落实全市创新“四种模式”、加快“四个转变”和全民创业大会精神，积极招商引资，加快土地流转、推进产村相融。引进远成集团在该村租地约26.67公顷，投资建设集生态、观光、旅游、度假于一体的黄丰庄园项目；引进成都新姿公司、四川省顺昶中药材有限公司等5家公司在该村流转土地109.33公顷，组建核桃种植合作社、爱媛果业合作社，采取“公司+合作社+农户”的模式，投资新建千亩核桃园、生态橘园、优质苗木基地等项目，每年就地吸纳农民工500余人；全村群众自办家庭农场140个，形成规模种植户120户、规模养殖户20户。

【党建工作】 2013年，全镇共有党组织20个，其中新建两新党组织7个。严把党员发展入口关，新发展21名党员全部实行群众评议机制和党委书记谈话制。顺利完成村两委换届选举工作。按照先村（社区）党组织、后村（居）民委员会的顺序，建设“作风品行好、知识化、专业化、技能化”的村（社区）干部队伍，2013年11月18日和12月15日全镇9村1社区支部、村委换届选举大会分别召开，成功选举产生全镇村（社区）新一届两委班子。强化村级阵地建设，完成双塘村、金鱼村办公室改建，新建合力村办公室，完成共和村迁建阵地规划设计和选址。从2013年5月起，镇党委集中两个月左右时间，在全镇广泛开展“实现伟大中国梦、建设生态活力和谐黄丰”主题教育活动。通过主题教育活动，引导全镇人民深刻领会中国梦的基本内涵、重大意义、黄丰目标、实现路径，切实做到统一思想、凝聚力量、转变作风、争创一流，为实现“发展经济、保障民生、高兴群众”目标打下坚实基础。

（徐　萍）

牧马镇

【大事记】 7月，恒大4期征地80公顷，3天完成征地协议，两个月完成110户拆迁任务。

8月，复地二期征地83.33公顷，3天完成征地协议，两个月完成180户拆迁任务。

11月，村级党支部换届选举，完全公推直选，5村1居选出支部书记、委员18人。

12月，村级组织换届选举，完全民主选举，5村1居选举村主任、委员25人。

3月至12月，启动绿海明珠锦江河堤牧马段，投资2000万元，完成主堤及护岸1800米。

【概况】 牧马镇北与新津县金华镇、双流县黄龙溪镇接壤，东与4A级风景区古镇黄龙溪相邻，南与武阳乡接壤，西依岷江（南河），并与位于天府彭山新区的工业重镇青龙镇隔江相望。距彭山县城15千米，成都市中心38千米、双流国际机场30千米。2013年，幅员面积28.5平方千米，耕地面积820公顷，全镇实现GDP2.2亿元，农业生产总值1.53亿元，农民人均纯收入9960元，固定资产投资19.55亿元。全镇实现财政收入384万元、税收2.5亿元。

【新农村建设】 牧马镇是黄龙生态宜居城战区的主战场，被纳入全省21个重点打造的小城镇之一，全镇坚持“以城为主、以游为主”的工作思路，全面推进各项新农村建设工作。2013年，全面对接黄龙溪景区的牧马新镇1期项目主体已基本完工，2期项目规划已近尾声，莲花旅游新村3期项目主体施工已进入尾声，4期项目已进行规划。为“4·20”地震房屋受灾的81户村民争取资金重建房屋，修建面积共计9600平方米；全年共投资2000万元新建锦江河堤1800米，美化河岸的同时，大大提升全镇的防洪能力；投资80万元对全镇重要节点进行绿化、美化，共计绿化公路两边绿地1.33公顷，修建场镇停车场2个，栽种树木花草600余株，全面提升牧马的环境形象。

【农业产业化】 2013年，牧马镇重点抓科技带头人和农业种植大户的专业培训，引导全镇农民致富创收。全年共培训各类农业科技人员6000余人，示范种植秋洋芋40公顷，大棚西瓜蔬菜26.67公顷，高产示范油菜、水稻各400公顷。全镇突出打造一村一品特色，官厅村的空心菜和武阳村的地瓜籽、海椒收入高达2.5万元/亩，小麦、水稻全面实现全机械化收割，发放惠农直补资金189万元，农机补贴13万元。

【工业经济】 牧马镇因规划控制，为工业限制发展区，重点抓好原有10个家具厂的安全生产工作，2013年全镇工业经济总产值实现2000万元。

【第三产业】 牧马镇的第三产业主要依托恒大、复地两大旅游地产项目的带动作用，为全镇群众的创业就业提供良好基础。2013年，全镇共有餐饮行业48家，从业人数164人；各类修理24家，从业人数85人；个体工商户115家，从业人数115人；建筑工头48个，建筑工人564人，在恒大、复地的其他从业人员1700余人，总收入达1.6亿元，创历史新高。

【社会事业】 2013年，全镇计划生育共奖励独生子女户960户，发放资金100万元；发放0—18岁独生子女费3980户，发放资金23.88万元；审批再生育28人，符合政策生育228人，三结合25户，“三查”1.5万余人次，孕前检查92对。坚持文化贴近群众，实现大众参与为目的，全年共建村村通广播5个，送电脑电视到村18台，组织文艺表演16场，放映电影128场，培训文艺队伍表演人员500余人；全年各健身广场实现天天开放，参与人数达1.6万余人次；教育工作稳定发展，适龄儿童入学率达100%，全镇共有在校学生1020人，学前儿童410人，实现初升高60人；全镇积极推行电脑教学，学生教育率达100%。民政工作以惠民济困，解决群众实际困难为宗旨，全年共发放老复员、带病回乡、参战人员优抚金19.18万元，涉及87人；发放最低生活保障金53.95万元，涉及433人；大病医疗救助43人，发放金额15.19万元；救助困难群众500人、临济15人，发放金额19万元；帮助特困户建房共81户，发放资金180万元；资助贫困学生11人，资助资金1.8万元；老龄工作投入8万元，火化超额完成任务。全年针对恒大、复地用工需求，开展劳动和社会保障工作。联合两大项目展开订单式技能培训24次，参加人次达932人，输送305名农村青年在两家企业就业，有26名优秀青年通过自身努力进入企业中层或管理层；实现创业品牌人员70人，转移剩余劳动力7000人；实现购买失地农民和城镇居民养老保险780人，农村养老保险1.25万人，农村医疗保险1.6万人，城镇居民医疗保险500人。

【民生工程】 全年实现失业再就业4人，困难人就业3人，城镇残疾人就业170人，发放妇女小额贴息贷款272.30万元，实用技术培训0.6万人，现代畜牧业培训958人，被征地农民培训40人，扶持贫困人口315人，提供法律援助150人，新建法律援助站1个，农村残疾人解困25人，解决残疾人基本器具15人，救助脑瘫儿1人，贫困母亲6人，资助普惠性幼儿经济困难86人，救助困难职工5人，教育技术装备工程5套，资助农村困难独生子女3人，居家抚养智力、精神、重度残疾7人，免费孕前检查88人，白内障复明术7人，地震灾害安置1户，新建沼气30口，巩固退耕还林248.73公顷，免费电影60场，6个行政村全部实现通广播，新建校舍473平方米，道路整治9.9千米。

【党建工作】 抓班子建设，增强队伍凝聚力和战斗力。坚持民主议事，民主决策，充分听取各方面意见，实行班子成员轮流坐庄，分抓急、难、险、重工作，确保各项工作顺利推进。抓好村两委班子换届选举，100%实现“群众满意，组织放心”，平均年龄下降3岁；做好村民组长选举工作，制定统一指导意见，选出一批工作能力强、无私奉献的好组长。抓作风建设，提高干部自律性和执行力。汇编中央省市县关于作风建设规定的学习手册600余本，下发给机关干部和村居成员。严格日常考核，坚持抽查考评制度。自我整改，形成互指正、自己查、主动改的四风大整顿形势，共收集剖析材料80余份，批评意见30余条。抓基层组织和党员队伍建设，筑牢思想和工作基础。投入30余万元对3个村活动阵地进行规范打造。给村设定增收目标，支部书记进行公开承诺。切实抓好培训，对新当选的村级干部展开10天全面培训。扎实联系服务群众，提供资金扶持80余万元，惠及各类群众3000余人。推动战区工作，完成恒大、复地163.33公顷土地征收和290余户的拆迁工作，完成锦江河堤3个村11个村民小组征地补偿工作，妥善处理好部分村民房屋拆迁补偿和林园补偿的善后事宜，为600人购买社保。牧马新镇、莲花旅游新村两大安置区及省级重点小城镇建设工作取得优异成绩。

【社会治安综合治理】 2013年，牧马派出所共接、处警320起，立刑事案件64起，破34起，打击14起，查处行政案件138起，调解101起，行政拘留24人，强诫8人。司法工作坚持调访结合，以防为主，形成镇村社三级网络，全年调处各类纠纷120起，社会矫正36人，解除19人，无1人重新犯罪，接待咨询人数150人次，非诉讼方式调解4件。信访排查纠纷40件，受理30件，处理30件，息访息诉30件，处理信访上访案5件。创新管理工作坚持“新”字做文章，坚持会议制度，月月汇报，并向周边优秀乡镇取经，共组建6支队伍，联防队员1100人，加强节假日巡逻，确保镇境内社会稳定，全年无一起重大事件发生。

（毛先强）

保胜乡

【概况】 2013年，保胜乡国内生产总值1.44亿元，农林牧渔总产值1.51亿元，全社会固定资产投资6000万元，农民人均纯收入9715元，符合政策生育率88.9%。

【农业农村经济】 2013年，保胜乡重视和加强农业生产。稳定农村土地承包关系，稳定粮食播种面积，推广水稻旱育秧、配方施肥，开展粮油高产创建活动，落实强农惠农政策，切实保护基本农田，加强农业政策性保险的宣传和投保，水稻、玉米、油菜投保面达100%，马铃薯新增投保170公顷，落实受灾、受损赔付10.7万元。粮食总产量达1120万千克。全年生猪出栏8.32万头，其中，DLY生猪6.3万头，天柱标准化养殖园区建成，5户养殖户建成标准化养殖场。全乡7979头能繁母猪、1.54万头育肥猪入保政策性农业保险。生态肉鸭持续发展，出栏肉鸭400万羽，小家禽出栏135余万羽；巩固531.07公顷退耕还林，新植林竹100公顷，1233.33公顷森林加入保险，4个业主办起林竹加工厂；青菜、莲藕、马铃薯种植面积达333.33公顷；近100名业主从事养渔产业，同时饲养黄鳝、泥鳅等特种水产，水产品产量突破1450吨。打卡发放粮食直补、综合直补资金224万元，粮种补贴36.4万元、退耕还林补助99.5万元。落实财政奖补资金20余万元，落实政策性农业保险赔付40余万元，新型农村合作医疗报账123.7万元。乡信用社存款余额1.37亿元，比上年增加2080万元，2013年，共发放贷款1208万元，支持400余农户从事种植业、养殖业和第三产业。输出劳务7100余人（次），创劳务收入1.3亿元。

【基础设施】 2013年，建成农服中心和动物防疫中心，保胜卫生院建成并投入使用，群利水库、宋家水库完成除险加固，新建水泥路8453米，整治排灌沟渠7条共3033米，整治山坪塘13口，新建蓄水池3口。新建电力提灌站1座，改造整治提灌站5座。龙安农电网升级改造工程竣工；县供电公司开展“包片进村”活动，全乡新增变压器13台，修复损毁龙安大桥并投入使用。

【民生工程】 2013年，新增就业12人，失业人员再就业6人，农村残疾扶贫解困31人，免费为7名白内障患者实施复明手术，为10名精神病患者提供免费服药服务。开展农村实用技术培训1.2万人（次），农村劳动力技能培训90人，救助贫困母亲3人，扶持贫困人口323人，开展济困助学44人。新建沼气池40口，新增有线电视用户100余户。1.2万人参加新型农村合作医疗，8635人参加社保。农电网升级改造让1500余村民的用电状况得以改善。投入50余万元实施“校安工程”，接受四川省义务教育均衡发展督导检查评估。中学中考成绩名列全县前列，中、小学先后有38名学生参加全国、省、市的各类比赛获奖。重视和抓好公共卫生，血吸虫病防治工作，建立居民健康电子档案1.17万份，健康体检1.26万人次，预防接种1637人次，灭螺432处、87.8万平方米，血检5000人次，扩大化疗4650人次，组织监测450余人在县血防医院进行血吸虫病学检查、调查，血防工作获全县第一名；全年出生人口163人，符合政策生育率控制在县下指标内。计划生育奖励、特别扶助584人，依法征收社会抚养费，接受省、市级检查获好评。殡改火化78具。完成38户地震受灾户、雨灾受灾户的住房改造。落实各项救灾、救济款50余万元；免费放映公益电影20场（次），县级“非遗”“幺妹灯”参加春节巡演获好评，并在省、市、县电视台播出。农家书屋规范化建设获县排名第一；搞好武装工作正规化建设，组织民兵400余人（次）参加社会建设，完成夏季征兵任务。顺利完成村（社区）村（居）委会换届选举。启动并开展全国第三次经济普查，完成场镇控制性详规。

【城乡环境治理】 2013 年，保胜乡深入开展城乡环境综合治理，清理各类广告、牛皮癣和涂鸦 100 余处，拆除墙体标语 1000 余平方米，治理卫生死角 25 处，整治乱停乱放、乱堆乱放 80 余次，维修整治垃圾池 200 个，设置招呼站 2 个，环境治理获得一个全市“十佳”和三个全县先进的好成绩。龙安村被省委、省政府授予“环境优美示范村庄”称号，被省爱卫会评为“卫生村”。完成 90 户“D”级危房户和 94 户“C”级危房户的改造。新铺碎石路 2 千米，修生产便道 2 千米，新增户通公路 200 户。

【创新管理】 2013 年，深入开展“六五”普法运动。创新社会管理，深化“平安彭山”建设。扎实做好矛盾纠纷大排查、大调解，全年调解各类矛盾纠纷 135 件，落实对 15 名对象的社区矫正。畅通信访渠道，坚持领导接访和下访，处理信访 38 件（次），确保全国“两会”“三中全会”“财富论坛”等重点时节的稳定。调解治安案件 32 件，强制戒毒 2 人，治安拘留 10 人。切实加强对重点领域和行业的安全监管，落实安全生产“党政同责，一岗双责”制，组织开展重点时节的安全大排查、大检查活动，排查各类隐患 120 余起，处置、教育有关人员 110 人次，在水利设施、交通危险路段设置安全警示牌 249 个。争取上级资金 80 余万元，对保永路、保青路、龙安大桥等公共隐患实施整治。

【自身建设】 2013 年，自觉接受乡人大主席团的法律监督和工作监督，认真办理人民代表的批评、建议、意见 17 件，全部按时答复代表。切实加强党风廉政建设，坚决贯彻落实中央“八项规定”，密切联系群众，开展“走基层，解难题，办实事，惠民生”活动，落实帮扶措施 200 余个，办实事 50 余件。加强机关管理，推行政务公开，坚持接待在食堂，杜绝大吃大喝，铺张浪费现象。

（葛开红）

义 和 乡

【大事记】 3 月，义和乡农村改厕项目通过省级验收。

7 月，省人大常委会副主任曾省权到义和开展贫困人口脱贫致富专题调研活动。

7 月 11 日（农历六月初四），义和乡党委、政府成功组织天宫山朝庙活动。

10 月，义和乡原创歌曲《天宫山的小辣椒》在彭山县传唱。

11 月 6 日，完成村党支部换届选举工作。

12 月，完成村委会换届选举工作。

同月，义和乡获“社会主义新农村建设档案工作示范乡”称号。

【概况】 2013 年，义和乡幅员面积 37 平方千米，辖 5 个村、40 个村民小组，人口 1.54 万人。

随着成眉石化园区大手笔、高起点落户，全乡从传统的农业乡镇跻身全县重点工业乡镇行列。2013 年，全乡积极发展都市近郊型现代农业产业，打造 333.33 公顷优质猕猴桃产业园区；现拥有全国最大的 733.33 公顷中药材种植基地、全县最大的 466.67 公顷水稻杂交制种基地，是全县“万亩万元”工程的重要示范基地；是四川省首批辣椒标准化生产示范乡，种植无公害“天宫辣椒”400 公顷，年总产量 450 万千克；全年新发展岐山米枣 100 公顷，年总产量 150 万千克，人均纯收入增加 800 元以上。

【区位优势】 义和乡建制于 1935 年，2005 年合乡并镇后，原岐山乡并入义和乡；距彭山县城 14 千米，成都 62 千米，双流国际机场 45 千米，成乐高速公路 11 千米；东北与凤鸣、谢家相依，西北与成都邛崃市、蒲江县接壤，西南与东坡区多悦镇为邻。

全乡境内钙硭硝矿产储量丰富，存量可开采上百年；旅游资源丰富，文化底蕴浓厚，远近闻名的天宫山上自古建有“天宫庙”，于清康熙8年（1669年）更名为“飞来寺”，开发潜力大；森林资源丰富，全乡有森林面积1866.67公顷，森林覆盖率达33%以上。交通便利，全乡主干道全部硬化水泥路，通村公路硬化率达95%以上，成眉工业大道贯穿全乡，直达成都；水利条件优越，通济堰横贯全境，双凤、大坝、群英、联合4座水库和145口山坪塘蓄，水量可达500万立方米以上；水利设施健全，全乡沟渠总长30余千米，硬化率达80%，提灌设施完备，基本满足全乡农业灌溉需求。

【项目工作】 2013年，义和乡共争取各级各类项目资金共2200余万元。石化项目战区全面完成供水站、供热站新征地任务18.67公顷，搬迁农户24户。民生项目全年整合资金1000余万元对3个村的基础设施进行整改；财政扶贫金90.6万元，用于村、社公路建设，共整治硬化村、社道路11.79千米，新建生产便道400米；整治提灌设施1座，小型水库1座，山坪塘5口，新修蓄水池40口，改善和整治沟渠1240米，解决近5000人生产生活用水困难，改善电力设施16千米；对全乡贫困落后村基础设施和人居环境进行改造，改厕487户，新建沼气池336口，新建村内垃圾处理池20个。结合实际鼓励农户发展产业，打造喻沟村96.67公顷的核桃种植基地，巩固和扩大悦园、活桥村猕猴桃基地，2013年，扩大种植面积73.33公顷。“4·20”灾后重建项目争取灾后重建资金1000万余元，有效改善全乡群众居住环境。全年完成334户重建和432户维修加固，C级危房改造90户。

【农业产业化】 结合各村实际，发展优势产业，打造“一村一品”，积极引导群众向产业工人、农业业主和三产经营者转变。333.33公顷优质猕猴桃产业园初具规模。2013年，全乡新发展猕猴桃种植近73.33公顷，引进业主40余户，带动本地农户50户种植，带动当地农民300余人长年在园区务工。全乡猕猴桃种植面积已达200公顷，2013年猕猴桃单价12元以上，亩产值达2万元以上，年总产值逾千万。加大资金投入，通过“一事一议”、扶贫连片开发、水改旱等争取项目资金近500万元，不断完善园区内基础设施建设，全年新硬化道路近10千米，新浆砌沟渠近3000米。依托猕猴桃专业合作社的发展，在解决周边农户务工问题的同时，积极引导农户组建一支农业服务队伍，在产业发展中给业主和农户提供最优质、快捷、方便、全面的服务，确保产业和组织健康发展。稳定发展“天宫”辣椒400公顷，“天宫”辣椒协会与郫县豆瓣有限公司正式签署合作协议，形成公司+协会+农户的模式，助推产业发展。新发展近100公顷优质核桃。借助全省扶贫连片开发项目在义和乡喻沟村实施的契机，利用荒山荒坡，发展种植优质核桃近100公顷，涉及农户近500户。该项产业成为喻沟村继天宫辣椒后的又一大支柱产业，形成“山上种核桃，山下有辣椒”的良好产业发展格局。依托猕猴桃产业，在发展家庭农场的基础上，结合成新眉快速通道和石化园区核心区的交通、区位优势，新发展农家乐3个，推动三产发展。科学管理，打造规范养殖示范小区，投入70万元，完成喻沟村、活桥村、悦园村生猪养殖示范区3个，新修养殖房2600平方米，增加圈舍352眼，带动和发展畜牧业大户500余户，出栏生猪3.73万头。

【基础设施建设】 2013年，争取省人畜安全饮水工程资金200万元，铺设管道10千米，解决4个村、1580户、5102人的饮水困难问题。全面完成岐山村高速路口至岐山场镇2.5千米道路修建和岐山至谢家全长10千米的道路拓宽工程，竣工并投入使用，彻底改善岐山村交通条件。投资30余万元，完成喻沟村2.3千米道路的拓宽、保坎工作。积极开展“绿海明珠”工程，争取资金50余万元，完成4千米的谢义路两侧绿化。投入100万元，建设大坝水库尾水工程道路，拓宽村道2.8千米，新修水泥路1千米。

【社会事业】 2013年，投资20余万元，完成义和学校附属幼儿园改建工程，确保全乡幼儿就近入学，有效改善办学条件。争取到省级资金30余万元，修建乡综合文化站。血防查螺118.25万平方米，灭螺62.36万平方米，开展健康教育活动2万人次，为2014年血防阻断达标奠定坚实的基础。创作全县首支反映乡镇产业发展和风土人情的原创歌曲《天宫山的小辣椒》。大力开展城乡环境综合治理，实行季度考核和抵押保证金制度，逗硬奖惩；开展环境治理网格化管理，责任到户到人，全年清理整治非法广告153幅，合计512.5平方米，第一季度评为市城乡环境综合治理十佳乡镇。

【安全维稳】 2013年，严格执行"一岗双责"制，加大安全生产排查力度和安全整治力度，全年投入资金20余万元，排查安全隐患70余处，查处安全违法行为50余起，警告教育80余次，开展安全生产大讲堂培训班5期，培训500余人次，新增安全警示标牌、标识75个，整治较大安全隐患9处，全年未发生一起重大安全责任事故。巩固"五五"普法成果，深入开展"六五"普法教育活动。成立治安院坝联防机制，及时调解各类矛盾纠纷，调解成功率达98%以上。整合公安、调解、信访、司法、综治维稳资源，合署办公，成效明显。建立创新社会管理长效机制，确立以杨庙村为示范点的创新社会管理试点村，以点带面，建立健全村级管理制度，完善村级管理体系，初步建立"党委领导、政府负责、社会协同、公众参与"的社会管理格局，有力地促进社会和谐。

【党建工作】 坚持"一好三化"选人用人标准，推行党建工作"双述双评"，接受群众评议。实施干部素质提升工程，开展季度乡村社干部综合知识考试，提高干部综合素质。定期开展交流谈心，打造团结、务实、廉洁班子。强化基层组织建设，重点抓好后进支部晋位升级，制定详细的转化方案，定期督察考核；开展党委和支部现状大调研，实施"三分类三升级三挂钩"工作，先后召开各类座谈会8次，走访群众100余户，发放各类问卷调查500余份，全面掌握现状，找准存在的问题，确定先进党支部2个，一般党支部12个，后进党支部1个。开展两新党建星级评比活动，从人、财、物上保障两新党建顺利开展。是年4月，乡党委选派宋群、徐海娟、文开臣为两新组织党建指导员，分别联系指导12个两新组织建党，两新组织建党率达100%。是年5月，全乡开展"实现伟大中国梦，建设富裕美好和谐义和"主题教育活动，提出"狠抓两区实现六梦"的"中国梦"义和目标。以"发展梦""稳定梦""民生梦""石化梦""组织梦""创卫梦"为载体，以猕猴桃产业园区和石化园区为依托，组织全乡党员干部和群众积极参与"理想信念、跨越发展、和谐稳定、感恩奋进、群众路线"主题教育活动，将义和打造成彭山西山片区的工业桥头堡和农业产业发展排头兵，建成富裕美好和谐新义和。强化督察考核，实行党建工作末位述职制。通过"干部大讲堂""大学生村官说村情"等讨论活动，提升乡村社干部分析问题、解决问题和语言表达等能力。鼓励干部大胆开展工作，派驻工作组专门负责指导、培养村社干部，提高其处理问题能力；加强流动党员的管理，按地域选择1至2名责任心强、工作激情高的流动党员为负责人，负责本区域流动党员的沟通和管理。以"321"直联工作为载体，结合各村实际，制定切实可行的帮扶方案，积极引导群众向产业工人、农业业主和三产经营者转变。2013年年初，党委提出贫困人口脱贫致富的"3+1"帮扶工程，即由1名党员+1名致富能手+1名亲友结对帮扶1户贫困户，通过产业扶持、务工技能培训、改善生产生活条件等多种途径，充分调动一切可以调动的力量和资源，用3至4年的努力，使全乡705户贫困户逐步摆脱贫困。全年全乡争取到位各级专项扶贫资金1700万元，帮助242户贫困户脱贫。

【机关人事变动】 2013年7月，马强调任彭山县纪委；9月，王兵调至眉山市安监局；9

月，定向招考李尚友为村建所事业人员；10月，定向招考姜毅为公务员；12月，梁高旗病逝；12月，汪红梅从资中县走马镇调入义和乡。

（徐海娟）

锦江乡

【大事记】 1月6日，县委常委、组织部部长周代军到锦江乡调研基层组织建设。

4月10日，锦江乡召开第二届人民代表大会第三次会议，大会补选邓文杰为锦江乡人民政府副乡长。

4月21日，市委副书记、市长宋朝华到锦江乡查看“4·20”芦山地震中受损的天生埝水库。县委书记蔡刚，县长梁磊等领导陪同。

4月23日，副市长钟毅到锦江乡查看“4·20”芦山地震受损的天生埝水库。

8月22日，锦江乡召开第二届人民代表大会第四次会议，大会补选杨星为锦江乡人民政府副乡长。

10月17日，熊念调任彭山县经济和信息化局局长兼党组书记，免去其锦江乡党委书记职务，钟阳主持锦江乡党委全面工作。

同日，县委常委、纪委书记罗焱率彭山县村（社区）党组织换届驻锦江乡指导组成员出席锦江乡村（社区）党组织换届工作动员会。

11月17日，锦江乡完成村（社区）党组织换届选举工作。

12月15日，锦江乡完成第九届村（居）委会换届选举工作。

【概况】 2013年，锦江乡实现地区生产总值1.45亿元，增长6.4%。农林牧渔总产值达1.05亿元。农业增加值实现6360万元。粮食产量达到6988吨。农民人均纯收入达到9686元，增长14.7%。招商引资实际到位资金9422万元。全社会固定资产投资完成5000万元。全年加强国有资产管理，强化预算约束，优化支出结构，整活资源组织收入14万元，积极向上争取资金22万元。2013年，财政收入完成424万元，偿还2万元的财政周转金。组织、党风廉政建设、依法行政等16项工作被县委、县政府评为先进集体。青少年、森林防火工作被市委、市政府评为先进集体。“4·20”抗震救灾工作被市委评为先进乡镇党委。

【基础设施建设】 通过引导群众通过“一事一议”村社自筹资金和财政补助的方式，完成标美化沟渠浆彻10.8千米，防渗山平塘15口，村道硬化6千米，社道整治16千米，改建堤灌站2座，病险水库整治1座。恢复和新增水域面积完成0.61平方千米。全面完成新村建设规划，集合“双挂钩”项目实施，在永泉、天库、武陵、联络完成居民点布点规划。半边街综合体建设正抓紧实施。

【农业产业化】 以正华现代农业园区、天库村蔬菜专业合作社、彭山县天山家庭农场为主的蔬菜产业已形成规模。全乡共有种植业主12个，发展无公害蔬菜271.2公顷。以联络村山地鸡养殖专业合作社为龙头的养殖业，2013年投入50万元，新建标准固定鸡舍4050平方米，截至2013年11月底已出栏山地鸡150万只。通过山地鸡养殖，实现销售收入1450万元，联络村户平增收在1500元以上。其中七彩山鸡、山地鸡深受高端市场欢迎。以天天绿色食品有限公司和源泉养殖专业合作社、彭山佳源合作社为主的生猪养殖已形成规模，12月底全乡出栏生猪4.7万头。新增畜牧业业主10户，奶牛饲养568头，实现奶产量819吨，出栏专用肉鸡39.9万羽，出栏肉兔38.23万只，水产产量实现0.08万吨。

【计划生育】 2013年，全乡共出生150人，出生率为11.23‰，符合政策出生人口135人，符合政策生育率90%；死亡114人，人口自然增长率2.69‰，全乡已婚育龄妇女人数3020人，本期落实各种避孕手术73例；独生子女父母光荣证领证率达90%；协助县级联系部门落实“三结合”新增帮扶25户。免费孕前优生健康检查完成57对，最大限度降低出生缺陷发生风险，有效提高出生人口素质，创造良好的人口环境。

【民生工程】 以“实现伟大中国梦，建设田园新锦江”活动为契机，在全乡开展圆梦行动，通过班子包村、机关干部驻点，累计帮助400余名群众圆心中梦想。争取中央血防资金完成水田改旱地13.33公顷，挖池养鱼15.33公顷，耕牛圈养、处置16头，完成正华村谭家湾地质灾害治理工程，完成9户地质灾害威胁户搬迁工作，加强对半边街人行吊桥、毛家渡口和夏家渡口的安全隐患排查整治工作，半边街人性吊桥实行交通管制，有力保障群众生命财产安全。解决4700人农村人口安全饮水问题。切实做好省、市确定“扶贫开发攻坚”工作，完成贫困人口解困340人，资助农村贫困学生45人。新建规范化法律援助站1个并提供法援157人，为象耳村228名用电难的群众争取供电改造项目1个。城乡居民医疗保险覆盖率达100%，城乡居民养老保险参保7822人，全县第一。通过做实群众住房、教育、医疗、文化、社保等工作，把民生工程做成百姓圆梦工程。

【民政事业】 2013年，完成“4·20”灾后重建和“7·18”雨灾重建任务，全乡灾后重建户88户，维修加固户114户，雨灾重建户8户，现已完成重建90%，维修加固完成92%，雨灾重建完成100%。全年资助困难大学生5名，资助金额达到1.3万元，资助中小学学生10余名，资助金额2000余元。2013年11月5日—12月15日，乡党委、政府精心组织、规范操作，严格按照选举程序，选出了群众，党员都认可的新一届村（居）委班子，圆满完成第九届村（居）委换届选举工作。

【财政税收】 加强国有资产管理，强化预算约束，优化支出结构，整活资源组织收入14万元，积极向上争取资金22万元，促进全乡各项事业的健康发展。全年财政收入完成424万元，偿还2万元的财政周转金。

【劳动和社会保障】 2013年，全乡新增城镇就业人员11人，下岗失业人员和失地无业农民再就业4人，就业困难对象就业2人，城镇登记失业率为零，“零就业家庭管理”继续保持动态归零，农村劳动力技能培训35人，为辖区内困难对象“4757”灵活就业人员办理就业失业登记，申报社保补贴9人，发放补贴金3.37万元。

（刘　勇）

武　阳　乡

【大事记】 3月，省委中共十八大精神宣讲团到五一村现场宣讲中共十八大精神。

图为省委中共十八大宣讲团在武阳乡五一村宣讲现场

7月，省人大常委会副主任曾省权一行到彭山南方家居产业园视察指导工作。

图为省人大常委会副主任曾省权（右二）到南方家居产业园视察情景

同月，市委书记李静一行到彭山南方家居产业园视察指导工作。

图为市委书记李静（前右二，女）到南方家居产业园视察情景

9月，县委常委会批准五一村改为社区。

11月，省委组织部组织二处处长卿刚到武阳乡茯苓村调研党建工作。

图为省委组织部组织二处处长卿刚（前排右一）在武阳乡茯苓村调研党建工作情景

【概况】 武阳乡地处牧马山脉尾部，北与成都双流国家4A级景区黄龙溪相望，与牧马镇毗邻；东南有府江桥跨府河连接江口镇和省级风景名胜区彭祖山；西南有岷江二桥越南河（岷江）连接观音镇，直通省道103线和成乐高速公路；东隔府河遥望锦江乡，西临南河与观音镇、青龙镇隔河相望；南端是府南河交汇处，素有“黄金三角洲”美称。正在建设的岷东大道贯穿全乡。2013年，全乡幅员面积28.97平方千米，其中耕地920公顷，辖1个社区，6个村，10个居民小组、41个农业社（拆1个村建1个社区），总人口1.95万人。2013年，全乡国内生产总值1.82亿元，农业生产总值1.63亿元，农民人均纯收入10225元。

【工业经济】 全年工业固定资产投入16亿元，规模企业总产值1.5亿元，产品销售收入1亿元，招商引资7亿元。

【农业和农村经济】 2013年，全面完成粮食产量任务，总产达1055万千克，比上年增产11万千克；农业增加值比上年增长5%；农民人均纯收入1.02万元，比上年增长10%。年出栏生猪3.06万头，出栏小家禽兔151.25万羽，成鱼总产达2000吨；种植优质葡萄46.67公顷、蔬菜60公顷；推广种植优质油菜266.67公顷，平均亩产350斤；推进彭祖生态果蔬示范基地武阳片区建设，新增果蔬种植面积100公顷，硬化村社道路4.2千米，硬化葡萄园区生活便道5千米；整治山坪塘2口，投入资金27万元完成2座省级提灌站改造；岁修淘淤85千米，春灌300万立方米，冬季蓄水200万立方米。农机购机补贴77台，价值8.18万元。国家林业局和省林业厅对武阳镇年满8年的退耕还林检查验收合格。创建森林防火“三进六有”示范乡镇。兑现退耕还林政策补助资金打卡到户资金33.66万元，面积179.55公顷。全面完成绿海明珠目标任务，新增林地44.53公顷，绿地65.73公顷，森林覆盖率达35.5%，绿化覆盖率达40%。

【项目建设】 以加快“四种模式”、促进“四个转变”为抓手，依托彭祖国际健康养生文化城项目，高起点规划，高规格打造武阳郡田园新村安置区，在全市首创“商住分离”先进模式，“以城为主，统筹城乡”促进2000余农民向城镇居民转变，受到市委书记李静肯定。完成南方家居产业园1.5期征地工作，继续推进南方家居产业园区建设，厂房已完工60万平方米，8家企业开始试生产，30万平方米厂房全部投入生产，固定资产投入14亿元。“以工为主，统筹城乡”，依托南方出口家居制造基地，促进农民向产业工人转变，为武阳乡提供2000余个就业岗位。武阳郡田园新村主体工程已全面完工，外装已完成，小区绿化、天然气、道路等配套设施正在建设中，小区建设接近尾声。泉水村“双挂钩”项目新村聚居点正在建设中，主体已封顶。

【社会事业】 2013年，全乡总出生256人，其中不符合政策生育42人，计生率为83.59%，征收社会抚养费65.8万元，完成40岁以下育龄夫妇孕前健康检查78对，上报审批独生子女父母对象奖励扶助、特别扶助对象181人，0—18周岁独生子女父母奖励金全部发放到位。新型农村合作医疗参保人数达1.87万人，参保率96%；城乡居民养老保险任务1.15万人，截至年底全乡完成1.16万人。在全乡范围内进行低保清查，对不符合低保条件的及时清理并取消36人，对全乡739名低保户发放低保金88.68万元；救助困难子女4户，发放助学金1.2万元；冬令、春荒救济农户700户，发放救济金20万元；临时医疗救助36户，发放救助金2万余元，城乡医疗救助金59户，发放救助金15.2万元；发放老人高龄津贴10万余元；火化遗体90具；发放136人优待金抚恤金30万余元。重度残疾居家托养19户，残疾人增产增收25人；白内障免费手术14人，脑瘫儿童手术1人；残疾人实用技术培训7人；精神病服药150人次；残疾人就业7人；发放辅助器具17个；机动车燃油补贴14人；一次性补贴重度残疾76人，发放补贴金1.52万元。开展各类文化体育活动10场，放映电影42部，综合文化站阵地建设达到标美化。

【砂石管理】 切实加强砂石和矿产资源管理力度，严厉打击乱挖滥采等违法行为；加强规划建设管理，在全乡范围内进行大规模的违法占地和违章建设的拉网式排查，并组织拆除违建3000余平方米，严厉打击私搭乱建行为。

【城乡环境治理】 进一步加大环境整治力度，全年集中整治4次，清除野垃圾场2个，清理乱堆乱放问题600处，清理卫生死角80处，清除户外广告40幅，规划摩托车停放点3处，规范2个企业堆场，新建农贸市场1个，新增垃圾池30个，拟建1个垃圾地库已完成选址。

【安全生产】 全年进行各类安全知识培训6期，共3000人次；进行各行业安全检查24次，排查各类安全隐患270起，已整改265起，限期整改5起；开展各类应急演练32次，全乡无一例重特大安全生产事故发生。

【综治信访维稳】 全年排查矛盾纠纷90件，调处88件，成功87件，成功率99%以上，全乡未发生进京到省到市上访事件，无较大信访维稳突发事件发生。

【党的建设】 加强村两委干部和党员培训，提高服务群众的能力，进一步增强党员示范带动力；顺利完成村“两委”换届选举工作，大力实施人才回引工程，将1名大学生村干部，2名回乡创业青年，1名转业退伍军人，1名致富带头人选入村两委班子；继续开展“三分类三升级三挂钩”活动，选派指导员帮助后进支部全部转化升级；新建泉水村村级阵地；新建南方林木和贵祥渔业2个两新党支部，提升党组织的覆盖面；深入开展“321”和直接联系服务群众工作，大塘村作为彭山县该项工作典型接受市委、市政府检查验收；进一步完善“村社干部定责”管理，加强带头人队伍建设；充分发挥党员模范带头作用，对抗洪抢险先进典型及时进行表彰奖励，传递正能量；不断探索发展壮大村级集体经济的办法和途径，化解大塘村债务40余万元。

（徐　佩）

附　录

光　荣　榜

2013 年度获市委、市政府以上表彰的先进集体名录

表 2

单位名称	荣誉称号	表彰机关	获奖文件字号
农业局	国家级杂交水稻种子生产基地	农业部	农种发〔2013〕2 号
农业局	白罗莎里奥葡萄品种在全国中、晚熟优质鲜食葡萄评比获金奖	中国农学会	证书
农业局	夜美人（紫脆）葡萄品种在全国中、晚熟优质鲜食葡萄评比获金奖	中国农学会	证书
农业局	意大利葡萄品种在全国中、晚熟优质鲜食葡萄评比获优质奖	中国农学会	证书
人社局	第一届全国“敬老文明号”荣誉称号	全国老龄委	全国老龄委发〔2013〕5 号
科　协	基层科普行动计划先进单位	中国科协财政部	科协发普字〔2013〕26 号
教育体育局	全国学校安全教育先进单位	全国学校安全教育网等单位	荣誉证书
教育体育局	第二十届全国青少年爱国主义读书教育活动优秀组织奖	全国青少年爱国主义读书教育活动组委会	荣誉证书
教育体育局	全国第四届中小学生艺术展演活动优秀组织奖	教育部	获奖证书
民政局	全国综合减灾示范社区	国家减灾委员会、民政部	民发〔2013〕206 号
民政局	全国殡葬改革示范单位	民政部	奖牌
凤鸣派出所	全国“清剿火患”战役先进集体	公安部	奖牌
观音镇	2013 年“基层科普行动计划”奖	中国科协、财政部	科协发普字〔2013〕26 号
彭溪镇	第二批全国人口和计划生育依法行政示范乡镇	国家人口和计划生育委员会	人口政法〔2013〕22 号
观音镇果园村	基层群众自治示范村	国家人口计生委、中国计划生育协会	奖牌
司法局	四川省法制宣传教育先进集体	省委、省政府	川委〔2013〕41 号

续表 2

单位名称	荣誉称号	表彰机关	获奖文件字号
农业局	四川省现代农业建设重点县	省政府	川府发〔2013〕3 号
县委、县政府	2013 年监测点统计质量分析全省第三名	省人口计生委	川人口函〔2013〕158 号
县委、县政府	2013 年度人口计生统计信息工作优秀单位	省人口计生委	川人口函〔2013〕171 号
司法局	四川省司法行政系统先进集体	省人社厅、省司法厅	川人社发〔2013〕12 号
县农机监理站	2012 年度全省农机安全工作先进单位	省农机监理总站	川农机监〔2013〕6 号
教育体育局	四川省第二届中小学校全安全知识网络竞赛县(市、区)教育局进步奖	省教育厅	奖牌
教育体育局	2012 年度教育部、财政部“国培计划”综合组织管理先进单位	省“国培计划”项目执行办公室	荣誉证书
教育体育局	2013 年“三电杯”四川省第三届中小学校安全知识网络竞赛“优秀组织奖”	省教育厅、省政府应急办、省综治委	荣誉证书
统计局	县级统计机构规模化建设示范单位	省统计局	川统计〔2013〕6 号
农业局	2013 年夏黑葡萄品种通过四川省农作物品种审定	省农作物品种审定委员会	证书
农业局	农业基本建设投资情况报表编报工作一等奖	省农业厅	川农业函〔2013〕139 号
农业局	地方农业财务决算编报工作二等奖	省农业厅	川农业函〔2013〕139 号
农业局	全省计划生育“三结合”工作先进集体	省人口和计划生育领导小组	川人口领发〔2013〕4 号
农业局	省级文明单位复查合格	省文明办公室	川文明办〔2013〕22 号
农业局	农村集体资产及财务管理工作突出单位	省农业厅	川农业函〔2013〕553 号
老干局	“彭都国际杯”四川省第二十七届老年门球比赛(团体)第六名	省大会组委会	川老体字〔2013〕06 号
	“彭都国际杯”四川省第二十七届老年门球比赛体育道德风尚奖		
老干局	全省老干部思想政治工作先进单位	省委老干部局	川老办〔2013〕83 号
卫生局	四川省基层中医药工作先进单位	省人力资源	川人社发〔2012〕453 号
检察院	执法为民十佳集体	省检察院	川检发办〔2013〕29 号
检察院	检察宣传先进单位	省检察院政治部	川检政〔2013〕187 号
公安局	全省公安“三项重点工作”和“三项建设”优秀项目一等奖	省公安厅	奖牌
锦江乡正华村	2012 年度环境优美示范村庄	省委、省人民政府	川委〔2013〕356 号
黄丰镇团结村	2012 年度环境优美示范城镇乡村	省委、省政府	川委〔2013〕356 号
工商局个私协会	省个私协会系统宣传思想工作先进单位	省个私协会	川个私协字〔2013〕14 号
群工部	全国“两会”期间全省信访工作先进集体和先进个人	省委办公厅、省政府办公厅	川委厅〔2013〕37 号
公义镇红旗村	环境优美示范城镇乡村	省委、省政府	川委发〔2013〕356 号
公义镇老体协	四川省先进乡镇、街道办事处老年人体育协会光荣册	省老年人体协会	川老体字〔2012〕44 号
观音镇	省级 2012 年“量服”示范乡镇	省残联	川残办〔2013〕89 号

续表 2

单位名称	荣誉称号	表彰机关	获奖文件字号
观音镇	省级文明村镇	省文明办	川文明办〔2013〕22 号
观音镇	计划生育协会先进集体	省人力资源和社会保障厅	川人社发〔2013〕60 号
牧马镇	全省先进基层纪检、监察组织	省纪委	奖牌
谢家镇社区	省级科普示范市区	省科学技术协会	川科协函〔2013〕52 号
谢家镇	省级生态乡镇	省环境保护厅	川环发〔2013〕28 号
民政局	全省农村敬老院星级达标单位	省民政厅	川民发〔2013〕198 号
民政局	2013 年全省创建养老服务社会化示范社区验收合格单位	省民政厅	川民发〔2013〕207 号
民政局	2013 年度清明节工作优秀单位	省民政厅	川民发〔2013〕104 号
人口计生局	第二批阳光计生行动示范单位	省人口计生委	川人口发〔2013〕15 号
人口计生局	省级文明荣誉称号	省精神文明建设办公室	川文明办〔2013〕22 号
人口计生局	2012 年 PIP 数据质量在全省 80 余个扩权县中排名第三	省计生委	川人口函〔2012〕165 号
观音镇计划生育协会	四川省计划生育协会先进集体	省人社厅、省人口计生委、省计生协	川人社发〔2012〕60 号
农业局	全省计划生育“三结合”工作先进集体	省人口和计划生育领导小组	川人口领发〔2013〕4 号
义和乡	2013 年度社会主义新农村建设档案工作示范乡	省档案局	川档发〔2013〕61 号
义和乡悦园村	四川省卫生村	省爱国卫生运动委员会	川爱卫发〔2013〕2 号
义和乡悦园村	全省六好基层关工委先进单位	省关工委	川关委〔2013〕42 号
义和乡杨庙村	四川省城乡环境综合治理 2012 年度环境优美示范乡村	省委、省政府	川委〔2013〕356 号
青龙镇	全省六好基层关工委先进单位	省关委	川关委〔2013〕42 号
青龙镇	省级生态镇	省委	川委〔2013〕356 号
政法委	全省平安建设先进县	省委办	川委厅〔2013〕9 号
政法委	党的十八大防控工作先进集体	省委防邪办	川防邪组发〔2013〕3 号
政法委	全省社会管理综合治理先进集体	省委政法委、省综治委、省人社厅	川人社发〔2013〕63 号
政法委	全国“两会”期间全省信访工作先进集体	省委办公厅、省政府办公厅	川委厅〔2013〕37 号
政法委	四川省平安铁道线（车站）	省综治委	川铁护组〔2013〕18 号
粮食局	2013 年度农户科学储粮专项建设先进单位	省粮食局	川粮函〔2013〕273 号
县委、县政府	2013 年上半年主动作为创一流先进集体	市委、市政府	眉委〔2013〕227 号
县委、县政府	全市群团工作先进集体	市委、市政府	眉委〔2013〕247 号
政法委	全市青少年工作先进集体	市委、市政府	眉委〔2013〕53 号
政法委	全市主动作为创一流先进集体	市委、市政府	眉委〔2013〕22 号
政法委	全市群众和信访工作先进集体	市委、市政府	眉委〔2013〕24 号

续表 2

单位名称	荣誉称号	表彰机关	获奖文件字号
农工办	综合工作先进单位 新农村建设先进单位 黄丰桔颂园获农业产业园区发展先进单位 观音葡萄园获农业产业园区发展先进单位 现代畜牧业发展突出贡献先进单位 多色谱林业景观带建设先进单位 丰美生态肉鸭养殖专业合作社获“十佳”农民专业合作经济组织 红阳猕猴桃专业合作社获“十佳”农民专业合作经济组织 农业产业化工作先进单位 农田水利基本建设综合管理先进单位 粮食流通产业发展先进单位	市委、市政府	眉委〔2013〕47 号
农工办	“四个转变”意愿调查先进集体	市委、市政府	眉委〔2013〕138 号
团县委	2012 年度青少年工作先进集体	市委、市政府	眉委〔2013〕53 号
团县委	全市群团工作先进集体	市委、市政府	眉委〔2013〕247 号
教育体育局	2012 年度关爱留守学生先进集体	市委、市政府	眉委〔2013〕53 号
经开区	2013 年上半年主动作为创一流先进集体〔园区〕	市委、市政府	眉委〔2013〕227 号
经开区	2012 年度国土资源管理工作先进集体	市委、市政府	奖牌
人社区	2012 年度维稳、综治工作先进集体	市委、市政府	眉委〔2013〕25 号
统计局	“四个转变”意愿调查先进集体	市委、市政府	眉委〔2013〕138 号
经信局	2013 年上半年眉山市主动作为创一流先进集体	市委、市政府	眉委〔2013〕227 号
《今日彭山》杂志社	百企联百村工作示范企业先进组织单位	市委、市政府	眉委〔2013〕69 号
法　院	眉山市践行政法核心价值观先进集体	市委、市政府	眉委〔2013〕26 号
交警大队	践行政法核心价值观先进集体	市委、市政府	眉委〔2013〕26 号
巡警大队	践行政法核心价值观先进集体	市委、市政府	眉委〔2013〕26 号
凤鸣派出所	践行政法核心价值观先进集体	市委、市政府	眉委〔2013〕26 号
公安局	2012 年主动作为创一流先进集体	市委、市政府	眉委〔2013〕22 号
公安局	2012 年度全市森林防火工作先进集体	市委、市政府	眉府函〔2013〕33 号
公安局	文物工作先进集体	市委、市政府	奖牌
锦江乡	2012 年度关爱留守学生工作先进集体	市委、市政府	眉委〔2013〕53 号
凤鸣镇	2012 年度信访工作达标重点乡镇	市委、市政府	眉委〔2013〕24 号
凤鸣镇	2012 年度乡镇经济综合实力 20 强	市委、市政府	眉委〔2013〕79 号
群工部	2013 年上半年主动作为创一流先进集体	市委、市政府	眉委〔2013〕227
观音镇	乡镇经济综合实力 20 强	市委、市政府	眉委发〔2013〕79 号
观音镇	2013 年支持创业工作先进集体	市委、市政府	眉委〔2013〕120 号
牧马镇	2012 年度眉山市青少年工作先进集体	市委、市政府	眉委〔2013〕53 号

续表 2

单位名称	荣誉称号	表彰机关	获奖文件字号
彭溪镇	2012 年度关心下一代工作先进集体	市委、市政府	眉委〔2013〕53 号
彭溪镇	全市 2012 年度乡镇经济综合实力 20 强	市委、市政府	眉委〔2013〕79 号
民政局	第二批“十佳”敬老院	市委、市政府	眉委〔2013〕80 号
谢家镇	信访工作达标重点乡镇	市委、市政府	眉委〔2013〕24 号
青龙镇	2012 年信访工作达标重点乡镇	市委、市政府	眉委〔2013〕24 号
青龙镇	2012 年度维稳、综治工作先进集体	市委、市政府	眉委〔2013〕25 号
青龙镇	2012 年度乡镇经济综合实力 20 强	市委、市政府	眉委〔2013〕79 号
县委、县政府	2012 年主动作为创一流作先进集体	市委	眉委〔2013〕22 号
县委、县政府	2012 年度直接联系服务群众工作先进集体	市委	眉委〔2013〕23 号
县委、县政府	2012 年度群众和信访工作先进集体	市委	眉委〔2013〕24 号
县委、县政府	2012 年度维稳、综治工作先进集体	市委	眉委〔2013〕25 号
县委、县政府	眉山市践行政法核心价值观先进集体	市委	眉委〔2013〕26 号
县委、县政府	2012 年度人口和计划生育目标考核特等奖	市委	眉委〔2013〕32 号
县委、县政府	2012 年度民生工程工作先进集体	市委	眉委〔2013〕34 号
县委、县政府	2012 年度财税工作先进集体	市委	眉委〔2013〕36 号
县委、县政府	2012 年度融资工作先进集体	市委	眉委〔2013〕37 号
县委、县政府	2012 年度国土资源管理工作先进集体	市委	眉委〔2013〕40 号
县委、县政府	2012 年度“成眉合作十大行动”先进集体	市委	眉委〔2013〕42 号
县委、县政府	2012 年度党风廉政建设先进集体和先进个体	市委	眉委〔2013〕46 号
县委、县政府	2012 年度都市近郊型现代农业发展先进单位	市委	眉委〔2013〕47 号
县委、县政府	2012 年度青少年工作先进集体	市委	眉委〔2013〕53 号
县委、县政府	2012 年引进重大项目突出贡献单位、招商引资工作先进集体	市委	眉委〔2013〕57 号
县委、县政府	2012 年度工业发展先进单位	市委	眉委〔2013〕61 号
团县委	“实现伟大中国梦、建设富裕美好和谐眉山”主题教育活动先进集体	市委	眉委〔2013〕151 号
司法局	眉山市践行政法核心价值观先进集体	市委	眉委〔2013〕26 号
司法局	眉山市青少年工作先进集体	市委	眉委〔2013〕53 号
教育体育局	先进机关企事业单位党组织	市委	眉委〔2013〕152 号
统战部	统战工作先进集体	市委	眉委〔2013〕49 号
经开区	2012 年主动作为创一流先进集体	市委	眉委〔2013〕22 号
经开区	2012 年度工业园区建设先进单位	市委	眉委〔2013〕61 号
经开区	工业化和信息化融合先进单位	市委	眉委〔2013〕61 号
经开区	综合工作先进单位	市委	眉委〔2013〕61 号
县委宣传部	2012 年度中心组理论学习先进集体	市委	眉委〔2013〕4 号
县委宣传部	2013 年度思想政治群众宣传工作先进集体	市委	眉委〔2013〕4 号

续表 2

单位名称	荣誉称号	表彰机关	获奖文件字号
农业局	2013 年先进基层党组织	市委	眉委〔2013〕152 号
检察院	践行政法核心价值观先进集体	市委	眉委〔2013〕26 号
检察院	2012 年度青少年工作先进集体	市委	眉委〔2013〕53 号
检察院	“中国梦”主题教育活动先进集体	市委	眉委〔2013〕151 号
锦江乡	眉山市“4·20”芦山强烈地震抗震救灾先进基层党组织	市委	眉委〔2013〕172 号
武阳乡	2013 上半年主动作为创一流先进集体	市委	眉委〔2013〕227 号
凤鸣镇	全市“实现伟大中国梦、建设富裕美好和谐眉山”主题教育活动先进乡镇党委	市委	眉委〔2013〕151 号
观音镇	关爱留守学生工作先进集体	市委	眉委〔2013〕53 号
彭溪镇	2013 年先进基层党组织	市委	眉委〔2013〕152 号
彭溪镇	共青团工作先进集体	市委	眉委〔2013〕143 号
义和乡悦园村	眉山市 2013 年度先进村党组织	市委	眉委〔2013〕152 号
青龙镇	2013 年上半年主动作为创一流先进集体	市委	眉委〔2013〕227 号
青龙镇	2013 年第四季度十佳乡镇	市委	眉委〔2014〕4 号
县委、县政府	2012 年度工业发展先进单位	市委	眉委〔2013〕61 号
县政府	2012 年全市综合交通“百日会战”活动先进集体	市政府	眉府函〔2013〕9 号
县政府	2012 年度全市审计工作先进集体	市政府	眉府函〔2013〕10 号
县政府	2012 年度全市食品安全工作先进集体	市政府	眉府函〔2013〕13 号
县政府	2012 年度全市教育工作工作先进集体	市政府	眉府函〔2013〕20 号
县政府	2012 年度安全生产工作先进集体	市政府	眉府函〔2013〕21 号
县政府	2012 年度全市卫生工作先进集体	市政府	眉府函〔2013〕25 号
县政府	2012 年度全市森林防火工作先进集体	市政府	眉府函〔2013〕33 号
安监局	2012 年度安全生产工作先进集体	市政府	眉府函〔2013〕21 号
审计局	全市审计工作先进集体一等奖	市政府	眉府函〔2013〕10 号
教育体育局	2012 年度全市教育工作先进集体	市政府	眉府函〔2013〕20 号
林业局	森林防火工作先进集体	市政府	眉府函〔2013〕33 号
锦江乡	2012 年度全市森林防火工作先进集体	市政府	眉府函〔2013〕33 号
公义镇林工站	全市森林防火工作	市政府	眉府函〔2013〕33 号
观音镇	安全生产规模化建设先进乡镇	市政府	眉府函〔2013〕21 号

2013年度获市委、市政府以上表彰的先进个人名录

表3

姓　名	工作单位	荣誉称号	表彰机关	获奖文件字号
刘洪清	农机事业局	2011—2013年度全国农牧渔业丰收奖“农业技术推广成果奖三等奖”	农业部	农科教发〔2013〕13号
祝志文	农业局	2011—2013年全国农牧渔业丰收奖三等奖	农业部	农科教发〔2013〕13号
陈　汐	江口镇	“模范人民调解员”	国家司法部	获奖证书
李　慧	县纪委	全省纪检监察系统“三项建设”活动先进个人	省纪委、省监察厅	川纪综〔2013〕78号
彭必东	农业局	优秀联络员	省农民专业合作社联会	川联会〔2013〕10号
张国军	卫生局	四川省医疗卫生系统先进集体和先进个人	省卫生厅	川人社发〔2013〕66号
杨　建	检察院	十佳青年检察干警	省检察院	川检发办〔2013〕29号
袁智勇	国保大队	全省公安基层基础工作先进民警，个人三等功	省公安厅	川公奖字〔2012〕25号
肖　柯	刑警大队	优秀带兵所队长	省公安厅	川公发〔2013〕115号
唐　辉	交警大队	“我最喜爱的同事”先进个人	省公安厅	川公发〔2013〕115号
程　轲	公安局	二等功	省公安厅	川公奖字〔2013〕106号
许健峰	公安局	三等功	省公安厅	川公奖字〔2013〕106号
尹建春	青龙派出所	二等功	省公安厅	川公奖字〔2013〕105号
马　宾	公安局	全省基层基础工作先进民警	省公安厅	川公奖字〔2013〕151号
吕　丽 胡家齐	水务局	四川省第一次全国水利普查先进个人	省政府	川人社发〔2013〕59号
宋华清	县人口计生局	全省计划生育“三结合”工作先进个人	省人口和计划生育领导小组	川人口领发〔2013〕4号
何图琴	政　协	全省计划生育协会先进个人	省人力资源和社会保障厅、省人口计生委、省计生协会	川人社发〔2012〕60号
龚开福	农工办	2012年度成眉合作先进个人	市委、市政府	眉委〔2013〕47号
李国成 龚开福	农工办	“四个转变”意愿调查先进个人	市委、市政府	眉委〔2013〕138号
李　勇	司法局	眉山市维稳、综治工作先进个人	市委、市政府	眉委办〔2014〕14号
王美琴	司法局	眉山市践行政法核心价值观先进个人	市委、市政府	眉委〔2013〕26号
王　涛 邓　强	经开区	2013年上半年主动作为创一流先进个人	市委、市政府	眉委〔2013〕227号
王　涛 邓　强	经开区	2012年主动作为创一流先进个人	市委、市政府	眉委〔2013〕22号
彭　明 黄惠敏	法院	眉山市践行政法核心价值观先进个人	市委、市政府	眉委〔2013〕26号
付　超	法院	关心下一代工作先进个人	市委、市政府	眉委〔2013〕53号
覃光敏	青龙镇	群团先进个人	市委、市政府	眉委〔2013〕247号

续表 3

姓　名	工作单位	荣誉称号	表彰机关	获奖文件字号
王晨蕾	锦江乡	2012 年度关爱留守学生工作先进个人	市委、市政府	眉委〔2013〕53 号
王晨蕾	锦江乡	全市农村居民“四个”转变意愿调查工作先进个人	市委、市政府	眉委〔2013〕138 号
易　雨	公义镇	森林防火先进个人	市委、市政府	眉府函〔2014〕33 号
邱　宇 陈利军	政府办	眉山市“4・20”芦山强烈地震抗震救灾先进个人	市委、市政府	眉委〔2013〕171 号
何李霞	政府办	2012 年度群众和信访工作先进个人	市委、市政府	眉委〔2013〕24 号
陈常军 伍　星	检察院	践行政法核心价值观先进个人	市委、市政府	眉委〔2012〕326 号
刘树军	宣传部	优秀宣讲辅导员	市委	眉委〔2013〕151 号
凌茂君	农业局	直接联系服务群众工作先进个人	市委	眉委〔2013〕23 号
郭　益 杨　刚 李　林	公安局	2012 年度维稳、综治工作先进个人	市委	眉委〔2013〕25 号
陈钇光 王　霁 范江萍 张淑明	公安局	眉山市践行政法核心价值观先进个人	市委	眉委〔2013〕26 号
喻建勇	武阳乡	实现伟大中国梦主题教育优秀宣讲辅导员	市委	眉委〔2013 〕151 号
陈国清	武阳乡大塘村	优秀村社区党组织书记	市委	眉委〔2013 〕152 号
宋小英	江口镇	市委“主动作为创一流”先进个人	市委	眉委〔2013〕227 号
伍建国	义和乡	优秀基层党组织书记	市委	眉委〔2013〕152 号
伍建国	义和乡	群众和信访工作先进个人	市委	眉委〔2013〕24 号
王志平	义和乡	眉山市“4・20”庐山强烈地震抗震救灾优秀共产党员	市委	眉委〔2013〕172 号
倪文霞	锦江乡天库村	眉山市“4・20”芦山强烈地震抗震救灾优秀共产党员	市委	眉委〔2013〕172 号
曾　理	凤鸣镇	眉山市 2013 年度优秀乡镇党委书记	市委	眉委〔2013〕152 号
朱双建	黄丰镇双塘村	“4・20”芦山抗震救灾优秀共产党员	市委	眉委〔2013〕172 号
罗明均	黄丰镇丰华村	2013 年度优秀共产党员	市委	眉委〔2013〕152 号
杨　梅	青龙政府	四个转变先进个人	市委	眉委〔2013〕138 号
陈　利	县纪委（监察局）	中国梦主题教育实践活动优秀活动工作标兵	眉山市委	眉委〔2013〕151 号
李仁建	牧马镇	抗震救灾先进者	市政府、市军区	证书
刘　红	安监局	2012 年度安全生产工作先进个人	市政府	眉府函〔2013〕21 号
游德华	教育体育局	2012 年度全市教育工作先进个人	市政府	眉府函〔2013〕20 号
符洪林	林业局	全市森林防火工作先进个人	市政府	眉府函〔2013〕33 号

续表 3

姓　名	工作单位	荣誉称号	表彰机关	获奖文件字号
胡　灵	森林公安局	全市森林防火工作先进个人	市政府	眉府函〔2013〕33 号
熊　念	锦江乡	2012 年度全市森林防火工作先进个人	市政府	眉府函〔2013〕33 号
徐莉莉 徐　军 刘树军 李建萍	宣传部	优秀新闻奖三等奖	市政府	眉府函〔2013〕193 号
郑文贵	治安大队	安全生产监管工作先进个人	市政府	眉府函〔2013〕21 号

注：以上获表彰的先进集体和先进个人排名不分先后。因时间上的衔接，收录了上一年度未录入年鉴的单位和个人。

案　例　选　载

网恋孽债

——彭山警方侦破“2·9”杀人案纪实

“我真的太爱黎彬了，控制不住想要跟她在一起，大年初一是我生日，我想在生日前能和她见一面，再好好谈一下，如果谈不好，我就和她同归于尽结束这段感情。”2013 年 3 月 8 日，因爱生恨、行凶杀人后自杀未遂，仍在治疗的犯罪嫌疑人牛军谈到自己的作案动机时如此说道。

一起除夕命案

2013 年 2 月 9 日晚 9 时许，除夕夜，正在别人家打牌被外孙女叫回家的黎大娘还未走进自家院坝，就听见老伴在喊“杀人了”，声音逐渐减弱。赶紧回家，看见老伴倒在家门口，血流满地，顿时嚎啕大哭。附近邻居闻声出来，看到出了人命，立即报了警。

正在县城区巡查除夕夜烟花爆竹燃放的彭山县人民政府副县长、公安局局长郭益接到报警后，庚即带领机关值班民警和刑警大队，公义、保胜派出所民警赶赴现场，展开案侦工作。

现场位于彭山县保胜乡金岗村，被害人身中 4 刀，已送往医院抢救，现场留下许多血迹，周边村民聚集围观，议论纷纷。

是什么样的仇恨让凶手如此丧心病狂，在阖家团圆的除夕夜置人于死地，且手段如此残忍？郭益迅速将民警分成几组，开展走访调查、现场勘验、医院取证和堵截抓捕嫌疑人工作。

据死者 8 岁的外孙女小玉讲，当时她正在家与外爷一起看春节联欢晚会，突然妈妈的“朋友”牛军到家里来找妈妈。因为近来牛军经常到家里来闹，小玉见他来了，心里害怕，就跑出去找外婆，等外婆和自己回来发现外公已出事了。

目标锁定后，郭益迅速调集巡警、交警和各派出所警力，围绕牛军的社会关系开展抓捕工作，以现场为中心，在全县各主要路口设立治安检查点盘查与牛军体貌特征相似的人员，对出租车、摩的司机进行调查走访，由常务副局长李光儒带专案民警前往仁寿县城牛军开的餐馆布控守候。

就在案侦工作紧锣密鼓开展的时候，2 月 10 日凌晨 2 时 14 分，彭山县公安局指挥中心 110 报警电话响起：“警官，我就是在保胜场弄死人的那个，还在保胜，我看到你们在到处找我，我自杀没死，很难受，我要自首。”

民警根据其提供的线索，很快在金岗村一机

耕道小桥边找到已服了老鼠药且左手桡动脉已被割断、血流不止的犯罪嫌疑人牛军。

一个痴情的汉子

今年37岁的牛军，系江苏省盐城市人，有一个吃苦耐劳的妻子和可爱的儿子，家庭虽然不是很富裕，但也充满了温馨。说起自己的所作所为，牛军悔恨不已。

几年前，牛军到仁寿县城开了个餐馆，因孤身一人在外，闲下没事时，便喜欢上网打发时间。2010年7月，牛军在网上聊天时随机加了已离婚的黎彬，双方聊了一个多月，感觉挺聊得来，于是就在仁寿县城见了面，接着便在一起同居。

共同生活了1年多，有天黎彬说想开间店铺做生意，牛军便专程回江苏老家骗了妻子7万元钱。但牛军回到仁寿后，却发现黎彬背着他和彭山观音的一个男子有不正当的男女关系。

牛军心情非常郁闷，于是经常去赌博，输了很多钱，被妻子察觉，夫妻感情出现不和。随后牛军和黎彬的关系被牛军妻子发现，夫妻最后离婚。

离了婚的牛军不计前嫌，对黎彬十分好，为黎彬买衣服、买金银首饰，对黎彬的女儿视如己出，两人过了一段甜蜜的日子。

谁知好景不长，牛军离婚后才1个多月，黎彬就提出要去新津一个游戏厅上班。牛军私下悄悄在她QQ上开通漫游聊天记录，发现她又在外面勾三搭四。没多久，她所在的游戏厅被查封，便又回到了仁寿。

在仁寿呆了几天，黎彬对牛军说，舅舅给她介绍了一个男的，她想认识。牛军当时也没多想，就让她去。结果黎彬白天刚认识，晚上就住在那个男人家里了。牛军实在忍无可忍，就去她老家找她。发现她带了一个男人回家，一怒之下，牛军提了一桶汽油到黎彬家，把她给镇住了，又跟牛军一起回到了仁寿。

今年1月初，黎彬突然不辞而别，并更换了电话号码。牛军着急地赶到黎家找她，黎彬的父母却要求去村委会做个了断。牛军心底根本就不想离开黎彬，但她父母说不做了断就不让见黎彬，于是牛军答应了她父母，并签了协议。黎彬父母一次性退还了牛军现金15000元和牛军买给黎彬的2根金项链、1条金手链，约定两人今后断绝一切往来。

一个难解的心结

但牛军仍然没有就此放下，他认为自己如此爱黎彬，付出的感情远远大于金钱的价值，黎彬却背叛他，他无法接受，他要报复。

2月9日晚上牛军吃完饭，携带1把新买的水果刀、1包辣椒面和1瓶老鼠药，从仁寿县城搭乘出租车到了黎彬家外的路边。看见黎彬的女儿，就问她妈妈在哪里，黎彬女儿没理牛军就跑开了。牛军便直接走进了黎彬家的里屋，看见黎彬的父亲躺在床上，盖着铺盖边看电视边抽烟，黎彬的父亲问他："你还来做啥子？"牛军回答说："我来找黎彬。""黎彬不在家！"牛军又问："这年三十的都不在家里？"边说边往床前走，黎父直起身吼到："关你锤子事？你要咋子嘛？你找她还有啥子意思？"

原本牛军就对黎彬父亲反对两人在一起心存宿怨，一听此言，更是火冒三丈，从左手的衣兜里抓了一把事先准备好的辣椒面，朝黎父撒过去随后又用手往他的眼睛上抹。两人抓扯过程中，牛军事先揣在左边上衣内兜里的刀掉到了床上，牛军顺势拿起刀朝黎父身上连捅了两三刀，黎父拽着其左手上臂大喊："杀人了。"牛军又转身过去就朝黎彬父亲脖子上捅了一刀，直到黎父的手松开。

牛军出门后就往来时的路跑，途中看到黎彬母亲朝家走，不一会就听见后面有很多人喊："杀人了、杀人了。"牛军便避开大路往田里蹿，边跑边喝自己随身携带的老鼠药，尔后坐在田坎边，用刀割了自己手腕3刀，晕睡了几个小时后，醒来发现有许多警察在搜查，加之药性发作，血流不止，身体十分难受，就拨打了报警电话投案自首。

"我不怪谁，是我自己过不了心里这道坎，我希望得到法律的公正裁决。"躺在病床上的牛军叹息道。（文中当事人系化名）

彭山县公安局　张怀安　倅晓红

2013年3月10日

江湖大盗搁浅彭山

——彭山警方侦破“2013·12·24”特大盗窃案纪实

短短七八分钟，40万元民工工资不翼而飞。是蓄谋已久还是临时起意？面对民工们无奈和期盼的眼光，彭山警方连续奋战四天三夜，终将流窜千里作案的江湖大盗擒获，追回被盗现金36万元，让农民工们在马年春节来临前领到了自己的血汗钱。2014年1月22日，经检察机关批准，两名犯罪嫌疑人被依法执行了逮捕。

大意失巨款

2013年12月24日，像往日一样，长寿之乡彭山静谧地享受着暖人的阳光，细细地倒数着即将到来的新年。

15时6分，彭山县公安局110报警服务台电话骤响，“我刚从银行取的40万民工工资在宋店子省道103线路边被偷了。”指挥中心随即指令刑警大队和凤鸣派出所处警。

据报警人郭先生陈述，其在彭山县城经营一家企业，当天下午与公司出纳一起驾车到县城某银行取了40万元准备用于支付民工工资。取完钱之后，两人将钱装在银行提供的专用袋子内，放置于副驾驶座垫上，沿彭祖大道一路往南至省道103线，停在宋店子路口旁的公司苗圃园门口，下车进苗圃园安排春节前花卉销售事宜。七八分钟后，两人出来开车时，看到车窗被砸，车内的钱款被盗，便马上报了警。

首战受挫

彭山县政府副县长、公安局局长郭益获悉案情后，当即成立了由副局长肖柯任组长，抽调刑警大队重案中队、技术中队和凤鸣派出所民警组成的“12·24”特大盗窃案专案组，要求穷尽一切办法，动员一切力量，务必在春节前破案，让民工们领到回家过年的钱，并请求市公安局支援。

很快，市局刑侦支队政委阳涛便带领情报、行动技术、网安等部门民警赶到彭山，参与侦破工作。

专案组分析，受害人刚从银行取出巨款，在短短的十几分钟时间内便被盗，跟踪作案的可能性比较大。遂兵分三路，展开侦破，一路以郭先生取钱的银行为中心，沿彭祖大道、省道103线进行排查，寻找嫌疑人员和车辆，一路对现场继续勘查，争取发现有价值的线索，另一路走访周边群众，了解案发时现场情况。

很快，各种信息反馈回专案组。在取款银行的监控视频中，办案民警逐一对监控中出现的可疑人员和可疑车辆进行排查，锁定了一辆车牌号为川EX5XXX的套牌黑色别克。该车于当日14：55分便一路尾随郭先生所驾驶的车辆，从银行至彭祖大道。专案组迅速确定了侦查方向，将重点放在该可疑车辆上。

当大家庆幸案件有所突破的时候，另一条信息却给大家泼了瓢冷水。

负责现场勘查的民警在案发现场斜对面的某饭店和二手车行的监控视频中，发现作案车辆系一辆黑色本田雅阁车。因视频分辨率不高，难以识别出该车的车牌号码。在视频监控中，作案车辆由眉山方向开来，在郭先生等人停车不久后就停靠在马路的对面，待郭先生等进入苗圃后，嫌疑人便实施了盗窃行为。民警依稀可辨认出车上有两人，一高一矮。作案人员系较高一人，带黑色手套，黑棉衣夹克，黑色休闲裤，红黑灰相间的运动鞋，身高175厘米左右，50多岁，偏胖，长相模糊不清。其下车之后，砸烂了郭先生汽车右侧车窗的玻璃，将装钱的袋子取出，然后迅速驾车逃离。

专案民警立即调取县城和省道103线及青龙、牧马等方向的天网监控视频，发现作案车辆自离开县城区之后便失去了踪迹。

四天三夜追穷寇

民警再逆向追查，在案发现场往眉山方向约3千米处某加油站的视频监控中确定了作案车辆的特征。

专案组将搜查范围向四周扩张，对彭山周边的新津、邛崃、蒲江、东坡、仁寿等地的天网监控系统进行了地毯式搜索比对，寻找嫌疑车辆的蛛丝马迹。

12月27日中午，在经历了几个昼夜缜密的侦查后，专案组终于发现嫌疑车辆在成都市邛崃市市区出现，马上移师邛崃市，调派七八辆车轮流对嫌疑车辆进行交叉跟踪。

16:50分，嫌疑车辆在邛崃市某银行门口转悠，伺机寻找作案目标。见时机成熟，待两名嫌疑人上车后，专案民警从不同方向聚集对两人实施了抓捕，从其驾驶的车内搜出用于作案的对讲机等作案工具和大量现金。

多行不义必自毙

犯罪嫌疑人金某、李某，均为吉林省辽源市人，金某因涉嫌盗窃正被公安机关上网追逃，李某1996年因犯盗窃罪被判刑7年，目前也因涉嫌盗窃被取保候审。2013年12月初，两人相约外出挣点过年钱，于是在老家租了一辆汽车，买了几副假车牌和对讲机、汽车干扰器、十字锥、手套等作案工具，一路向南，于12月中旬来到了四川。

12月24日早上9点过，两人抵达眉山，在市区寻找作案目标，未发现合适的车辆下手。14点半左右，两人驾车离开眉山，沿省道103线向成都方向行使。当快行至彭山县城时发现了马路对面苗圃门口停放的汽车，待车上人下车后，李某伺机砸烂车窗，意外盗取了放在车上的40万元。盗得巨款后，金李二人迅速驾车抄小道离开了彭山。

目前，此案正在深挖中。

彭山县公安局 张怀安 牛倩

九泉山大围剿

——彭山警方侦破“7·20”重大故意杀人案纪实

男子打麻将因5元牌钱起纠纷，杀死2人、杀伤1人后潜入九泉山。彭山警方经过9个昼夜的大追捕、大围剿，终将犯罪嫌疑人汪昌民抓捕归案。

乡村血案

彭山县锦江乡永泉村2组，紧邻旅游古镇成都市双流县黄龙溪，府河从村西静静流过，村东是一片连绵起伏的山脉，绿树葱郁，环境优美。在县委、县政府产业结构调整的带动下，村民富庶，生活宁静，家家都通了水泥路。

2013年7月20日凌晨3时，正在家中睡觉的王婆婆突然被一阵急促的敲门声惊醒，忙问：“谁啊?”连问几声，均无回应。紧接着又有人拍打窗户，王婆婆再次询问还是没有反应，赶忙用身体将门抵住。

过了几分钟，窗子外传来一声稚嫩的声音：“祖祖（太婆），是薇薇。”王婆婆赶紧打开门，用手电筒一照，邻居程小庄已上大学的女儿薇薇满身是血倒在门前，前两天到程家度暑假的亲戚家小孩惊林地呆在旁边。王婆婆当即冲上门前的公路边跑边喊：“救命啊！杀死人啦!”听到王婆婆呼救，村民纷纷打开电灯，出门探望，并拨打110、120。

谁是凶手?

彭山县政府副县长、公安局局长郭益，政委郭昌军，常务副局长李光儒迅速带领刑警、巡警和派出所民警赶赴现场，成立专案组展开侦破工作。

现场情景惨不忍睹，让曾经指挥参与过多起暴力凶杀案件侦破的郭益也备感震惊。位于永泉村2组一条乡村水泥路旁，薇薇家至王婆婆家短短十来米的路上，留下几处人倒下后的血泊，薇薇蜷缩在王婆婆屋檐下的台阶上，昏迷不醒，薇薇父母躺在自家二楼寝室中，身中多刀，已无生命迹象，屋里到处是血。

是谁如此心狠手辣，致薇薇家两死一伤？是谁如此胆大包天，目无王法？是情杀？仇杀？还是图财害命？

郭益迅速将人员分成几组，一组从中心现场向外辐射搜索，追捕犯罪嫌疑人；一组走访附近村民和商店、诊所收集凌晨2时至3时的信息，了解有无身带血迹的人购过物或就过诊；一组迅速赶赴案发现场一千米外的黄龙溪镇，在码头和车站布控，抓捕犯罪嫌疑人；一组到医院了解薇薇的病情和案发时情况；一组进行现场勘察，收集固定现场证据，同时迅速与省公安厅刑侦局警犬工作处联系，请求警犬支援。

各路消息很快反馈到专案组指挥部，薇薇头部和身体多处受伤，失血过多，处于昏迷状态，无法从她口中了解到案发时的情况。经走访周围群众，程小庄平时在青龙镇和新津县城做些小工程，一家人为人和善，作风正派，排除了情杀的可能；技术民警现场勘察，程家贵重物品和其身上携带的现金并未遗失，图财害命亦不成立。

难道是仇杀？

民警扩大走访范围，有村民反映，头天晚上程小庄与人在村口公路边的茶铺打麻将时，曾与同桌的汪昌民发生口角并动了手。民警迅速赶到汪昌民家，其妻反映汪昌民头晚打完牌回家将车放下就出去了，一夜未回。

眉山市公安局副局长刘长林获悉案情后，庚即带领刑侦、行动技术、情报、网安等部门民警到达锦江乡，投入案侦工作。

天边露出了鱼肚白，专案民警经过一夜的奔波，初步查明汪昌民有重大作案嫌疑，遂迅速将其上网追逃，并在全县各村社及周边的双流县、新津县、仁寿县、东坡区等区县张贴悬赏通告。

首次大围剿

警犬队的3只警犬到达现场后立即对周边循线追击，但因天气炎热，公路上过往车辆频繁，失去嗅源。

21日11时左右，专案组接到村民报告，看见汪昌民赤裸上身出现在村里的小山包上，民警迅速前往核实。

汪昌民所在的村子位于两座山峦之间，村里的房屋依山沿路而建，汪昌民出现的地方在其自家房屋后面，背靠九泉山。九泉山因山底有九股泉水涌出而得名，垂直高度两百米左右，山体为红石，因开采条石分为台阶状的几层，整个山呈长三角形，只有三个路口可以上山，其余地方为悬崖或水库。山上无大的树木，以灌木丛和荆棘丛等植被为主，生长茂盛，平时很少有人经过，非常适合隐蔽和躲藏。

郭益当即调集全局民警、武警官兵和锦江乡乡镇村社干部、治安积极分子，会同县委常委、武装部政委董武带领的民兵应急分队近千人，分成三组，从三个方向对九泉山进行围剿，每个组又分为若干个小组，每个小组由2名公安民警、1名巡警队员、1名武警、1名民兵和1名乡镇村社干部组成，从山底逐阶往山顶合拢搜索。全体参战人员拔荆棘、钻草垄、攀悬崖，搜遍了山上的两个岩洞和过去曾经有人住过的废弃房屋，许多人划破了手臂，湿透了衣衫，至天黑，未发现嫌疑人踪迹。

从当晚开始，九泉山周边的小道上每隔二三十米就安排有专案民警蹲点守候，将九泉山及整个村的出口围得水泄不通，还在汪昌民和其亲戚家以及过去与汪昌民有过节的几个村民房屋周围专门安排了警力进行布控。

凌晨1时许，布控民警通过夜视设备发现汪昌民女儿手中拿着东西往后山走去，放在了离家二三十米外的老祖屋处。第二天天亮，民警用望远镜观察，发现系一件可以御寒的毛衣。

当天上午，汪昌民女儿提出回成都。专案组分析，汪昌民与女儿感情最深，走投无路时可能会去找女儿，遂派人对其进行跟踪。

再上九泉山

时间一天天过去，犯罪嫌疑人好像和民警比耐力似的，一直未露过面。

难道我们判断有误，嫌疑人早已外逃？难道是村民邀功心切，谎报了案情？专案组决定不管真假，在未抓到嫌疑人之前围捕力量一刻不减。

27日晚11时左右，专案组再次接到村民报警，称汪到其家敲墙让开门，其不敢开。专案民警迅速赶到其家中驻守，并调来警犬。28日天刚亮，专案民警在警犬的引导下，从村民的房屋后上山开始追踪搜索，谁知天公不作美，刚追了十几分钟，天上就下起了瓢泼大雨，电闪雷鸣，山路泥泞，警犬再次失去嗅源，所有参战民警全身湿透，被迫返回。

转战南延线

转机出现在29日9时12分，负责在成都市新都区新繁镇汪昌民女儿家附近蹲守的专案民警郎古邓知、袁峰、范江萍、李坤发现汪昌民女儿驾车外出，遂边跟踪边向专案指挥部报告，指挥部迅速派出肖柯、张雪松、王启、舒柄升驾车前往增援，双方在双流县中和场会合，交替跟踪几千米后，目标突然拐入一条乡村道，为防打草惊蛇，民警没有贸然跟进，在入口附近蹲守。

11时15分，目标从村里出来，民警再次跟踪，趁汪昌民女儿的车在中间道行驶的机会，专案组的两辆车分别从一左一右进行超车，发现其车后排座坐了一个中年男子，相貌与汪昌民相似，遂决定收网。

11时30分，当汪昌民女儿的车行驶至南延线一路口等红绿灯时，专案组的两辆车一前一后对其进行夹击，民警迅速冲下车，将后排男子擒获，经突审，该男子正是犯罪嫌疑人汪昌民。

暴戾酿惨剧

7月19日晚，汪昌民与朋友一起喝酒后，来到永泉村2组公路旁的茶铺里，同程小庄等3人一起打麻将，打了4局结账时，汪昌民发现自己拿出的100元钱怎么也对不上账，差5元，联想到过去自己和他们打牌时，几人经常趁自己醉酒“麻牌（出老千）”，便气不打一处来，对着程小庄口中连说：“谁诈了我5元钱，拿回家去吃药！”程小庄心中不悦，便与之吵了起来并动了手，后在旁人的劝说下，牌场不欢而散。临走时，汪昌民扔下一句：“我要杀你全家！”便气冲冲地离开了。

回到家里，汪昌民越想越气，心中怒火难熄，于是从家里找出自己过去修机器时用的三棱刮刀携带在身上，徒步来到程小庄房屋外，见程小庄一家正在看电视，便躲在柴禾堆内，待程小庄家看完电视熄灯睡觉，估计已入睡后，悄悄来到门口，用刮刀撬开程家房门，上到二楼，顺手从桌上提了一个酒瓶，推开一个房间门，发现有人在床上睡觉，便用酒瓶猛击其头部，并往其身上捅了几刀。此时听到响声的程小庄妻子推开寝室门问女儿发生了什么事，汪昌民迅速冲上去，朝其胸部捅了几刀，程小庄妻子将汪昌民紧紧抱住并呼喊，汪昌民又朝程妻身上捅了两刀，程妻松手后汪昌民看见前面又出现了一个黑影，便一阵乱捅。此时，程小庄捂住胸部打开电灯对汪昌民说道：“为了5元钱值得吗？为了5元钱你也太狠心了！”汪昌民二话不说，再次向程小庄左胸部捅了一刀，见程小庄倒地后，汪昌民又来到另一间亮着灯的寝室，刚进门，因脚上有许多血摔了一跤，爬起来便匆匆逃出了程家。

仓惶逃亡路

作案后，汪昌民一口气跑回家中，找出自己藏的1000元私房钱，来到本村另一家过去曾与自己吵过嘴的村民房屋外，准备将其一起杀死以解心头之恨，但因该村民在外做生意，没有得逞。汪昌民在其院门外的草堆里睡了两个小时，天还没亮，就跑到九泉山上躲了起来。

天刚放亮，汪昌民便在山上看见有许多警察和陌生人到其村子和家中搜查，原本想回家带点吃的东西，这下不敢下山了。第二天，汪昌民又看见几百人进村还带着狼狗，准备包围九泉山，便赶忙从九泉山逃到与之相连的永泉5社一个山峦的荆棘丛中，刚躲好，搜山的队伍就沿其逃亡的路往九泉山上搜索，吓得汪昌民出了一身冷汗。傍晚时分，汪昌民听见有人指挥要来搜索自己藏身的这座山，便赶忙又逃回了九泉山上。

在逃亡的日子里，汪昌民居无定所，每天东

躲西藏，心神不定，饿了就从老百姓地里摘玉米、丝瓜、茄子、辣椒等生吃充饥，冷了就往草垄里钻，曾写好遗书，几次用自己作案所带的改刀割手腕、手背、脚腕、脚背自杀都没有成功，还两次在腰上捆上石头跳入自己祖屋里的一口古井自杀，因求生本能，未能如愿。

28日清晨，汪昌民看见又有队伍搜山，心中更是恐慌，加之清晨一场暴雨将全身淋透，饥寒交迫，万念俱灰，便趁着29日晚间的暴雨冒险翻过几座山，绕过黄龙溪，从双流县籍田镇逃了出去，刚到达中和其亲戚家与女儿联系上，便被尾随而来的警察抓捕归案。

8月1日上午，警方在汪昌民的指认下，从其老祖屋的古井中打捞出汪昌民跳井自杀时掉在井中的作案工具三棱刮刀。

目前犯罪嫌疑人已被依法刑事拘留，此案正在进一步审理中。（文中部分人物系化名）

彭山县公安局　张怀安　谭越

2013年7月30日

彭山县农村居民“四个转变”意愿调查问卷分析报告

一、前言

（一）调查背景

彭山县地处成都平原南端，是眉山市的北大门，北接成都双流、新津、邛崃，距成都市中心45千米，距双流国际机场30千米，处于成都平原经济圈核心层。2012年，全县总面积465.32平方千米，辖9镇4乡，89个行政村19个社区，2012年年末总人口33.56万人，农业人口21.36万，耕地面积13760公顷。

彭山县是中国西部最具潜力百强县之一，是四川省人民政府确定的统筹城乡发展试点县，已被全域纳入天府新区发展。“长寿文化”享誉中外，被评为“中国长寿之乡”；是“全国商品粮和瘦肉型猪生产基地”；四川省“寿柑之乡、二金条海椒之乡、泽泻之乡”，已被列入国家级生态示范区，是全国政务公开先进县、村民自治模范县、体育工作先进县，四川省统筹城乡发展试点县、扩权强县试点县、社会治安综合治理模范县、科技工作先进县。

市委、市政府《关于加快推进“两化”互动、统筹城乡的意见》（眉委发〔2012〕17号）中提出，要探索创新具有眉山特色的“以城为主、统筹城乡，以工为主、统筹城乡，以农为主、统筹城乡，以游为主、统筹城乡”四种模式，加快农民向城市居民、产业工人、农业业主、三产经营者转变。这是在新形势下对解决“三农“问题，促进农民增收的重要举措。为准确了解、掌握眉山市农村居民对“四个转变”真实意愿，为此，开展了农村居民“四个转变”意愿问卷调查工作。

彭山县（乡、镇）高度重视，以强化领导、强化宣传、强化培训、强化督察、强化调研“五个强化”扎实开展该项工作。

（二）调查目的

准确了解、掌握彭山县农村居民对“四个转变”真实意愿，为有效促进“四个转变”提供基础性的工作。

（三）调查方法

采取对农村居民逐户入户填写问卷调查和召开适度规模的座谈会相结合的方法，准确了解、掌握农村居民家庭人口、主要收入来源、年平均收入、承包地主要使用情况、愿意在哪居住、最希望用宅基地置换哪种资产或权益和调查户劳动力的性别、年龄、文化程度、从业情况、收入水平、今年生产生活打算以及调查户的有关“四个转变”的建议意见。

（四）调查过程

此次调查共入户调查了全县行政区内调查户73807户，收回调查表73807张；召开70余次座谈会，从问卷和座谈会上收集问题及建议意见55个。

二、农民转变意愿的问卷分析

（一）农民转变意愿的基本情况分析

1. 调查户情况

全县农业人口共有73807户。

（1）家庭人口数量情况：只有1人的8656户，占总户数的11.7%；2人的12810户，占总户数的17.4%；3人的22918户，占总户数的31%；4人的16306户，占总户数的22.1%；5人以上的13117户，总户数的17.8%。各类的比例依次如下图：

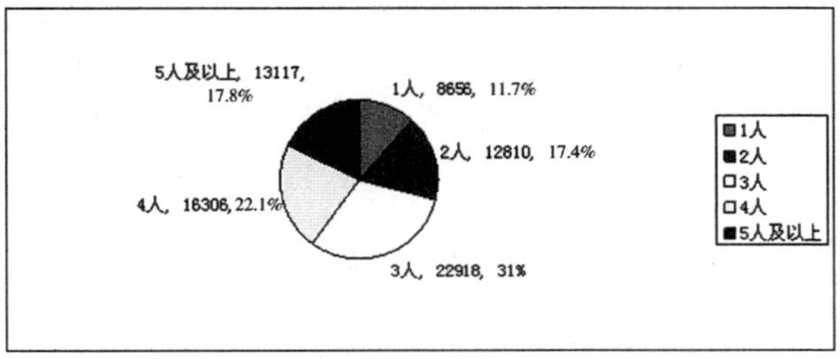

图1－1－1　家庭人口示例图

计算彭山县农业总人口为23.38万人，与统计报表21.36万人基本吻合，问卷调查入户率高，数据来源可靠、可信。

（2）家庭主要收入来源情况：务工收入占家庭主要收入来源41907户，占总户数的56.8%；种植收入占家庭主要收入来源16715户，占总户数的22.6%；养殖收入占家庭主要收入来源1680户，占总户数的2.3%；经营二、三产业收入占家庭主要收入来源7741户，占总户数的10.5%；其他收入占家庭主要收入来源5764户，占总户数的7.8%。各类的比例依次如下图：

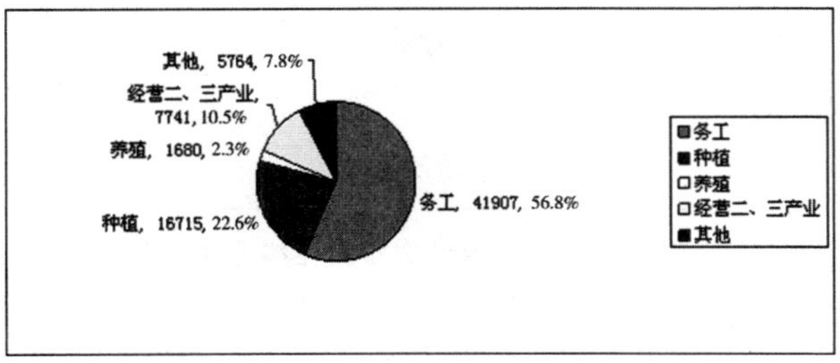

图1－1－2　家庭主要收入来源示例图

务工收入占农户收入的主导地位。务工收入占农户收入来源比例较高的乡镇有青龙、观音、彭溪等乡镇，比例均超过70%以上，主要是工业企业较多的乡镇。种植业收入占农户收入来源比例较高的乡镇有黄丰镇、谢家镇、义和乡等有优势产业的乡镇，占比例25%左右。养殖业收入占农户收入来源比例较高的乡镇有保胜乡、谢家镇等养殖基地的乡镇。经营二、三产收入比例较高的有凤鸣、观音、彭溪、武阳等靠近县城、旅游及交通条件好的乡镇。说明彭山县近年来呈现出到县外务工的人数下降，在本地企业务工人员急剧上升的态势；同时，也可见彭山县农业产业结构调整初见成效、特色产业逐步发展壮大，已经在很大程度上影响了农民的就业和经济生活。

（3）家庭收入水平情况：年家庭收入1万元以下的9597户，占总户数的13%；年家庭收入在1万—1.5万元的15787户，占总户数的21.4%；年家庭收入在1.5万—3万元的23331户，占总户数的31.6%；年家庭收入在3万—5万元的16043户，占总户数的21.7%；年家庭收入在5万元以上的9049户，占总户数的12.3%。各类的比例依次如下图：

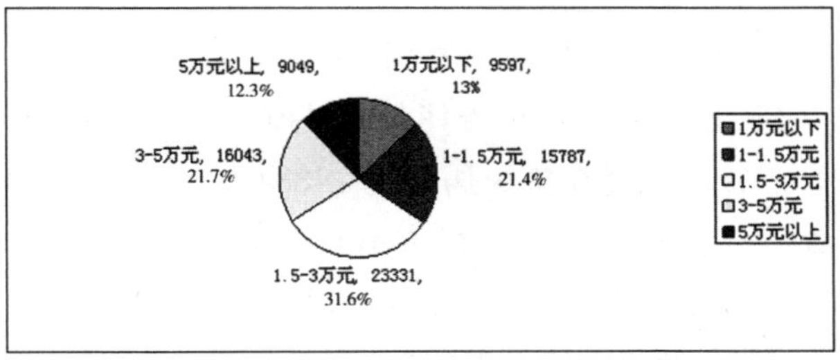

图1－1－3　家庭年收入水平示例图

1.5万—3万元、3万—5万元中等收入水平占农户收入的主导地位。青龙、观音、彭溪、凤鸣、黄丰等乡镇中等收入水平比例较高，保胜、锦江等乡镇中等收入水平比例较低。说明区位优越、工业发达、产业结构调整较好的乡镇收入偏高，反之区位优势不强、地理位置偏远、以传统农业为主的乡镇农户收入偏低。

（4）承包地主要使用情况：用于种养殖的有42607户，占总数的57.73%；已流转的20475户，占总数的27.74%；闲置的920户，占总数的1.25%；其他的9805户，占总数的13.28%。

各类的比例依次如下图：

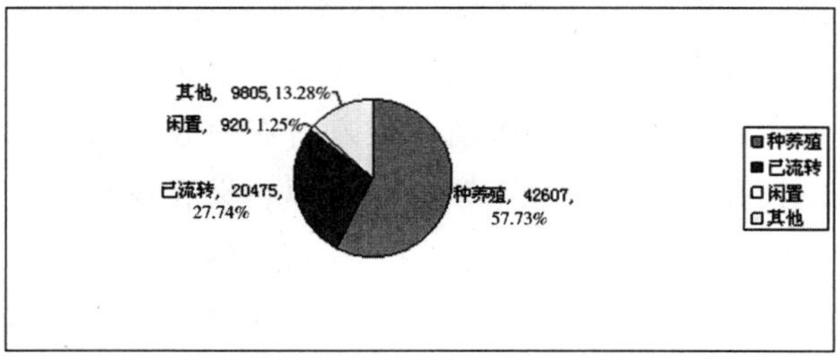

图 1－1－4　土地主要使用情况示例图

种养业占承包地使用情况的主导地位，说明彭山县仍然是以农为主的农业大县。用于种养业比例较高的乡镇有黄丰、保胜、谢家等乡镇，达到90%左右，说明传统农业种植区域土地使用率较高。流转土地比例较高的乡镇有青龙、观音、公义、锦江等乡镇，说明彭山县工业发达乡镇外出务工人员较多，土地就近赠送给邻里、亲戚等耕种的较多；同时，需要成片耕种的用于特色产业建设的也较多，农业产业化在彭山县已初具规模。土地闲置比例较高的有青龙、观音等乡镇，因工业发达，农民外出务工人员较多，土地又不方便成片耕种，无法有效流转。土地用于其他用途的主要有凤鸣、公义等乡镇，主要用于经营二、三产或室内养殖。

（5）农村居民愿意在哪里居住的情况：愿意在眉山城区或县城居住的12440户，占总数的16.9%；愿意在集镇居住的14884户，占总数的20.2%；愿意在新农村综合体居住的39787户，占总数的53.9%；其他的6696户，占总数的9%。各类的比例依次如下图：

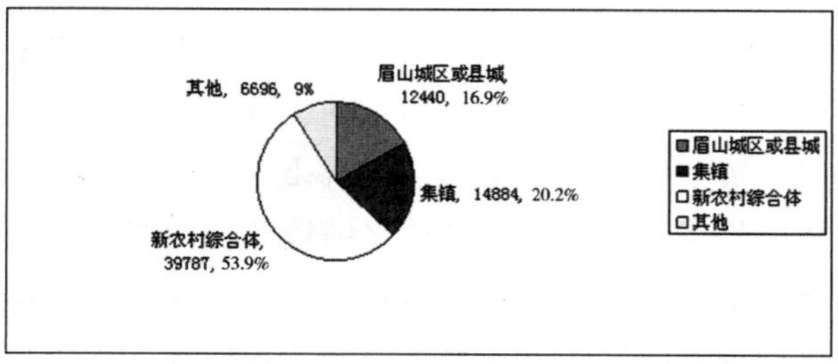

图 1－1－5　愿意在哪里居住示例图

到新农村综合体居住占主导地位。愿意到县城及以上城市居住比例最大的是凤鸣、彭溪，主要原因是本身靠近县城；愿意到集镇居住的比例最大的是青龙、观音、谢家，因这几个集镇建设得比较好；而更多的农户是希望在新农村综合体居住，说明农户仍然有念旧、怀故情结，既希望生活环境美好，又希望在故乡生活。值得注意的是，在靠近县城、好的集镇或发展很快的乡镇，愿意保持现有居住地的农户比例高于其他乡镇，主要是为了在近年开发时获得较高金额赔偿。

（6）最希望用宅基地置换资产或权益情况：置换住房的47841户，占总数的64.8%；置换商铺的14586户，占总数的19.8%；置换股权的1473户，占总数的2%；置换现金的6908户，占总数的9.4%；其他的2999户，占总数的4%。各类的比例依次如下图：

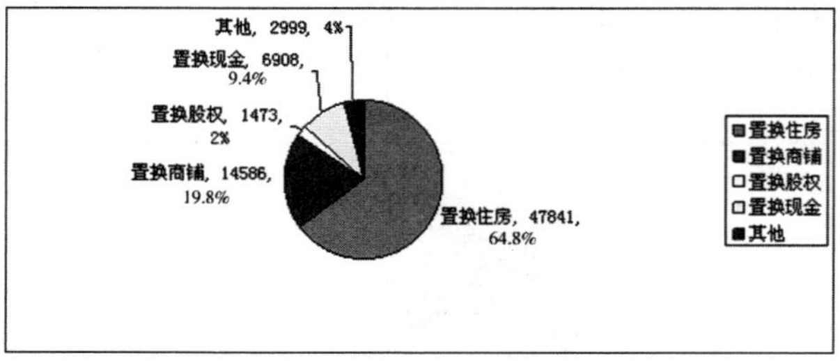

图 1－1－6　宅基地置换资产或权益示例图

解决转化农民的住房和从事三产的商铺是将面临最大的困难。

2. 劳动力情况：

彭山县劳动力总数为150508个。其中，男劳动力80147个，占总数的53.3%；女劳动力70361个，占总数的46.7%。

（1）从年龄上看，16～30岁的34896个，占总数的23.2%；30～40岁的36781个，占总数的24.4%，40～50岁的56455个，占总数的37.5%，50岁以上的22376个，占总数的14.9%。各类的比例依次如下图：

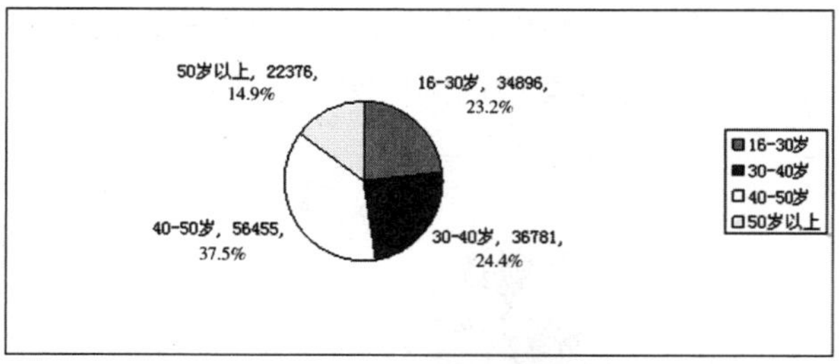

图 1－2－1　劳动力年龄结构示例图

16～50岁区间劳动力随年龄增长呈上升趋势，50岁以上劳动力比例又超过了10%，这与我国人口老龄化实际基本相符，也说明彭山县农村劳动力正向老龄化方向发展。

（2）从文化程度看，小学及以下学历的26397个，占总数的17.5%；初中学历的102493个，占总数的68.1%；高中学历的17434个，占总数的11.6%；大专以上学历的只有4184个，占总数的2.8%。各类的比例依次如下图：

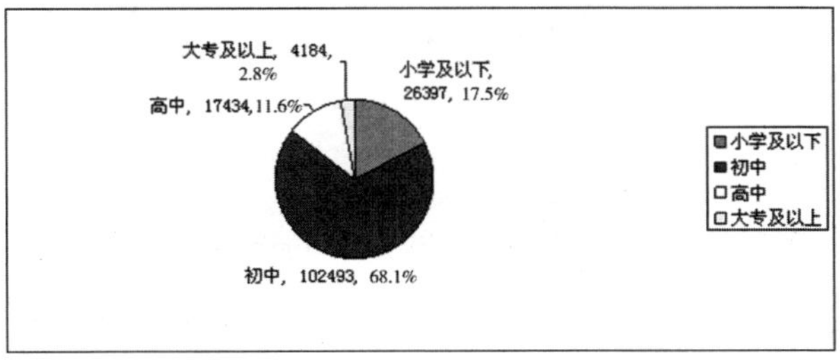

图1-2-2　劳动力文化程度示例图

初中文化程度劳动力占主导地位，其次是小学及以下文化程度，学历高的劳动力比例极小。说明彭山县劳动力文化素质普遍偏低。

（3）从2012年从业情况看，务农的26571人，占总数的31.1%；农业业主2214人，占总数的3%；产业工人33213人，占总数的45%；三产经营（从业）者11809人，占总数的13.7%。各类的比例依次如下图：

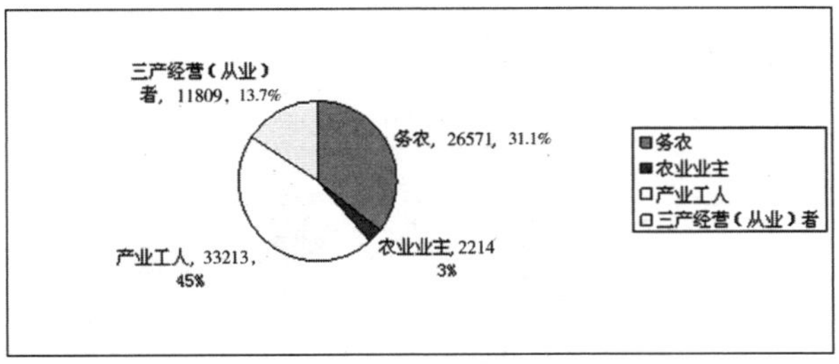

图1-2-3　劳动力从业情况示例图

从事产业工人劳动力占主导地位，与彭山县外出务工人员多，与家庭主要收入来源以务工收入占主导地位（图1-2）相吻合，前后一致，问卷反应切合实际。

（4）从2012年收入水平，收入在5000元以下的24536人，占总数的16.3%；收入在5000—1万元的38092人，占总数的25.3%；收入在1万—2万元的59040人，主要是产业工人，占总数的39.2%；收入在2万—3万元的20856人，占总数的13.9%；收入在3万元以上的7984人，占总数的5.3%。各类的比例依次如下图：

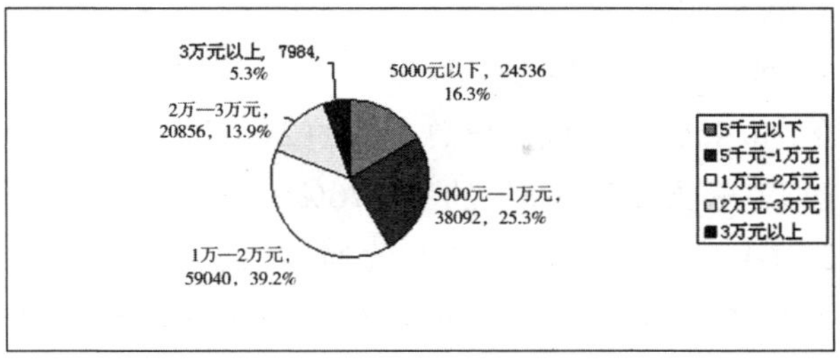

图1-2-4　劳动力收入水平示例图

1万—2万元中等收入水平占主导地位，收入呈“中间大两头小”分布，与实际基本吻合。当然，我们应当看到，中国传统的农民有“财不露白”的习惯，实际收入应当高于这个统计数据。

（5）从今后生产生活打算看，愿意继续务农10333人，只占总数的14%；愿意转化为城镇居民的28785人，占总数的39%；愿意转化为产业工人的19190人，占总数的26%；愿意转化为农业业主的4428人，只占总数的6%；愿意转化为三产经营（从业）者11071人，占总数的15%。各类的比例依次如下图：

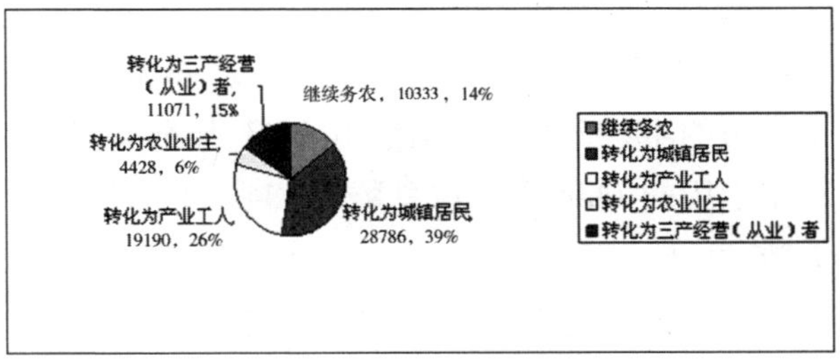

图1-2-5　劳动力今后生活打算示例图

愿转化为农业业主意的较少，愿意转化为城镇居民的较多。向城镇居民和产业工人转变占主导地位，农民总体意愿是城乡同步，即有固定收入、有固定住所，是向往稳定、和谐的生活方式。

（二）农村劳动力向城镇居民转变

从调查结果可以看出，愿意转化为城镇居民的65318人，占总数150508人的43.4%（男性劳动力34280人，占男性劳动力总数80147人的42.8%；女性劳动力31038人，占女性劳动力总数 70361 人的 44.1%)。

(1)年龄与转变意愿的关系:16~30 岁的 15225 人,占劳动力总人数的 10%,占该意愿总人数的 23.3%,占该年龄段总人数 34896 的 43.62%;30~40 岁 15730 人,占劳动力总人数的 10.45%,占该意愿总人数的 24.08%、占该年龄段总人数 36781 的 42.76%;40~50 岁的 24164 人,占劳动力总人数的 16.05%,占该意愿总人数的 37%、占该年龄段总数 56455 人的 42.8%;50 岁以上的 10199 人,占劳动力总人数的 6.77%,占该意愿总人数的 15.6%,占总数 22376 人的 45.6%。各种年龄转变意愿比例依次如下图:

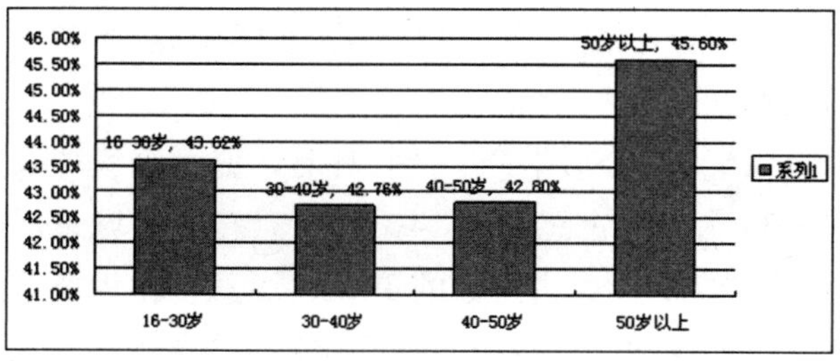

图 2-1 相应年龄与转变为城市居民意愿示例

老年人和青年人更愿意转化为城镇居民,中年人这个意愿相对要弱一点。

(2)文化程度与转变意愿的关系:小学以下学历的 11479 人,占总数 26397 人的 43.6%;初中学历的 44645 人,占总数 102493 人的 43.5%;高中学历的 7448 人,占总数 17434 人的 42.7%;大专以上学历 1746 人,占总数 4184 人的 41.7%。各种人群转变意愿比例依次如下图:

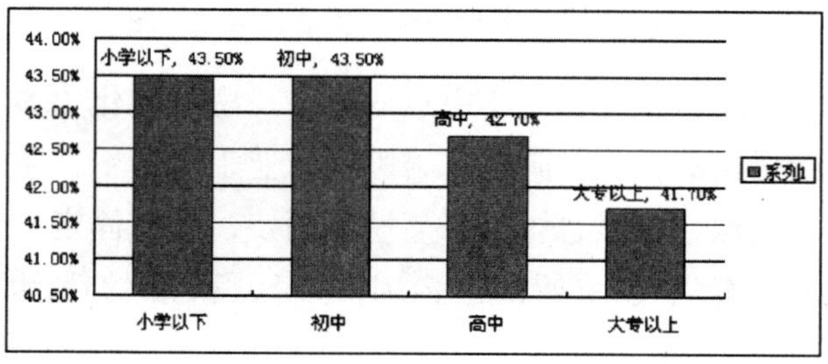

图 2-2 相应学历与转变图为城市居民意愿示例

可以看出,文化程度越高,越是愿意在农村发展,而不愿意成为普通的城镇居民(当然,很多高学历的在调查以前已经离开了农村,不在调查范围之内)。

(3)现有职业与转变意愿的关系:务农的 20371 人,占总数 46785 人的 43.5%;产业工人的 24547 人,占总数 60446 人的 40.6%;农业业主 1962 人,占总数 3875 人的 50.6%;三产经营(从业)者 8396 人,占总数 20572 人的 40.8%;其他的 10042 人,占总数 18830 的 53.3%。各种人群转变意愿比例依次如下图:

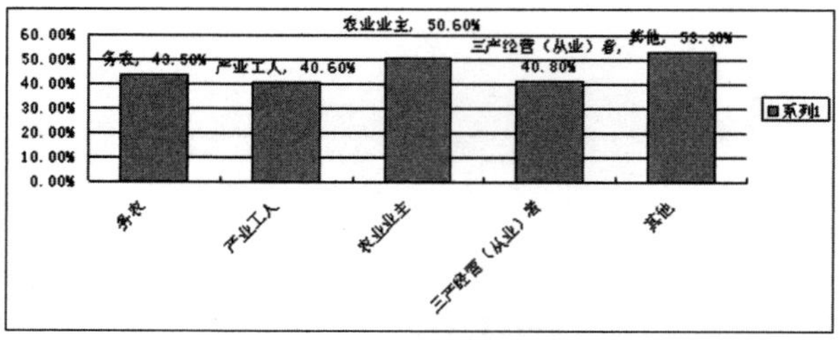

图 2-3 原来从业情况与转变图为城市居民意愿示例

现有的产业工人和三产经营(从业)者的转变意愿较弱。

(4)收入水平与转变意愿的关系:收入在 5000 元以下的 10745 人,占总数 24536 人的 43.8%;收入在 5000 元—1 万元的 17471 人,占总数 38092 人的 45.9%;收入在 1 万—2 万元的 25195 人,占总数 59040 人的 42.7%;收入在 2 万—3 万元的 8513 人,占总数 20856 人的 40.8%;收入在 3 万元以上的 3394 人,占总数 7984 人的 42.5%。各种人群转变意愿比例依次如下图:

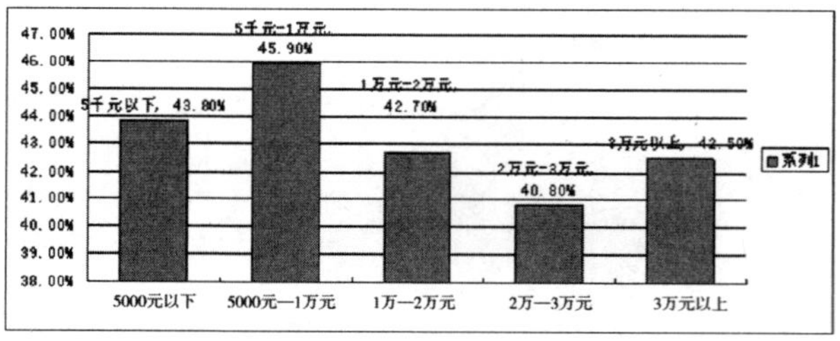

图 2-4 相应收入与转变为城市居民意愿示例图

可以看出,收入相对较高的产业工人和三产经营(从业)者的转变意愿较弱。

(5)地域位置与转变意愿的关系:靠近县城或较大集镇的农民相对愿意转化为城镇居民,而地理位置相对偏僻的农民转变意愿较弱。

结论:农民向城市居民转变的总体意愿强烈,学历低的务农和农业业主更愿意转化为城镇居民,向往城镇的生活;学历高、收入相对较高的产业工人和三产经营（从业）者的转变意愿较弱，更愿意在农村发展。表明彭山县农村的产业结构调整取得巨大成就，让更多的有识之士看到了美好的发展前景。

（三）农村劳动力向产业工人转变

从调查结果可以看出，愿意转化为产业工人的有44533人，占总数150508人的29.6%。其中，男性劳动力有25083人，占总数80147人的31.3%；女性劳动力有19450人，占总数70361人的27.6%。

（1）年龄与转变意愿的关系：16～30岁的12101人，占总数34896人的34.7%；30～40岁的11684人，占总数36781人的31.8%；40～50岁的16271人，占总数56455人的28.8%；50岁以上的4477人，占总数22376人的20%。各种人群转变意愿比例依次如下图：

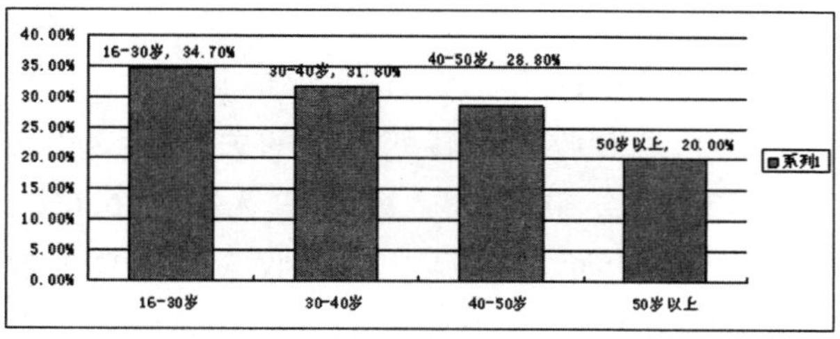

图3－1　相应年龄与转变为产业工人意愿示例图

年纪越小，越愿意成为产业工人，到外面的世界闯一闯。

（2）文化程度与转变意愿的关系：小学以下学历的6268人，占总数26397人的23.7%；初中学历的31271人，占总数102493人的30.5%；高中学历的5544人，占总数17434人的31.8%；大专以上学历1450人，占总数4184人的34.7%。各种人群转变意愿比例依次如下图：

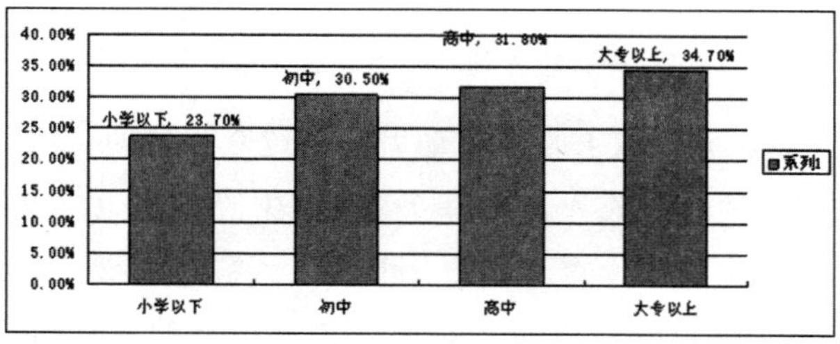

图3－2　相应学历与转变为产业工人意愿示例图

可以看出，学历越高越愿意转化为产业工人。

（3）现有职业与转变意愿的关系：务农的6454人，占总数46785人的13.8%；产业工人的31082人，占总数60446人的51.4%；农业业主543人，占总数3875人的14%；三产经营（从业）者2204人，占总数20572人的10.7%；其他的4250人，占总数18830的22.6%。各种人群转变意愿比例依次如下图：

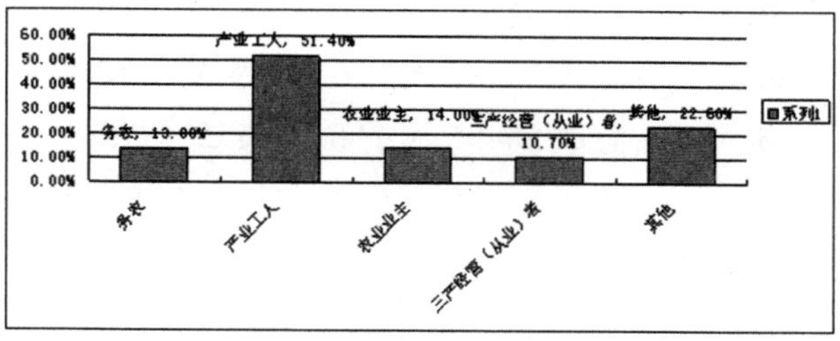

图3－3　相应职业与转变为产业工人意愿示例图

（4）现有收入与转变意愿的关系：5000元以下4484人，占该收入水平总人数24536的18.27%；5000元—1万元9529人，占该收入水平总人数38092的25.02%；1万—2万元21626人，占该收入水平总人数59040的36.63%；2万元—3万元7307人，占该收入水平总人数20856的35.04%；3万元以上1587人，占该收入水平总人数7984的19.88%。各种人群转变意愿比例依次如下图：

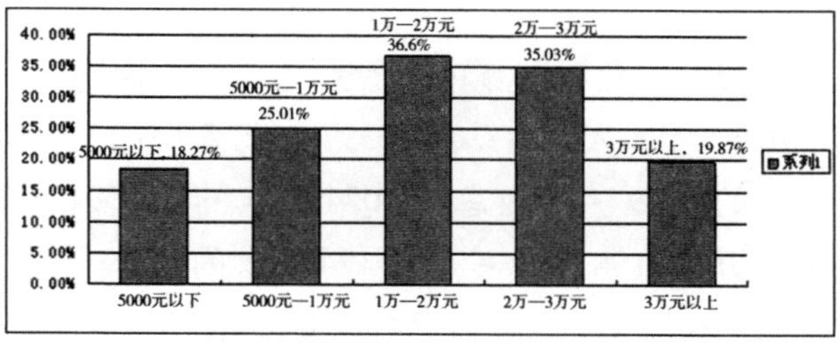

图3－4　相应收入与转变为产业工人意愿示例图

2012年收入在1万—3万元的劳动力转变意愿要强烈一些，主要是2012年从业产业工人，达到35%以上，而其他的低收入和高收入人群的转化意愿要弱一些。

结论：原来的产业工人因为技术相对熟练，愿意继续为产业工人的愿望要强烈一些，而从事其他职业的农民转化为产业工人的愿望要弱一些。同时，值得注意的是，愿意成为产业工人的农民比2012年的产业工人总数的60446人少了15913人。而在2012年的60446个产业工人中，愿意继续当产业工人的只有31082人，只占总数的51.4%。

（四）农村劳动力向农业业主转变

愿意转化为农业业主的只9550人，只占农村劳动力总数150508人的6.3%（其中，男性劳动力有5240人，女性劳动力有4310人）。

（1）年龄与转变意愿的关系：16～30岁的1903人，占总数34896人的5.5%；30～40岁的2386人，占总数36781人的6.5%；40～50岁的3883人，占总数56455人的6.9%；50岁以上的1378人，占总数22376人的6.2%。各种人群转变意愿比例依次如下图：

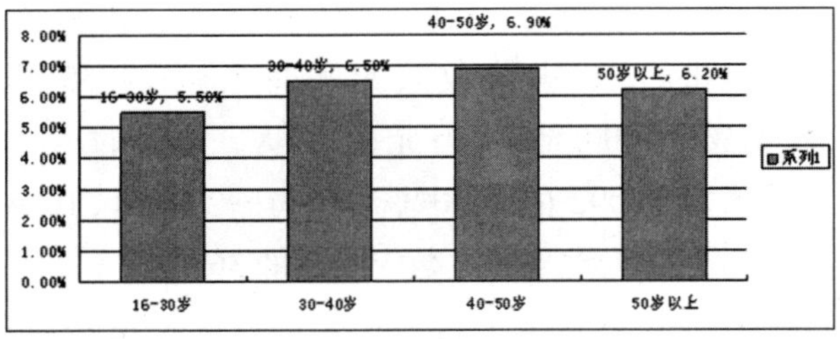

图4－1　相应年龄与转变为农业业主意愿示例图

可以看出，年纪越大，对土地的感情越深厚，技术也越好，越愿意成为农业业主。50岁以后，精力开始下滑，意愿也开始下滑。

（2）文化程度与转变意愿的关系：小学以下学历的1488人，占总数26397人的5.6%；初中学历的6649人，占总数102493人的6.5%；高中学历的1198人，占总数17434人的6.9%；大专以上学历215人，占总数4184人的5.1%。各种人群转变意愿比例依次如下图：

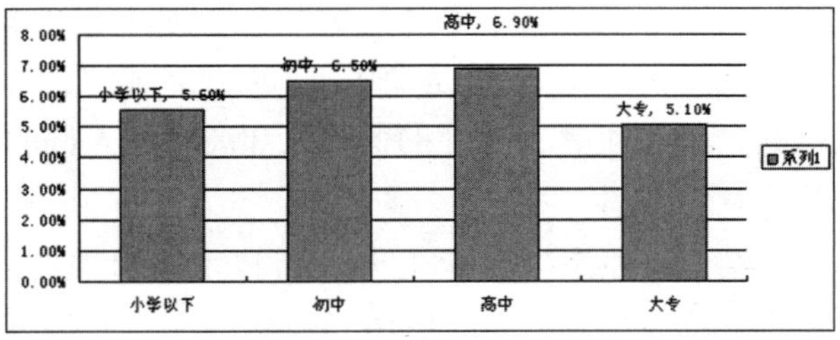

图4－2　相应学历与转变为农业业主意愿示例图

初中、高中学历的劳动力转化为为农业业主的意愿相对要强一些，而大专以上学历的则愿外出务工。

（3）现有职业与转变意愿的关系：务农的3362人，占总数46785人的7.2%；产业工人的2941人，占总数60446人的4.9%；农业业主959人，占总数3875人的24.7%；三产经营（从业）者1454人，占总数20572人的7%；其他的834人，占总数18830的4.4%。各种人群转变意愿比例依次如下图：

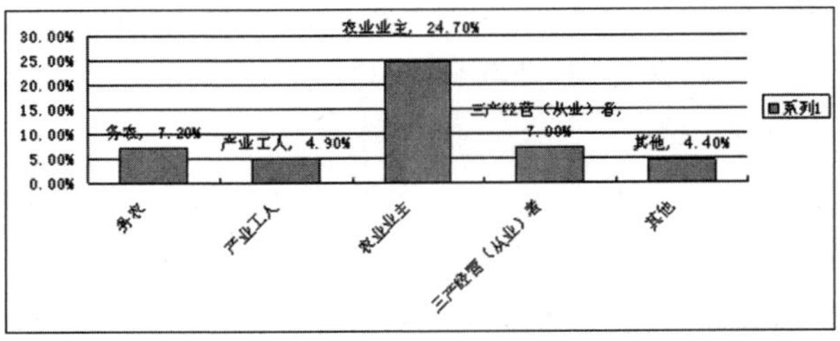

图4－3　相应职业与转变为农业业主意愿示例图

原来的农业业主希望继续经营的愿望相对强烈，但值得注意的是，这种愿望正在削弱，只有24.7%愿意继续经营；其次为务农的，但比例很低，不到10%；产业工人的意愿最弱。

（4）现有收入与转变意愿的关系：5000元以下1379人，占该收入水平总人数的5.6%；5000元—1万元2657人，占该收入水平总人数的6.97%；1万—2万元3462人，占该收入水平总人数的5.86%；2万—3万元1370人，占该收入水平总人数的6.56%；3万元以上682人，占该收入水平总人数的8.54%。各种人群转变意愿比例依次如下图：

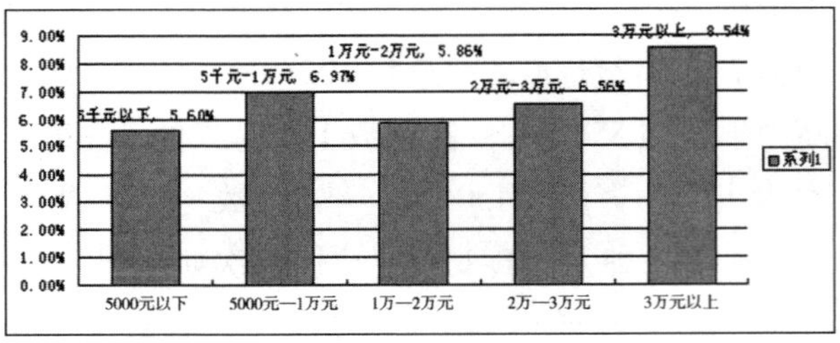

图4－4　现有收入与转变为农业业主意愿示例图

3万元以上收入劳动力转变意愿要强烈一些，其次为较低收入人群（务农），中等收入（主要是产业工人）意愿较差，低收入人群意愿最低。

（5）地域与转变意愿的关系：产业发展好，特别是有特色产业的地方，希望成为农业业主的愿望要强烈一些，而从事传统农业的乡镇则弱一些。

结论：农民转化为农业业主的意愿总体上很弱，主要为有一定种养殖技术的从事农业的中年人和有较好经济基础的人群。

（五）农村劳动力向三产经营者（从业人员）转变

愿意转化为三产经营（从业）者 25605 人，占农村动力总数的 17%（男性劳动力有 13722 人，女性劳动力有 11883 人）。

（1）年龄与转变意愿的关系：16－30 岁的 7182 人，占总数 34896 人的 20.6%；30－40 岁的 6965 人，占总数 36781 人的 18.9%；40－50 岁的 8766 人，占总数 56455 人的 15.5%；50 岁以上的 2092 人，占总数 22376 人的 9.3%。各种人群转变意愿比例依次如下图：

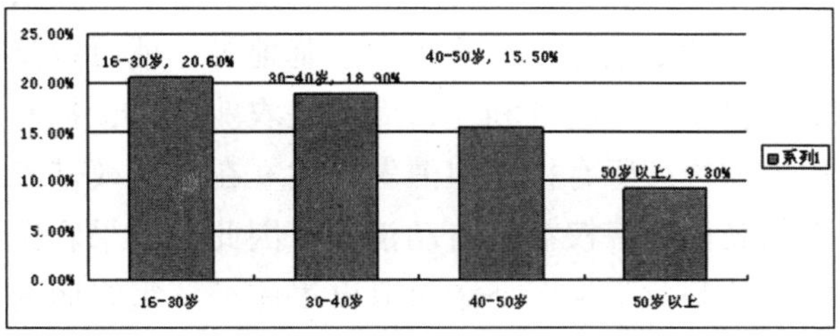

图 5－1　相应年龄与向三产经营者转变意愿示例图

年纪越小，越愿意经营三产。

（2）文化程度与转变意愿的关系：小学以下学历的 2253 人，占总数 26397 人的 8.5%；初中学历的 17524 人，占总数 102493 人的 17.1%；高中学历的 4112 人，占总数 17434 人的 23.6%；大专以上学历 1116 人，占总数 4184 人的 26.7%。各种人群转变意愿比例依次如下图：

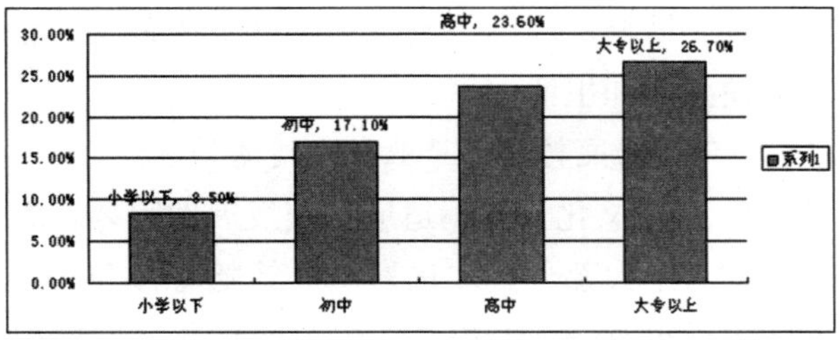

图 5－2　相应学历与向三产经营者转变意愿示例图

学历与向三产经营者转变成正比，学历越高转变意愿越强，说明三产经营者需要高学历、高素质群体。

（3）现有职业与转变意愿的关系：务农的 2357 人，占总数 46785 人的 5%；产业工人的 8102 人，占总数 60446 人的 13.4%；农业业主 396 人，占总数 3875 人的 10.2%；三产经营（从业）者 10197 人，占总数 20572 人的 49.6%；其他的 3953 人，占总数 18830 的 20.1%。各种人群转变意愿比例依次如下图：

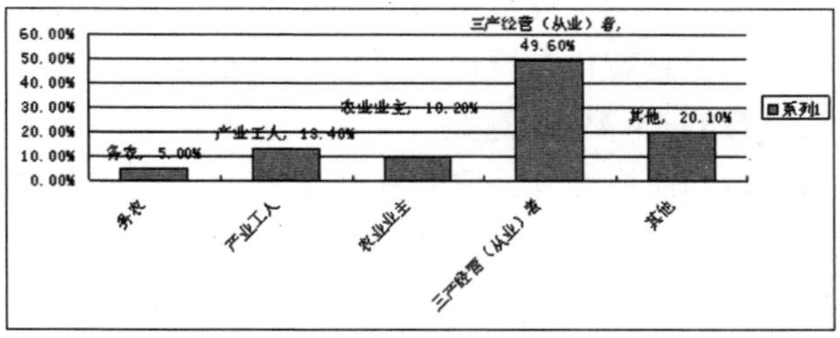

图 5－3　相应职业与向三产经营者转变意愿示例图

原来的三产经营（从业）者希望继续经营的愿望相对强烈，这部分人具有从事三产经营的基础和经验，说明三产经营需要有较强的综合能力，其次为其他人员想从事三产经营（从业）者为多。值得注意的是，务农的劳动力转化的意愿很弱。

（4）现有收入与转变意愿的关系：5000 元以下 2298 人，占该收入水平总人数的 9.36%；5000 元—1 万元 14234 人，占该收入水平总人数的 11.1%；1 万—2 万元 10381 人，占该收入水平总人数的 17.6%；2 万—3 万元 4954 人，占该收入水平总人数的 23.7%；3 万元以上 3138 人，占该收入水平总人数的 39.3%。各种人群转变意愿比例依次如下图：

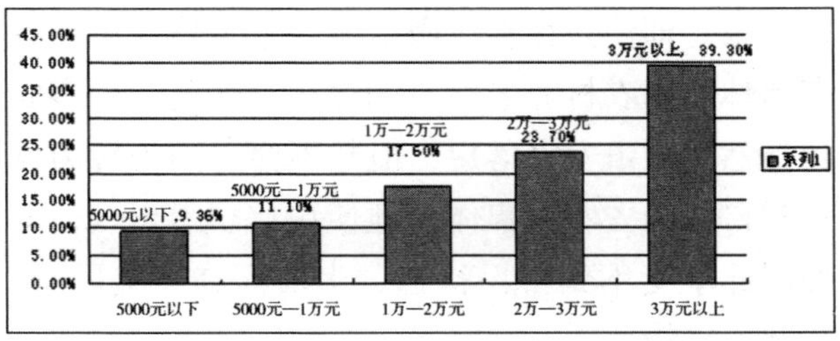

图 5－4　相应收入与向三产经营者转变意愿示例图

现有收入与向三产经营者转变的意愿成正方向，收入越高转变意愿越强，说明从事三产经营需要有较强的经济实力。

（5）地域与转变意愿的关系：靠近县城和大集镇的农民转变意愿要强烈一些。

结论：农民向三产经营者转变的意愿不是很强，与向城市居民转变和向产业工人转变相比较，农民更倾向于有稳定的职业和稳定的收入，也说明三产经营不仅需要文化高、经济实力强，而且三产经营投入大、风险高。

三、农民“四个转变”存在的困难及原因分析

由上面的统计数据分析可以看出，彭山县农村居民愿意转化为城镇居民的比例很大，占劳动力总数的43.4%，这是一个令人振奋的数字。但是，我们应该看到，愿意转化为产业工人和三产经营（从业）者比例不高，仅分别占总数的29.6%和17%。在问卷调查结果中，与2012年从业情况相比，愿意转化为产业工人的农民比2012年的产业工人总数的60446人少了15913人，只有44533人，下降幅度达26.3%；特别是在2012年的60446个产业工人中，愿意继续当产业工人的只有31082人，占总数的51.4%；愿意转化为三产经营（从业）者只比2012年的增加5033人，为25605人，增幅24.47%；2012年的原有三产经营（从业）者只有49.6%愿意继续经营（从业）。同时，愿意到县城以上城镇和集镇居住的比例较少，愿意到新农村综合体居住的比例很高，达到53.9%。这是令人震惊和倍感为难的事实，主要有下列一些原因：

（一）农民转变为城镇居民面临的困难

1. 叶落归根思想观念在农民心中根深蒂固。我国农民对土地有着特殊的情感，把土地作为安身立命之本，农村是生养之地，有朝一日还要叶落归根，即使是很多在城市的国家工作人员还有着退休后回农村养老终身的思想。因此，许多农民虽然在城市安家落户，但却不愿意因为转为城镇户口而失去农村集体土地使用权、承包权，即使因此享受不到市民待遇，生活面临一些困难，也在所不惜。

2. 国家各种惠农政策让人觉得农民更好。近年来，国家出台了一系列惠农政策。一是如种粮直补、良种补贴、农机具购置补贴、机电下乡补贴和农业生产资料综合补贴等，只要有了土地承包经营权，即使不种田也会永远享有这些补贴。二是新农合基本实现全覆盖，并且比城市医保交钱少。三是新农保正在试点推行，很快也会实现全覆盖，农民60岁以后不用交钱，就可以直接领养老金，而城镇人口则不行。四是农村中小学生全部享受“两免一补”政策，而城市中小学生只享受“两免”，没有“一补”。

3. 农转非后的各种市民待遇没有真正落实。不少农民转为非农业户口后，只是身份上的变化，没有成为真正意义上的城镇居民。在住房，很多农民对城市和集镇上的商品房无法承受。在就业上，主要是自谋职业，城镇医疗、养老保险、低保和失业保险等社会保障体系未能全部覆盖农转非人员，有些地方农民虽然转为城市户口，但在低保和养老保险等方面依然享受的是农民标准。在复退军人安置方面，有些地方并没有完全安置到位。

4. 退出集体经济组织难以得到应有补偿。拥有农村户口，就享有农村集体经济的一系列权利，包括土地承包经营权和宅基地等，就可以享受粮食直补等经济利益；而失去农业户口，拥有的集体资产所有权随即消失，建立在所有权基础上的其他经济权益也自动消失。因此，如果农民得到的利益不足以补偿因退出集体经济组织而造成的损失时，他们就不会退出集体经济组织，亦即不愿意转为城镇居民。

5. 农村的气候、绿化和住房面积等条件优于城镇。在交通条件日益改善的情况下，有很多城镇居民想方设法在农村修建住房，作为周末度假别墅，农民就更不愿放弃农村房屋。

6. 在没有成为真正的城镇居民前，城镇的生活条件不利于农民生产、生活。城镇的高楼不适宜农民放置农机具和晾晒粮食，离自己承包的土地更远，即便烧饭也要到几里路外采摘蔬菜，很不方便生产和生活。

（二）农民转化为产业工人遭遇的尴尬

1. 农民文化素质不适应科技发展的需要。农村劳动力中大部分人文化素质虽然随着社会和经济的发展也有一定的提高，但是农村居民家庭劳动力文化素质不高的仍然占多数，很多属于体力型和经验型农民，又没接受过相关的职业技术培训，科技水平较低，现代经营和管理的知识缺乏，经营管理的能力较差，信息的接收和反应很慢，适应和参与市场经济的能力弱，妨碍了他们进入现代化设备和管理的企业就业，成为真正意义上的产业工人，被称为农民工。

2. 目前农民工的生存现状堪忧。一是工资遭到拖欠。主要发生在建筑施工和餐饮服务等行业，由于没有签署劳动合同或随意解除合同而得不到报酬，拖欠工资、克扣工资的现象时有发生。二是健康权益受到侵害。主要在矿山开采、建筑施工、化学工业这三个行业死亡事故和患职业病农民工比例很高，已成为一个不容忽视的问题。三是社会和医疗保险没有保障。农民工在城市里属弱势群体，他们缺少最基本的生活保障，生病时，没有钱看病；吃饭时，没有钱买东西吃；甚至在城市里呆了一阵子后，没有钱买回家的车票。四是农民工子女教育情况堪忧。农民工子女或随父母到外地上学，有的地方昂贵的学费让他们承受不起，只能到教育质量差的学校就读；且农民工工作地方并不稳定，子女随时有转校就读的可能；或在家留守读书，家中无人指导，且缺乏照料。五是家中缺乏照料。很多家庭被称为留守家庭，只有老弱妇幼在家，经常缺乏照料，农民工只有在春节时返家享受天伦之乐。

（三）农民转化为农业业主存在的困难

1. 发展现代农业主力军力量不足。在家庭承包经营为基础、统分结合的双层经营体制下，农民是农业发展主力军。但目前农村劳动力大量向二、三产业转移，留在农村从事农业生产的大多是“993861”部队（老、妇、少）。仅靠他们无力战斗在现代农业发展的主战场。而发展现代农业需要大批青壮年职业农民和流转土地从事规模经营的业主。

2. 农业基础设施建设薄弱。彭山县农村的交通、水利灌溉等基础设施薄弱，不适宜规模化、集约化生产，生产成本很高。

3. 土地流转还停留在起步阶段。现在，绝大部分土地还分散在为数众多的农民手中，土地流转还存在一定困难，无法进行规模化、集约化生产经营，无法形成农业业主。

4. 农民的资金和技术都比较薄弱。规模化、集约化的生产经营，除了需要成片的土地资源外，还需要资金和技术。彭山县手中没有足够资金支付农民土地租金和改善基础设施、生产经营；同时，也缺乏相应的生产技术。

（四）农民转化为三产经营者（从业人员）存在的难题

1. 彭山县旅游资源还未进行深度开发，旅游基础薄弱。旅游业不发达，加上彭山县距离成都和眉山都比较近，难以吸引两地居民到彭山进行消费，三产经营者收入不高，使农民转化为三产经营者缺乏吸引力。

2. 彭山县都市近郊型现代农业还处于起步阶段，观光农业还未形成规模效应，配套设施缺乏。尽管彭山县形成了观音葡萄、公义莲藕、黄丰柑橘、义和猕猴桃和江口林下生态养殖等，但没有相应的旅游观光、休闲娱乐等配套设施，制约了三产发展的健康、快速发展。

3. 农民三产经营意识不强，缺乏经营技巧。

四、农民“四个转变”的困境突破

（一）对农民转变为城镇居民的建议

除放宽城镇户籍准入条件外，还要解决以下问题：

1. 解决住有所居。支持农业转移人口在城镇购买自有住房。进入城镇的农业转移人口，有用工单位的纳入住房公积金保障范围，由用工单位和本人共同缴纳住房公积金，并可通过申请住房公积金贷款购买普通商品住房。符合条件的还可在当地申请租住公共租赁房。进城购买首套住宅商品房的农村居民，如果夫妻一方建立了住房公积金，可通过所购房屋抵押担保的方式，申请个人住房公积金贷款。农业转移人口在城镇购买住房，享受上级相关税收减免优惠政策，财政可给予一定限额的一次性补贴。符合条件的还可在当地申请租住公共租赁房。

2. 解决操有所业。将农业转移人口纳入城镇就业服务和政策扶持范围，帮助其在城镇稳定就业。创办、领办小微型企业或从事个体经营的，从其营业之日起，在一定年限内缴纳税收的地方留存部分，由受益财政给予全额奖励，并优先享受扶持经济发展、鼓励全民创业等相关优惠政策。完善创业促进就业工作，引导农村转户进城居民通过鼓励创业促进就业小额担保贷款的政策扶持，实施小额担保贷款、失业人员担保贷款。整合各级各部门就业促进扶持资金，加大对劳动密集型企业录用农业转移人口扶持力度。加强对农村转户进城居民创业的政策咨询、项目推荐、创业指导、跟踪服务，确保有创业意愿的人员能获得创业培训。在城镇常住地稳定就业满一定期限失业的，可在公共就业服务机构登记失业，并免费领取“就业失业登记证”，可在公共服务就业机构免费政策咨询、职业指导、职业介绍等公共就业服务，已转户并符合规定条件的还可享受公益性岗位安置等就业援助政策。

3. 解决病有所医。为农村转户进城居民建立城镇医疗保险，做好新型农村合作医疗保险与城镇医疗保险转移接续，与城镇居民享受同等待遇的基本公共卫生服务。也可选择参加城镇居民基本医疗保险或新型农村合作医疗保险，由就业地新型农村合作医疗保险定点医院为参加新型农村合作医疗保险的农业转移人口就医提供服务，为其享受新型农村合作医疗保险政策提供便利条件。

4. 解决老有所养。农村转户进城居民与用人单位建立劳动关系的农业转移人口，要按照规定参加企业职工基本养老保险。其他人员可自主选择农村或城镇养老政策。达到退休年龄、缴纳养老保险年限不足 15 年的，可按规定进行补缴或延长缴纳期限。

5. 解决子有所教。保障农业转移人口子女接受公平义务教育。进入城镇的农业转移人口适龄子女，可凭房产证和身份证明，享受城镇居民子女受义务教育的同等待遇。同时，为农业转移人口子女提供更多中等职业技能培训。

6. 保护农民合法权益。保留农业转移人口在承包期间内的土地承包经营权、林权和草原承包经营权，村集体及各级政府不得强制要求其退出承包期内的土地承包经营权、林权和草原承包经营权。鼓励整户家庭成员进城落户的农业转移人口退出承包土地，退出承包土地交回村组或村集体经济组织统一经营管理。退出承包土地的农村转户进城居民，土地进行流转，由村集体或承包该地的新户主通过协商的方式进行适当补偿。承包该地的新户主享受与该承包地相对应的各类对农民的直接补贴。农村居民整户或部分家庭成员在城镇落户的，保留宅基地及自有农房权益，并严格执行 1 户 1 个宅基地政策及标准，各级政府和有关部门不得强制要求其退出原有宅基地及农房。农业转移人口转户进城居民转让或退出宅基地后，不再享有分配宅基地的权利，可以适当补偿一定金额，作为换取城镇住房或保险费用。农村居民整户或部分家庭成员在城镇落户，已享受农村集体经济组织资产收益分配权的人员，在本轮土地承包期内，保留转户时的农村集体经济组织存量资产收益分配权，并同时享受转入地收益分配权。农民退出集体经济组织，不再享有资产收益，可给予一定的经济补偿。

（二）农民转化为产业工人的措施

1. 完善户籍管理制度。改革户籍制度，取消户籍管理对农民工的身份限制，加大户籍制度改革和相关政策调整力度，逐步消除针对农民工歧视的制度根源，给农民工以当地“国民”待遇。

2. 建立农民工培训体系。加大对农民工培训力度，加大对农村人力资本存量的调整和投资力度，特别是要加大对农村剩余劳动力、有劳动能力但缺乏一技之长的农民的培训力度，继续实施“农村劳动力转移培训工程”，加强农村劳动力的转移培训，探索由政府部门、用工企业、公共培训机构和私营培训机构等相关主体在农民工培训中有效合作，建立政府、企业、个人多渠道、多层次、多形式的农民工培训网络。

3. 严格工资政策和工资管理，维护农民工合法权益。参照城镇职工相关规定，探索建立农民工最低工资保障制度和农民工工资正常增长机制，严厉打击恶意拖欠、克扣农民工工资的不法行为，切实维护农民工收入的合法权益。

4. 完善劳动合约管理，依法签订劳动合约。推行并规范劳动合同管理，规范民营企业的用工行为。严格执行《中华人民共和国劳动法》的相关规定，做好对农民工的劳动保护工作，将保护工人的安全与健康作为企业重要的社会责任。

5. 建立农民工的社会保障体系。将农民工纳入保障的范围，积极探索多种形式，妥善解决城市农民工的社会保障问题。一是尽快完善并强制推行农民工工伤保险制度。二是由于疾病往往导致农民工失去工作和陷入贫困，因而要为农民工建立医疗保险尤其是大病保障机制。三是为农民工建立相应的社会救助制度，包括遭遇天灾人祸时的紧急救济、贫困救助和法律援助。四是将农民工纳入城市社会保障体系，完善农民工社会养老保险制度。

6. 加强对劳动密集型企业的扶持。制定激励政策，鼓励创办和壮大劳动密集型企业，提供更多地就业岗位，吸收本地农村富余劳动力进入企业就近务工。

（三）促进农民转化为农业业主的措施

1. 扶持各类专合组织发展，提高农业的组织化程度。要结合新农村建设，探索新形势下农村新型集体经济和各类专合组织发展体制机制。着力推动农民专业合作组织发展，以专合组织为纽带，探索不同的利益联结机制，把分散生产与规模经营紧紧黏合起来，带动农户进行标准化生产，提高农业的组织化、产业化程度，使农民专业合作社真正发展成为组织和引领农民参与市场竞争的现代农业经济组织。

2. 大力实施农民创业计划。进一步完善农业产业规划、制定完善扶持政策、配套建设基础设施，建设各类产业园区，引导全县种养殖业大户、种田能手、营销大户进入园区发展现代农业。对于进入园区的业主，要充分利用农村产权制度改革的成果，属本县农民的，由农户本人提供房产证、宅基地使用权证等产权证书作为抵押，由农村产权流转担保公司提供贷款担保，农户向有关金融机构贷款融资，解决发展资金问题，引导更多的资源入园创业，形成规模聚集效应。继续实施农民创业小额贷款。

3. 提高农民培训培养实效，推动农民职业化进程。把基层干部培训培养成现代农业的组织者、推动者，把农村能人培训培养成农业企业家、把传统农民培训培养成职业农民，充分利用各类教育培训资源，分层次加大职业农民培训培养力度。

4. 加强基础设施建设。集中整合土地整理、农田水利基础设施建设、价调基金以及其他支农资金，共同投入基础设施建设，促进现代农业的发展。

5. 狠抓农业项目工作，引导社会资金投入农业。围绕农产品交易市场建设、农产品物流建设、农业循环经济、种养殖业发展等，包装策划一批符合市场需求的项目，积极引入社会资金参与，进一步扩大农业投资规模。

6. 制定有关措施，促进土地有序流转。制定相关激励政策，促进土地统一租金、统一年限进行流转。

（四）促进农民转化为三产经营者的措施

1. 加强开发旅游资源的力度。依托彭山县长寿文化和忠孝文化，着力打造江口彭祖山、保胜李密故里等旅游胜地，努力把彭山建设成为成都居民休闲观光的后花园。

2. 加强观光农业的配套设施建设。依托新农村建设和“绿海明珠”“千湖之城”、现代农业园区等项目的实施，在新农村综合体建设配套的购物、文化学习、餐饮等设施，绿化美化新村；搞好现代农业园区的观光、休闲和餐饮等配套设施，形成旅游休闲基地的气候，吸引更多地城里人到乡村观光、旅游和消费。

3. 加强农民转化为三产经营者的资金支持及从业人员的培训。完善创业促进就业工作、鼓励创业促进就业小额担保贷款的政策扶持，引导农民用宅基地、房屋产权等作抵押进行小额担保贷款贷款，解决资金不足的难题。

五、结论

综上所述，得出如下结论：

近年来，彭山县大力实施统筹城乡全域城镇化建设，特别是新农村建设，不仅节约了大量土地，耕地连接成片，面积大为增加，给产业结构调整和快速推进都市近郊型现代农业建设创造了良好的基础，同时，人居环境也有了极大改善，为农村居民转化为城镇居民、产业工人、农业业主和三产经营（从业）者（“四个转变”）创造了较好的基础。而“四个转变”又促进了统筹城乡全域城镇化和新农村建设，促进了都市近郊型现代农业的建设进程。因此，市委、市政府提出的“四个转变”是非常正确的、及时的，也是必要的。同时，我们也必须清醒地看到，要快速促进“四个转变”，还有很多的事情要做，还有很多困难需要克服，还要制定和实施很多的激励政策。我们相信，在市委、市政府的正确领导下，上下齐心，一定能快速推进“四个转变”，实现助农增收这个宏伟目标。

七大战区全年工作通报

（截至12月31日）

战区	2013年目标任务	1—12月推进情况	战区司令
天府新区战区	1. 按县委、县政府确定的标准在7月底前编制完成天府新区彭山区域《道路交通专项规划》《电力专项规划》《公共服务专项规划》《城市风貌与色彩结合旧城改造专项规划》《滨河商业区专项规划》《生态环境与绿地系统专项规划》《灯饰夜景专项规划》。 2. 做大融资平台，工投公司资产达到15亿元，注册资金达到5亿元。全年融资5亿元。 3. 新签约招商引资项目10个，其中，引进世界500强1家、上市公司2家，实现招商引资到位资金45亿元以上。 4. 10月底前启动天府新区污水处理厂建设、12月底前完成龙都新苑三期主体工程，8月底前完成天府青龙会展中心主体工程建设。11月底前启动龙都新苑四期前期工作。 5. 11月前启动工业大道扩宽、青同路西延线，11月底前完成新彭十路。年底前启动龙都大道建设（西段只修柏油路；东段依托原东段老路进行改造，拓宽双向四车道，两边预留三米宽步道）。10月底前启动环区路（南段）建设。年底前完成自然河改道。 6. 12月底前基本完成天府龙都湿地公园A区建设，启动B区建设。6月底前完成518渔场收购工作。 7. 加快海尔、联合利华、台湾研创等重大项目建设。11月底前青龙物流园商贸城4-10号楼完成主体工程及附属实施、铁路专用线竣工。推进新签约项目按协议约定落地建设。 8. 确保12月底前翔升特种构建、奥瑞模具、润祥辐照、百麟节能环保设备制造、蓉海合金（一期）、惠特利金刚石钻头、万贯五金机电园（一期）、林德气体（一期）、润祥润滑材料等项目竣工。新增规模企业4户。 9. 推进成片拆迁工作，完成联合利华片区、苏宁易购片区、小岛片区、韩国数控片区征地拆迁工作，完成长安汽车片区、华润片区的征地工作，年底前完成下穿片区拆迁工作，全力推进顺河坝片区征地拆迁工作。7月底前完成狮子村1社（通济堰以西，高速公路以东）13.33公顷土地征地拆迁工作。新收储土地66.67公顷以上。 10. 启动国家级经济开发区创建工作。 11. 全年完成固定资产投资50亿元。	1. 天府新区彭山区域总体规划、控制性详规、产业发展规划已全面完成。《道路交通专项规划》《电力专项规划》《公共服务专项规划》《城市风貌与色彩结合旧城改造专项规划》《滨河商业区专项规划》《生态环境与绿地系统专项规划》《灯饰夜景专项规划》已编制完成。 2. 工投公司资产达到22亿元，注册资金5.05亿元，全年实现融资7.1亿元（含BT融资）。 3. 全年新签约项目12个，协议引资81.7亿元，到位资金48.45亿元。 4. 污水处理厂完成场平回填，基础施工；龙都新苑三期基本完成主体建设，进入室内装饰和附属设施建设。天府青龙会展中心主体工程完工，进入室内外装饰程序。龙都新苑四期完成立项、设计，正在进行项目用地征地拆迁。 5. 工业大道扩宽雨污管网铺设。青同路西延线雨污管网铺设和路基施工。环区路（南段）雨污管网铺设，桥桩基施工。新彭十路主体完工。龙都大道东段12月进场施工。 6. 天府青龙湿地公园A区完成建设，B区基础施工。 7. 联合利华（四川）全球生产基地项目9月11日奠基，正在进行综合楼修建，其销售公司全年缴税1.1亿元。海尔（天府新区）创新产业园已完成投资5.8亿元，海尔产业发展、普海仓储10万平方米厂房完成建设。台湾研创项目完成投资2.9亿元，4家配套企业完成14万平方米钢结构厂房施工，其中两家正在设备采购。青龙物流园商贸城二期基本完成主体工程建设。 8. 翔升、奥瑞模具、润祥福照、百麟节能环保、蓉海合金一期、惠特利金刚石钻头、五贯五金一期、林德气体一期、润祥润滑、西货场铁路专用线等项目已建成竣工。 9. 联合利华片区、苏宁易购片区、小岛片区、韩国数控片区征地拆迁工作完成，长安汽车片区、华润片区的征地工作完成，顺河坝片区征地拆迁工作总拆迁户481户，已签协议445户，交钥匙300户。狮子村1社（通济堰以西，高速公路以东）13.33公顷土地征地拆迁工作已完成。全年完成征地400公顷。 10. 已制定眉山市创建工作方案，向商务部、省商务厅进行了工作对接和汇报，各项工作按方案有序推进。 11. 预计全年完成固定资产投资48亿元，全年新增规模企业4户。	王涛

战区	2013年目标任务	1—12月推进情况	战区司令
成眉化工新材料战区	1. 4月20日前完成成眉石化园投资有限公司的正式组建。 2. 全年签约并开工亿元以上项目4个，其中10亿元以上重大项目1个。 3. 完成园区征地拆迁33.33公顷。 4. 11月30日前完成石化大道建设；11月30日前启动石化大道南段建设；11月30日前启动石化二路主干道建设。 5. 7月1日前启动园区供水厂；11月30日前启动污水处理厂项目建设。 6. 4月1日前完成园区16.84平方千米和谢家镇4.7平方千米的总规修编和控规维护工作；6月1日前启动园区、集镇21.5平方千米的防洪排涝规划。 7. 8月30日前开工建设石化项目谢家安置区（一期）57000平方米安置房。 8. 全年完成固定资产投资5亿元。	1. 3月25日，成眉石化园区正式完成"四川成眉石化园投资发展有限公司"注册，并领取了公司营业执照等证照。 2. 已签约220千伏变电站、供热站、供水厂、中孚石油生物柴油、国能新能源LNG项目等5个亿元投资项目，其中LNG项目投资18亿元。 3. 全面启动园区预征地工作，已完成征地拆迁34.07公顷。 4. 石化大道前段2千米路已通车。10月8日完成发石化大道南段和石化二路预算并报财政评审，现正在公共资源中心招商。 5. 供水厂6月25日已进场；污水处理厂11月28日已进场建设。220千伏变电站3月已完成征地拆迁，11月23日已开工建设。 6. 3月14日，园区和谢家镇总规修编和详规维护工作已通过了市规划局组织专家评审；5月中旬启动园区、集镇21.5平方千米的防洪排涝规划，确定工作方案，规划工作正在有序推进中。 7. 5月14日完成谢家安置区（一期）建设项目招标，确定了施工单位并开展了场平工作。目前，该项目正在进行主体建设。 8. 1—12月，园区预计完成固定资产投资6.7亿元。	周荣华
黄龙生态宜居城战区	（一）恒大项目： 1. 7月1日前完成恒大四期项目约66.67公顷的征地拆迁。 2. 5月1日前完成恒大三期最后两户拆迁。 3. 6月30日前全面完成景观大道建设。 4. 6月30日前，恒大铂金酒店、国际会议中心全面投入运营；12月31日前国际运动城具备对外接待能力。 5. 完成投资6亿元。 （二）复地项目： 1. 启动并完成约26.67公顷征地拆迁工作； 2. 5月31日前复地·黄龙溪谷一期开盘销售； 3. 启动复地·黄龙溪谷二期建设； 4. 计划完成投资5亿元。 （三）牧马新镇项目： 1. 启动牧马新镇一、二期市政和二期规划设计、招投标建设。 2. 完成投资1亿元。 （四）莲花旅游新村项目： 1. 启动莲花旅游新村四期规划设计和招投标建设； 2. 10月30日前完成莲花老街、一期、二期安置区风貌改造。 3. 完成投资0.5亿元。 （五）2013年1月1日—12月31日期间，恒大、复地项目的税收性收入比2013年同期增长不低于30%。 （六）全年完成固定资产投资16亿元。	（一）恒大项目： 1. 已完成武阳村6社（原普惠村8社、11社），莲花村7社（原园门村3、4社）74.77公顷土地征收，超任务12.16%；已完成"三物"清点和拆迁，已满足交地挂牌条件。 2. 恒大三期建设基本竣工，学校主体至四层建设开工。 3. 景观大道已建成通车。 4. 酒店、会议中心建成营业，国际运动城外装完成并转入内部装修，足球场建设完成。 5. 完成投资7亿元，占任务的117%。 （二）复地项目： 1. 已完成原武阳村1、2、3、4社，原正义村5社，原普惠村2社共92.5公顷土地征收，超任务177.51%；已完成"三物"清点和拆迁，已满足交地挂牌条件。 2. 5月20日对外开放、销售。 3. 二期已开工建设，现已办理95栋预售。 4. 完成投资5.5亿元，占任务的110%。 （三）牧马新镇项目： 1. 一期350套安置房主体竣工，完成简装房装修，市政基础设施建设中；二期用地已落实，500套安置房建设由规划局、城投公司负责，规划设计中。 2. 完成投资入库1亿元，占任务的100%。 （四）莲花旅游新村项目：1. 新村四期已完成概念性规划。 2. 已完成莲花老街、一期、二期安置区风貌改造施工招标。 3. 完成投资0.5亿元，占任务的100%。 （五）完成税收入库1.8亿元，均比同期增长30%以上，其中复地项目税收性收入比2012年同期增长340%。 （六）已完成固定资产投资入库任务17亿元，占任务的106.25%。	俞红梅

战区	2013 年目标任务	1—12 月推进情况	战区司令
彭祖山综合文旅开发战区	1. 7 月底完成长寿村旅游小镇首一期建筑施工图设计及财评。 2. 4 月底完成彭祖山核心景区总体实施方案；年底前完成彭祖山风景区部分核心景点修建性详规编制。 3. 年底前完成温泉酒店用地的地形图测绘、入户调查、征地拆迁、打围场平。 4. 年底前启动彭祖山长寿村旅游小镇首一期安置房建设。 5. 武阳郡·田园新村 12 月底前单体验收并交房入住。 6. 全年完成固定资产投资 3 亿元。	1. 已完成长寿村旅游小镇首一期建筑施工图设计、财评和建设前的所有工作。 2.《彭祖山总规修编》已获省政府批复，核心景区总体实施方案已完成，并启动核心景区修详编制工作。 3. 温泉酒店征地拆迁前的地形测绘、入户调查已完成，已获得 6 公顷酒店建设用地的省政府批文。但因文旅公司内部股权改革未完成，无资金注入，使得该项目至今未能启动征地拆迁和打围场平。 4. 长寿村旅游小镇项目于 2013 年 12 月 19 日完成招投标工作并进场，已经启动打围、场平和基础设施配套建设。 5. 武阳郡·田园新村安置区 16 栋安置房、14 栋商业用房已全部竣工，水、电、气等基础设施配套工作已完工，等待综合验收，现已启动村民的分房方案和商业街业态招商工作；但因武阳乡农村集中饮水主管网正在招标中，无法入住。 6. 已完成固定资产投资 3.5 亿元。	严开义
彭祖新城战区	1. 12 月 31 日前完成彭祖新城彭溪安置区第二期 4 万平方米安置房主体建设；完成社区中心主体工程及安置区内配套道路前期工作，启动招投标；完成 8 万平方米电梯公寓安置房前期工作，启动招投标。 2. 12 月 31 日前启动彭祖新城污水处理厂（一期）项目主体工程建设（日处理 5000 吨）。 3. 11 月 30 日完成彭祖新城寿乡桥及附属道路建设（桥长 30 米、宽 50 米，道路长 400 米、宽 80 米）。 4. 春节前完成彭祖新城前程东路路面工程建设（长 1.5 千米、宽 40 米，配套雨污管网、绿化、路灯等市政工程）。 5. 12 月 31 日前完成彭祖新城两江路设计。 6. 12 月 31 日前完成体育馆的征地，调整体育公园和体育馆的规划。 7. 4 月 10 日前，完成彭祖新城规划效果图修正，取消长乐路及所有弹性道路，除“两纵三横”道路外，其余道路用虚线标注；5 月 31 日前完成彭祖新城相关规划指标调整。 8. 全年完成固定资产投资 6 亿元。	1. 彭溪安置区二期 4 万平方米安置房正进行封顶层施工，12 月底完成全部主体；社区中心及安置区内配套道路、8 万平方米电梯公寓安置房已完成征地拆迁、设计地勘，正启动招标。 2. 已完成 BOT 招商、征地、可研评审和施工图设计，已进场施工。 3. 已完成主车道路面工程。 4. 已完成全部路基，正进行路面施工。 5. 已完成道路用地调整和设计地勘招标，启动招标。 6. 已完成 100 公顷土地征地协议签订；体育公园与省残联残疾人体训中心联建，现正进行方案调整，启动片区招商。 7. 已完成新城控规调整。 8. 已完成入库投资 6.5 亿元。	钟建成
老城区战区	1. 高速路出口综合整治工程：（1）6 月 30 日前完成长寿路两侧 50 米范围内绿廊规划设计（高速路出口至县委）。（2）12 月 31 日前成一期安置区 12 万平方米主体工程建设。（3）12 月 31 日前全面完成长寿路两侧拆迁。（4）完成固定资产投入 2 亿元以上。 2. 李密大道二段道路工程：7 月 31 日前全面完成投入使用，完成固定资产投入 2000 万元。 3. 综合交通枢纽工程（客运站及广场建设）：4 月 30 日前完成招投标，10 月 31 日前开工建设。	1. 高速路出口综合整治工程：（1）绿廊规划设计已完成。（2）正进行 12 万平米基础工程。（3）高速路东面拆迁基本完成，进展顺利。（4）已完成固定资产投入 2 亿元。 2. 李密大道二段道路工程：已竣工，完成固定资产投入 2000 万元。 3. 综合交通枢纽工程（客运站及广场建设）：基本完成回填，开始基础施工。	李忠云

战区	2013 年目标任务	1—12 月推进情况	战区司令
老城区战区	4. 锦江学院周边路网工程（锦绣大道、上跨人行天桥、下穿隧道、前程路、李密大道一段学院段、学院南路），完成固定资产投入 1.5 亿元：（1）人行天桥 12 月 31 日前完成。（2）下穿隧道 12 月 31 日前完成工程量的 80% 以上。（3）锦绣大道 10 月 31 日前开工建设。（4）学院南路东段 10 月 31 日前开工建设。（5）完成彭溪河锦江学院公园规划，并启动建设。 5. 12 月 31 日前伟业广场二期主体工程完工，完成固定资产投入 1 亿元；10 月 31 日前开工建设，2014 年 3 月 1 日前完成西门新商圈 5 万平方米商业综合体。 6. 彭溪河景观工程 B 段 7 月 31 日前完工，D 段 6 月 30 日前完工，完成固定资产投入 1 亿元；正一·豪生酒店 12 月 31 日前开工建设。 7. 保障性安居工程：完成市政府下达的目标任务。 8. 10 月 31 日前完成浩天包装土地回购。 9. 12 月 31 日前完成凤鸣镇和彭溪镇预征土地不少于 66.67 公顷。 10. 12 月 31 日前完成城南广场涉及的企业回购并启动建设；翡翠龙湾安置区在 12 月 31 日前完成招投标。 11. 全年完成固定资产投资 26 亿元。	4. 锦江学院周边路网工程：锦绣大道已完成树木移栽，正实施部分路段雨污建设；上跨（下穿）工程进展顺利，渴望提前一个月完成；李密大道一段学院段（学院西路）、学院南路由锦江学院投资建设，学院南路已动工。两江路（前程路）已启动建设。 5. 伟业广场二期：主体已完工，完成固定资产投入 1 亿元；西门新商圈：5 万平方米商业体已完成正负零。 6. 彭溪河景观工程：已竣工。 7. 保障性安居工程：开工建设 902 套。（其中新建公租房 292 套，城市棚户区改造 610 套）；今年已基本建成 1070 套，竣工 870 套。 8. 已完成回购拍卖。 9. 已完成预征地 66.67 公顷。 10. 孟文路正在进行道路基础开挖，完成投资 2100 万元；城南广场正在谈判土地回购，进展顺利，三家企业已成功回购一家，12 月底前完成土地回购工作；翡翠龙湾安置区已进场地勘，12 月底前完成前期工作；武阳东路因拆迁原因尚未动工。 11. 已完成 27.58 亿元。	李忠云
综合交通战区	1. 12 月 31 日前完成岷东大道成彭大道段 30% 的路基工程建设；12 月 31 日前完成滨江大道彭祖新城段主体工程建设；完成工业大道石化园区 B 段工程建设，完成工业大道谢眉段勘察设计工作。 2. 启动彭祖山隧道主体工程建设。 3. 完成滨江大道眉彭交界处到岷江三桥段的勘察设计工作，完成岷东大道东坡区至彭山江口段勘察设计工作。 4. 力争完成彭祖山旅游通道彩虹桥至彭祖山停车场主体工程建设。 5. 12 月 31 日前完成岷江大桥维修加固设计方案。 6. 完成通乡公路建设 20 千米，指导完成通村公路建设 20 千米，完成波形梁防护栏安装 9 千米。 7. 启动农业现代园区 17.5 千米道路建设，完成公义段 4 千米道路建设。 8. 完成彭谢路的拓宽改造规划设计。 9. 牵头实施所有道路建设的征地拆迁工作。 10. 牵头实施所有村镇危桥改造。 11. 以上条款确保完成市下目标全年固定资产投资 6 亿元。	1. 已完成岷东大道成彭段 35% 的路基工程建设，完成目标任务的 116%；完成滨江大道彭祖新城段主体工程建设，完成目标任务的 100%；完成工业大道石化园区 B 段工程建设，完成工业大道谢眉段勘察设计工作，完成目标任务的 100%。 2. 已启动彭祖山隧道主体工程建设，完成目标任务 100%。 3. 已完成滨江大道眉彭交界处到岷江三桥段的勘察设计工作，已完成岷东大道东坡区至彭山江口段勘察设计工作，完成目标任务的 100%。 4. 已完成彭祖山旅游通道彩虹桥至彭祖山停车场路基工程建设，预计春节前完成主体工程建设。 5. 已完成岷江大桥维修加固设计方案，正在进行招投标前期工作，完成目标任务的 120%。 6. 完成通乡公路建设 27.9 千米，完成目标任务的 140%，指导完成通村公路建设 20 千米，完成目标任务 100%；完成波型梁防护栏 9 千米建设，完成目标任务 100%。 7. 农业现代园区生产通道公义段 4 千米道路建设已完成主体工程建设，剩余 17.5 千米道路已进场动工。完成目标任务的 100%。 8. 彭谢路拓宽改造工程已确定勘察设计中标单位，现已完成初步设计规划方案，完成目标任务的 100%。 9. 完成牵头实施的所有道路建设征地拆迁工作，完成目标任务的 100%。 10. 已对全县桥梁进行全面排查，对危桥逐步提出设计改造方案，完成目标任务的 100%。 11. 完成固定资产投资 7.2 亿元，完成时间任务的 120%。	李洪强

2013 年度彭山县乡镇简况表

表 4

乡镇名称	幅员面积（公顷）	耕地面积（公顷）	年末人口数（人）	行政村（个）	居委会（个）	社区（个）	村民小组（个）	财政收入（万元）	国内生产总值				农业生产总值						农民人均纯收入（元）
									合计（万元）	第一产业	第二产业	第三产业	合计（万元）	农业	林业	牧业	渔业	农林牧渔服务业	
凤鸣镇	3647.93	1869.16	79723	7	16	9	172	1377.5	519509	16757	172510	330242	16757	14539	188	507	1112	411	10975
彭溪镇	1736.26	896.29	38102	4	1	1	41	371	99705	5810	61874	32021	10414	3123	175	5355	1471	290	10679
观音镇	2861.47	1505.75	28880	7	0	1	64	2278	158386	8569	139400	10417	15274	5904	216	8300	648	206	10555
青龙镇	4418.55	1602.76	37871	8	—	1	80	1490.9	477194	10745	419172	47277	24795.9	8366.1	1105.7	14940.1	384	—	10365
公义镇	4097.18	2229.65	25750	8	1	1	56	561	29507.5	9866	8573	11068.5	9865.6	4922	364.16	3995.46	451.98	132	11331
谢家镇	4700.24	2561.2	28300	8	1	1	67	792	41447	12424	13736	15287	21705	8123	368	10949	1744	521	10052
江口镇	4888.2	1326.73	17201	9	0	1	59	493	27614	9749	9609	8256	16329	7392	587	7442	628	280	9364
黄丰镇	3696.51	1296.47	18816	9	—	1	47	488.33	25031	11250	8035	5746	18406	7754	295	8773	1131	453	9988
牧马镇	3221.17	1395.83	16329	5	—	1	39	384	22000	15300	2000	4700	15346	7871	297	5016	1088	1074	9960
保胜乡	3496.02	1465.03	13207	6	1	1	48	367	19970	16535	1088	2347	19563	4087	1377	12540	1203	356	9829
义和乡	3106.42	1774.39	15358	5	5	0	40	416	17640	12579	4360	701	12579	7295	231	4260	631	162	10038
锦江乡	3441.86	1094.15	13348	6	1	1	42	424	15028	6657	4092	4279	10982	4246	598	5489	512	137	9356
武阳乡	2898.52	1486.74	19456	6	10	1	41	381	18172	9333	4755	4084	16330	6161	331	8764	844	230	10225
合计	46210.33	20504.15	352341	88	36	20	796	9823.73	1471203.5	145574	849204	476425.5	208346.5	89783.1	6132.86	96330.56	11847.98	4252	—

注：幅员面积、耕地面积由国土局提供；年末人口数、国内生产总值、农业生产总值数据由各乡镇提供。

图书在版编目（CIP）数据

彭山年鉴．2013／彭山县党史地方志办公室编．—北京：方志出版社，2015.6
ISBN 978－7－5144－1609－1

Ⅰ．①彭… Ⅱ．①彭… Ⅲ．①区（城市）－眉山市－2013—年鉴 Ⅳ．①Z527.13

中国版本图书馆CIP数据核字（2015）第095507号

彭山年鉴（2013）

编　　者：彭山县党史地方志办公室
责任编辑：陈　菁

出 版 人：冀祥德
出 版 者：方 志 出 版 社
地址　北京市朝阳区潘家园东里9号（国家方志馆4层）
邮编　100021
网址　http：//www.fzph.org
发　　行：方志出版社发行中心
电话（010）67110500
经　　销：各地新华书店
装帧设计：四川世纪文采文化传播有限公司
印　　刷：成都春晓印务有限公司

开　　本：889mm×1194mm　1/16
印　　张：19.25
字　　数：490千
版　　次：2015年6月第1版　2015年6月第1次印刷
印　　数：0001－500册

ISBN 978－7－5144－1609－1　定价：150.00元

泸定桥小学

LuDingQiao elementary school

德诚业精

知行